グループ法人税制・
資本関係取引等税制の
解説＆実務

[執筆者]
朝長英樹
阿部泰久
竹内陽一
緑川正博・掛川雅仁・武田雅比人・石井幸子
吉田　勤・池田祐介・小出　潮・高橋昭彦
鷹取俊浩・室　和良

税務経理協会

は じ め に

　平成22年度改正において、グループを構成する法人が一体的に活動を行っている実態を踏まえ、いわゆる「グループ法人税制」と総称される改正がさまざまな項目にわたって広範に行われていますが、本書は、その「グループ法人税制」に関して解説を行うものです。

　平成22年度改正においては、グループ法人税制に止まらず、資本等取引税制、連結納税制度、組織再編成税制、清算税制などに関しても改正が行われており、これらに関する改正がグループ法人税制に関する改正と密接に関係していたり、また、相互に連動する部分があったりするため、本書においては、一部、これらに関する税制についても言及することとしています。

　平成14年度改正においては、連結納税制度を創設することとなったわけですが、我が国においては、かなり以前から、グループを構成する法人が一体的に活動するという現実があったことは間違いないところであり、本来は、グループの一体性に着目した取扱いは、連結納税制度に先立って整備されていなければならないものであった、と考えられます。

　このため、平成14年の連結納税制度の創設後においては、グループに関する税制の創設が次の課題となると言われてきました。

　平成22年度改正によるグループ法人税制は、その大枠においては、これを実現したものとなっているわけです。

　このグループ法人税制は、連結納税制度とは異なり、グループ法人に強制適用されるため、実務に当たっては、十分に注意する必要があります。

本書においては、以上のような点を踏まえて、関係法令に基づき、通達・国税庁質疑応答事例や改正に関する税制当局の解説等を参考としながら、グループ法人税制を分かり易く解説することに努めています。
　本書が僅かなりとも実務家の方々や法人税に携わる方々のお役に立つようであれば、幸いです。

執筆者を代表して
朝　長　英　樹

目　　次

Ⅰ　グループ法人税制

第1章　グループの意義（朝長英樹・竹内陽一）……………3

1　「グループ」の概念　　3
2　「支配関係」　　8
（1）「一の者が法人の発行済株式等の50％超を直接又は間接に
　　保有する関係」　　8
　　①　直接支配関係　　8
　　②　間接支配関係（みなし直接支配関係）　　9
　　③　直接・間接支配関係（みなし直接支配関係）　　10
（2）「一の者との間に当事者間の支配の関係がある法人相互の関係」　　11
3　「完全支配関係」　　12
（1）「一の者が法人の発行済株式等の全部を直接又は間接に
　　保有する関係」　　13
　　①　直接完全支配関係　　13
　　②　間接完全支配関係（みなし直接完全支配関係）　　14
　　③　直接・間接完全支配関係（みなし直接完全支配関係）　　15
（2）　一の者との間に当事者間の完全支配の関係がある法人相互
　　の関係　　16
4　「支配関係」・「完全支配関係」の用例　　18
（1）　組織再編成税制における「支配関係」・「完全支配関係」
　　（法法2十二の八他）　　18
（2）「法人による完全支配関係」（法法25の2①，37②）　　19
（3）　資本金の額が5億円以上である「法人による完全支配関係」
　　（法法66⑥二他）　　21

目　次

　　（4）完全支配関係の系統図の申告書への添付　22

第2章　受取配当等益金不算入（武田雅比人）……………23

　1　内国法人からの受取配当　23
　　（1）益金不算入対象の受取配当金　23
　　　① 通常の受取配当金　23
　　　② みなし配当（法法24）　24
　　（2）完全子法人等からの配当金　24
　　　① 配当の計算期間　25
　　　② 計算期間の途中から完全支配関係が発生した場合の保有期間　26
　　　③ 適格合併により引継いだ株式等の保有期間　27
　　（3）自己株式取得に関するみなし配当の益金不算入除外　27
　　（4）関係法人株式等に係る受取配当金益金不算入　27
　　（5）完全子法人株式等と関係法人株式等以外の受取配当金　28
　　（6）負債利子控除の簡便計算　28
　2　外国法人からの受取配当金　28

第3章　寄附金・受贈益の取扱い（武田雅比人）……………31

　1　寄附金の取扱い　31
　　（1）寄附金の損金不算入処理を行うこととなる完全支配関係　31
　　（2）対象となる寄附金　32
　　（3）申告における取扱い　33
　　（4）子法人株式の帳簿価額の修正　33
　　（5）処　理　例　35
　　　① 完全子法人A社が完全子法人B社に現金100を寄附したケース（例1）　35
　　　② 親会社から完全子法人に現金100を寄附したケース（例2）　42
　　　③ 親法人が完全子法人に無利息貸付（認定利息を10とする。）を行ったケース（例3）　48
　　（6）平成22年度改正による寄附金の取扱いに関する留意点　54

① 無利息・低利息による貸付けに新制度はどのように適用されるのか　54
　② 自己創設の営業権を無償譲渡した場合にはどのような取扱いとなるのか　55
　③ 利益積立金の移動を節税として行うことができるのか　56
　④ 子法人株式の帳簿価額修正を節税として行うことができるのか　57

第4章　みなし配当の際の株式譲渡利益額又は譲渡損失額の益金又は損金不算入・資本金等の額の増減
　　　　（石井幸子）……………………………………………………59

　1　制度創設の背景　59
　2　みなし配当の際の株式の譲渡利益額・譲渡損失額の益金・損金不算入・資本金等の額の増減　60

第5章　譲渡損益調整資産の損益調整制度
　　　　（吉田勤・池田祐介）……………………………………65

　1　譲渡損益調整資産の損益調整制度の概要　65
　2　譲渡損益調整資産に係る譲渡損益の繰延べ　68
　(1)　適用対象となる譲渡取引　68
　(2)　「譲渡損益調整資産」の意義　68
　　① 帳簿価額の判定単位　68
　　② 減価償却資産の期中償却費の計上と判定　69
　　③ 棚卸資産と土地等　71
　　④ 営業権と資産調整勘定　72
　(3)　譲渡利益額・譲渡損失額の計算　73
　　① 低額譲渡や高額譲渡の場合の「対価の額」　74
　　② 一定の規定の適用を受ける場合の「対価の額」の特例　75
　　③ 圧縮記帳・特別控除があった場合の「譲渡利益額」の計算　77
　3　譲渡損益調整資産に係る譲渡損益の認識　78
　(1)　譲受法人が譲渡損益調整資産を譲渡等した場合の譲渡損益の認識　79
　　① 譲渡，貸倒れ，除却その他これらに類する事由（全部認識）　79

② 適格分割型分割による外部の分割承継法人への移転（全部認識）　82
　　　③ 譲受法人が公益法人等に該当することとなったこと（全部認識）　82
　　　④ 評価換え（全部認識）　83
　　　⑤ 減価償却資産の減価償却（部分認識）　83
　　　⑥ 繰延資産の償却（部分認識）　84
　　　⑦ 譲渡損益調整資産と同一銘柄の有価証券の譲渡（部分認識）　85
　　　⑧ 償還有価証券の調整差損益の益金・損金算入（部分認識）　85
　　　⑨ 連結納税開始・加入時の時価評価損益の認識（全部認識）　86
　（2）完全支配関係を有しないこととなった場合の譲渡損益の認識　86
　（3）連結納税開始・加入時の時価評価の場合の譲渡損益の認識　88
4　完全支配関係のある内国法人と適格合併等をした場合の
　　取扱い　89
　（1）譲渡法人が完全支配関係のある内国法人との適格合併
　　　によって解散する場合　89
　（2）譲受法人が完全支配関係のある内国法人との適格合併
　　　によって解散する場合　91
　（3）譲受法人が完全支配関係のある内国法人に対して
　　　適格分割型分割等によって譲渡損益調整資産を移転する場合　92
5　譲受法人における取得価額　93
　（1）原　　　則　93
　（2）特例（非適格合併に係る合併法人における取得価額）　93
6　譲渡法人と譲受法人間の通知義務　94
　（1）譲渡法人から譲受法人への通知義務　94
　（2）譲受法人から譲渡法人への通知義務　94
　　　① （1）の後の通知　94
　　　② 譲渡等事由等が生じた場合の通知　95
7　適 用 関 係　95
　　（参考）適格事後設立の廃止　95

第6章　非適格組織再編成における譲渡損益調整等
　　　（緑川正博・小出潮）…………………………………………97

1　非適格合併における譲渡損益調整資産の損益の調整　97
（1）概　　要　97
（2）被合併法人（B社）の処理　99
　　① 譲渡損益調整資産の処理　99
　　② 非適格合併前に被合併法人が有する譲渡損益調整勘定　100
　　③ 適 用 関 係　101
（3）合併法人（A社）の処理　101
　　① 移転を受けた譲渡損益調整資産の処理　101
　　② 譲渡損益調整資産の損益の繰延べがあった場合の資産調整勘定等　103
　　③ 営業権（自己創設のれん）と資産調整勘定　104
（4）被合併法人の株主（C社）の処理　104
（5）欠損金等の取扱い　104
　　① 被合併法人の欠損金　104
　　② 合併法人の欠損金　104
　　③ 合併法人の特定資産に係る譲渡等損失の損金不算入　105

2　非適格分割型分割における譲渡損益調整資産の損益の調整　105
（1）完全支配関係法人間の非適格分割型分割における譲渡損益調整　105
（2）分割法人（A社）の処理　107
　　① 非適格分割型分割による事業譲渡　107
　　② 分割対価資産が譲渡損益調整資産である場合の取扱い　107
（3）分割承継法人（B社）の処理　109
　　① 移転資産が譲渡損益調整資産である場合の取扱い　109
　　② 分割対価資産が譲渡損益調整資産である場合の取扱い　110
　　③ 欠 損 金　111
（4）分割法人の株主（P社）の処理　111

① 株式の譲渡　111
　　② 株式譲渡損益の計上規制　111
　　③ 分割対価資産である譲渡損益調整資産の取扱い　112
　3　非適格株式交換等に係る株式交換完全子法人等の
　　有する資産の時価評価損益　112
　（1） 資産の時価評価の適用除外　112
　（2） 完全子法人（S2社）の課税関係　113
　（3） 完全親法人（S1社）の課税関係　114
　（4） 完全子法人の株主（P社）の課税関係　114
　（5） 適用関係　115

第7章　中小特例の制限（吉田勤・池田祐介）……………116

　1　創設の背景　116
　2　適用対象法人　118
　3　中小特例とその制限　119
　（1） 法人税の軽減税率　119
　（2） 特定同族会社の留保金課税の不適用措置　119
　（3） 中小法人の所得計算の特例措置の取扱い　120
　　① 貸倒引当金の法定繰入率　120
　　② 交際費の損金不算入制度における定額控除制度　121
　　③ 欠損金の繰戻し還付制度　122
　4　適 用 時 期　122
　（参考） 資本金の額又は資本金等の額を基準・計算要素とする制度　123

第8章　連結納税制度に関する改正（阿部泰久）……………128

　1　連結完全支配関係・連結納税義務者　128
　2　承 認 申 請　129
　（1） 改正前の制度　129
　（2） 改正の概要　130
　（3） 承認取消事由からの解散の除外　131

（４）　加入時期の特例　131
　（５）　開始・加入に伴う資産の時価評価　132
　　　①　連結子法人が解散した場合の当該連結子法人の子法人　132
　　　②　完全支配関係を有することとなった日後2か月以内に
　　　　　離脱する連結子法人　132
　（６）　欠損金・連結欠損金　133
　　　①　改正前の制度−子会社の欠損金の切捨てと時価評価　133
　　　②　連結子法人の連結適用開始前・加入前の欠損金の利用制限の見直し　135
　　　③　特定連結欠損金額　137
　　　④　連結欠損金額の繰越控除の原則　138
　　　⑤　控除限度超過額の計算　139
　　　⑥　連結欠損金個別帰属額　141
　　　⑦　特定連結欠損金個別帰属額の計算　145
　　　⑧　連結欠損金額の減額，制限措置等　147
　　　⑨　連結グループ内の合併等が行われた場合の被合併法人の
　　　　　最後事業年度の欠損金額の損金算入　150
　　　⑩　適用時期と経過措置　152
　（７）　連結中間申告　152
　（８）　投資簿価修正の改正　153

Ⅱ　資本関係取引等税制

第1章　現物分配税制（室和良）　157

　1　概　　要　157
　2　「現物分配」・「適格現物分配」の意義　158
　（１）　「現物分配」　158
　（２）　「適格現物分配」　160
　3　適格現物分配の取扱い　162
　（１）　現物分配法人の法人税法上の取扱い　162

① 移転資産の譲渡損益　　162
　　　② 譲渡の時期　　162
　　　③ 減少する利益積立金額・資本金等の額　　163
　　（2）被現物分配法人の法人税法上の取扱い　　166
　　　① 収益の額の益金不算入　　166
　　　② 収益の額の認識時期及び資産の取得時期　　166
　　　③ 利益積立金額の増加　　167
　　（3）所得税の源泉徴収　　170
　　4　非適格現物分配の取扱い　　170
　　（1）現物分配法人の法人税法上の取扱い　　170
　　　① 移転資産の譲渡損益　　170
　　　② 減少する利益積立金額・資本金等の額　　170
　　（2）被現物分配法人の法人税法上の取扱い　　171
　　　① 受取配当等の益金不算入の適用　　171
　　　② 利益積立金額の増加　　172

第2章　無対価組織再編成（掛川雅仁）……………………173

　　1　無対価組織再編成に関する
　　　平成22年度改正前法人税法の規定　　173
　　（1）適格合併　　173
　　（2）適格株式交換　　174
　　（3）適格株式移転　　174
　　（4）分社型分割及び分割型分割　　175
　　（5）その他（適格現物出資・適格事後設立）　　176
　　2　国税庁HPで公表されていた
　　　質疑応答事例（法人税）による取扱い　　176
　　（1）吸収分割に当たり，分割承継法人から分割法人に
　　　　株式の割当てを行わない場合の適格判定（分割型分割）　　177
　　（2）子会社を分割承継法人とする分割において対価の
　　　　交付を省略した場合の税務上の取扱いについて（分社型分割）　　179

3　改正内容　181
4　改正後の類型別無対価組織再編成における
　適格要件，資本金等の額の計算及び株主における取扱い　182
（1）適格要件　182
　　① 完全支配関係にある適格組織再編成の場合　182
　　② 支配関係にある適格組織再編成の場合　185
　　③ 共同事業による適格組織再編成の場合　186
（2）無対価組織再編成における資本金等の額の計算　188
　　① 合　併　189
　　② 分　割　191
　　③ 株式交換　195
（3）株主における取扱い　196
　　① 無対価適格合併における被合併法人の株主の取扱い　196
　　② 無対価適格株式交換における株式交換完全子法人の株主の取扱い　198
　　③ 無対価分割における分割法人の株主の取扱い　201
5　無対価組織再編成の実態と税務上の取扱い　203
6　分割型分割のみなし事業年度の廃止（旧法法14①三，15の2
　①）　204
7　合併類似適格分割型分割制度の廃止（法法57②他）　205

第3章　分割型分割のみなし事業年度の廃止と
　　　　関連規定の整備（石井幸子）……………………………………207

1　分割型分割におけるみなし事業年度の廃止　207
（1）改正の背景　207
（2）改正の概要　209
2　みなし事業年度の廃止に伴う整備　209
（1）損金経理要件のあるもの　209
　　① 減価償却　209
　　② 貸倒引当金（個別貸倒引当金・一括貸倒引当金）　210
（2）損金経理要件のないもの　211

第4章　自己株式取得予定の場合のみなし配当の益金算入（石井幸子）……………213

1　制度創設の背景　213
2　自己株式取得予定の場合のみなし配当の益金算入　214

第5章　抱合合併（非適格合併）における抱合株式の譲渡利益額・譲渡損失額の益金・損金不算入（緑川正博・小出潮）……………217

1　概　　要　217
2　抱合株式の譲渡損益の取扱い　219
3　増加する資本金等の額　219
4　株式譲渡に係るみなし割当　220
　《付記》抱合合併におけるみなし割当て規定はなぜ廃止されたのか　220
5　適 用 関 係　221

第6章　欠損金・特定資産譲渡等損失額（竹内陽一・鷹取俊浩）……………222

1　欠損金の取扱い　222
（1）欠損金の取扱いに係る改正の概要　222
　　①　完全支配関係がある法人の残余財産が確定した場合の欠損金の引継ぎ　222
　　②　5年要件の見直し　222
　　③　支配関係の継続　224
　　④　最後に支配関係があることとなった日　226
　　⑤　使用制限が課される組織再編成の追加　231
　　⑥　事業が移転しない場合の特例の創設　231
（2）完全支配関係がある法人の残余財産が確定した場合の欠損金の引継ぎ　232
　　①　欠損金の引継ぎ　232

② 欠損金の帰属事業年度　234
　　③ 欠損金の引継ぎの制限　235
　　④ 引継ぎが制限される欠損金の金額　242
　　⑤ 欠損金額の引継ぎの制限の特例　244
（3）適格現物分配を受けた場合の欠損金の使用制限　249
　　① 欠損金の使用制限　249
　　② 使用が制限される欠損金の金額　253
　　③ 欠損金額の使用制限の特例　255
2　特定資産譲渡等損失額の取扱い　260
（1）特定資産譲渡等損失額の取扱いに係る改正の概要　260
（2）制度の概要　260
（3）特定資産譲渡等損失額の損金不算入　261
　　① 特定資産譲渡等損失額が損金不算入となる適格組織再編成等　261
　　② 特定資産譲渡等損失額　265
　　③ 特定資産の範囲　266
　　④ 譲渡等特定事由の範囲　270
　　⑤ 損失の額の算定方法　274
　　⑥ 損失の額の調整　274
　　⑦ 利益の額の算定方法　275
　　⑧ 利益の額の調整　275
（4）特定資産譲渡等損失額の計算の特例　276
　　① 特定引継資産に係る譲渡等損失額の計算の特例　276
　　② 特定保有資産に係る特定資産譲渡等損失額の計算の特例　279

第7章　清算所得の各事業年度所得課税・期限切れ欠損金の損金算入（高橋昭彦）……284

1　改正の概要　284
2　前提となる事実　285
3　清算時のS3社の税務　286
（1）適格現物分配　286

目　　次

　　　　① 減価償却資産　286
　　　　② 一括償却資産　287
　　　　③ 前払費用　287
　　　　④ 繰延資産　287
　　　　⑤ 有価証券　287
　　　　⑥ 繰延消費税額等　287
　　　　⑦ 貸倒引当金の計上　287
　　（2）適格現物分配に係る源泉徴収　288
　　（3）事　業　税　288
　　（4）残余財産確定の日後の行為と法人税　289
　　　　① 従来の制度　289
　　　　② 平成22年度税制改正による時価変動の取扱い　290
　　　　③ 譲渡損益調整勘定　290
　　　　④ 残余財産の確定後の損益　291
　　（5）欠損金の引継ぎ　293
　　　　① 欠損金の引継ぎ　293
　　　　② 欠損金の引継ぎ制限　293
　　（6）欠損等法人の欠損金の繰越制限，引継ぎ制限　294
　　（7）期限切れ欠損金の損金算入　295
　　　　① 制度の概要　295
　　　　② この制度の問題点　296
　　（8）そ　の　他　298
　　　　① 留保金課税　298
　　　　② 中間申告　298
　　　　③ 交　際　費　298
　　　　④ 所得税額・利子割の還付　298
　　　　⑤ 外形標準課税　298
　4　S3社清算時のS2社の税務　299
　　（1）譲渡収入の特例　299
　　（2）取得価額等　299

① 減価償却資産　299
　　　② 一括償却資産　303
　　　③ 前払費用　303
　　　④ 繰延資産　303
　　　⑤ 有価証券　303
　（3）利益積立金額の増加　303
　　　① 利益積立金額　303
　　　② 配当金の益金不算入の規定の不適用　304
　（4）受取配当金の益金不算入　305
　（5）資本金等の額　306
　（6）欠損金の繰越し制限　306
　　　① 支配関係事業年度前の事業年度の欠損金額　306
　　　② 特定資産譲渡等損失額に相当する金額からなる部分の金額　307
　　　③ 青色欠損金の繰越し制限の特例　307
　（7）特定保有資産，特定引継資産の特定資産譲渡等損失額の
　　　損金不算入　309
　　　① 原　　則　309
　　　② 特定資産譲渡等損失額の計算の特例　309
　（8）欠損等法人の譲渡等損失額の損金不算入　309
　（9）適格現物分配と留保金課税　310
5　設　　例　311
6　別表の記載等　313
　（1）S3社の別表処理　313
　（2）S2社の別表処理　314
　　　① 会計上の受入処理と税務処理との相違　314
　　　② 別表記載例　319
7　残余財産が確定した場合の欠損金の引継ぎ　324
　（1）別表七（一）記載の注意点　327
　（2）別表七（一）付表一記載の注意点　327
　　　① 3欄の記載　327

②　4欄の記載　329
（3）添付書類　329
8　期限切れ欠損金の損金算入　329
（1）設　　例　329
（2）別表記載例　331

＜参考資料＞
平成22年度税制改正に係る法人税質疑応答事例 …………………………335

Ⅰ
グループ法人税制

第1章 グループの意義

1 「グループ」の概念

　平成10年度改正以降の法人税法改正を俯瞰してみると,「グループ」[1]に関する改正が最も重要な改正であるということに,おそらく異論はないものと考えられます。

　平成13年度の組織再編成税制,平成14年度の連結納税制度,そして,平成22年度のグループ法人税制のいずれも,従来の単体法人を前提とした制度を大きく変える重要な改正となっています。

　このような近年の「グループ」に関する改正は,いずれも,「グループ」を構成する法人が「グループ」単位で活動を行うようになっているという我が国の法人の実態の変化に対応するものです。

　大法人とは異なり,中小法人においては,必ずしも「グループ」単位で活動を行っているとばかりは言えず,さまざまなケースがあり得るものと思われますが,複数の法人が存在して「グループ」を形成している場合には,その「グループ」内の各法人の関係は,「グループ」を形成していない法人間の関係と全く同じということにはなっていない場合が殆どではないでしょうか。

　また,企業会計においても,益々,連結指向が強まってきていることは,周知のとおりです。

　企業会計との親和性の高い我が国の法人税制においては,このような企業会

---

[1] 本書においては,法令の規定上,「支配関係」又は「完全支配関係」という用語で表現される関係にある法人の集まりを「グループ」と呼ぶこととしています。

計の動向にも，十分に配意する必要があります。

　このような我が国の法人の実態の変化や企業会計の動向を考えると，平成22年度改正によるグループ法人税制の創設は，高く評価されるべきものと言って良いと考えます。

　平成22年度改正において創設されたグループ法人税制は，100％の資本関係にある「グループ」のみを対象とするものとされており，将来的には，これを50％超の資本関係にある「グループ」にまで拡大する方向で検討を進めるべきであると考えますが，同改正においては，非常に多方面にわたる改正が意欲的に行われており，今後の改正に当たって検討を深める契機となるものが少なくないと考えられます。

　このように，平成22年度改正において創設されたグループ法人税制は，今後の税制改正にさまざまな示唆を与えるものとなっているわけですが，同改正によって創設され，また，改正された諸制度を理解するに当たっては，同改正において，「グループ」の捉え方が変わっているということを良く知っておく必要があります。平成22年度改正において，「グループ」の捉え方が，一部，変化しているために，同改正前の「グループ」の捉え方を前提として同改正以後の「グループ」に関係する法令の規定を読むと，誤った解釈をすることとなってしまうところが，各所に存在します。

　この「グループ」の捉え方の変化は，グループ法人税制のみならず，組織再編成税制や資本等取引税制などに関する取扱いにも関係するもので，さまざまな場面で実務にも影響を与えることとなるものですから，ここでその変化の内の主要な二点について予め概要を説明しておくこととします。

　平成22年度改正前の組織再編成税制と連結納税制度においては，「グループ」を広く一体として捉えることとされていましたが，同改正においては，「グループ」を重畳的に捉えることとしています。

　平成22年度改正前の組織再編成税制と連結納税制度においては，資本関係

と支配関係を区別し，一番外にある100％又は50％超100％未満の資本関係の内に存在する法人を同一の支配関係にある法人とし，「グループ」をこの支配関係によって捉え，「グループ」は一つしかない，という考え方が基本となっていました。

これに対し，平成22年度改正においては，100％又は50％超100％未満の資本関係が存在すればその資本関係にある法人を「グループ」と捉え，「グループ」の中に更に小さな「グループ」が存在することがあるという考え方が採られています。

そして，平成22年度改正においては，組織再編成税制に関する「グループ」の規定も，このような考え方に沿って改正されています。

ただし，「グループ」に関する税制を作る理由が「グループ」の一体性にあるとすれば，「グループ」の中に更にいくつかの小さな「グループ」があるという制度を作ることは自己矛盾となるという指摘が出てくることがあり得ると考えられます。

また，「グループ」の実態に目を向けると，一番外枠の資本関係の頂点にある法人又は個人が「グループ」の全体を支配しているということが多いように思われます。

このような点からすると，資本関係があるところには「グループ」が存在するという考え方を採ることについては，理論と実態のいずれの観点からもやや疑問が生じてこざるを得ないように思われます。

しかし，実務においては，成立した法制度に関しては，その法令の規定を解釈して，申告と納税を行うこととなるわけですから，平成22年度改正によって「グループ」の捉え方がこのように変わっているということをしっかりと認識しておくことが重要となります。

また，平成22年度改正においては，法人の相互関係に着目することとして

おり，その結果，支配関係と完全支配関係の「継続」に関する考え方が変わっているという点にも，十分に注意する必要があります。

(図表)「グループ」のイメージ図

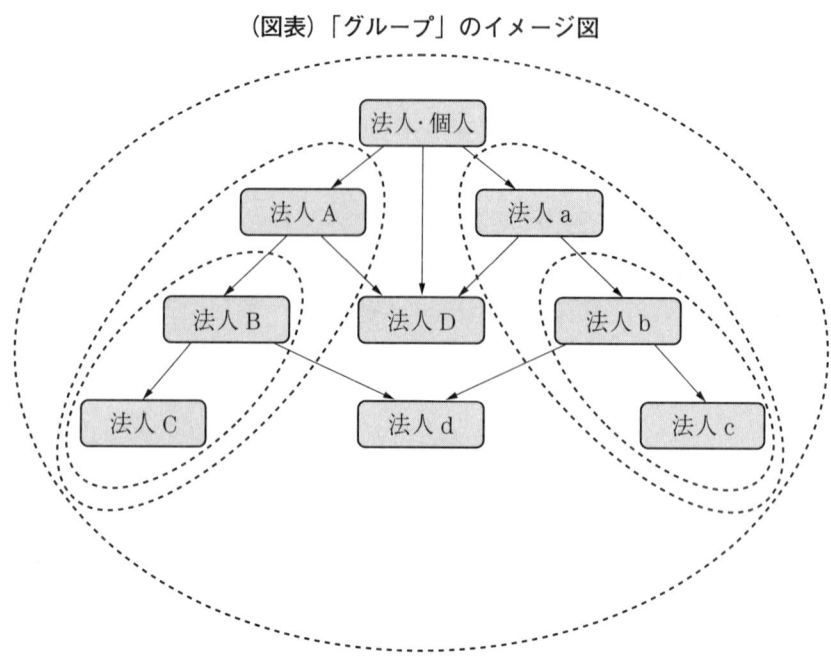

　平成22年度改正前は，当事者となる法人がグループ内の法人となっているのか否かということを問う例などからも分かるとおり，「グループ」に着目することとしており，支配関係の「継続」についても，「グループ」が変われば支配関係の「継続」はないと考えることを基本とすることとされていました。
　平成22年度改正前に，このように「グループ」に着目することとされていたのは，「グループ」はそれを支配する者の実態を表しており，支配される者は支配する者の支店等と実質的には同様であって，支配する者から支配される者を切り離して捉えることはできない，と考えられていたためです。
　このため，例えば，上記の図表の例で，「法人・個人」がそのすべての株式を他の者に譲渡した場合には，「法人A」，「法人a」，「法人D」及び「法人d」

の相互間の完全支配関係はその譲渡によって終了し、その株式を取得した他の者の下で新たにこれらの法人の相互間の完全支配関係が発生する、とされていました。「法人 A」、「法人 a」、「法人 D」及び「法人 d」は、株式の譲渡の前後を通じてお互いに同じ位置関係にあるとしても、それらの法人を支配する「法人・個人」が変われば、その前後は同じものではない、と考えていたわけです。

　これに対し、平成22年度改正以後は、支配する者と支配される者との間の関係にかかわらず、「グループ」内の法人の相互関係に着目して支配関係と完全支配関係を捉えることとしていると考えられます。

　このような考え方を採るということになると、例えば、上記の図表の例で、「法人・個人」がそのすべての株式を他の者に譲渡した場合であっても、「法人A」、「法人a」、「法人D」及び「法人d」の相互間の完全支配関係は終了せずに継続すると考えることになります。「誰が支配したとしても法人の相互の関係が変わらなければ支配は継続している」という考え方が採られていると言っても良いでしょう。

　上記のいずれの考え方を採るべきかという点に関しては、両論があるものと思われますが、いずれにしても、平成22年度改正は、上記のように、法人の相互関係に着目して支配関係と完全支配関係を捉えることとしており、その結果、支配関係と完全支配関係の「継続」に関する考え方が変わっているという点に、十分に注意しておく必要があります。

　以上のような点を踏まえた上で、以下、平成22年度改正以後の法令の規定に則して、「支配関係」と「完全支配関係」の概要を説明することとします。

2 「支配関係」

「支配関係」とは，次のi 又はii の関係をいいます（法法２十二の七の五）。
　i 　一の者が法人の発行済株式等の50％超を直接又は間接に保有する関係（以下，「当事者間の支配の関係」といいます。）
　ii 　一の者との間に当事者間の支配の関係がある法人相互の関係

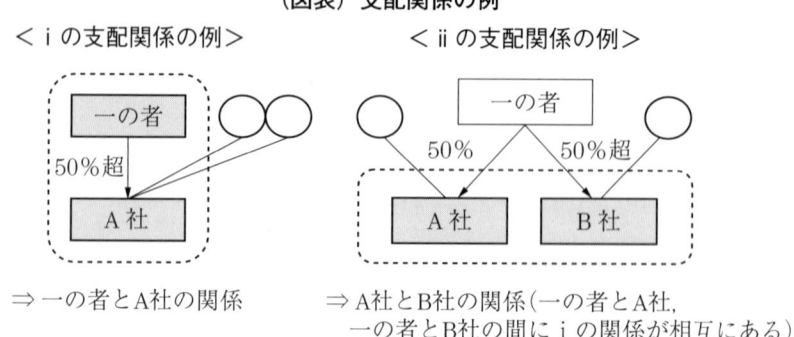

（図表）支配関係の例

＜i の支配関係の例＞　　　＜ii の支配関係の例＞

⇒ 一の者とA社の関係　　⇒ A社とB社の関係（一の者とA社，一の者とB社の間にi の関係が相互にある）

（１）　一の者が法人の発行済株式等の50％超を直接又は間接に保有する関係

①　直接支配関係

　一の者が法人の発行済株式又は出資（その法人が有する自己の株式又は出資を除きます。以下，２において「発行済株式等」といいます。）の総数又は総額の50％を超える数又は金額の株式又は出資を保有する場合におけるその一の者と法人との間の関係（以下，「直接支配関係」といいます。）をいいます（法令４の２①前段）。

　上記の「一の者」には，外国法人や個人が含まれ，この「一の者」が個人である場合には，この「一の者」はその者及びこれと特殊の関係のある個人となります。

この「特殊の関係のある個人」とは，次の個人をいいます（法令4①）。

(図表) (1)①の支配関係の例

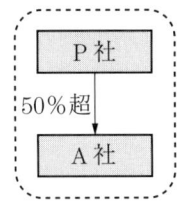

・P社とA社の関係
→ P社がA社の株式を直接50％超保有（ⅰ）

(イ) 株主等の親族（6親等内の血族，配偶者，3親等内の姻族）

(ロ) 株主等と婚姻の届出をしていないが事実上婚姻関係と同様の事情にある者

(ハ) 個人である株主等の使用人

(ニ) (イ)～(ハ)以外の者で個人である株主等から受ける金銭その他の資産によって生計を維持しているもの

(ホ) (ロ)～(ニ)に掲げる者と生計を一にするこれらの者の親族

また，同族会社（法法2十，法令4）の判定では，株式・出資の保有割合のほか，議決権割合や社員割合による判定も行われますが，支配関係と後述3の完全支配関係の判定では，「株式・出資の保有割合」のみで判定する点に注意が必要です。

なお，法人間で株式・出資の持合いが行われている場合に保有割合をどのように判定するのかという疑問が生じてきますが，これについては，その持合いの部分がないものとして計算した割合によって保有割合の判定を行うのが適当と考えられます。

② 間接支配関係（みなし直接支配関係）

上記①の場合において，その一の者との間に直接支配関係がある「一又は二以上の法人」が「他の法人」の発行済株式等の50％超を保有する場合には，その「一の者」はその「他の法人」の発行済株式等の50％超を有するものとみなされます（法令4の2①後段）。

(図表) (1)②の支配関係の例

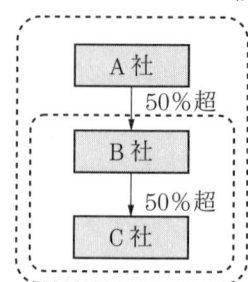

・A社とB社の関係
　→ A社がB社の株式を直接50％超保有（ⅰ）
・A社とC社の関係
　→ A社がC社の株式をみなし直接50％超保有（ⅰ）
・B社とC社の関係
　→ A社とのⅰの関係が相互にある（ⅱ）
　→ B社がC社の株式を直接50％超保有（ⅰ）

このため，前頁の図表の例の場合には，A社とC社も支配関係があるということになります。

なお，A社とB社は，上記①で説明した直接支配関係となっています。

③ 直接・間接支配関係（みなし直接支配関係）

上記①の場合において，その「一の者」及びこれとの間に直接支配関係がある「一又は二以上の法人」が「他の法人」の発行済株式等の50％超を保有する場合には，その一の者がその他の法人の発行済株式等の50％超を有するものとみなされます（法令4の2①後段）。

このため，次の図表の例の場合には，A社とB社だけでなく，A社とC社も支配関係があるということになります。

なお，B社とC社に関しては，2の冒頭に掲げたⅱの関係があることとなります（後掲（2）参照）。

(図表) (1)③の支配関係の例

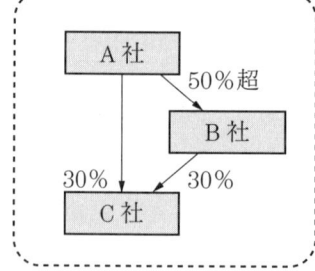

・A社とB社の関係
　→ A社がB社の株式を直接50％超保有（ⅰ）
・A社とC社の関係
　→ A社がC社の株式をみなし直接50％超保有（ⅰ）
・B社とC社の関係
　→ A社とのⅰの関係が相互にある（ⅱ）

(2) 一の者との間に当事者間の支配の関係がある法人相互の関係

上記(1)の一の者が法人の発行済株式等の50％超を直接又は間接に保有する関係（「当事者間の支配の関係」）のほか、一の者との間に「当事者間の支配の関係」がある法人相互の関係も、支配関係となります（法法2十二の七の五）。

このため、次の図表の例の場合には、A社とB社は、相互に支配関係があるということになります。

（図表）(2)の支配関係の例

```
    ┌─────────────────┐
    │       P社        │
    │   50%超 / \ 50%超 │
    │   A社      B社    │
    └─────────────────┘
```

- P社とA社の関係
  → P社がA社の株式を直接50％超保有（ⅰ）
- P社とB社の関係
  → P社がB社の株式を直接50％超保有（ⅰ）
- A社とB社の関係
  → P社とのⅰの関係が相互にある（ⅱ）

```
          甲
      50%超 / \ 50%超
    ┌─────────────────┐
    │   A社      B社    │
    └─────────────────┘
```

- 甲とA社の関係
  → 甲がA社の株式を直接50％超保有（ⅰ）
- 甲とB社の関係
  → 甲がB社の株式を直接50％超保有（ⅰ）
- A社とB社の関係
  → 甲とのⅰの関係が相互にある（ⅱ）

(図表)　個人と親族が50%超保有している場合の(2)の支配関係の例

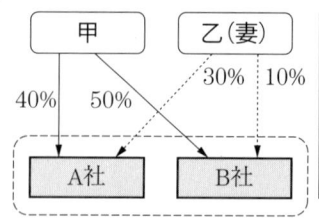

・甲・乙とA社の関係
　→　甲・乙がA社の株式を直接50%超保有（ⅰ）
・甲・乙とB社の関係
　→　甲・乙がB社の株式を直接50%超保有（ⅰ）
・A社とB社の関係
　→　甲・乙とのⅰの関係が相互にある（ⅱ）

※　乙は甲の配偶者であり、特殊の関係のある者に該当します。

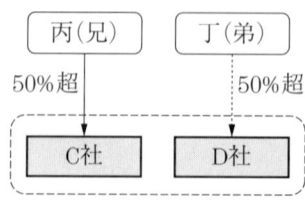

・丙とC社の関係
　→　丙がC社の株式を直接50%超保有（ⅰ）
・丁とD社の関係
　→　丁がD社の株式を直接50%超保有（ⅰ）
・C社とD社の関係
　→　丙・丁とのⅰの関係が相互にある（ⅱ）

※　丁は丙の弟であり、特殊の関係のある者に該当します。

　また、上記(1)で述べたように、「一の者」が個人の場合には、その「一の者」はその個人及び特殊の関係のある者となるため、前頁の図表のような場合にも支配関係が生ずることとなります。

3　「完全支配関係」

「完全支配関係」とは、次のⅰ又はⅱの関係をいいます（法法2十二の七の六）。
　ⅰ　一の者が法人の発行済株式等の全部を直接又は間接に保有する関係（以下、「当事者間の完全支配の関係」といいます。）
　ⅱ　一の者との間に当事者間の完全支配の関係がある法人相互の関係

(図表) 完全支配関係の例

＜ⅰの完全支配関係の例＞　　＜ⅱの完全支配関係の例＞

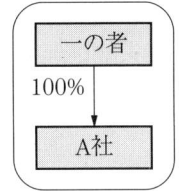　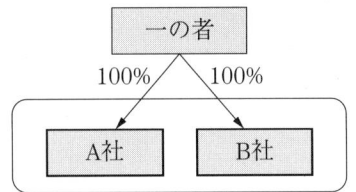

⇒　一の者とA社の関係　⇒　A社とB社の関係(一の者とA社,一の者とB社の間にⅰの関係が相互にある)

(1) 一の者が法人の発行済株式等の全部を直接又は間接に保有する関係

① 直接完全支配関係

一の者が法人の発行済株式又は出資（その法人が有する自己の株式又は出資，一定の株式（※）を除きます。以下，3において「発行済株式等」といいます。）の全部を保有する場合におけるその一の者と法人との間の関係（以下，「直接完全支配関係」といいます。）をいいます（法令4の2②前段）。

上記の「一の者」が「個人」である場合には，この「一の者」はその者及びこれと特殊の関係のある個人（上記2（1）①参照）となります。

(図表) (1)①の完全支配関係の例

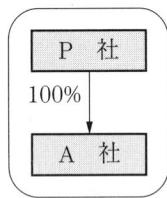

・P社とA社の関係
　→　P社がA社の株式を直接100％保有（ⅰ）

また，この「一の者」には，内国法人はもちろん，外国法人も含まれます。

※　完全支配関係の判定では，分母となる発行済株式の総数から，発行済株式（自己が有する自己の株式を除きます。）の総数のうちに次に掲げる株式の数を合計した数の占める割合が5％に満たない場合のその株式を除きます（法令4の2②前段括弧書き）。

(イ) その法人の使用人が組合員となっている民法667条1項（組合契約）に規定する組合契約（その法人の発行する株式を取得することを主たる目的とするものに限ります。）による組合（組合員となる者がその使用人に限られているものに限ります。）のその主たる目的に従って取得されたその法人の株式

(ロ) 会社法238条2項（募集事項の決定）の決議（会社法239条1項（募集事項の決定の委任）の決議による委任に基づく募集事項の決定及び会社法240条1項（公開会社における募集事項の決定の特則）の規定による取締役会の決議を含みます。）によりその法人の役員又は使用人（その役員又は使用人であった者及びその者の相続人を含みます。以下，「役員等」といいます。）に付与された新株予約権（自己株式取得方式のストックオプション（改正前商法210条の2）や新株引受権方式のストックオプション（改正前商法280条の19）等を含みます。）の行使によって取得されたその法人の株式（その役員等が有するものに限ります。）

（図表）民法上の組合である従業員持株会がある場合の(1)①のイの完全支配関係の例

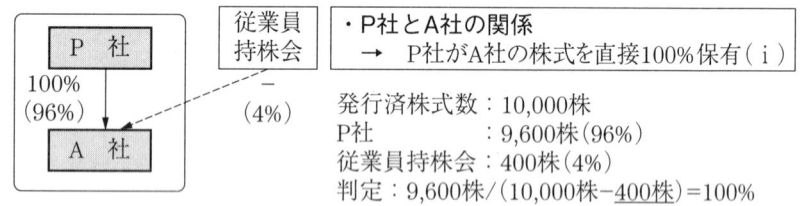

② **間接完全支配関係（みなし直接完全支配関係）**

上記①の場合において，一の者との間に直接完全支配関係がある「一又は二以上の法人」が「他の法人」の発行済株式等の全部を保有する場合には，その一の者がその「他の法人」の発行済株式等の全部を有するものとみなされます（法令4の2②後段）。

このため，次の図表の例の場合には，A社とB社だけでなく，A社とC社も完全支配関係があるということになります。

(図表)（1）②の完全支配関係の例

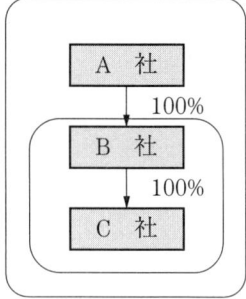

- A社とB社の関係
  → A社がB社の株式を直接100％保有（ⅰ）
- A社とC社の関係
  → A社がC社の株式をみなし直接100％保有（ⅰ）
- B社とC社の関係
  → A社とのⅰの関係が相互にある（ⅱ）
  → B社がC社の株式を直接100％保有（ⅰ）

③ 直接・間接完全支配関係（みなし直接完全支配関係）

上記①の場合において、一の者及びこれとの間に直接完全支配関係がある「一又は二以上の法人」が「他の法人」の発行済株式等の全部を保有する場合には、その一の者がその他の法人の発行済株式等の全部を有するものとみなされます（法令4の2②後段）。

このため、次の図表の例の場合には、A社とB社だけでなく、A社とC社も完全支配関係があるということになります。

なお、B社とC社に関しては、3の冒頭に掲げたⅱの関係があることとなります（後掲（2）参照）。

(図表)（1）③の完全支配関係の例

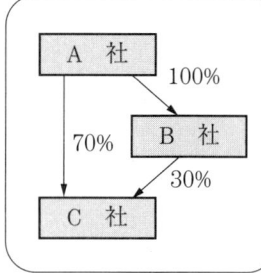

- A社とB社の関係
  → A社がB社の株式を直接100％保有（ⅰ）
- A社とC社の関係
  → A社がC社の株式をみなし直接100％保有（ⅰ）
- B社とC社の関係
  → A社とのⅰの関係が相互にある（ⅱ）

(2) 一の者との間に当事者間の完全支配の関係がある法人相互の関係

上記（1）の一の者が法人の発行済株式等の全部を直接又は間接に保有する関係（「当事者間の完全支配の関係」）のほか，一の者との間に「当事者間の完全支配の関係」がある法人相互の関係も，完全支配関係となります（法法2十二の七の六）。

このため，次の図表の例の場合には，A社とB社は，相互に完全支配関係があるということになります。

（図表）（2）の完全支配関係の例

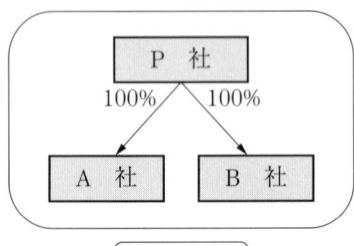

・P社とA社の関係
　→　P社がA社の株式を直接100%保有（ⅰ）
・P社とB社の関係
　→　P社がB社の株式を直接100%保有（ⅰ）
・A社とB社の関係
　→　P社とのⅰの関係が相互にある（ⅱ）

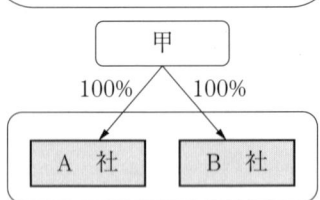

・甲とA社の関係
　→　甲がA社の株式を直接100%保有（ⅰ）
・甲とB社の関係
　→　甲がB社の株式を直接100%保有（ⅰ）
・A社とB社の関係
　→　甲とのⅰの関係が相互にある（ⅱ）

（図表）個人と親族が全部保有している場合の(2)の完全支配関係の例

```
    甲         乙（妻）
   ┌─┐        ┌─┐
   └┬┘        └┬┘
  70%│50%   30%│50%
    │  ╲   ╱  │
    ▼   ╲ ╱   ▼
  ┌───┐ ╱ ╲ ┌───┐
  │A 社│   │B 社│
  └───┘    └───┘
```

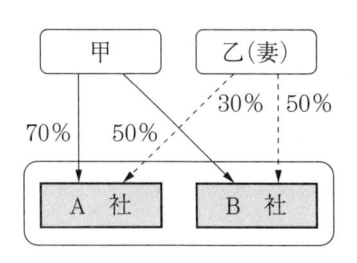

- 甲・乙とA社の関係
  → 甲・乙がA社の株式を直接100％保有（ⅰ）
- 甲・乙とB社の関係
  → 甲・乙がB社の株式を直接100％保有（ⅰ）
- A社とB社の関係
  → 甲・乙とのⅰの関係が相互にある（ⅱ）

※乙は甲の配偶者であり，特殊の関係のある者に該当します。

```
   丙（兄）    丁（弟）
   ┌─┐        ┌─┐
   └┬┘        └┬┘
  100%         100%
    │           │
    ▼           ▼
  ┌───┐       ┌───┐
  │C 社│       │D 社│
  └───┘       └───┘
```

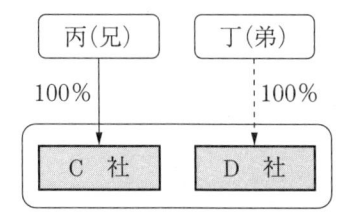

- 丙とC社の関係
  → 丙がC社の株式を直接100％保有（ⅰ）
- 丁とD社の関係
  → 丁がD社の株式を直接100％保有（ⅰ）
- C社とD社の関係
  → 丙・丁とのⅰの関係が相互にある（ⅱ）

※丁は丙の弟であり，特殊の関係のある者に該当します。

やや特殊な例となりますが，例えば，持分の定めのある医療法人の出資とMS（Medical Service）法人である株式会社・有限会社の株式・出資を親族で100％保有している場合も，その医療法人とMS法人との間に「一の者」による完全支配関係があるといえます。

（図表）医療法人とMS法人の場合の(2)の完全支配関係の例

```
    甲     乙（妻）  丙（子）
   ┌─┐    ┌─┐    ┌─┐
   └┬┘    └┬┘    └┬┘
  70%│50% 30%│30%  20%
    │   ╲  │  ╱    │
    ▼    ╲ │ ╱     ▼
  ┌────┐  ╳    ┌──────┐
  │MS法人│       │医療法人│
  └────┘       └──────┘
```

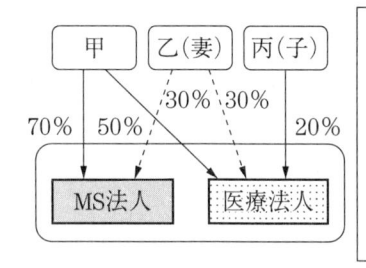

- 甲・乙とMS法人の関係
  → 甲・乙がMS法人の株式を直接100％保有（ⅰ）
- 甲・乙・丙と医療法人の関係
  → 甲・乙・丙が医療法人の出資持分を直接100％保有（ⅰ）
- 医療法人とMS法人の関係
  → 甲・乙・丙とのⅰの関係が相互にある（ⅱ）

※乙は甲の配偶者，丙は甲の子であり，特殊の関係のある者に該当します。

4 「支配関係」・「完全支配関係」の用例

（1） 組織再編成税制における「支配関係」・「完全支配関係」
　　（法法２十二の八他）

　適格合併（法法２十二の八），適格分割（法法２十二の十一），適格現物出資（法法２十二の十四），適格株式交換（法法２十二の十六），適格株式移転（法法２十二の十七）の判定における株式保有要件においては，「いずれか一方の法人による支配関係」，「同一の者による支配関係」，「いずれか一方の法人による完全支配関係」や「同一の者による完全支配関係」という文言にて規定が設けられています。

　例えば，適格合併の100％株式保有要件では，吸収合併に係る被合併法人と合併法人の間に，次の図表のように，「いずれか一方の法人による完全支配関

（図表）「いずれか一方の法人による完全支配関係」の例

```
  A 社
（合併法人）
    │100%
    ▼
  B 社
（被合併法人）
```

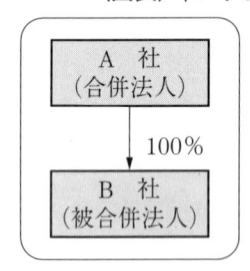

・A社とB社の関係
　→ A社がB社の株式を直接100％保有（ⅰ）

「A社（合併法人）による完全支配関係」があるといえます。

（図表）「同一の者による完全支配関係」の例

```
        甲
   100% ╱ ╲ 100%
      ▼   ▼
    A 社  B 社
```

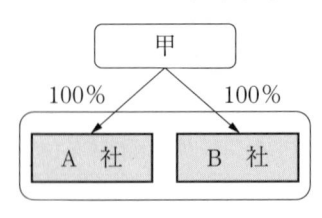

・甲とA社の関係
　→ 甲がA社の株式を直接100％保有（ⅰ）
・甲とB社の関係
　→ 甲がB社の株式を直接100％保有（ⅰ）
・A社とB社の関係
　→ 甲とのⅰの関係が相互にある（ⅱ）

「甲による完全支配関係」があるといえます。

係」又は「同一の者による完全支配関係」があることが求められています。

このような「支配関係」と「完全支配関係」の用い方は、これらの用語の定義の文言を「いずれか一方の法人による支配関係」、「同一の者による支配関係」、「いずれか一方の法人による完全支配関係」や「同一の者による完全支配関係」という文言に挿入してみると、正しい文章とはならないという難点があることは否定できませんが、実務上は、法令の規定の文言にこだわらず、「いずれか一方の法人」又は「同一の者」が直接又は間接に「支配」又は「完全支配」をしているというべき関係はどのような関係であるのかということを考えてみて、そのような関係にあるということであれば、「いずれか一方の法人による支配関係」、「同一の者による支配関係」、「いずれか一方の法人による完全支配関係」や「同一の者による完全支配関係」にある、とすることで足るものと考えられます。

(2) 「法人による完全支配関係」(法法25の2①, 37②)

受贈益の益金不算入制度(法法25の2)及び寄附金の損金不算入制度(法法37②)では、内国法人との間に完全支配関係(法人による完全支配関係に限ります。)がある他の内国法人から受けた受贈益の額と他の内国法人に対して支出した寄附金の額がそれぞれ益金不算入・損金不算入とされることになります。

「法人による完全支配関係」とは、完全支配関係の判定において「一の者」を「法人」とした場合の次のいずれかの関係となるものと考えられます。

 イ 「法人」が他の法人の発行済株式等の全部を直接又は間接に保有する関係
 ロ 「法人」との間にイの関係がある他の法人相互の関係

(図表) 法人による完全支配関係の例

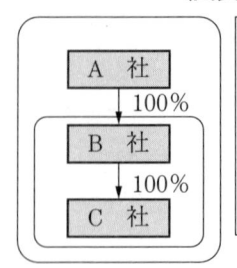

```
A 社
 ↓100%
B 社
 ↓100%
C 社
```

- A社とB社の関係
  → A社がB社の株式を直接100％保有（ⅰ）
- A社とC社の関係
  → A社がC社の株式をみなし直接100％保有（ⅰ）
- B社とC社の関係
  → A社とのⅰの関係が相互にある（ⅱ）
  → B社がC社の株式を直接100％保有（ⅰ）

いずれも「A社（法人）による完全支配関係」があるといえます。

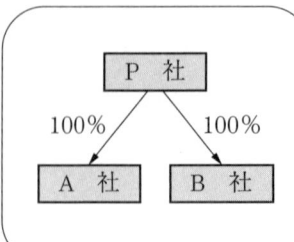

```
    P 社
  100%  100%
  A 社   B 社
```

- P社とA社の関係
  → P社がA社の株式を直接100％保有（ⅰ）
- P社とB社の関係
  → P社がB社の株式を直接100％保有（ⅰ）
- A社とB社の関係
  → P社とのⅰの関係が相互にある（ⅱ）

いずれも「P社（法人）による完全支配関係」があるといえます。

したがって，完全支配関係の判定において次の図表のように「一の者」を「個人」とした場合にのみ完全支配関係があるときには，「法人による完全支配関係」はないということになります。

(図表) 法人による完全支配関係がない場合の例

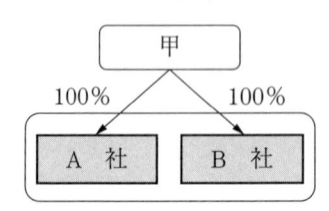

```
     甲
  100%  100%
  A 社   B 社
```

- 甲とA社の関係
  → 甲がA社の株式を直接100％保有（ⅰ）
- 甲とB社の関係
  → 甲がB社の株式を直接100％保有（ⅰ）
- A社とB社の相互の関係
  → 甲とのⅰの関係が相互にある（ⅱ）

A社とB社には「法人による完全支配関係」はありません

ただし，次の図表のように個人が頂点にあるケースであっても，「A社」を一の者として判定をした場合に完全支配関係があるということになるときには，「法人（A社）による完全支配関係」があるということになります。

(図表) A社を一の者とした場合の完全支配関係の判定

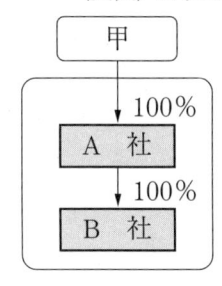

```
    甲
    │100%
    ▼
   A 社
    │100%
    ▼
   B 社
```

・A社とB社の関係
 → A社がB社の株式を直接100％保有（ⅰ）

「A社(法人)による完全支配関係」があるということになります。

（3） 資本金の額が5億円以上である「法人による完全支配関係」（法法66⑥二他）

　内国法人である普通法人のうち各事業年度終了の時において次に掲げる法人に該当するものについては，中小特例は適用されないこととなります（法法66⑥ほか）。

　イ　保険業法に規定する相互会社
　ロ　次に掲げる法人との間にその法人による完全支配関係がある普通法人
　　(イ)　資本金の額又は出資金の額が5億円以上である法人
　　(ロ)　相互会社（外国相互会社を含みます。）
　　(ハ)　法人課税信託の受託法人
　ハ　法人課税信託の受託法人

　特に，実務上は，「資本金の額が5億円以上である法人との間にその法人による完全支配関係がある普通法人」に該当するか否かが重要となります。
　「資本金の額が5億円以上である法人による完全支配関係」とは，完全支配関係の判定において「一の者」を「資本金の額が5億円以上である法人」とした場合の次のいずれかの関係ということになるものと考えられます。
　イ　「資本金の額が5億円以上である法人」が他の法人の発行済株式等の全部を直接又は間接に保有する関係
　ロ　「資本金の額が5億円以上である法人」との間にイの関係がある他の法

人相互の関係

(図表) 資本金の額が5億円以上である法人による完全支配関係の例

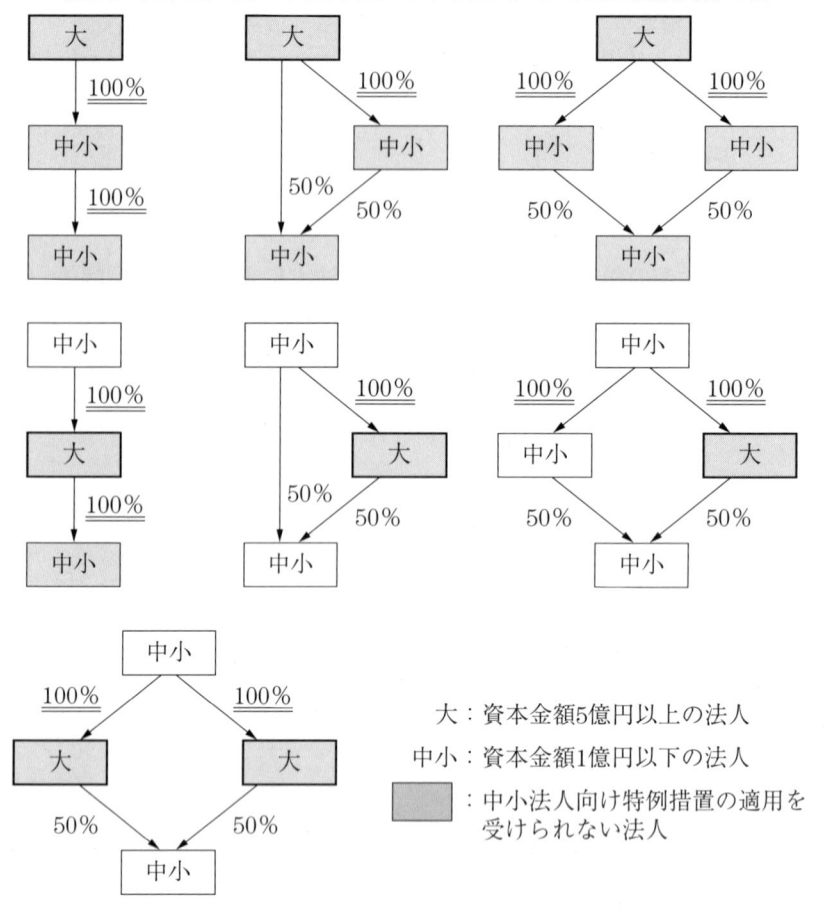

大：資本金額5億円以上の法人
中小：資本金額1億円以下の法人
▨：中小法人向け特例措置の適用を受けられない法人

(4) 完全支配関係の系統図の申告書への添付

確定申告書の添付書類として,「内国法人の事業等の概況に関する書類(法人事業概況説明書)」に「当該内国法人との間に完全支配関係がある法人との関係を系統的に示した図」が含まれることとなっています(法規35四括弧書き)。

第2章 受取配当等益金不算入

1 内国法人からの受取配当

　内国法人である完全子法人からの受取配当について，負債利子控除計算が不要となりました。
　また，自己の株式（出資を含みます。）の取得に係るみなし配当が，自己株式として取得されることを予定して取得した株式等につき発生した場合には，益金不算入となる配当から除外されることになりました。
　ただし，完全支配関係法人間における自己の株式の取得の場合には，譲渡損益は認識しないことになりましたが，発生したみなし配当金については，益金不算入の対象とされます。
　詳細はⅠ第4章及びⅡ第4章を参照して下さい。
　平成22年度改正により，完全子法人等からの受取配当金は全額が益金不算入となりましたが，配当計算期間の全期間において完全支配関係にあることが必要とされますので，配当基準日が重要となります。定款により配当基準日を明確にしておいた方が良いと思われます。

（1）益金不算入対象の受取配当金

① 通常の受取配当金

　益金不算入の対象となる通常の受取配当金は，次のものです（法法23①）。ただし，短期所有株式（配当基準日の1ケ月前に取得し，かつ，配当基準日の2ケ月後に譲渡したもの）については適用がありません（法法23②）。

(イ)　剰余金や利益の配当

　　　　ただし，資本剰余金の減少に伴うものと分割型分割による配当や，外国法人からの配当・公益法人や人格なき社団から受けるもの・適格現物分配により受取るものは対象外です。

　(ロ)　資産の流動化に関する法律第百十五条第一項（中間配当）に規定する金銭の分配の額

　(ハ)　公社債投資信託以外の証券投資信託の収益の分配の額のうち，内国法人から受ける第一号に掲げる金額から成るものとして政令で定めるところにより計算した金額

② **みなし配当（法法 24）**

　次の事由により金銭等の資産の交付を受けた場合で，受領した資産の合計額が，交付基因となった株式等（出資を含みます。）に対応する資本金等の額を超える部分が上記①（イ）の金額とみなされます。交付された資産は，適格現物分配については交付資産の簿価で計算し，それ以外は時価にて計算しますが，上記①（イ）で記載したように，適格現物分配については，受取配当等の益金不算入の対象外となります。なお，合併法人が抱合株式を保有していた場合には，抱合株式にも割当てがあったとみなして，この規定を適用します（法法24②）。

　(イ)　非適格合併

　(ロ)　非適格分割型分割

　(ハ)　資本剰余金の減少を伴う剰余金の配当で，分割型分割によらないもの

　(ニ)　解散による残余財産の分配

　(ホ)　自己株式の取得（証券市場からの自己株式の取得等を除きます。）

　(ヘ)　出資の消却や出資の払戻しなど

　(ト)　組織変更（資産を交付した場合に限ります。）

（2）完全子法人等からの配当金

　完全子法人株式等に係る受取配当金は，全額が益金不算入となります。

第2章 受取配当等益金不算入

　この益金不算入対象となる完全子法人株式等とは、配当の計算期間の全期間において完全支配関係が継続した内国法人の株式又は出資（その配当がみなし配当である場合には、その支払の効力が生ずる日の前日において完全支配関係がある内国法人の株式又は出資）を意味します（法法23⑤）。

　計算期間を通じて完全支配関係があればよいため、例えば、グループの頂点の法人の株式をグループ内の法人が一部保有しており、その頂点の法人から配当を受け取った場合にも、その配当は完全子法人株式等に係る配当として、その全額が益金不算入となります。

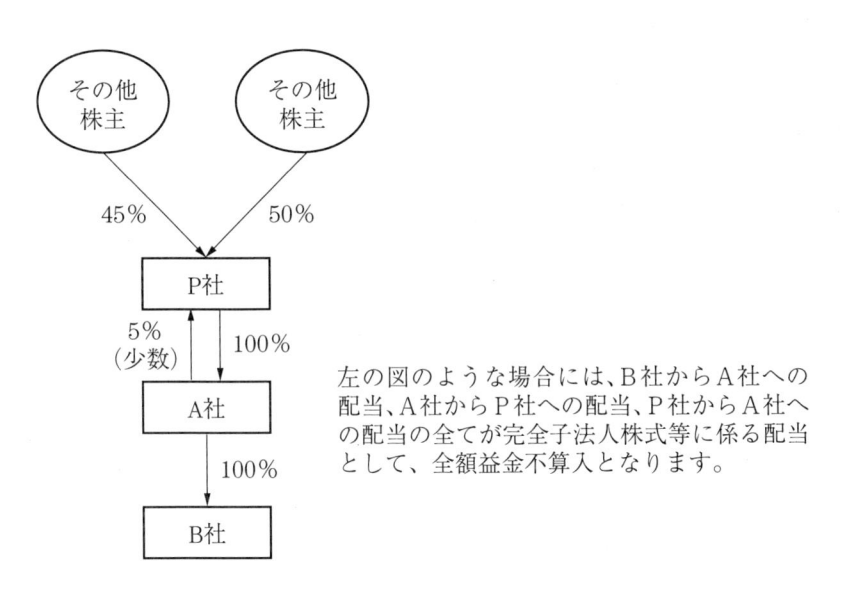

左の図のような場合には、B社からA社への配当、A社からP社への配当、P社からA社への配当の全てが完全子法人株式等に係る配当として、全額益金不算入となります。

　この完全支配関係の継続については、次のように取り扱われます。

① **配当の計算期間**

　配当の計算期間は、前回の配当基準日の翌日から配当に係る基準日までの期間とされていますが、この期間が1年以上となる場合には、配当基準日の1年前の翌日が起算日とされ、期中設立や増資の場合には、その取得日が起算日とされます（法令22の2②）。

② 計算期間の途中から完全支配関係が発生した場合の保有期間

計算期間を通じて完全支配関係が継続している場合には、内国法人（図のB社）が計算期間の中途において他の内国法人（図のA社）との間に完全支配関係を有することとなった場合において、その計算期間の開始の日からその完全支配関係を有することとなった日まで継続してその他の内国法人と他の者（図のP社）との間にその他の者による完全支配関係があり、かつ、同日からその計算期間の末日まで継続してその内国法人とその他の者との間及びその他の内国法人とその他の者との間にその他の者による完全支配関係があったときを含むこととされています（法令22の2①括弧番き）。

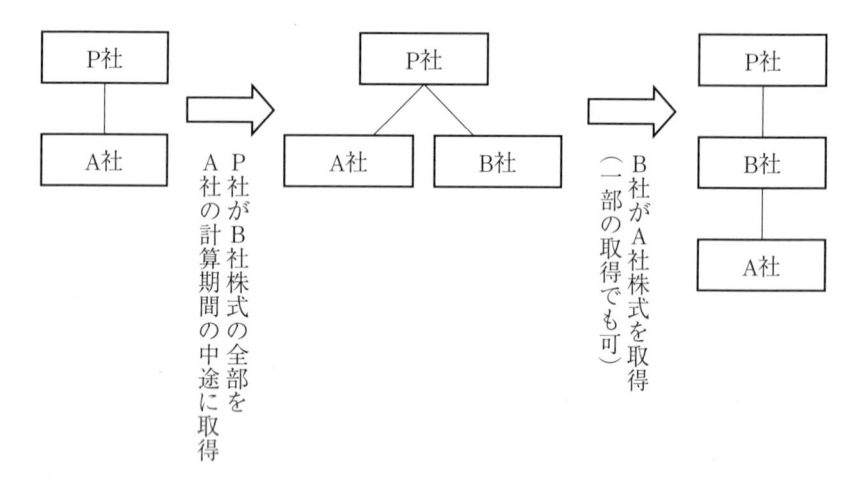

> 上図のような場合には、A社からB社への配当については、P社とA社の完全支配関係が計算期間を通じてある限り、完全子法人株式等に係る配当として、その全額が益金不算入となります。

上図において、P社がB社を取得した時期が計算期間開始の日前であれば、計算期間の中途でB社がA社株式を取得したとしても、A社とB社の完全支配関係は、計算期間開始の日以前からありますので、当然にA社からB社への配当は完全子法人株式等に係る配当として、全額益金不算入となります。

ただし、所得税額控除については、特に規定が設けられておらず、計算期間の中途で株式を取得した場合には、通常通り期間按分により控除税額を計算す

ることとなりますので，注意が必要です。

③ **適格合併により引継いだ株式等の保有期間**

被合併法人において完全支配関係があった期間は，合併法人において完全支配関係があった期間とされます（法法22の2③）。

（3） 自己株式取得に関するみなし配当の益金不算入除外

自己株式として取得されることを予定して取得した株式等に関して，自己株式として取得されたことにより発生したみなし配当については，益金不算入の対象外とされます（法法23③）。

この自己株式として取得されることを予定して取得した株式等は，適格合併・適格分割・適格現物出資により取得した株式等も対象です。

具体的には，被合併法人・分割法人・現物出資法人が取得のときに自己株式として取得されることを予定していたもので，合併法人・分割承継法人・被現物出資法人の取得や引継ぎの時点でも自己株式として取得されることを予定していた株式等です（法令20の2）。

詳細についてはⅡ第4章「自己株式取得予定の場合のみなし配当の益金算入」を参照して下さい。

（4） 関係法人株式等に係る受取配当金益金不算入

関係法人等とは，完全子法人等以外の法人で自己株式を除く発行済株式数の25％以上の株式等（出資を含みます。）を配当の効力発生日以前6ケ月以上継続して保有する法人です。この株式等が適格再編により引き継がれた株式等である場合には，この保有期間には，被合併法人などの保有していた期間も含まれるのは，改正前と同様です（法令22の3）。この法人からの受取配当金については，改正前の負債利子控除計算を適用して益金不算入額を計算します（法法23④）。

(5) 完全子法人株式等と関係法人株式等以外の受取配当金

この法人からの受取配当金については，改正前の負債利子控除計算を適用した後の50％が益金不算入となります（法法23④）。

(6) 負債利子控除の簡便計算

平成22年4月1日に存在する内国法人については，平成22年4月1日から平成24年3月31日までの間に開始した事業年度に係る負債利子控除割合をもって，上記（4）・（5）の負債利子控除計算を行うことができます（法令22⑤）。

したがって，3月決算法人の場合，次のようになります。

平成22年4月から平成23年3月事業年度
　…簡便計算不可（原則法と結果が一致）

平成23年4月から平成24年3月事業年度
　…平成22年度の負債利子控除割合による簡便計算可能

平成24年4月から平成25年3月事業年度以降
　…平成22年度と平成23年度合計の負債利子控除割合による簡便計算可能

2　外国法人からの受取配当金

自己株式を除く発行済株式総数の25％以上を有する外国子法人からの配当の益金不算入については，内国法人の自己株式取得予定株式に関するみなし配当に関する規制と同様，自己株式として取得されることを予定して取得した株式に関して，自己株式として取得されたことにより発生したみなし配当については，益金不算入となる配当金の対象外とされました（法法23の2，法令22の4③）。

なお，外国法人については，内国法人と異なり，完全支配関係法人間の譲渡損益が課税所得を構成しますので，自己株式取得予定株式に係るみなし配当は，

常に益金不算入となる受取配当金にはならないことにご留意下さい。

【事　例】

A社（完全子法人）からの配当金　　　10,000
B社（関係法人）からの配当金　　　　　 300
C社からの配当金　　　　　　　　　　　 175
総資産
　　前期　1,500,000　　当期　2,500,000
関係法人株式簿価
　　前期　　　2,000　　当期　　　2,000
その他法人株式簿価
　　前期　　　1,000　　当期　　　1,000

I　グループ法人税制

受取配当等の益金不算入に関する明細書

法人名：受取配当金事例
別表八(一)　平二十二・四・一以後終了事業年度分

当年度実績により負債利子等の額を計算する場合

関係法人株式等	負債利子等の額の計算	連結法人株式等又は完全子法人株式等に係る受取配当等の額 (36の計)	1	10,000円
		受取配当等の額 (39の計)	2	300
		当期に支払う負債利子等の額	3	50,000
		連結法人に支払う負債利子等の額	4	
		特別利子の額	5	
		国外支配株主等に係る負債の利子等の損金不算入額 (別表十七(一)「28」、「29」、「30」又は「31」)	6	
		差引金額 (3)－(4)－(5)－(6)	7	50,000
		総資産価額 (32の計)	8	4,000,000
		期末関係法人株式等の帳簿価額 (33の計)	9	4,000
		受取配当等の額から控除する負債利子等の額 (7)×(9)/(8)	10	50
その他株式等		受取配当等の額 (43の計)	11	175
		期末その他株式等の帳簿価額 (34の計)＋(35の計)	12	2,000
		受取配当等の額から控除する負債利子等の額 (7)×(12)/(8)	13	25
		受取配当等の益金不算入額 (1)＋((2)－(10))＋((11)－(13))×50%	14	10,325

基準年度実績により負債利子等の額を計算する場合

関係法人株式等	負債利子等の額の計算	連結法人株式等又は完全子法人株式等に係る受取配当等の額 (36の計)	15	円
		受取配当等の額 (39の計)	16	
		当期に支払う負債利子等の額	17	
		特別利子の額	18	
		国外支配株主等に係る負債の利子等の損金不算入額 (別表十七(一)「28」、「29」、「30」又は「31」)	19	
		差引金額 (17)－(18)－(19)	20	
		平成10年4月1日から平成12年3月31日まで又は平成22年4月1日から平成24年3月31日までの間に開始した各事業年度の負債利子等の額の合計額	21	
		同上の各事業年度の関係法人株式等に係る負債利子等の額の合計額	22	
		負債利子控除割合 (小数点以下3位未満切捨)	23	
		受取配当等の額から控除する負債利子等の額 (20)×(23)	24	円
その他株式等		受取配当等の額 (43の計)	25	
		(21)の各事業年度のその他株式等に係る負債利子等の額の合計額	26	
		負債利子控除割合 (29)/(21) (小数点以下3位未満切捨)	27	
		受取配当等の額から控除する負債利子等の額 (20)×(27)	28	円
		受取配当等の益金不算入額 (15)＋((16)－(24))＋((25)－(28))×50%	29	

当年度実績による場合の総資産価額等の計算

区分	総資産の帳簿価額 30	連結法人に支払う負債利子等の元本の負債の額等 31	総資産価額 (30)－(31) 32	期末関係法人株式等の帳簿価額 33	期末その他株式等の帳簿価額	
					株式及び出資金 34	受益権の帳簿価額 ×50又は25/100 35
前期末現在額	1,500,000円	円	1,500,000円	2,000円	1,000円	
当期末現在額	2,500,000		2,500,000	2,000	1,000	
計	4,000,000		4,000,000	4,000	2,000	

受取配当等の額の明細

	法人名	本店の所在地	受取配当等の額の計算期間	受取配当等の額 36
連結法人株式等又は完全子法人株式等	A株式会社	東京都千代田区	22・10・1 ～ 23・9・30	10,000円
	計			

	法人名	本店の所在地	効力発生日までの保有期間	保有割合	受取配当等の額 37	左のうち益金の額に算入される金額 38	益金不算入の対象となる金額 (37)－(38) 39
関係法人株式等	B株式会社	東京都中央区	12	40%	300円	円	300円
	計						

	法人名又は銘柄	本店の所在地 (証券投信にあっては、特定株式投信・外貨建投信・その他投信の別)	受取配当等の額 (その収入額×100、50又は25/100) 40	受取配当等の額 41	左のうち益金の額に算入される金額 42	益金不算入の対象となる金額 (41)－(42) 43
その他株式等	C株式会社	東京都港区		175円	円	175円
	計					

御注意
2　1　「31」欄には、貸借対照表に計上されている特別償却準備金及び圧縮記帳に係る積立金の額を含めます。「41」欄は、証券投資信託・公社債投信、外国投資信託及び特定外貨建等証券投資信託を除きます。この収益の分配については、「41」欄の証券投資信託の区分に応じ、その収入額の100/100、50/100、1/2又は25/100、1/4に相当する金額を記載します。

法 0301-0801

第3章　寄附金・受贈益の取扱い

1　寄附金の取扱い

　法人による完全支配関係がある内国法人間で行われる寄附については，平成22年度改正により，寄附金の支出側の法人ではその寄附金の全額が損金不算入とされ（法法37②），受取側の法人では受贈益の全額が益金不算入とされることとなります（法法25の2）。

　寄附金の概念は，従前と同様で，広告宣伝費や交際費等となるものは除かれ，低額譲渡等に関する経済的利益が含まれることとなります（法法37⑦）。

　この改正は，平成22年10月1日以後に支出する寄附金及び同日以後に受ける受贈益について適用されることとなります（改正法附則16，18）。

（1）　寄附金の損金不算入処理を行うこととなる完全支配関係

　この取扱いは，「法人による完全支配関係」（法法37②）がある内国法人間の寄附金を対象としていますので，個人との間に当事者間の完全支配関係がある法人相互の関係のみの場合には，この制度の対象となるものではないことに注意が必要です。

〈対象法人の例〉

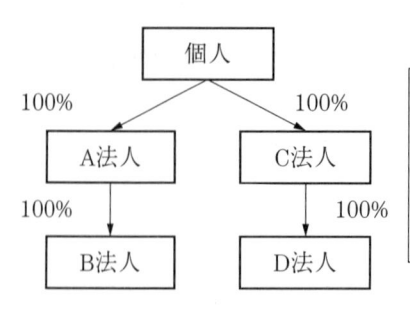

```
            個人
        100%    100%
         ↓        ↓
       A法人    C法人
       100%    100%
         ↓        ↓
       B法人    D法人
```

A・B法人間の寄付は対象
C・D法人間の寄付は対象
A・C法人間の寄付は対象外
A・D法人間の寄付は対象外
B・C法人間の寄付は対象外
B・D法人間の寄付は対象外

　また、この「法人による完全支配関係」の「法人」については、特に内国法人等に限る旨の定めは置かれておらず、外国法人であってもこれに該当することとなりますので、次のような場合でも、A・B・Dの各法人間の寄附について、この取扱いの適用があることとなります。

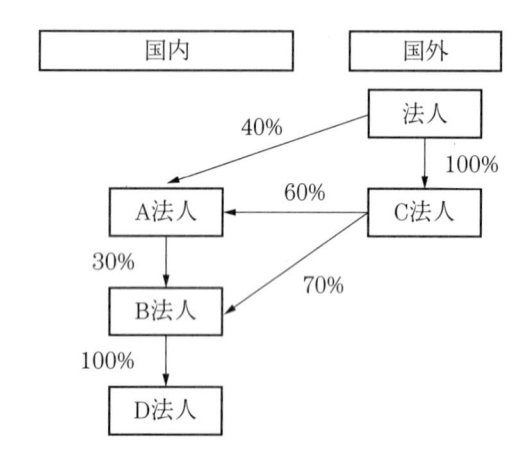

```
   国内            国外
                  法人
            40%  ↓ 100%
           ↓    
          A法人 ← 60% C法人
           30% ↓        ↓ 70%
          B法人 ←───────┘
           100% ↓
          D法人
```

（2）対象となる寄附金

　この取扱いは、寄附金を支出する側の法人でその支出する金額が法人税法37条7項に規定する寄附金の額となり、かつ、その寄附金を受ける側の法人

でその受ける金額が法人税法25条の2第2項に規定する受贈益の額となるものについて適用するものとされています（法25の2①　37②）。

　支出側の法人において寄附金に該当するものであっても，受取側の法人において受贈益とならないものは，この取扱いの対象外ですし，子会社支援損などのように，支出側の法人において寄附金に該当しないものも，この取扱いの対象外となることに注意が必要です。

　なお，この取扱いにより，支出側の法人において寄附金が損金不算入とされ，受取側の法人において受贈益が益金不算入とされた場合には，支出側の法人においては，寄附金の支出により損金が発生して利益積立金が減少するものの，その寄附金が損金不算入とされて申告加算される際には社外流出とされ，また，受取側の法人においては，受贈益により益金が発生して利益積立金が増加するものの，その受贈益が益金不算入とされて申告減算される際には社外流出とされるため，課税なしで支出側の法人から受取側の法人に実質的な利益積立金の移転が起こることになります。

（3）申告における取扱い

　この取扱いに関しては，寄附金の損金不算入額の計算の明細書である別表十四（二）「5」・「23」欄（完全支配関係がある法人に対する寄附金）に記載し，別表四においてそれ以外の損金不算入とされる寄附金の額と合わせて申告加算（社外流出）することとなります。

（4）子法人株式の帳簿価額の修正

　子法人（法人との間に完全支配関係がある法人）がこの取扱いの適用を受ける場合には，親法人はその子法人の株式の帳簿価額を修正する（法令119の3⑥，119の4①）とともに，その修正に際して自己の利益積立金額を増加させ又は減少させる（法令9①七）こととされています。

　子法人の株式の帳簿価額を修正し，自己の利益積立金額を増加させ又は減少させるに当たっては，その処理の事由となる子法人における寄附金・受贈益の

発生を「寄附修正事由」と呼び，その処理を行う金額を次のように計算することとされています。

益金不算入受贈益×持分割合（＊）−損金不算入寄附金×持分割合（＊）

* 上記算式の「持分割合」は，子法人の寄附修正事由が生じた時の直前の発行済株式又は出資（その子法人が有する自己の株式又は出資を除きます。）の総数又は総額のうちにその法人（株主）がその寄附修正事由が生じた時の直前に有するその子法人の株式又は出資の数又は金額の占める割合を言います。

この帳簿価額修正は，連結納税制度における帳簿価額修正とは異なり，寄附修正事由が発生した法人の株式を直接に保有している法人についてのみ行われることとされていますので，下図のような場合には，B社が保有するC社株式について帳簿価額修正が行われ，A社が保有するB社株式やP社が保有するA社株式については帳簿価額修正は行われません。

また，寄附修正事由が発生した場合には，その株式を保有する法人においてその株式の帳簿価額の修正が必要となりますので，その株式を保有する法人に寄附修正事由の発生等を通知することとする方が良いと考えられますが，法令上は，その旨の規定は設けられていません。

ただし，実務を考慮すると，上記の通知を行うこととした方が良いと考えられます。

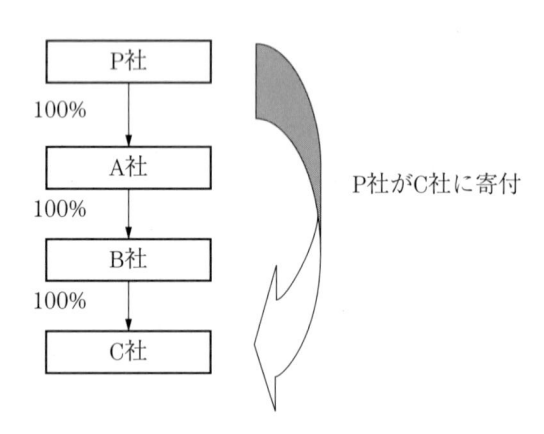

(5) 処理例

① 完全子法人A社が完全子法人B社に現金100を寄附したケース（例1）

　イ　A社の処理

　　　寄附金　100　／　現金　　100

　　　＊　寄附金100は当期利益に反映されているため，申告加算（社外流出）。

　ロ　B社の処理

　　　現金　　100　／　受贈益　100

　　　＊　受贈益100は当期利益に反映されているため，申告減算（社外流出）。
　　　　この受贈益は，受取配当金と同様に留保所得となります（法法67③四）。

　ハ　親法人における子会社株式の帳簿価額修正

　　　B社株式　　100　／　利益積立金　100

　　　利益積立金　100　／　A社株式　　100

　　　＊　会計上は寄附修正事由による修正は行われませんが，税制上は上記の修正を行う必要があります。

I　グループ法人税制

別表四（簡易様式）　平二二・四・一以後終了事業年度分

所得の金額の計算に関する明細書（簡易様式）

法人名：完全子法人A社（例１）

区　分		総　額 ①	処　　分	
			留　保 ②	社外流出 ③
当期利益又は当期欠損の額	1	円	円	配当 　円
				その他
加算	損金の額に算入した法人税（附帯税を除く。）	2			
	損金の額に算入した道府県民税（利子割額を除く。）及び市町村民税	3			
	損金の額に算入した道府県民税利子割額	4			
	損金の額に算入した納税充当金	5			
	損金の額に算入した附帯税（利子税を除く。）、加算金、延滞金（延納分を除く。）及び過怠税	6			その他
	減価償却の償却超過額	7			
	役員給与の損金不算入額	8			その他
	交際費等の損金不算入額	9			その他
		10			
		11			
		12			
	小　　計	13			
減算	減価償却超過額の当期認容額	14			
	納税充当金から支出した事業税等の金額	15			
	受取配当等の益金不算入額（別表八（一）「14」又は「29」）	16			※
	外国子会社から受ける剰余金の配当等の益金不算入額（別表八（二）「13」）	17			※
	受贈益の益金不算入額	18			※
	適格現物分配に係る益金不算入額	19			※
	法人税等の中間納付額及び過誤納に係る還付金額	20			
	所得税額等及び欠損金の繰戻しによる還付金額等	21			※
		22			
		23			
		24			
	小　　計	25			外※
仮　　計 (1)+(13)-(25)		26			外※
寄附金の損金不算入額（別表十四（二）「24」又は「40」）	27	100		その他 100
法人税額から控除される所得税額（別表六（一）「6の③」）	29			その他
税額控除の対象となる外国法人税の額（別表六（二の二）「10」・別表十七（二の二）「39の計」）	30			その他
合　　計 (26)+(27)+(29)+(30)	32			外※
新鉱床探鉱費又は海外新鉱床探鉱費の特別控除額（別表十（二）「42」）	33	△		※ △
総　　計 (32)+(33)	35			外※
契約者配当の益金算入額（別表九（一）「13」）	36			
非適格合併又は残余財産の全部分配等による移転資産等の譲渡利益額又は譲渡損失額	40			※
差　引　計 (35)+(36)+(40)	41			外※
欠損金又は災害損失金等の当期控除額（別表七（一）「2の計」+（別表七（二）「22」又は「31」））	42	△		※ △
残余財産の確定の日の属する事業年度に係る事業税の損金算入額	43	△	△	
所得金額又は欠損金額	44			外※

法 0301－0402

第3章 寄附金・受贈益の取扱い

寄附金の損金算入に関する明細書

事業年度	・ ・	法人名	完全子法人A社(例1)

別表十四(二) 平二十二・四・一以後終了事業年度分

公益法人等以外の法人の場合				公益法人等の場合			
一般寄附金の損金算入限度額の計算	支出した寄附金の額	指定寄附金等の金額 (41の計)	1	円	損金算入限度額の計算	支出した寄附金の額	長期給付事業への繰入利子額	25	円
		特定公益増進法人等に対する寄附金額 (42の計)	2				同上以外のみなし寄附金額	26
		その他の寄附金額	3				その他の寄附金額	27
		計 (1)+(2)+(3)	4				計 (25)+(26)+(27)	28
		完全支配関係がある法人に対する寄附金額	5	100		所得金額仮計 (別表四「26の①」)		29
		計 (4)+(5)	6	100		寄附金支出前所得金額 (28)+(29) (マイナスの場合は0)		30
	所得金額仮計 (別表四「26の①」)		7			同上の $\frac{20又は50}{100}$ 相当額		31
	寄附金支出前所得金額 (6)+(7) (マイナスの場合は0)		8			公益社団法人又は公益財団法人の公益法人特別限度額 (別表十四(二)付表「3」)		32
	同上の $\frac{2.5}{100}$ 相当額		9			長期給付事業を行う協同組合等の損金算入限度額 (25と融資額の年5.5%相当額のうち少ない金額)		33
	期末の資本金等の額 (別表五(一)「36の④」) (マイナスの場合は0)		10			損金算入限度額 (31,(32)又は(33)のうち多い金額)		34
	同上の月数換算額 (10)×$\frac{}{12}$		11					
	同上の $\frac{2.5}{1,000}$ 相当額		12					
	一般寄附金の損金算入限度額 ((9)+(12))×$\frac{1}{2}$		13					
特定公益増進法人等に対する寄附金の特別損金算入限度額の計算	寄附金支出前所得金額の $\frac{5}{100}$ 相当額 (8)×$\frac{5}{100}$		14					
	期末の資本金等の額の月数換算額の $\frac{3.75}{1,000}$ 相当額 (12)		15					
	特定公益増進法人等に対する寄附金特別損金算入限度額 ((14)+(15))×$\frac{1}{2}$		16					
	特定公益増進法人等に対する寄附金の損金算入額 ((2)と((14)又は(16))のうち少ない金額)		17					
	指定寄附金等の金額 (1)		18			指定寄附金等の金額 (41の計)		35
	国外関連者に対する寄附金額		19			国外関連者に対する寄附金額		36
	(4)の寄附金額のうち同上の寄附金以外の寄附金額 (4)-(19)		20			(28)の寄附金額のうち同上の寄附金以外の寄附金額 (28)-(36)		37
損金不算入額	同上のうち損金の額に算入されない金額 (20)-((9)又は(13))-(17)		21		損金不算入額	同上のうち損金の額に算入されない金額 (37)-(34)-(35)		38
	国外関連者に対する寄附金額 (19)		22			国外関連者に対する寄附金額 (36)		39
	完全支配関係がある法人に対する寄附金額 (5)		23	100		計 (38)+(39)		40
	計 (21)+(22)+(23)		24	100				

指定寄附金等に関する明細

寄附した日	寄附先	告示番号	寄附金の使途	寄附金額 41
				円
		計		

特定公益増進法人、認定特定非営利活動法人若しくは特定地域雇用会社若しくは特定地域雇用等促進法人に対する寄附金又は認定特定公益信託に対する支出金の明細

寄附した日又は支出した日	寄附先又は受託者	所在地	寄附金の使途又は認定特定公益信託の名称	寄附金額又は支出金額 42
				円
		計		

その他の寄附金のうち特定公益信託(認定特定公益信託を除く。)に対する支出金の明細

支出した日	受託者	所在地	特定公益信託の名称	支出金額
				円

法 0301-1402

Ⅰ　グループ法人税制

別表四（簡易様式） 平二十二・四・一以後終了事業年度分

所得の金額の計算に関する明細書（簡易様式）

事業年度：　・　・　　　法人名：完全子法人Ｂ社（例１）

御注意
1　沖縄の認定法人の所得の特別控除、組合事業等に係る損失がある場合の課税の特例、対外船舶運航事業を営む法人の日本船舶による収入金額の課税の特例、商工組合等の留保所得の特別控除及び特定目的会社又は特定目的信託に係る課税の特例の規定の適用を受ける法人にあっては、別表様式による別表四を御使用ください。
2　「44」の①欄の金額は、②欄の金額に③欄の本書の金額を加算し、これから「※」の金額を加減算した額と符合することになりますから留意してください。

区　分		総額①	処分	
			留保②	社外流出③
当期利益又は当期欠損の額	1	円	円	配当　　円
				その他
加算	損金の額に算入した法人税（附帯税を除く。）	2			
	損金の額に算入した道府県民税（利子割額を除く。）及び市町村民税	3			
	損金の額に算入した道府県民税利子割額	4			
	損金の額に算入した納税充当金	5			
	損金の額に算入した附帯税（利子税を除く。）、加算金、延滞金（延納分を除く。）及び過怠税	6			その他
	減価償却の償却超過額	7			
	役員給与の損金不算入額	8			その他
	交際費等の損金不算入額	9			その他
		10			
		11			
		12			
	小　計	13			
減算	減価償却超過額の当期認容額	14			
	納税充当金から支出した事業税等の金額	15			
	受取配当等の益金不算入額（別表八（一）「14」又は「29」）	16			※
	外国子会社から受ける剰余金の配当等の益金不算入額（別表八（二）「13」）	17			※
	受贈益の益金不算入額	18	100		※　100
	適格現物分配に係る益金不算入額	19			※
	法人税等の中間納付額及び過誤納に係る還付金額	20			
	所得税額等及び欠損金の繰戻しによる還付金額等	21			※
		22			
		23			
		24			
	小　計	25			外※
仮　計 （1）+（13）-（25）		26			外※
寄附金の損金不算入額（別表十四（二）「24」又は「40」）		27			その他
法人税額から控除される所得税額（別表六（一）「6の③」）		29			その他
税額控除の対象となる外国法人税の額（別表六（二）「10」・別表十七（一）「29の計」）		30			その他
合　計 （26）+（27）+（29）+（30）		32			外※
新鉱床探鉱費又は海外新鉱床探鉱費の特別控除額（別表十（二）「42」）		33	△		※　△
総　計 （32）+（33）		35			外※
契約者配当の益金算入額（別表九（一）「13」）		36			
非適格合併又は残余財産の全部分配等による移転資産等の譲渡利益額又は譲渡損失額		40			※
差　引　計 （35）+（36）+（40）		41			外※
欠損金又は災害損失金等の当期控除額（別表七（一）「2の計」＋別表七（二）「22」又は「31」）		42	△		※　△
残余財産の確定の日の属する事業年度に係る事業税の損金算入額		43	△	△	
所得金額又は欠損金額		44			外※

法　0301－0402

㊞

第3章 寄附金・受贈益の取扱い

別表三(一) 平二十二・四・一以後終了事業年度分

特定同族会社の留保金額に対する税額の計算に関する明細書

| 事業年度 | ・ ・ | 法人名 | 完全子法人B社(例1) |

当期留保金額の計算

留保所得金額	(別表四「44の②」＋連結法人間配当等の当期支払額－連結法人間配当等の当期受取額)	1	円
前期末配当等の額	(前期の(3))	2	
当期末配当等の額		3	
法人税額	(別表一(一)「4」＋「5」＋「7」＋「10の外書」＋「11」＋「44」)	4	
住民税額の計算の基礎となる法人税額	((別表一(一)「2」＋「5」＋「7」＋「10の外書」＋「11」＋「43」－別表六(一)「23の計」－別表六(二)「15」－別表六(四)「22」－別表六(十)「15」－別表六(十四)「16」＋「21」)－別表六(十七)「24」－別表六(二十一)「21」)	5	
住民税	(5)×20.7%	6	
当期留保金額	(1)＋(2)－(3)－(4)－(6)	7	

積立金基準額の計算

期末資本金の額又は出資金の額		8	
同上の25％相当額		9	
期首利益積立金額	(別表五(一)「31の①」)－(2)	10	
期中増減 適格合併等により増加した利益積立金額		11	
期中増減 適格分割型分割等により減少した利益積立金額		12	
期末利益積立金額	(10)＋(11)－(12)	13	
積立金基準額	(9)－(13)	14	

所得基準額の計算

定額基準額	2,000万円×12分の	15	円
所得金額総計	(別表四「35の①」)	16	
受取配当等の益金不算入額	((別表八(一)「14」又は「29」)から連結法人間配当等の額に係る金額を除いた金額)	17	
外国子会社等から受ける剰余金の配当等の益金不算入額	(別表八(二)「13」＋別表十七(三の四)「17の計」)	18	
受贈益の益金不算入額	(別表四「18」)	19	100
法人税額の還付金等(過誤納及び中間納付額に係る還付金を除く。)(別表四「21」及び「24」の益金不算入附帯税(利子税を除く。)の受取額)		20	
新鉱床探鉱費又は海外新鉱床探鉱費の特別控除額 (別表十(二)「42」)		21	
対外船舶運航事業者の日本船舶による収入金額に係る所得の金額の損金算入額 (別表十(三)「19」)		22	
対外船舶運航事業者の日本船舶による収入金額に係る所得の金額の益金算入額 (別表十(三)「20」又は「22」)		23	
沖縄の認定法人の所得の特別控除額 (別表十(三)「9」又は「12」)		24	
収用等の場合等の所得の特別控除額 (別表十(六)「18」＋「33」＋「38」＋「43」＋「48」)		25	
肉用牛の売却に係る所得の特別控除額 (別表十(七)「22」)		26	
課税済留保金額の損金算入額 (別表十七(二の二)「35」)		27	
課税対象留保金額等の益金算入額 (別表十七(二)「40」＋別表十七(三)「33の内書」＋別表十七(三の二)「20」)		28	
所得等の金額 (16)＋(17)＋(18)＋(19)＋(20)＋(21)＋(22)－(23)＋(24)＋(25)＋(26)＋(27)－(28)		29	
所得基準額 (29)×40%		30	
留保控除額 ((14)、(15)又は(30)のいずれか多い金額)		31	
課税留保金額 (7)－(31)		32	000

留保金額に対する税額の計算

課税留保金額	番号	金額	税額	番号	金額
年3,000万円相当額以下の金額 ((32)又は(3,000万円×12分の)のいずれか少ない金額)	33	000円	(33)の10％相当額	37	円
年3,000万円相当額を超え年1億円相当額以下の金額 (((32)－(33))又は(1億円×12分の－(33))のいずれか少ない金額)	34	000	(34)の15％相当額	38	
年1億円相当額を超える金額 (32)－(33)－(34)	35	000	(35)の20％相当額	39	
計 (33)＋(34)＋(35)	36	000	計 (37)＋(38)＋(39)	40	

御注意：(略)

法 0301－0301

Ⅰ　グループ法人税制

所得の金額の計算に関する明細書（簡易様式）

別表四（簡易様式）　平二十二・四・一以後終了事業年度分

事業年度：　　　・　　・
法人名：親法人(例１)

区　分		総額①	処分	
			留保②	社外流出③
当期利益又は当期欠損の額	1	円	円	配当 円
				その他
加算	損金の額に算入した法人税（附帯税を除く。）	2			
	損金の額に算入した道府県民税（利子割額を除く。）及び市町村民税	3			
	損金の額に算入した道府県民税利子割額	4			
	損金の額に算入した納税充当金	5			
	損金の額に算入した附帯税（利子税を除く。）、加算金、延滞金（延納分を除く。）及び過怠税	6			その他
	減価償却の償却超過額	7			
	役員給与の損金不算入額	8			その他
	交際費等の損金不算入額	9			その他
		10	記載不要です		
		11			
		12			
	小　計	13			
減算	減価償却超過額の当期認容額	14			
	納税充当金から支出した事業税等の金額	15			
	受取配当等の益金不算入額（別表八（一）「14」又は「29」）	16			※
	外国子会社から受ける剰余金の配当等の益金不算入額（別表八（二）「13」）	17			※
	受贈益の益金不算入額	18			※
	適格現物分配に係る益金不算入額	19			※
	法人税等の中間納付額及び過誤納に係る還付金額	20			
	所得税額等及び欠損金の繰戻しによる還付金額等	21			※
		22			
		23			
		24			
	小　計	25			外※
仮計 (1)+(13)-(25)		26			外※
寄附金の損金不算入額（別表十四（二）「24」又は「40」）		27			その他
法人税額から控除される所得税額（別表六（一）「6の③」）		29			その他
税額控除の対象となる外国法人税の額（別表六（二の二）「10」・別表十（二の三）「39の計」）		30			その他
合　計 (26)+(27)+(29)+(30)		32			外※
新鉱床探鉱費又は海外新鉱床探鉱費の特別控除額（別表十（二）「42」）		33	△		※ △
総計 (32)+(33)		35			外※
契約者配当の益金算入額（別表九（一）「13」）		36			
非適格合併又は残余財産の全部分配等による移転資産等の譲渡利益額又は譲渡損失額		40			※
差引計 (35)+(36)+(40)		41			外※
欠損金又は災害損失金等の当期控除額（別表七（一）「2の計」・別表七（二）「22」又は「31」）		42	△		※ △
残余財産の確定の日の属する事業年度に係る事業税の損金算入額		43	△	△	
所得金額又は欠損金額		44			外※

法　0301－0402

第3章 寄附金・受贈益の取扱い

利益積立金額及び資本金等の額の計算に関する明細書

| 事業年度 | ・ ・ | 法人名 | 親法人(例1) |

I 利益積立金額の計算に関する明細書

区　分		期首現在利益積立金額 ①	当期の増減 減 ②	当期の増減 増 ③	差引翌期首現在利益積立金額 ①-②+③ ④
利益準備金	1	円	円	円	円
積立金	2				
B社株式	3			100	100
A社株式	4		100		△100
	5				
	6				
	7				
	8				
	9				
	10				
	11				
	12				
	13				
	14				
	15				
	16				
	17				
	18				
	19				
	20				
	21				
	22				
	23				
	24				
	25				
繰越損益金(損は赤)	26				
納税充当金	27				
未納法人税等	未納法人税(附帯税を除く。)	28	△	中間 △ 確定 △	△
	未納道府県民税(均等割額及び利子割額を含む。)	29	△	中間 △ 確定 △	△
	未納市町村民税(均等割額を含む。)	30	△	中間 △ 確定 △	△
差引合計額	31				

II 資本金等の額の計算に関する明細書

区　分		期首現在資本金等の額 ①	当期の増減 減 ②	当期の増減 増 ③	差引翌期首現在資本金等の額 ①-②+③ ④
資本金又は出資金	32	円	円	円	円
資本準備金	33				
	34				
	35				
差引合計額	36				

御注意

1 この表は、通常の場合には次の算式により検算ができます。
　期首現在利益積立金額合計「31」① ＋ 別表四留保所得金額又は欠損金額「44」 － 中間分、確定分法人税県市民税の合計額 ＝ 差引翌期首現在利益積立金額合計「31」④

2 発行済株式又は出資のうちに二以上の種類の株式がある場合には、法人税法施行規則別表五(一)付表(別表五(一)付表)の記載が必要となりますので御注意ください。

別表五(一)　平二十二・四・一以後終了事業年度分

法 0301-0501

② **親法人から完全子法人に現金 100 を寄附したケース（例 2）**

 イ 親法人の処理

  寄附金　100　／　現金　100

   ＊　寄附金 100 は当期利益に反映されているため，申告加算（社外流出）。

 ロ 完全子法人の処理

  現金　100　／　受贈益　100

   ＊　受贈益 100 は当期利益に反映されているため，申告減算（社外流出）。
    この受贈益は，受取配当金と同様に留保所得となります（法法 67 ③四）。

 ハ 親法人における子会社株式の帳簿価額修正

  子会社株式　100　／　利益積立金　100

   ＊　会計上は寄附修正事由による修正は行われませんが，税制上は上記の修正を行う必要があります。

第3章 寄附金・受贈益の取扱い

別表四（簡易様式） 平三十二・四・一以後終了事業年度分

所得の金額の計算に関する明細書（簡易様式）

事業年度　．．／．．
法人名　親法人(例2)

御注意

1　沖縄の認定法人の所得の特別控除、組合事業等による損失がある場合の課税の特例等の規定の適用を受ける法人にあっては、別様式を御使用ください。

2　「44」の①欄の金額は、②欄の金額に③欄の本書の金額を加算し、これに「※」の金額を加減算した額と符合することになりますから留意してください。

及び特定目的会社等又は特定目的信託に係る課税の特例、対外船舶運航事業を営む法人の日本船舶による収入金額の課税の特例、商工組合等の留保所得の特別控除並びに

区　分		総　額 ①	処　分	
			留　保 ②	社外流出 ③
当期利益又は当期欠損の額	1	円	円	配　当　　　円
				その他
加算	損金の額に算入した法人税（附帯税を除く。）	2			／
	損金の額に算入した道府県民税（利子割額を除く。）及び市町村民税	3			／
	損金の額に算入した道府県民税利子割額	4			／
	損金の額に算入した納税充当金	5			／
	損金の額に算入した附帯税（利子税を除く。）、加算金、延滞金（延納分を除く。）及び過怠税	6			その他
	減価償却の償却超過額	7			／
	役員給与の損金不算入額	8			その他
	交際費等の損金不算入額	9			その他
		10			
		11			
		12			
	小　計	13			
減算	減価償却超過額の当期認容額	14			／
	納税充当金から支出した事業税等の金額	15			／
	受取配当等の益金不算入額（別表八（一）「14」又は「29」）	16		／	※
	外国子会社から受ける剰余金の配当等の益金不算入額（別表八（二）「13」）	17		／	※
	受贈益の益金不算入額	18			※
	適格現物分配に係る益金不算入額	19		／	※
	法人税等の中間納付額及び過誤納に係る還付金額	20			※
	所得税額等及び欠損金の繰戻しによる還付金額等	21		／	※
		22			
		23			
		24			
	小　計	25			外※
仮　計 (1)+(13)-(25)		26			外※
寄附金の損金不算入額（別表十四（二）「24」又は「40」）		27	100	／	その他　100
		29			その他
法人税額から控除される所得税額（別表六（一）「6の③」）		29		／	その他
税額控除の対象となる外国法人税の額（別表六（二の二）「10」・別表十（二の二）「39の計」）		30		／	その他
合　計 (26)+(27)+(29)+(30)		32			外※
新鉱床探鉱費又は海外新鉱床探鉱費の特別控除額（別表十（二）「42」）		33	△	／	※△
総　計 (32)+(33)		35			外※
契約者配当の益金算入額（別表九（一）「13」）		36			／
非適格合併又は残余財産の全部分配等による移転資産等の譲渡利益額又は譲渡損失額		40			／
差　引　計 (35)+(36)+(40)		41			外※
欠損金等の災害損失金等の当期控除額（別表七（一）「20計」・別表七（二）「10」又は「21」）		42	△	／	※△
残余財産の確定の日の属する事業年度に係る事業税の損金算入額		43	△	△	／
所得金額又は欠損金額		44			外※

法　0301－0402

㊝

I グループ法人税制

利益積立金額及び資本金等の額の計算に関する明細書

事業年度：　．　．　　法人名：親法人(例2)

別表五(一)　平二十二・四・一以後終了事業年度分

I 利益積立金額の計算に関する明細書

区　分		期首現在利益積立金額 ①	当期の増減 減 ②	当期の増減 増 ③	差引翌期首現在利益積立金額 ①-②+③ ④
利益準備金	1	円	円	円	円
積立金	2				
子会社株式	3			100	100
	4				
	5				
	6				
	7				
	8				
	9				
	10				
	11				
	12				
	13				
	14				
	15				
	16				
	17				
	18				
	19				
	20				
	21				
	22				
	23				
	24				
	25				
繰越損益金（損は赤）	26				
納税充当金	27				
未納法人税等	未納法人税（附帯税を除く。）	28	△	△	中間 △ 確定 △	△
	未納道府県民税（均等割額及び利子割額を含む。）	29	△	△	中間 △ 確定 △	△
	未納市町村民税（均等割額を含む。）	30	△	△	中間 △ 確定 △	△
差引合計額	31				

II 資本金等の額の計算に関する明細書

区　分		期首現在資本金等の額 ①	当期の増減 減 ②	当期の増減 増 ③	差引翌期首現在資本金等の額 ①-②+③ ④
資本金又は出資金	32	円	円	円	円
資本準備金	33				
	34				
	35				
差引合計額	36				

御注意

1 この表は、通常の場合には次の算式により検算ができます。
期首現在利益積立金額合計「31」① + 別表四留保所得金額又は欠損金額「44」 − 中間分、確定分法人税県市民税の合計額 = 差引翌期首現在利益積立金額合計「31」④

2 発行済株式又は出資のうちに二以上の種類の株式がある場合には、法人税法施行規則別表五(一)付表（別表五(一)付表）の記載が必要となりますので御注意ください。

法 0301-0501

第3章 寄附金・受贈益の取扱い

寄附金の損金算入に関する明細書	事業年度	・ ・	法人名	親法人(例2)	別表十四(二) 平二十二・四・一以後終了事業年度分

公益法人等以外の法人の場合

一般寄附金の損金算入限度額の計算	支出した寄附金の額	指定寄附金等の金額 (41の計)	1	円
		特定公益増進法人等に対する寄附金額 (42の計)	2	
		その他の寄附金額	3	
		計 (1)+(2)+(3)	4	
		完全支配関係がある法人に対する寄附金額	5	100
		計 (4)+(5)	6	100
	所得金額仮計 (別表四「26の①」)		7	
	寄附金支出前所得金額 (6)+(7) (マイナスの場合は0)		8	
	同上の 2.5/100 相当額		9	
	期末の資本金等の額 (別表五(一)「36の④」) (マイナスの場合は0)		10	
	同上の月数換算額 (10)×12/12		11	
	同上の 2.5/1,000 相当額		12	
	一般寄附金の損金算入限度額 ((9)+(12))×1/2		13	
特定公益増進法人等に対する寄附金の特別損金算入限度額の計算	寄附金支出前所得金額の 5/100 相当額 (8)×5/100		14	
	期末の資本金等の額の月数換算額の 3.75/1,000 相当額 (11)×3.75/1,000		15	
	特定公益増進法人等に対する寄附金の特別損金算入限度額 ((14)+(15))×1/2		16	
	特定公益増進法人等に対する寄附金の損金算入額 ((2)と(14)又は(16))のうち少ない金額)		17	
	指定寄附金等の金額 (1)		18	
	国外関連者に対する寄附金額		19	
	(4)の寄附金額のうち同上の寄附金以外の寄附金額 (4)-(19)		20	
損金不算入額	同上のうち損金の額に算入されない金額 (20)-((9)又は(13))-(17)-(18)		21	
	国外関連者に対する寄附金額 (19)		22	
	完全支配関係がある法人に対する寄附金額 (5)		23	100
	計 (21)+(22)+(23)		24	100

公益法人等の場合

損金算入限度額の計算	支出した寄附金の額	長期給付事業への繰入利子額	25	円
		同上以外のみなし寄附金額	26	
		その他の寄附金額	27	
		計 (25)+(26)+(27)	28	
	所得金額仮計 (別表四「26の①」)		29	
	寄附金支出前所得金額 (28)+(29) (マイナスの場合は0)		30	
	同上の 20又は50/100 相当額		31	
	公益社団法人又は公益財団法人の公益法人特別限度額 (別表十四(二)付表「3」)		32	
	長期給付事業を行う共済組合等の損金算入限度額 ((25と融資額の年5.5%相当額のうち少ない金額))		33	
	損金算入限度額 ((31)、(33)又は(28)のうち(31)又は(33)の多い金額)		34	
	指定寄附金等の金額 (41の計)		35	
	国外関連者に対する寄附金額		36	
	(28)の寄附金額のうち同上の寄附金以外の寄附金額 (28)-(36)		37	
損金不算入額	同上のうち損金の額に算入されない金額 (37)-(34)-(35)		38	
	国外関連者に対する寄附金額 (36)		39	
	計 (38)+(39)		40	

指定寄附金等に関する明細

寄附した日	寄附先	告示番号	寄附金の使途	寄附金額 41
				円
		計		

特定公益増進法人、認定特定非営利活動法人若しくは特定地域雇用会社若しくは特定地域雇用等促進法人に対する寄附金又は認定特定公益信託に対する支出金の明細

寄附した日又は支出した日	寄附先又は受託者	所在地	寄附金の使途又は認定特定公益信託の名称	寄附金額又は支出金額 42
				円
		計		

その他の寄附金のうち特定公益信託(認定特定公益信託を除く。)に対する支出金の明細

支出した日	受託者	所在地	特定公益信託の名称	支出金額
				円

法 0301-1402

Ⅰ　グループ法人税制

所得の金額の計算に関する明細書（簡易様式）

別表四（簡易様式）　平二十二・四・一以後終了事業年度分

事業年度：　・　・
法人名：完全子法人（例２）

御注意

1　沖縄の認定法人の所得の特別控除、組合事業等に係る課税の特例等の規定の適用を受ける法人にあっては、別様式による別表四を御使用ください。

2　「44」の「①」欄の金額は、「②」欄の金額に、「③」欄の本書の金額を加算し、これから「③」欄の△印の金額を減算した額と符合することになりますから留意してください。

なお、沖縄の認定法人の所得の特別控除、組合事業等に係る課税の特例及び特定目的会社又は特定目的信託に係る課税の特例の規定の適用を受ける法人又は特定目的信託に係る受託法人は、商工組合等の留保所得の特別控除及び

区　分			総額①	処分		
				留保②	社外流出③	
当期利益又は当期欠損の額		1	円	円	配当	円
					その他	
加算	損金の額に算入した法人税(附帯税を除く。)	2				
	損金の額に算入した道府県民税(利子割額を除く。)及び市町村民税	3				
	損金の額に算入した道府県民税利子割額	4				
	損金の額に算入した納税充当金	5				
	損金の額に算入した附帯税(利子税を除く。)、加算金、延滞金(延納分を除く。)及び過怠税	6			その他	
	減価償却の償却超過額	7				
	役員給与の損金不算入額	8			その他	
	交際費等の損金不算入額	9			その他	
		10				
		11				
		12				
	小計	13				
減算	減価償却超過額の当期認容額	14				
	納税充当金から支出した事業税等の金額	15				
	受取配当等の益金不算入額（別表八(一)「14」又は「29」）	16			※	
	外国子会社から受ける剰余金の配当等の益金不算入額(別表八(二)「13」)	17			※	
	受贈益の益金不算入額	18	100		※	100
	適格現物分配に係る益金不算入額	19			※	
	法人税等の中間納付額及び過誤納に係る還付金額	20				
	所得税額等及び欠損金の繰戻しによる還付金額等	21			※	
		22				
		23				
		24				
	小計	25			外※	
仮計　(1)+(13)-(25)		26			外※	
寄附金の損金不算入額（別表十四(二)「24」又は「40」）		27			その他	
法人税額から控除される所得税額（別表六(一)「6の③」）		29			その他	
税額控除の対象となる外国法人税の額（別表六(二の二)「10」・別表十七(二の二)「39の計」）		30			その他	
合計　(26)+(27)+(29)+(30)		32			外※	
新鉱床探鉱費又は海外新鉱床探鉱費の特別控除額（別表十(二)「42」）		33	△		※	△
総計　(32)+(33)		35			外※	
契約者配当の益金算入額（別表九(一)「13」）		36				
非適格合併等又は残余財産の全部分配等による移転資産等の譲渡利益額又は譲渡損失額		40			※	
差引計　(35)+(36)+(40)		41			外※	
欠損金又は災害損失金等の当期控除額（別表七(一)「2の計」+(別表七(一)「11」、「22」又は「3」)）		42	△		※	△
残余財産の確定の日の属する事業年度に係る事業税の損金算入額		43	△	△		
所得金額又は欠損金額		44			外※	

法　0301－0402

第3章 寄附金・受贈益の取扱い

特定同族会社の留保金額に対する税額の計算に関する明細書

事業年度	・　・	法人名	完全子法人(例2)

別表三(一) 平二十二・四・一以後終了事業年度分

当期留保金額の計算	留保所得金額（別表四「44の②」＋連結法人間配当等の当期支払額－連結法人間配当等の当期受取額）	1	円	定額基準額 $2,000万円 \times \frac{}{12}$　15	円
	前期末配当等の額（前期の(3)）	2		所得基準額の計算 所得金額総計（別表四「35の①」）　16	
	当期末配当等の額	3		受取配当等の益金不算入額（(別表八(一)「14」又は「29」)から連結法人間配当等に係る金額を除いた金額）　17	
	法人税額（別表一(一)「4」＋「5」＋「7」＋「10の外書」－「11」－「44」）	4		外国子会社等から受ける剰余金の配当等の益金不算入額（別表八(二)「13」＋別表十七(三の四)「17の計」）　18	
住民税額の計算	住民税の計算の基礎となる法人税額（(別表一(一)「2」＋「5」＋「7」＋「10の外書」)－「11」－「43」）－別表六(二)「23の計」－別表六(七)「15」－別表六(九)「23」－別表六(十一)「22」－別表六(十二)「17」－別表六(十四)「16」＋別表六(十六)「24」＋別表六(十八)「22」－別表六(二十一)「21」）	5		受贈益の益金不算入額（別表四「18」）　19	100
	住民税額 (5)×20.7%	6		法人税額の還付金等・過誤納及び中間納付額に係る還付金を除く。）（別表四「21」及び「23」の益金不算入額附帯税（利子税を除く。）の受取額　20	
	当期留保金額 (1)+(2)-(3)-(4)-(6)	7		新鉱床探鉱費又は海外新鉱床探鉱費の特別控除額（別表十(二)「42」）　21	
積立金基準額の計算	期末資本金の額又は出資金の額	8		対外船舶運航事業者の日本船舶による収入金額に係る所得の金額の損金算入額（別表十(三)「19」）　22	
	同上の25%相当額	9		対外船舶運航事業者の日本船舶による収入金額に係る所得の金額の益金算入額（別表十(三)「20」又は「22」）　23	
	期首利益積立金額（別表五(一)「31の①」）－(2)	10		沖縄の認定法人の所得の特別控除額（別表十(一)「9」又は「12」）　24	
	期中増減 適格合併等により増加した利益積立金額	11		収用等の場合等の所得の特別控除額（別表十(六)「18」＋「33」＋「38」＋「43」＋「48」）　25	
	期中増減 適格分割型分割等により減少した利益積立金額	12		肉用牛の売却に係る所得の特別控除額（別表十(七)「22」）　26	
	期末利益積立金額 (10)+(11)-(12)	13		課税済留保金額の損金算入額（別表十七(二の二)「35」）　27	
	積立金基準額 (9)-(13)	14		課税対象留保金額等の益金算入額（別表十七(二)「40」＋別表十七(三)「33の内書」＋別表十七(三の二)「20」）　28	
				所得の金額 (16)+(17)+(18)+(19)+(20)+(21)+(22)-(23)+(24)+(25)+(26)+(27)-(28)　29	
				所得基準額 (29)×40%　30	
				留保控除額 ((14)、(15)又は(30)のいずれか多い金額)　31	
				課税留保金額 (7)-(31)　32	000

留保金額に対する税額の計算

課税留保金額			税額	
年3,000万円相当額以下の金額（(32)又は(3,000万円× /12)のいずれか少ない金額）	33	000 円	(33)の10%相当額　37	円
年3,000万円相当額を超え年1億円相当額以下の金額（((32)-(33))又は(1億円× /12 -(33))のいずれか少ない金額）	34	000	(34)の15%相当額　38	
年1億円相当額を超える金額 (32)-(33)-(34)	35	000	(35)の20%相当額　39	
計 (32) (33)+(34)+(35)	36	000	計 (37)+(38)+(39)　40	

法 0301－0301

③ **親法人が完全子法人に無利息貸付（認定利息を10とする。）を行ったケース（例3）**

イ 親法人の処理

寄附金　　10　／　受取利息　　10

＊ 会計上，上記の処理を行わない場合でも，税制上は上記の処理を行う必要があります。

受取利息は申告加算（留保），寄附金は申告減算（留保）と申告加算（社外流出）。

結果的には，課税所得が10増加しますが，改正前と比べると，寄附金の損金算入額がない分だけ課税所得が多くなります。

ロ 完全子法人の処理

支払利息　　10　／　受贈益　　10

＊ 会計上，上記の処理が行われない場合でも，税制上は上記の処理が行われる可能性があります。

税制上の処理は，支払利息は申告減算（留保），受贈益は申告加算（留保）と申告減算（社外流出）。

税制上の処理が行われる場合には，結果的には，課税所得が10減少しますが，改正前と比べると，受贈益が益金不算入とされるため，その分だけ課税所得が減少することとなります。

ハ 親法人における子会社株式の帳簿価額修正

子会社株式　　10　／　利益積立金　　10

＊ 会計上は寄附修正事由による修正は行われませんが，完全子法人において上記ロの税制上の処理が行われる場合には，親法人においても，上記の処理を行う必要があります。

第3章 寄附金・受贈益の取扱い

別表四(簡易様式) 平二十二・四・一以後終了事業年度分

所得の金額の計算に関する明細書(簡易様式)

事業年度 ・ ・

法人名 親法人(例3)

区　分		総　額 ①	処　分	
			留　保 ②	社 外 流 出 ③
当期利益又は当期欠損の額	1	円	円	配当　　　円
				その他
加算	損金の額に算入した法人税(附帯税を除く。)	2			
	損金の額に算入した道府県民税(利子割額を除く。)及び市町村民税	3			
	損金の額に算入した道府県民税利子割額	4			
	損金の額に算入した納税充当金	5			
	損金の額に算入した附帯税(利子税を除く。)、加算金、延滞金(延納分を除く。)及び過怠税	6			その他
	減価償却の償却超過額	7			
	役員給与の損金不算入額	8			その他
	交際費等の損金不算入額	9			その他
		10			
		11			
		12			
	小　　計	13			
減算	減価償却超過額の当期認容額	14			
	納税充当金から支出した事業税等の金額	15			
	受取配当等の益金不算入額(別表八(一)「14」又は「29」)	16			※
	外国子会社から受ける剰余金の配当等の益金不算入額(別表八(二)「13」)	17			※
	受贈益の益金不算入額	18			※
	適格現物分配に係る益金不算入額	19			※
	法人税等の中間納付額及び過誤納に係る還付金額	20			
	所得税額等及び欠損金の繰戻しによる還付金額等	21			※
		22			
		23			
		24			
	小　　計	25			外 ※
仮　　計 (1)+(13)-(25)		26			外 ※
寄附金の損金不算入額(別表十四(二)「24」又は「40」)		27	10		その他　10
法人税額から控除される所得税額(別表六(一)「6の③」)		29			その他
税額控除の対象となる外国法人税の額(別表六(二)「10」・別表十七(二)「39の計」)		30			その他
合　　計 (26)+(27)+(29)+(30)		32			外 ※
新鉱床探鉱費又は海外新鉱床探鉱費の特別控除額(別表十(二)「42」)		33	△		※
総　　計 (32)+(33)		35			
契約者配当の益金算入額(別表九(一)「13」)		36			
非適格の合併等又は残余財産の全部分配等による移転資産等の譲渡利益額又は譲渡損失額		40			※
差　引　計 (35)+(36)+(40)		41			外 ※
欠損金又は災害損失金等の当期控除額(別表七(一)「2の計」・別表七(二)「11」、「22」又は「31」)		42	△		※
残余財産の確定の日の属する事業年度に係る事業税の損金算入額		43	△	△	
所得金額又は欠損金額		44			外 ※

法 0301-0402

御注意
1 沖縄の認定法人の所得の特別控除、組合事業等に係る損失がある場合の課税の特例の規定の適用を受ける法人にあっては、別様式による別表四を御使用ください。
2 「44」の①欄の金額は、「②」欄の金額に「③」欄の本書の金額を加算し、これから「※」の金額を加減算した額と符合することになりますから留意してください。
及び特定目的会社又は特定目的信託に係る受託法人の課税の特例、商工組合等の留保所得の特別控除

Ⅰ　グループ法人税制

利益積立金額及び資本金等の額の計算に関する明細書

| 事業年度 | ： ： | 法人名 | 親法人(例3) |

別表五(一)　平二十二・四・一以後終了事業年度分

Ⅰ　利益積立金額の計算に関する明細書

区　分		期首現在利益積立金額 ①	当期の増減 減 ②	当期の増減 増 ③	差引翌期首現在利益積立金額 ①-②+③ ④
利益準備金	1	円	円	円	円
積立金	2				
	3				
子会社株式	4			10	10
	5				
	6				
	7				
	8				
	9				
	10				
	11				
	12				
	13				
	14				
	15				
	16				
	17				
	18				
	19				
	20				
	21				
	22				
	23				
	24				
	25				
繰越損益金(損は赤)	26				
納税充当金	27				
未納法人税等	未納法人税(附帯税を除く。)	28	△	△	中間 △ 確定 △	△
	未納道府県民税(均等割額及び利子割額を含む。)	29	△	△	中間 △ 確定 △	△
	未納市町村民税(均等割額を含む。)	30	△	△	中間 △ 確定 △	△
差引合計額	31				

Ⅱ　資本金等の額の計算に関する明細書

区　分		期首現在資本金等の額 ①	当期の増減 減 ②	当期の増減 増 ③	差引翌期首現在資本金等の額 ①-②+③ ④
資本金又は出資金	32	円	円	円	円
資本準備金	33				
	34				
	35				
差引合計額	36				

御注意

1　この表は、通常の場合には次の算式により検算ができます。
　　期首現在利益積立金額合計「31」① ＋ 別表四留保所得金額又は欠損金額「44」 ー 中間分、確定分法人税県市民税の合計額 ＝ 差引翌期首現在利益積立金額合計「31」④

2　発行済株式又は出資のうちに二以上の種類の株式がある場合には、法人税法施行規則別表五(一)付表(別表五(一)付表)の記載が必要となりますので御注意ください。

法　0301-0501

第3章 寄附金・受贈益の取扱い

寄附金の損金算入に関する明細書

事業年度：　・　・
法人名：親法人(例3)

別表十四(二)　平二二・四・一以後終了事業年度分

公益法人等以外の法人の場合

	項目	番号	金額
一般寄附金の損金算入額	支出した寄附金の額		
	指定寄附金等の金額 (41の計)	1	円
	特定公益増進法人等に対する寄附金額 (42の計)	2	
	その他の寄附金額	3	
	計 (1)+(2)+(3)	4	
	完全支配関係がある法人に対する寄附金額	5	10
	計 (4)+(5)	6	10
一般寄附金の損金算入限度額の計算	所得金額仮計 (別表四「26の①」)	7	
	寄附金支出前所得金額 (6)+(7) (マイナスの場合は0)	8	
	同上の $\frac{2.5}{100}$ 相当額	9	
	期末の資本金等の額 (別表五(一)「36の④」) (マイナスの場合は0)	10	
	同上の月数換算額 (10) × $\frac{月数}{12}$	11	
	同上の $\frac{2.5}{1,000}$ 相当額	12	
	一般寄附金の損金算入限度額 ((9)+(12)) × $\frac{1}{2}$	13	
特定公益増進法人等に対する寄附金の特別損金算入限度額の計算	寄附金支出前所得金額の $\frac{5}{100}$ 相当額 (8) × $\frac{5}{100}$	14	
	期末の資本金等の額の月数換算額の $\frac{3.75}{1,000}$ 相当額 (11) × $\frac{3.75}{1,000}$	15	
	特定公益増進法人等に対する寄附金の特別損金算入限度額 ((14)+(15)) × $\frac{1}{2}$	16	
	特定公益増進法人等に対する寄附金の損金算入額 (2)と((14)又は(16))のうち少ない金額	17	
	指定寄附金等の金額 (1)	18	
	国外関連者に対する寄附金額	19	
	(4)の寄附金額のうち同上の金額以外の寄附金額	20	
損金不算入額	同上のうち損金の額に算入されない金額 (20)−((9)又は(13))−(17)−(18)	21	
	国外関連者に対する寄附金額 (19)	22	
	完全支配関係がある法人に対する寄附金額 (5)	23	10
	計 (21)+(22)+(23)	24	10

公益法人等の場合

	項目	番号	金額
支出した寄附金の額	長期給付事業への繰入利子額	25	円
	同上以外のみなし寄附金額	26	
	その他の寄附金額	27	
	計 (25)+(26)+(27)	28	
損金算入限度額の計算	所得金額仮計 (別表四「26の①」)	29	
	寄附金支出前所得金額 (28)+(29) (マイナスの場合は0)	30	
	同上の $\frac{20 又は 50}{100}$ 相当額 (年200万円に満たない場合(当該法人が公益社団法人又は公益財団法人である場合を除く。)、年200万円)	31	
	公益社団法人又は公益財団法人の公益法人特別限度額 (別表十四(二)付表「3」)	32	
	長期給付事業を行う共済組合等の損金算入限度額 ((25)と融資額の年5.9%相当額のうち少ない金額)	33	
	損金算入限度額 (31)、((31)と(32)の多い金額)又は((31)と(33)の多い金額)	34	
	指定寄附金等の金額 (41の計)	35	
	国外関連者に対する寄附金額	36	
	(28)の寄附金額のうち同上の金額以外の寄附金額 (28)−(36)	37	
損金不算入額	同上のうち損金の額に算入されない金額 (37)−(34)−(35)	38	
	国外関連者に対する寄附金額 (36)	39	
	計 (38)+(39)	40	

指定寄附金等に関する明細

寄附した日	寄附先	告示番号	寄附金の使途	寄附金額 41
				円
		計		

特定公益増進法人、認定特定非営利活動法人若しくは特定地域雇用会社若しくは特定地域雇用等促進法人に対する寄附又は認定特定公益信託に対する支出金の明細

寄附した日又は支出した日	寄附先又は受託者	所在地	寄附金の使途又は認定特定公益信託の名称	寄附金額又は支出金額 42
				円
		計		

その他の寄附金のうち特定公益信託（認定特定公益信託を除く。）に対する支出金の明細

支出した日	受託者	所在地	特定公益信託の名称	支出金額
				円

法 0301－1402

Ⅰ　グループ法人税制

所得の金額の計算に関する明細書（簡易様式）　法人名：完全子法人（例3）

別表四（簡易様式）　平二十二・四・一以後終了事業年度分

区　分		総　額 ①	処　分	
			留　保 ②	社外流出 ③
当期利益又は当期欠損の額	1	円	円	配　当　　円
				そ の 他
加算	損金の額に算入した法人税(附帯税を除く。)	2			
	損金の額に算入した道府県民税(利子割額を除く。)及び市町村民税	3			
	損金の額に算入した道府県民税利子割額	4			
	損金の額に算入した納税充当金	5			
	損金の額に算入した附帯税(利子税を除く。)、加算金、延滞金(延納分を除く。)及び過怠税	6			そ の 他
	減価償却の償却超過額	7			
	役員給与の損金不算入額	8			そ の 他
	交際費等の損金不算入額	9			そ の 他
		10			
		11			
		12			
	小　　　計	13			
減算	減価償却超過額の当期認容額	14			
	納税充当金から支出した事業税等の金額	15			
	受取配当等の益金不算入額(別表八(一)「14」又は「29」)	16			※
	外国子会社から受ける剰余金の配当等の益金不算入額(別表八(二)「13」)	17			※
	受贈益の益金不算入額	18	10		※　　　10
	適格現物分配に係る益金不算入額	19			※
	法人税等の中間納付額及び過誤納に係る還付金額	20			
	所得税額等及び欠損金の繰戻しによる還付金額等	21			※
		22			
		23			
		24			
	小　　　計	25			外※
仮　計　(1)+(13)-(25)	26			外※
寄附金の損金不算入額(別表十四(二)「24」又は「40」)	27			そ の 他
法人税額から控除される所得税額(別表六(一)「6の③」)	29			そ の 他
税額控除の対象となる外国法人税の額(別表六(二の一)「10」並びに別表十七(三の二)「9」及び「28」)	30			そ の 他
合　計　(26)+(27)+(29)+(30)	32			外※
新鉱床探鉱費又は海外新鉱床探鉱費の特別控除額(別表十(二)「42」)	33	△		※　　　△
総　計　(32)+(33)	35			外※
契約者配当の益金算入額(別表九(一)「13」)	36			
非適格合併又は残余財産の全部分配等による移転資産等の譲渡利益額又は譲渡損失額	40			※
差　引　計　(35)+(36)+(40)	41			外※
欠損金又は災害損失金等の当期控除額(別表七(一)「20の計」+別表七(二)「11」、「22」又は「31」)	42	△		※　　　△
残余財産の確定の日の属する事業年度に係る事業税の損金算入額	43	△	△	
所得金額又は欠損金額	44			外※

法　0301-0402

第3章 寄附金・受贈益の取扱い

別表三(一) 平二十二・四・一以後終了事業年度分

特定同族会社の留保金額に対する税額の計算に関する明細書

| 事業年度 | ： ： | 法人名 | 完全子法人(例3) |

御注意
「14」欄には、「13」欄がマイナスであるときに、「9」欄の金額にそのマイナスの金額を加算した金額を記載します。また、「34」欄には、その金額に千円未満の端数が生じたときは、その端数を切り捨てた金額を記載しますが、「32」欄で切り捨てた千円未満の端数より多いときは、これを切り上げた金額を記載します。

当期留保金額の計算	留 保 所 得 金 額 (別表四「44の②」＋連結法人間配当等の当期支払額－連結法人間配当等の当期受取額)	1	円
	前 期 末 配 当 等 の 額 (前期の(3))	2	
	当 期 末 配 当 等 の 額	3	
	法 人 税 額 (別表一(一)「4」＋「5」＋「7」＋「10の外書」－「11」－「44」)	4	
住民税額の計算	住民税の計算の基礎となる法人税額 (別表一(一)「2」＋「5」＋「7」＋「10の外書」－「11」－「43」)－別表六(二)「23の計」－別表六(五)「15」－別表六(六)「5」－別表六(九)「22」－別表六(十四)「16」＋「21」－別表六(十七)「24」－別表六(十八)「22」－別表六(二十一)「21」	5	
	住 民 税 額 (5)×20.7%	6	
	当 期 留 保 金 額 (1)＋(2)－(3)－(4)－(6)	7	
積立金基準額の計算	期末資本金の額又は出資金の額	8	
	同 上 の 25 ％ 相 当 額	9	
	期 首 利 益 積 立 金 額 (別表五(一)「31の①」)－(2)	10	
	期中増減 適格合併等により増加した利益積立金額	11	
	期中増減 適格分割型分割等により減少した利益積立金額	12	
	期 末 利 益 積 立 金 額 (10)＋(11)－(12)	13	
	積 立 金 基 準 額 (9)－(13)	14	

定額基準額の計算			
定 額 基 準 額 2,000万円×□/12		15	円
所得基準額の計算	所 得 金 額 総 計 (別表四「35の①」)	16	
	受取配当等の益金不算入額 ((別表八(一)「14」又は「29」)から連結法人間配当等の額に係る金額を除いた金額)	17	
	外国子会社等から受ける剰余金の配当等の益金不算入額 (別表八(二)「13」＋別表十七(三の四)「17の計」)	18	
	受贈益の益金不算入額 (別表四「18」)	19	10
	法人税額の還付金額(過誤納及び中間納付額に係る還付金を除く。) (別表四「21」及び益金不算入額附帯税(利子税を除く。)の受取額)	20	
	新鉱床探鉱費又は海外新鉱床探鉱費の特別控除額 (別表十(二)「42」)	21	
	対外船舶運航事業者の日本船舶による収入金額に係る所得の金額の損金算入額 (別表十(三)「19」)	22	
	対外船舶運航事業者の日本船舶による収入金額に係る所得の金額の益金算入額 (別表十(三)「20」又は「22」)	23	
	沖縄の認定法人の所得の特別控除額 (別表十(一)「9」又は「12」)	24	
	収用等の場合の所得の特別控除額 (別表十(六)「18」＋「33」＋「38」＋「43」＋「48」)	25	
	肉用牛の売却に係る所得の特別控除額 (別表十(七)「22」)	26	
	課税済留保金額の損金算入額 (別表十七(二の二)「35」)	27	
	課税対象留保金額等の益金算入額 (別表十七(二)「40」＋別表十七(三)「33の内書」＋別表十七(三の二)「20」)	28	
	所 得 等 の 金 額 (16)＋(17)＋(18)＋(19)＋(20)＋(21)＋(22)－(23)＋(24)＋(25)＋(26)＋(27)－(28)	29	
	所 得 基 準 額 (29)×40%	30	
	留 保 控 除 額 ((14)、(15)又は(30)のいずれか多い金額)	31	
	課 税 留 保 金 額 (7)－(31)	32	000

留保金額に対する税額の計算

課 税 留 保 金 額			税 額		
年3,000万円相当額以下の金額 ((32)又は(3,000万円×□/12)のいずれか少ない金額)	33	000 円	(33)の 10 ％ 相 当 額	37	円
年3,000万円相当額を超え年1億円相当額以下の金額 (((32)－(33))又は(1億円×□/12－(33))のいずれか少ない金額)	34	000	(34)の 15 ％ 相 当 額	38	
年1億円相当額を超える金額 (32)－(33)－(34)	35	000	(35)の 20 ％ 相 当 額	39	
計 (32) (33)＋(34)＋(35)	36	000	計 (37)＋(38)＋(39)	40	

法 0301－0301

(6) 平成22年度改正による寄附金の取扱いに関する留意点

平成22年度改正によって設けられた上記の法人による完全支配関係がある内国法人間の寄附金の取扱いに関しては，次のような点に留意する必要があります。

① 無利息・低利息による貸付けに新制度はどのように適用されるのか

平成22年度改正前は，無利息又は低利息による貸付けについては，貸付側の法人において寄附金の額が損金算入限度額の範囲内であれば，貸付側の法人と借入側の法人の双方に課税関係は発生せず，貸付側の法人において寄附金の額が損金算入限度額を超える場合には，貸付側の法人においてその損金算入限度超過額が課税されていました。

しかし，平成22年度改正により，借入側の法人において，税制上，受贈益が発生する場合には，貸付側の法人においては，無利息又は低利息のいずれかにかかわらず，通常の受取利息相当額だけ課税所得が増加し，他方，借入側の法人においては，無利息又は低利息のいずれかにかかわらず，通常の支払利息相当額だけ課税所得が減少することとなります。

平成22年度改正以後は，法人による完全支配関係がある法人間で無利息又は低利息で貸付を行った場合には，法人間で授受する利息の有無や多寡にかかわらず，貸付側の法人と借入側の法人にそれぞれ通常の利息相当額の益金の額と損金の額が計上されることとなり，両者を合わせると，課税所得の増減はないということとなるわけです。

このように，平成22年度改正以後は，貸付側の法人と借入側の法人の双方を見た場合には，同改正前に貸付側の法人に発生していた寄附金の損金算入限度超過額の損金不算入額がなくなるため，その損金不算入額に相当する金額だけ有利となります。

しかし，これは，あくまでも，無利息又は低利息による貸付けを行った場合に，借入側の法人に，税制上，受贈益が発生することとなるということが前提となります。借入側の法人に，税制上，受贈益が発生するということにならな

ければ，法人税法25条の2と37条2項が適用されるということにはなりません。

　法人税法22条2項においては，無償による役務の提供を行った法人においては収益の額を発生させて益金の額とする旨を定める一方，無償による役務の提供を受けた法人においては収益の額を発生させて益金の額とすることとはされていません。

　この点については，平成22年度改正によって新たに創設された法人税法25条の2第2項の規定と従来の37条7項の規定により，無償による役務の提供を受けた法人においては収益の額を発生させることとなるという解釈も行い得ないわけではないと考えられますが，税制上，無償による役務の提供を受けた法人において収益の額を発生させることとなるのか否かという点に関しては，法律の規定の解釈に不安定性があることは否定できません。

　このため，法人による完全支配関係がある法人間で無利息又は低利息で貸付けを行っている場合に，確実に平成22年度改正の適用を受けようとするのであれば，通常の利息の算出を行い，会計上，その金額にて貸付側の法人と借入側の法人の双方においてそれぞれ受取利息と支払利息の計上を行って，授受しない金額について寄附金と受贈益の計上を行った上で，法人税法25条の2と37条2項の規定の適用を受けることとする必要があります。

　② **自己創設の営業権を無償譲渡した場合にはどのような取扱いとなるのか**

　事業の移転等の際には，自己創設した営業権が移転することがありますが，この自己創設営業権について，これを無対価として事業の移転等の処理を行った場合には，寄附が行われたものとして処理されることとなるものと考えられます。

　平成22年度改正以後は，法人による完全支配関係がある法人間でこのような取引が行われた場合には，移転した法人においては，税制上，自己創設営業権の譲渡益を発生させてこれを益金の額として申告加算（留保）し，その譲渡益相当額の寄附金を申告減算（留保）した上で申告加算（社外流出）することとなって，結果的にはその譲渡益相当額だけ課税所得が増加することとなり，

他方，移転を受けた法人においては，税制上，その自己創設営業権に相当する金額の受贈益を益金の額として申告加算（留保）した上で申告減算（社外流出）し，その自己創設営業権に相当する営業権を資産として計上することとなります。

　双方の法人を通して見ると，自己創設営業権を移転した法人においてその譲渡益相当額だけ課税所得が増加することとなり，平成22年度改正前において，自己創設営業権の移転を行った法人において寄附金の損金算入限度超過額に相当する金額の課税所得が増加し，また，その移転を受けた法人においてその自己創設営業権相当額の受贈益に相当する金額の課税所得が増加するという状態と比べてみると，基本的には，有利な状態となっていると考えることができます。

　なお，自己創設営業権については，通常，その帳簿価額がないため，法人税法61条の13の規定の適用を受けることはできず，その譲渡益を繰り延べることは出来ないと想定されます。

③　利益積立金の移動を節税として行うことができるのか

　平成22年度改正により，法人による完全支配関係にある内国法人間において寄附を行っても双方の法人において課税所得を発生させないこととする取扱いが設けられましたので，寄附を通じて，一方の法人から他方の法人に，課税を受けることなく，実質的な利益積立金の移動を行うことができることとなっています。

　この寄附を通じて利益積立金がどのように移動するのかということについては，上記（2）のなお書きにおいて述べたとおりです。

　利益積立金の移動は，それ自体が課税所得を変動させるものではありませんが，事後に利益積立金額の多寡によって課税関係が変わる行為が行われる場合には，自ずと，その事後の行為に関する課税関係を左右することとなりますので，利益積立金額の多寡によって課税関係が変わる行為が行われる場合には，寄附を有効活用することも考慮する余地があると考えられます。

　節税と租税回避の区分は，必ずしも判然としませんので，一般論として，可

否を述べることは難しいわけですが，当然のことながら，制度がある以上，事後に利益積立金額の多寡によって課税関係が変わる行為が行われる場合にすべて否となるということはあり得ないわけで，個別の事情に則して仔細に検討を行えば，この利益積立金に関する新たな取扱いを節税に生かすことができることもあると考えられます。

また，親会社等は，上記（4）において述べたとおり，寄附を行ったり寄附を受けたりした子法人の株式の帳簿価額の修正に伴って自己の利益積立金額を減少させたり増加させたりすることになりますので，寄附を行った子法人の株式を保有している親会社等においても，上記の利益積立金の移動の場合と同様の事情があります。

ただし，行為計算否認規定が適用される可能性がありますので，この点には，十分に注意する必要があります。

④ 子法人株式の帳簿価額修正を節税として行うことができるのか

平成22年度改正によって設けられた法人による完全支配関係法人間の寄附に関する取扱いにおいては，法人間で寄附が行われた場合には，その寄附を行った法人の株式と寄附を受けた法人の株式を保有する法人は，それらの株式の帳簿価額を減少させたり，増加させたりすることとなることは，上記（4）において既に説明したとおりですが，この親会社等における子法人株式の帳簿価額の修正は，その親会社等がその子法人株式を事後に譲渡するような場合には，その事後の譲渡等の際の課税関係に影響を与えることとなります。

寄附等修正事由が生じたことにより，その帳簿価額を増加させた子法人株式を事後に譲渡するとすれば，当然，その譲渡利益額は少なくなり，反対に，その帳簿価額を減少させた子法人株式を事後に譲渡するとすれば，その譲渡利益額は増加することとなります。

事後に子法人株式を譲渡することがあるような場合に，事前に子法人間で寄附を行うことが節税として認められることもあると考えられますので，そのような場合には，子法人間の寄附について検討を行う価値はあると考えます。

ただし，行為計算否認規定が適用される可能性がありますので，十分に注意

する必要があります。

第4章 みなし配当の際の株式譲渡利益額又は譲渡損失額の益金又は損金不算入・資本金等の額の増減

1 制度創設の背景

　平成22年度改正において，株式の発行法人による自己株式の買取り等によって株主にみなし配当が生ずる場合にその株主に生ずる株式の譲渡利益額又は譲渡損失額について，これらを益金の額及び損金の額のいずれともしない措置が講じられていますが，その背景となったのは，みなし配当とともに株式の譲渡損失額を計上することによって行われていた節税行為です。

　株式の発行法人による自己株式の買取り等が行われた場合には，その株主にみなし配当と株式の譲渡利益額又は譲渡損失額が生ずることとなりますが，このみなし配当に関しては，益金不算入規定（法法23）の適用対象となる一方，平成22年度改正前は，株式の譲渡利益額又は譲渡損失額に関しては，それらの金額の全額が益金の額又は損金の額とされることとなっていました。

　このように，みなし配当に関してはその全部又は一部が益金不算入となり，他方，株式の譲渡利益額又は譲渡損失額はその全額が益金の額又は損金の額となるということになれば，株式の発行法人による自己株式の買取り等は，必然的に，株主の課税所得を減少させる効果を生じさせることとなります。

　このため，従来，株式の発行法人による自己株式の買取り等が過度な節税策として利用される例が生じていました。

　このような株式の発行法人による自己株式の買取り等による節税に関しては，従来から，課税当局において問題視されており，これが本措置の創設の背景と

なったわけです。

　これに関して「発行法人に対する株式の譲渡及びこれと同様のみなし配当の発生の基因となる事由の発生もグループ内法人に対する資産の譲渡と変わりないことから，「100％グループ内の法人間の資産の譲渡取引等」と同様の考え方により，譲渡損益を計上しないこととした」と説明しています（『平成22年税制改正の解説』234頁）。

　なお，自己株式の買取り等の場合に，株主にみなし配当と株式の譲渡損失額が生じて株主の課税所得が減少するという現象が生ずることは事実ですが，株式の帳簿価額が低いために株式の譲渡利益額が生ずるケースを想定してみると明らかなように，株主の課税所得を減少させる原因となるものは，株式の譲渡損失額ではなく，みなし配当に係る益金不算入額ですから，上記の節税策に対する対応は，本来，みなし配当に受取配当益金不算入制度をどのように適用するのかという問題として検討されるべきものであるということを付言しておくこととします。

2　みなし配当の際の株式の譲渡利益額・譲渡損失額の益金・損金不算入・資本金等の額の増減

　内国法人が完全支配関係のある法人から次の事由により金銭その他の資産の交付を受けた場合又はその事由により完全支配関係のある法人の株式を有しないこととなった場合には，その株式は，帳簿価額により譲渡したものとされることになりました（法法61の2⑯）。

- 合併（適格合併を除きます。）（法法24①一）
- 分割型分割（適格分割型分割を除きます。）（法法24①二）
- 資本の払戻し（資本剰余金の額の減少を伴う剰余金の配当のうち，分割型分割によるもの以外のものをいいます。）又は解散による残余財産の分配（法法24①三）
- 自己株式等の取得（金融商品取引所等での購入を除きます。）（法法24

第4章　みなし配当の際の株式譲渡利益額又は譲渡損失額の益金又は損金不算入・資本金等の額の増減

①四）
- 出資の消却，出資の払戻し，社員その他法人の出資者の退社又は脱退による持分の払戻しその他株式又は出資をその発行した法人が取得することなく消滅させること（法法24①五）
- 組織変更（組織変更に際して組織変更をした法人の株式又は出資以外の資産を交付したものに限ります。）（法法24①六）

これにより，自己株式の買取り等によって株主にみなし配当が生ずる際に発生していた株式の譲渡利益額又は譲渡損失額は，いずれも発生しないこととなります。

ところで，自己株式の買取り等については，税制において株式の譲渡利益額又は譲渡損失額が発生しない処理をさせることとしたとしても，その取引は時価によって行われることとなるはずですから，その譲渡利益額又は譲渡損失額に相当する金額は，必ず発生することとなります。

このため，この株式の譲渡利益額又は譲渡損失額に相当する金額をどのように取り扱うのかということが問題とならざるを得ないわけですが，これに関しては，その株主自身の資本金等の額の増加又は減少とさせる（法令8①十九）こととされています。

このような取扱いにした理由について，「税法上，自己株式は資産ではなく資本の減算項目として，取得と同時に消却したかのような処理を行っていることから，譲渡損益の繰延べではなく，譲渡損益を計上しないこととした」と説明をしています（『平成22年　税制改正の解説』234頁）。

このように，この取扱いによって発生しないこととされた株式の譲渡利益額又は譲渡損失額に対応する金額を株主自身の資本金等の額の増加又は減少として処理させるということになると，法人と株主との間に資本等取引が行われないにもかかわらず株主にその資本金等の額を増加させたり減少させたりすることとさせることになりますが，これに関しては，その適否に疑義無しとはしないと考えられます。

株式の譲渡利益額又は譲渡損失額に対応する金額を株主自身の資本金等の額

の増加又は減少として処理させることとした理由と資本金等の額をどのように捉えることとしているのかということが明確になることが期待されます。

〔前提〕

S社の株主であるP社は、帳簿価額と時価が同額で100となっているS社株式をS社に買い取ってもらいます。

また、S社は、資産等の含み損益がなく、資本金等の額が20、利益積立金額が80となっているものとします。

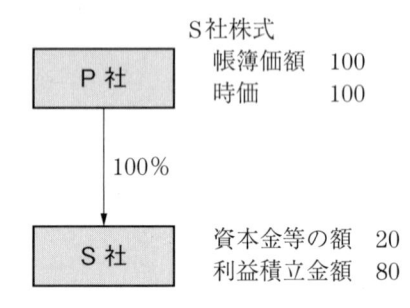

```
P社 ──100%──→ S社

S社株式
 帳簿価額　100
 時価　　　100

S社
 資本金等の額　20
 利益積立金額　80
```

＜P社の処理＞

（借）	現預金	84	（貸）	S社株式	100
	資本金等	80		受取配当金	80
	源泉税	16			

資本金等の額80＝80（みなし配当）＋100（S社株式の帳簿価額）－100（交付金銭等）

＜S社の処理＞

（借）	資本金等	20	（貸）	現預金	84
	利益積立金	80		預り金	16

なお、上記の事例において時価よりも低い価額で取引が行われた場合には次のようになります。

〔前提〕

S社の株主であるP社は、帳簿価額と時価が同額で100となっているS社株

式を時価より低い価額80でS社に買い取ってもらいます。

また，S社は，資産等の含み損益がなく，資本金等の額が20，利益積立金額が80となっているものとします。

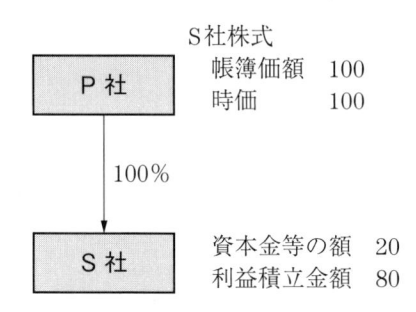

```
        S社株式
P社    帳簿価額  100
        時価      100
 │
100%
 ↓
S社    資本金等の額  20
        利益積立金額  80
```

＜P社の処理＞

（借）	現預金	68	（貸）	S社株式	100
	資本金等	80		受取配当金	60
	源泉税	12			

資本金等の額80＝60（みなし配当）＋100（S社株式の帳簿価額）−80（交付金銭等）

＜S社の処理＞

（借）	資本金等	20	（貸）	現預金	68
	利益積立金	60		預り金	12

　平成22年度改正前は，みなし配当の計算は交付金銭等の額により計算すると考えられ，有価証券の譲渡損益の計算における譲渡対価の額は時価であると理解されていました。しかし，平成22年度改正において，完全支配関係がある法人から自己株式の買取りを行った場合には，その株式の譲渡原価の額を譲渡対価の額とするため，現実に交付された金銭等の額により資本金等の額を計算するようになったと思われます（法法24，61の2⑯，法令8①十七，十九，9①十二）。

この取扱いは，完全支配関係にある法人間で自己株式の買取り等が行われた場合についてのみ適用されることとなっています。

　このため，この取扱いが適用される範囲は，かなり限定されたものとなると考えられますが，この取扱いと関連して，平成22年度改正において，完全支配関係にある法人以外の法人との間で自己株式の買取り等によりみなし配当が生じた場合で，発行法人により自己株式の買取り等が予定されている株式を取得したものであるときに，そのみなし配当について受取配当等の益金不算入の規定を適用しないとする取扱い（詳細についてはⅡ第4章参照）も，創設されています。

　なお，この自己株式の買取り等に係る取扱いは，平成22年10月1日以後に行われる自己株式の買取り等（残余財産の分配の場合には平成22年10月1日以後に解散したもの）に適用されることとなります（改正法附則21，改正法令附則13②）。

第5章　譲渡損益調整資産の損益調整制度

　平成22年度改正では，これまで連結納税制度特有の制度であった譲渡損益調整資産の損益調整制度が改組され，その適用対象が，「連結法人間の譲渡取引」から「完全支配関係のある内国法人間の譲渡取引」まで拡大されています。

　従来，連結納税制度においては，連結法人が各連結事業年度においてその有する譲渡損益調整資産をその連結法人との間に連結完全支配関係がある他の連結法人に譲渡した場合には，その譲渡損益調整資産に係る譲渡利益額又は譲渡損失額に相当する金額を各連結事業年度の連結所得の金額の計算上，損金の額又は益金の額に算入し，その譲渡損益調整資産に係る譲渡利益額又は譲渡損失額を実質的に連結所得の金額に反映させないこととされていました（旧法法81の10①）。

　なお，以下では，従来の連結法人間取引における譲渡損益調整資産の損益調整制度を改正後の本制度と区別するために，「連結法人間取引における譲渡損益調整制度」と呼ぶこととします。

1　譲渡損益調整資産の損益調整制度の概要

　内国法人（普通法人又は協同組合等に限ります。以下，「譲渡法人」といいます。）がその有する譲渡損益調整資産をその譲渡法人との間に完全支配関係がある他の内国法人（普通法人又は協同組合等に限ります。以下，「譲受法人」といいます。）に譲渡した場合には，その譲渡損益調整資産に係る譲渡利益額又は譲渡損失額に相当する金額（以下，「譲渡損益調整額」といいます。）

は，その譲渡した事業年度（非適格合併による合併法人（譲受法人）への移転である場合には，最後事業年度）の所得の金額の計算上，損金の額又は益金の額に算入します（法法61の13①）。

すなわち，譲渡損益調整資産の譲渡利益額が発生する場合には，その譲渡利益額が益金の額（例：＋100）となる一方でその譲渡利益額相当額が損金の額（例：▲100）に算入され，譲渡損失額が発生する場合には，その譲渡損失額が損金の額（例：▲200）となる一方でその譲渡損失額相当額が益金の額（例：＋200）に算入されることから，所得計算上は，相殺され，結果として譲渡損益が繰り延べられることとなります（後掲2参照）。

その後，その譲渡法人が譲渡した譲渡損益調整資産につき，譲受法人において譲渡，償却，評価換え，貸倒れ，除却等の事由が生じた場合などには，譲渡法人は，その譲渡損益調整資産に係る譲渡損益調整額の全部又は一部を益金の額又は損金の額に算入します（法法61の13②）（後掲3参照）。

また，譲渡法人と譲受法人との間に完全支配関係を有しないこととなった場合にも，譲渡法人は，その譲渡損益調整資産に係る譲渡損益調整額の全部を益金の額又は損金の額に算入することとなります（法法61の13③）。

ただし，譲渡法人又は譲受法人が完全支配関係のある他の内国法人を合併法人とする適格合併により解散する場合には，「合併法人」を譲渡法人又は譲受法人とみなして，譲受法人が完全支配関係のある他の内国法人を分割承継法人・被現物出資法人・被現物分配法人とする適格分割・適格現物出資・適格現物分配を行う場合には「分割承継法人等」を譲受法人とみなして，譲渡損益の繰延べを継続させることとなります（法法61の13⑤・⑥）（後掲4参照）。

一方，譲受法人における「取得価額」は，原則どおり，資産の購入対価等により計上することとなりますが，例外的に非適格合併の場合には，合併法人が取得した譲渡損益調整資産の「取得価額」について，被合併法人における譲渡損益調整額相当額の減額又は増額の修正を行って被合併法人における帳簿価額に相当する金額とすることとされており（法法61の13⑦），帳簿価額により譲渡損益調整資産を取得した場合と同様の処理を行わせることによって，実質

第5章　譲渡損益調整資産の損益調整制度

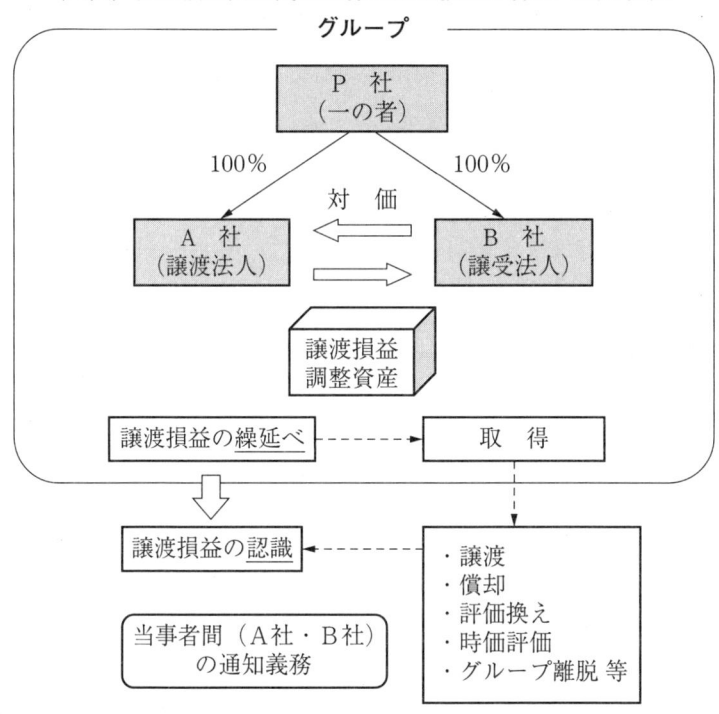

（図表）譲渡損益調整資産に係る譲渡損益の繰延べ及び認識

```
┌─────────────── グループ ───────────────┐
│                                              │
│              ┌─────────┐                    │
│              │  P 社   │                    │
│              │ (一の者) │                    │
│              └─────────┘                    │
│           100%  ↙    ↘  100%                │
│                 対　価                       │
│         ┌─────┐ ⇐     ┌─────┐              │
│         │ A 社│       │ B 社│              │
│         │(譲渡│ ⇒     │(譲受│              │
│         │法人)│       │法人)│              │
│         └─────┘       └─────┘              │
│              ┌──────┐                       │
│              │譲渡損益│                      │
│              │調整資産│                      │
│              └──────┘                       │
│                                              │
│   ┌─────────────┐      ┌──────┐           │
│   │譲渡損益の繰延べ│ ---→ │取　得│           │
│   └─────────────┘      └──────┘           │
│         ↓                   ┆                │
│   ┌─────────────┐      ┌──────────┐       │
│   │譲渡損益の認識 │ ←--- │・譲渡    │       │
│   └─────────────┘      │・償却    │       │
│                          │・評価換え│       │
│   ┌─────────────┐      │・時価評価│       │
│   │当事者間(A社・B社)│  │・グループ離脱 等│ │
│   │  の通知義務    │    └──────────┘       │
│   └─────────────┘                           │
└──────────────────────────────────────────────┘
```

（出典）日本租税研究協会会員懇談会（平成22年4月20日）の説明資料「平成22年度の法人税関係（含む政省令事項）の改正について」(5頁)を基に作成

的な譲渡損益の繰延べを行わせることとされています（後掲5参照）。

　なお，本制度は，譲渡法人と譲受法人の間で一定の情報が交換されることが処理の前提となることから，一定の通知義務が課されています（法令122の14⑯〜⑱）（後掲6参照）。

2　譲渡損益調整資産に係る譲渡損益の繰延べ

（1）　適用対象となる譲渡取引

　本制度は，譲渡法人（内国法人で普通法人又は協同組合等に限ります。）と譲受法人（その譲渡法人との間に完全支配関係がある他の内国法人で普通法人又は協同組合等に限ります。）との間で行われる譲渡損益調整資産の譲渡取引を対象とすることとなります。
　このため，完全支配関係があったとしても，内国法人と個人との間や内国法人と外国法人との間で行われる譲渡取引については，本制度は適用されません。
　なお，完全支配関係の有無の判定時点は，資産の譲渡の時点になるものと考えられます（『平成22年度　税制改正の解説』193頁，注記）。

（2）　「譲渡損益調整資産」の意義

　上記（1）の「譲渡損益調整資産」とは，固定資産，土地（土地の上に存する権利を含み，固定資産に該当するものを除きます。以下，「土地等」といいます。），有価証券，金銭債権及び繰延資産をいいます（法法61の13①）。
　ただし，売買目的有価証券，その譲渡を受けた譲受法人において売買目的有価証券とされる有価証券，その譲渡直前の帳簿価額が1,000万円に満たない資産は除かれます（法令122の14①）。
　なお，下記のように譲渡法人が譲渡した資産が「譲渡損益調整資産」に該当するかどうかの判定の際には，いくつかの注意すべき点があります。

①　帳簿価額の判定単位

　帳簿価額の判定単位は，その資産を次の単位に区分した後のそれぞれの資産の帳簿価額とします（法令122の14①三，法規27の13の3①・27の15①）。

資産の区分		帳簿価額の判定単位
減価償却資産	建物	1棟（区分所有建物にあっては，その区分所有する建物の部分）ごとに区分したもの
	機械及び装置	一の生産設備又は1台若しくは1基（通常1組又は一式をもって取引の単位とされるものにあっては，1組又は一式）ごとに区分したもの
	その他の減価償却資産	上記に準じて区分したもの
土地等		土地等を一筆（一体として事業の用に供されている一団の土地等にあっては，その一団の土地等）ごとに区分したもの
有価証券		その銘柄の異なるごとに区分したもの
金銭債権		一の債務者ごとに区分したもの
その他の資産		通常の取引の単位を基準として区分したもの

② 減価償却資産の期中償却費の計上と判定

　期中で譲渡した譲渡損益調整資産が減価償却資産である場合には，帳簿価額が1,000万円以上となっているのか否かの判定に注意が必要となります。

　この「帳簿価額」が会計上の金額ではなく税制上の金額であることは，すべての資産に共通するものですが，減価償却資産に関しては，これに加えて，この「帳簿価額」が期首から譲渡時までの減価償却費に相当する金額を控除した金額となるのか否かということが問題となります。

　『平成22年度　税制改正の解説』においては，譲渡損益調整資産の譲渡利益額又は譲渡損失額の計算に関して，次のように説明されています。

　「上記の譲渡に係る原価の額を計算する場合において，その譲渡した資産が減価償却資産であるときに，法人税法第31条（減価償却資産の償却費及びその償却の方法）との関係で，期首から譲渡時点までの償却費相当額を原価から控除すべきかどうかという問題があります。この点について，法人税法第31条第1項は，期末に有する減価償却資産についての償却費の損金算入に関する

規定ではあるものの、これは適格分社型分割等により期中に移転する減価償却資産の償却費の計上（期中損金経理額）と、一般的に期末に行われる減価償却費の計上とを区分するためにこのような規定振りとなっているものであり、期中譲渡資産の譲渡時までの資産の減価部分の計上を否定する趣旨のものではないことから、期首から譲渡時点までの償却費相当額は原価の額に含まれないものとして譲渡利益額又は譲渡損失額を計算するものと考えられます。」(195頁、注記)

減価償却資産の減価償却費は、「償却費として損金経理をした金額」のうち、償却限度額に達するまでの金額が損金の額とされることとなっており（法法31①）、この「損金経理」は「法人がその確定した決算において費用又は損失として経理することをいう。」（法法2二十五）とされていることから、減価償却費の損金計上は期末に行われ、期中では行われないものと解されてきました。

このように、減価償却費の損金計上が期末でしか行われない制度となっているため、組織再編成税制においては、期中に適格組織再編成によって減価償却資産を移転した場合に期首から移転時までの期間に対応する減価償却費の損金計上を認める特別な取扱いとして、いわゆる「期中損金経理額」という取扱いが設けられています。法人税法31条1項が「期中譲渡資産の譲渡時までの資産の減価部分の計上を否定する趣旨のものではない」（上記の説明文）ということであれば、そもそも「期中損金経理額」という特別な取扱いは必要なく、その要件である届出は有名無実化するものと考えられます。

このような点からしても、上記の説明文の法人税法31条1項に関する理解には疑問があると言わざるを得ず、同項を上記の説明文のように解するとすれば、法人税法のさまざまな部分に説明が困難な部分が少なからず生じてきたり、従来の減価償却に関するさまざまな取扱いと齟齬を来たす部分が生じてきたりすることになると考えられますが、納税者にとっては、期中償却費を損金に算入することができるという選択肢が得られることは、歓迎すべきことです。

一方で、償却費については、償却費として損金経理することが要件であるため、その計上は法人の任意となっているといえます。したがって、譲渡損益調

整資産の帳簿価額が1,000万円以上となっているのか否かの判定に関して，減価償却資産に関しては，期中償却を行う場合には，その分低くなった帳簿価額によって判定を行い，期中償却を行わない場合には，期首の帳簿価額によって判定を行うことになるもの考えられます。

その結果，譲渡損益調整資産に該当するか否かが異なることも考えられますし，期中償却費とした分だけ譲渡益が小さく（又は譲渡益が大きく）なりますので，繰り延べる金額にも影響を与えるものと考えられます。

③ 棚卸資産と土地等

譲渡法人において「棚卸資産」となる資産は，譲渡損益調整資産の対象となる資産として限定列挙されていないことから，基本的には本制度の適用対象資産から除かれますが，「土地等」については，固定資産（法法2二十二）に含まれているものの，本制度の適用対象資産として固定資産とは別に列挙して棚卸資産に該当する場合であっても本制度の適用対象とすることとされており，その譲渡直前の帳簿価額が1,000万円以上であれば譲渡損益調整資産に該当することとなります。

例えば，不動産販売会社である譲渡法人が100％グループ内で帳簿価額1,000万円以上の土地等を譲渡した場合には，譲渡法人で不動産販売収入などの「売上」が計上される一方で，その土地等の譲渡損益相当額を申告調整によって繰り延べることが必要となります。

ただし，本制度の適用があるか否かに関しては，原則として「譲渡法人」においてどのような資産を譲渡したのかということによって判定することとされており，譲受法人においてどのような資産として取得するのかということは，本制度の適用の有無の判定には影響しません。

例えば，機械製造会社である譲渡法人が100％グループ内で自社製品を販売した場合には，譲受法人においては固定資産（機械装置）として計上されることとなりますが，譲渡法人においては「土地等以外の棚卸資産」を譲渡したこととなるため，この資産は，本制度の適用対象となる譲渡損益調整資産には該当しないこととなります。

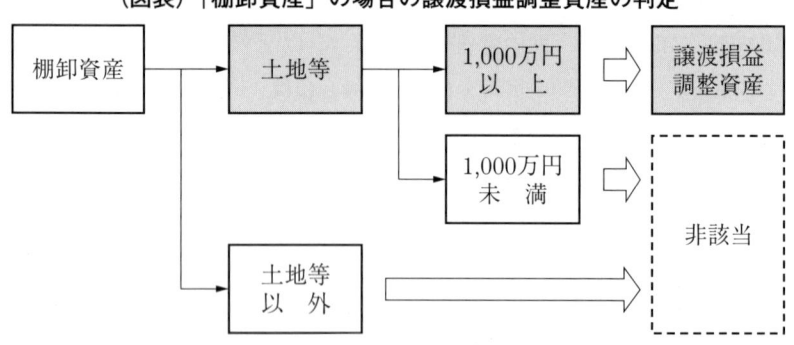

(図表)「棚卸資産」の場合の譲渡損益調整資産の判定

```
棚卸資産 ─┬─→ 土地等 ─┬─→ 1,000万円以上  ⇒ 譲渡損益調整資産
          │            │
          │            └─→ 1,000万円未満  ⇒ ┐
          │                                  │ 非該当
          └─→ 土地等以外 ──────────────────→ ┘
```

④ 営業権と資産調整勘定

　税法上の「営業権」(法令13八ル)は,「固定資産」(法法2二十二,法令12)に該当することから,例えば,外部から営業権を取得したためにその営業権に帳簿価額が付されており,その譲渡直前の帳簿価額が1,000万円以上であるというようなものについては,譲渡損益調整資産に該当することとなります。

　一方,「自己創設のれん」などについては,帳簿価額が付されていないことが殆どと考えられますが,このように譲渡直前における帳簿価額が1,000万円に満たない営業権については,譲渡損益調整資産には該当しないこととなります。

　また,平成18年度税制改正で創設され,非適格合併等により合併法人等(譲受側の法人)で認識することとなる「資産調整勘定」(法法62の8①)についても,譲渡損益調整資産に該当することとなるのか否かという疑問が生じてきます。

　この「資産調整勘定」とは,非適格合併等により被合併法人等に対して交付した金銭及び金銭以外の資産の価額の合計額から被合併法人等から移転を受けた資産及び負債の時価純資産価額を超える場合のその超える部分の金額(資産等超過差額を除きます。)をいいます(法法62の8①,法令123の10④)。

　この定義からも窺われるとおり,「資産調整勘定」は,そもそも本制度の適用対象となる「資産」には該当しないと考えられますので,本制度の適用はな

いと考えられます。

（3） 譲渡利益額・譲渡損失額の計算

譲渡損益調整資産に係る「譲渡利益額」は，その譲渡に係る対価の額が原価の額[1]を超える場合におけるその超える部分の金額となり，「譲渡損失額」は，その譲渡に係る原価の額が対価の額を超える場合におけるその超える部分の金額となります（法法61の13①）。

（具体例1） 譲渡利益額が生ずる場合の取扱い

A社は，完全支配関係があるB社に簿価1億円（時価1.2億円）の土地を1.2億円で譲渡しました。

≪A社の処理≫
・会計上の仕訳

現預金　1.2億円	土地　　　1億円
	売却益　0.2億円

・申告調整

譲渡損益調整損	譲渡損益調整勘定
0.2億円	0.2億円

⇒ 譲渡益0.2億円の繰延べ（減算・留保）

≪B社の処理≫
・会計上の仕訳

土地　　1.2億円	現預金　1.2億円

・申告調整
　調整なし

具体例1では，対価の額（1.2億円）が原価の額（1億円）を超える部分の金額（0.2億円）が「譲渡利益額」に該当するため，0.2億円を損金算入（減算・留保）することによって，譲渡利益額の繰延べを行います。

---

[1]「原価の額」とは，譲渡損益調整資産の譲渡直前の帳簿価額をいうものとされており，例えば，不動産売買又は有価証券の譲渡に係る手数料など譲渡に付随して発生する費用は，これに含まれないとされています（法基通12の4-1-2）。

（具体例2）譲渡損失額が生ずる場合の取扱い

A社は，完全支配関係があるB社に簿価2億円（時価1.5億円）の土地を1.5億円で譲渡しました。

≪A社の処理≫
・会計上の仕訳

現預金　1.5億円	土地　　2億円
売却損　0.5億円	

・申告調整

譲渡損益調整勘定	譲渡損益調整益
0.5億円	0.5億円

≪B社の処理≫
・会計上の仕訳

土地　　1.5億円	現預金　1.5億円

・申告調整
　調整なし

⇒ 譲渡損0.5億円の繰延べ（加算・留保）

具体例2では，原価の額（2億円）が対価の額（1.5億円）を超える部分の金額（0.5億円）が「譲渡損失額」に該当するため，0.5億円を益金算入（加算・留保）することによって，譲渡損失額の繰延べを行います。

また，譲渡利益額又は譲渡損失額の計算の際には，次のような点に留意する必要があります。

① 低額譲渡や高額譲渡の場合の「対価の額」

低額譲渡のように時価よりも低い対価の額で取引が行われる場合や，逆に，高額譲渡のように時価よりも高い対価の額で取引が行われる場合には，100％グループ内であっても，内国法人間の譲渡取引は譲渡の時の時価[2]で行われるべきであると考えられることから，時価と実際に支払われた対価の額との差額は，寄附金の額・受贈益の額となります。

第3章で述べたように，このような寄附金の額・受贈益の額は，（イ）譲渡法人と譲受法人の間に，法人による完全支配関係がある場合には，寄附側の法人において寄附金の全額損金不算入（法法37②）と，受贈側の法人において

---

[2] 譲渡法人が損金の額又は益金の額に算入される譲渡利益額相当額又は譲渡損失額相当額を計算する場合における譲渡に係る対価の額とは，その譲渡損益調整資産の「譲渡の時の価額」とされています（法基通12の4-1-1）。

受贈益の全額益金不算入（法法25の2①）となりますが，（ロ）法人による完全支配関係がない場合には，通常どおり，寄附側の法人において寄附金の損金算入限度額を超える部分の金額が全額損金不算入（法法37①）となり，受贈側の法人において受贈益の額が全額益金算入（法法22②）となります。

このため，低額譲渡や高額譲渡に該当する取引が行われている場合には，譲渡損益調整資産の損益調整制度だけではなく，受贈益の益金不算入制度と寄附金の損金不算入制度も考慮して処理を行わなければなりませんが，両制度の対象法人が異なる点に注意が必要です。

次の具体例3では，法人による完全支配関係がある場合の低額譲渡の取扱いを示しています。

（具体例3）「低額譲渡」の取扱い（法人による完全支配関係がある場合）

A社は，完全支配関係があるB社に簿価1億円（時価1.2億円）の土地を簿価相当額の1億円で譲渡しました。

なお，A社とB社は，P社（親会社）による完全支配関係にあります。

≪A社の処理≫

・会計上の仕訳

現預金	1億円	土地	1億円
寄附金	0.2億円	売却益	0.2億円

・申告調整

譲渡損益調整損	譲渡損益調整勘定
0.2億円	0.2億円

⇒ 譲渡益0.2億円の繰延べ（減算・留保）
　寄附金0.2億円の損金不算入（加算・流出）

≪B社の処理≫

・会計上の仕訳

土地	1.2億円	現預金	1億円
		受贈益	0.2億円

・申告調整

⇒ 受贈益0.2億円の益金不算入
　（減算・課税外収入）

（相殺）

（※）P社において，A社株式及びB社株式の帳簿価額の修正が必要となります。

② 一定の規定の適用を受ける場合の「対価の額」の特例

譲渡法人が譲渡損益調整資産を譲受法人に譲渡した場合において，その譲渡について次の規定の適用を受けるときには，その規定により「その譲渡に係る対価の額とされる金額」を「対価の額」として譲渡利益額又は譲渡損失額を計算します（法令122の14②）。

イ 譲渡損益が計上されない有価証券の譲渡に係る「対価の額とされる金額」

対象規定	対価の額とされる金額
適格三角合併による合併親法人株式の交付（法法61の2⑥）	合併親法人株式の適格三角合併直前の帳簿価額相当額
適格三角分割による分割承継親法人株式の交付（法法61の2⑦）	分割承継親法人株式の適格三角分割直前の帳簿価額相当額
適格三角株式交換による株式交換完全支配親法人株式の交付（法法61の2⑨）	株式交換完全支配親法人株式の適格三角株式交換直前の帳簿価額相当額
株式交換による株式交換完全親法人株式のみの交付又は無対価適格株式交換による旧株の消滅（法法61の2⑧）	旧株の株式交換又は無対価適格株式交換直前の帳簿価額相当額
株式移転による株式移転完全親法人株式のみの交付（法法61の2⑩）	旧株式の株式移転直前の帳簿価額相当額
取得請求権付株式，取得条項付株式，全部取得条項付株式，新株予約権付社債についての社債，取得条項付新株予約権の譲渡（法法61の2⑬）	左記の有価証券の譲渡直前の帳簿価額相当額（新株予約権付社債についての社債については，新株予約権付社債の譲渡直前の帳簿価額相当額）
完全支配関係がある法人の株式の発行法人への譲渡（法法61の2⑯）	譲渡原価額相当額

ロ 組織再編成に関して「対価の額とされる金額」

対象規定	対価の額とされる金額
非適格合併・分割型分割による時価譲渡（法法62①）	移転資産の合併又は分割時の価額
適格分社型分割による簿価譲渡（法法62の3①）	移転資産の適格分社型分割直前の帳簿価額
適格現物出資による簿価譲渡（法法62の4①）	移転資産の適格現物出資直前の帳簿価額
適格現物分配による簿価譲渡（法法62の5③）	移転資産の適格現物分配直前の帳簿価額

なお，上記において，譲渡損益調整額が計算されるのは，非適格合併・分割型分割による時価譲渡の場合のみです。

③ 圧縮記帳・特別控除があった場合の「譲渡利益額」の計算

譲渡法人が譲渡損益調整資産を譲受法人に譲渡した場合において，その譲渡につき一定の圧縮記帳・特別控除の規定[3]により，その譲渡した事業年度の所得の金額の計算上，損金の額に算入される金額（資産の譲渡に係る特別控除額の特例（措法65の6）の規定により損金の額に算入されない金額がある場合には，その金額を控除した金額。以下，「損金算入額」といいます。）があるときは，その譲渡損益調整資産に係る「譲渡利益額」は，その損金算入額を控除した金額とされます（法令122の14③）。

---

[3] 次の規定をいいます。
　イ　交換により取得した資産の圧縮額の損金算入（法法50）
　ロ　収用等に伴い代替資産を取得した場合の課税の特例（措法64）
　ハ　収用等に伴い特別勘定を設けた場合の課税の特例（措法64の2）
　ニ　換地処分等に伴い資産を取得した場合の課税の特例（措法65）
　ホ　収用換地等の場合の所得の特別控除（措法65の2）
　ヘ　特定土地区画整理事業等のために土地等を譲渡した場合の所得の特別控除（措法65の3）
　ト　特定住宅地造成事業等のために土地等を譲渡した場合の所得の特別控除（措法65の4）
　チ　農地保有の合理化のために農地等を譲渡した場合の所得の特別控除（措法65の5）
　リ　特定の長期所有土地等の所得の特別控除（措法65の5の2）
　ヌ　特定の資産の買換えの場合の課税の特例（措法65の7）
　ル　特定の資産の譲渡に伴い特別勘定を設けた場合の課税の特例（措法65の8）
　ヲ　特定の資産を交換した場合の課税の特例（措法65の9）
　ワ　特定の交換分合により土地等を取得した場合の課税の特例（措法65の10）
　カ　大規模な住宅地等造成事業の施行区域内にある土地等の造成のための交換等の場合の課税の特例（措法65の11）
　ヨ　大規模な住宅地等造成事業の施行区域内にある土地等の造成のための譲渡に伴い特別勘定を設けた場合の課税の特例（措法65の12）
　タ　認定事業用地適正化計画の事業用地の区域内にある土地等の交換等の場合の課税の特例（措法65の13）
　レ　認定事業用地適正化計画の事業用地の区域内にある土地等の譲渡に伴い特別勘定を設けた場合の課税の特例（措法65の14）
　ソ　平成21年及び平成22年に土地等の先行取得をした場合の課税の特例（措法66の2）

つまり，対価の額から圧縮記帳・特別控除を受けていないとした場合の帳簿価額（原価の額）を控除して譲渡利益額を計算することとなります。

（図表）圧縮記帳を受けている譲渡損益調整資産の譲渡利益額

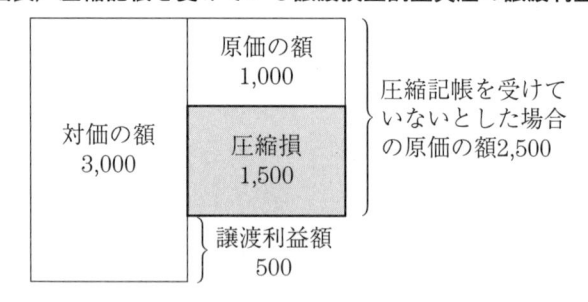

対価の額 3,000	原価の額 1,000	
	圧縮損 1,500	圧縮記帳を受けていないとした場合の原価の額 2,500
	譲渡利益額 500	

3　譲渡損益調整資産に係る譲渡損益の認識

本制度は，上記2で確認したように，適正な時価による譲渡を前提としており，その上で，譲渡法人において譲渡損益を繰り延べる「時価譲渡＋譲渡損益の繰延べ」の制度となっています。

このため，あくまでも譲渡法人における資産の含み損益の実現時期を繰り延べているにすぎず，適格組織再編成のように，簿価引継・簿価譲渡を行い，資産の含み損益を実現させずに譲渡側の法人から譲受側の法人に移転するものではありません（ただし，4で後述する「非適格合併」の場合には，例外的に含み損益が移転します。）。

譲渡法人における資産の譲渡損益に関しては，次のように，
(1) 譲受法人が譲渡損益調整資産を譲渡等した場合
(2) 完全支配関係を有しないこととなった場合
など，その資産の譲渡損益の認識事由によってその計上金額や計上時期が異なります。

（1） 譲受法人が譲渡損益調整資産を譲渡等した場合の譲渡損益の認識

　譲渡法人が譲受法人に譲渡した譲渡損益調整資産に係る譲渡損益について，上記２の適用を受けた場合において，その譲受法人において次の①～⑨に掲げる事由が生じたときは，その事由の区分に応じて計算した譲渡損益調整資産に係る譲渡利益相当額又は譲渡損失相当額（譲渡損益調整額）のうち，その全部又は一部の金額[4]をその譲渡法人の事業年度の所得の金額の計算上，益金の額又は損金の額に算入することとなります（法法61の13②，法令122の14④）。

① 譲渡，貸倒れ，除却その他これらに類する事由（全部認識）
② 適格分割型分割による外部の分割承継法人への移転（全部認識）
③ 譲受法人が公益法人等に該当することとなったこと（全部認識）
④ 評価換え（全部認識）
⑤ 減価償却資産の減価償却（部分認識）
⑥ 繰延資産の償却（部分認識）
⑦ 譲渡損益調整資産と同一銘柄の有価証券の譲渡（部分認識）
⑧ 償還有価証券の調整差損益の益金・損金算入（部分認識）
⑨ 連結納税開始・加入時の時価評価損益の認識（全部認識）

　なお，後述する「(2) 完全支配関係を有しないこととなった場合の譲渡損益の認識」又は「(3) 連結納税開始・加入時の時価評価の場合の譲渡損益の認識」の適用を受ける事業年度以後の事業年度については，この（１）の適用はない点に注意が必要となります（法令122の14④括弧書き）。

① 譲渡，貸倒れ，除却その他これらに類する事由（全部認識）

　譲受法人において，その譲渡損益調整資産の譲渡（以下，「再譲渡」といい

---

[4] 各事由の区分に応じて計算した金額と譲渡利益額又は譲渡損失額に係る調整済額（既に譲渡法人において益金の額又は損金の額に算入された金額）の合計額がその譲渡利益相当額又は譲渡損失相当額を超える場合には，その超える部分の金額を控除した金額となります（法令122の14④括弧書き・⑤）。

ます。）⁵，貸倒れ⁶，除却その他これらに類する事由⁷（以下，「譲渡等事由」といいます。）が生じたときは，その繰り延べられている譲渡損益調整額の全額を，譲受法人において譲渡等事由が生じた日の属する譲受法人の事業年度終了の日の属する譲渡法人の事業年度の所得の金額の計算上，益金の額又は損金の額に算入します（法令122の14④一イ・⑪）。

例えば，次の図表のように，譲受法人が他の法人に再譲渡した日がX1年2月20日の場合には，その再譲渡した日の属する譲受法人の事業年度終了の日であるX1月12月31日の属する譲渡法人の事業年度（X1年4月1日～X2年3月31日）で譲渡損益調整額の全額を益金の額又は損金の額に計上することとなります。

---

⁵「譲渡」には，有価証券の区分変更等によるみなし譲渡（法令119の11①二～五）に掲げる有価証券について，これらに掲げる事実が生じたことにより譲受法人がその有価証券を譲渡したものとみなされる場合も含まれるものとされています（法基通12の4-3-1（注））。
　また，譲渡法人が譲受法人に譲渡した譲渡損益調整資産である土地について，その譲受法人がその土地の一部を譲渡した場合には，例えば，その土地に係る譲渡損益調整額をその譲渡法人が譲渡した土地の面積とその譲受法人が譲渡した土地の面積の比に応じて区分するなど，合理的な方法により計算した金額とすることとされています（法基通12の4-3-5）。

⁶ 譲受法人において金銭債権の一部が貸倒れとなった場合には，例えば，その金銭債権に係る譲渡損益調整額にその譲渡法人のその金銭債権の取得価額のうちにその貸倒れによる損失の額の占める割合を乗じて計算した金額とするなど，合理的な方法により計算した金額とすることとされています（法基通12の4-3-4）。

⁷「その他これに類する事由が生じた場合」として，例えば，次に掲げる譲渡損益調整資産につきそれぞれ次に掲げる事由が該当するものとされています（法基通12の4-3-1）。
　　イ　金銭債権　その譲渡を受けた譲受法人においてその全額が回収されたこと，又は，債券の取得差額に係る調整差損益の計上（法基通2-1-34）の取扱いの適用を受けたこと
　　ロ　償還有価証券　譲受法人においてその全額が償還期限前に償還されたこと
　　ハ　固定資産　譲受法人において災害等により滅失したこと

第5章　譲渡損益調整資産の損益調整制度

（図表）譲渡等事由が生じた場合の譲渡損益調整額の計上時期

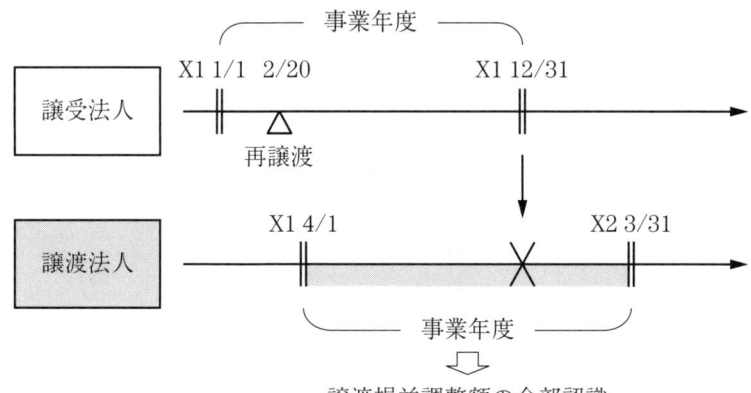

譲受法人　　X1 1/1　2/20　　　　　　　X1 12/31
　　　　　　　　　　△
　　　　　　　　　　再譲渡

譲渡法人　　　　X1 4/1　　　　　　　　✗　　　　X2 3/31
　　　　　　　　　　　　　事業年度
　　　　　　　　　　　　　⇩
　　　　　　　　　　譲渡損益調整額の全部認識

　なお，譲渡等事由のうち「譲受法人による譲渡」には，100％グループ外への再譲渡はもちろん，100％グループ内での再譲渡も含まれます。

（具体例4）100％グループ外の内国法人への再譲渡の場合の取扱い

　B社は，（具体例1）から5年後に，外部のX社に簿価1.2億円（時価1.5億円）の土地（（具体例1）でA社から取得したもの）を1.5億円で譲渡しました。

≪A社の処理≫
・会計上の仕訳
　仕訳なし

・申告調整

譲渡損益調整勘定	譲渡損益調整益
0.2億円	0.2億円

⇒ 譲渡益0.2億円の認識（加算・留保）

≪B社の処理≫
・会計上の仕訳

現預金　1.5億円	土地　　1.2億円
	売却益　0.3億円

・申告調整
　調整なし

（具体例5）100％グループ内の内国法人への再譲渡の場合の取扱い[8]

B社は，（具体例1）から5年後に，完全支配関係があるC社に簿価1.2億円（時価1.5億円）の土地（（具体例1）でA社から取得したもの）を1.5億円で譲渡しました。

≪A社の処理≫
・会計上の仕訳
　仕訳なし

≪B社の処理≫
・会計上の仕訳

現預金	1.5億円	土地	1.2億円
		売却益	0.3億円

相殺

・申告調整

譲渡損益調整勘定	譲渡損益調整益
0.2億円	0.2億円

⇒ 譲渡益0.2億円の認識（加算・留保）

・申告調整

譲渡損益調整損	譲渡損益調整勘定
0.3億円	0.3億円

⇒ 譲渡益0.3億円の繰延べ（減算・留保）

② 適格分割型分割による外部の分割承継法人への移転（全部認識）

譲受法人において適格分割型分割により譲渡損益調整資産の分割承継法人（譲受法人との間に完全支配関係があるものを除きます。）への移転が生じた場合には，その繰り延べられている譲渡損益調整額の全額を，譲受法人において適格分割型分割の日の属する譲受法人の事業年度終了の日の属する譲渡法人の事業年度の所得の金額の計算上，益金の額又は損金の額に算入します（法令122の14④一ロ・⑪）。

③ 譲受法人が公益法人等に該当することとなったこと（全部認識）

普通法人又は協同組合等である譲受法人が公益法人等に該当することとなった場合には，その譲渡損益調整額の全額を，譲受法人において公益法人等に該当することとなった日の属する譲受法人の事業年度終了の日の属する譲渡法人の事業年度の所得の金額の計算上，益金の額又は損金の額に算入します（法令122の14④一ハ・⑪）。

---

[8] 譲受法人（B社）がグループ内の内国法人（C社）に対して再譲渡を行う場合に，その資産が譲渡損益調整資産に該当するときには，譲受法人自身が新たに「譲渡法人（B社）」として，譲渡損益調整資産に係る譲渡損益の繰延べを行うこととなる点に注意が必要です。

実務上はほとんど生じないと考えられますが，例えば，普通法人である医療法人が公益法人等である「社会医療法人」になる場合が考えられます。

④ 評価換え（全部認識）

譲受法人において，法人税法25条（資産の評価益の益金不算入等）の2項又は3項に規定する評価換え，あるいは，法人税法33条（資産の評価損の損金不算入等）の2項，3項又は4項に規定する評価換えによりその譲渡損益調整資産の帳簿価額が増額又は減額され，その増額又は減額された部分の金額が益金の額又は損金の額に算入された場合には，その譲渡損益調整額の全額を，譲受法人において評価換えを行った日の属する譲受法人の事業年度終了の日の属する譲渡法人の事業年度の所得の金額の計算上，益金の額又は損金の額に算入します（法令122の14④二・五・⑪）[9]。

⑤ 減価償却資産の減価償却（部分認識）

譲受法人において，その譲渡損益調整資産が減価償却資産に該当し，その償却費が損金の額に算入された場合には，次の方法（以下，「原則法」といいます。）により計算した金額を，譲受法人において減価償却を行った日の属する譲受法人の事業年度終了の日の属する譲渡法人の事業年度の所得の金額の計算上，益金の額又は損金の額に算入します（法令122の14④三・⑪）。

<原則法>

$$譲渡損益調整額 \times \frac{譲受法人における償却費の損金算入額}{譲受法人における対象資産の取得価額}$$

また，簡便性の観点から，一定の手続きを要件として，次の方法（以下，「簡便法」といいます。）により計算した金額を上記の原則法により計算した金額とみなして，譲受法人において減価償却を行った日の属する譲受法人の事業

---

[9] 従来の「連結法人間取引における譲渡損益調整制度」では，譲渡損益調整資産の取得価額に対する評価換えによる益金算入額又は損金算入額で按分する（旧法令155の22③一・四）こととされていましたが，平成22年度改正により，上記のとおり，全額戻入れを行うこととなり，制度の簡素化が図られています。

年度終了の日の属する譲渡法人の事業年度の所得の金額の計算上，益金の額又は損金の額に算入します（法令122の14⑥一・⑦）

> **＜簡便法＞**
>
> 譲渡損益調整額 × $\dfrac{譲渡法人の当期の月数(当期が譲渡年度である場合には譲渡日から当期の末日までの月数（※）)}{譲受法人の対象資産の耐用年数 \times 12}$
>
> （※）1月未満の端数が生じた場合には，1月とします。

譲渡法人が減価償却資産について簡便法を適用する場合には，譲渡法人による譲渡損益調整資産の譲渡の日の属する事業年度の確定申告書に益金の額又は損金の額に算入する金額及びその計算に関する明細の記載（別表十四（四）の19欄～22欄への記載）がある場合に限り，適用されます（法令122の14⑧・⑲）。

ただし，その記載がなかったことについてやむを得ない事情があると認められるときは，その適用が認められます（法令122の14⑨）。

⑥ 繰延資産の償却（部分認識）

譲受法人において，その譲渡損益調整資産が繰延資産に該当し，その償却費が損金の額に算入された場合には，次の方法（原則法）により計算した金額を，譲受法人において償却を行った日の属する譲受法人の事業年度終了の日の属する譲渡法人の事業年度の所得の金額の計算上，益金の額又は損金の額に算入します（法令122の14④四・⑪）。

> **＜原則法＞**
>
> 譲渡損益調整額 × $\dfrac{譲受法人における償却費の損金算入額}{譲受法人における対象資産の取得価額}$

また，均等償却を行う繰延資産については，簡便性の観点から，減価償却資産と同様に，次の方法（簡便法）も認められています（法令122の14⑥二・⑦）。

なお，均等償却を行う繰延資産について簡便法を適用する場合にも減価償却

資産の場合と同様に申告要件が付されています（法令122の14⑧・⑨）。

<簡便法>

譲渡損益調整額×$\dfrac{\text{譲渡法人の当期の月数(当期が譲渡年度である場合には譲渡日から当期の末日までの月数)(※)}}{\text{その繰越資産となった費用の支出の効果の及ぶ期間の月数}}$

（※）1月未満の端数が生じた場合には，1月とします。

⑦　譲渡損益調整資産と同一銘柄の有価証券の譲渡（部分認識）

譲受法人において譲渡損益調整資産と同一銘柄の有価証券の譲渡を行った場合には，次のように取り扱われます。

イ　同一銘柄に譲渡損益調整資産の対象とならない有価証券が含まれる場合

　譲受法人が譲渡損益調整資産の対象となった有価証券と同じ銘柄の有価証券（売買有価証券を除きます。）を譲渡した場合には，その有価証券の譲渡利益額又は譲渡損失額に相当する金額のうち，その譲渡した株数に対応する部分の金額を，譲受法人において譲渡を行った日の属する譲受法人の事業年度終了の日の属する譲渡法人の事業年度の所得の金額の計算上，益金の額又は損金の額に算入します（法令122の14④六，⑪）。

　つまり，同じ銘柄の中に譲渡損益調整の対象となったものとならないものがある場合には，対象になったものを優先的に譲渡したものとし，戻入れを行うこととなります。

ロ　同一銘柄の有価証券を2回以上に分けて譲り受けた後の譲渡計算

　譲渡法人が譲渡損益調整資産である銘柄を同じくする有価証券を2回以上に分けて譲受法人に対し譲渡した後に，その譲受法人がその有価証券を譲渡した場合には，その譲受法人がその譲渡法人から最も早く取得したものから順次，譲渡したものとみなして戻入れを行います（法基通12の4-3-6）。

⑧　償還有価証券の調整差損益の益金・損金算入（部分認識）

譲受法人において，その譲渡損益調整資産が償還有価証券（法令119の

14）に該当し，その譲渡損益調整資産につき調整差益又は調整差損が益金の額又は損金の額に算入された場合には，その譲渡損益調整額（既に調整済の金額がある場合にはその調整済額を控除した金額）に，その譲渡法人のその事業年度開始の日からその償還有価証券の償還日までの期間の日数のうちにその譲渡法人のその事業年度の日数の占める割合を乗じて計算した金額を，譲受法人においてその益金の額又は損金の額に算入された事業年度終了の日の属する譲渡法人の事業年度の所得の金額の計算上，益金の額又は損金の額に算入します（法令122の14④七・⑪）。

⑨ 連結納税開始・加入時の時価評価損益の認識（全部認識）

譲受法人において，その譲渡損益調整資産が連結納税開始・加入時の時価評価資産（法法61の11①）に該当し，その譲渡損益調整資産につき時価評価益又は時価評価損が益金の額又は損金の額に算入された場合には，その譲渡損益調整額の全額を，譲受法人においてその益金の額又は損金の額に算入された事業年度終了の日の属する譲渡法人の事業年度の所得の金額の計算上，益金の額又は損金の額に算入します（法令122の14④八・⑪）。

上記の取扱いは，中間申告において仮決算を行う場合も同様です。

このとき，減価償却資産・均等償却を行う繰延資産について簡便法を適用する場合には，やむを得ない事情があると認められる歩合を除き，中間申告書に減価償却資産の減価償却・繰延資産の償却により益金の額又は損金の額に算入する金額及びその計算に関する明細の記載（別表十四（四））が必要となります（法令122の14⑧〜⑳）。

（2） 完全支配関係を有しないこととなった場合の譲渡損益の認識

譲渡法人が譲受法人に譲渡した譲渡損益調整資産に係る譲渡利益額又は譲渡損失額について，上記2の繰延べの規定の適用を受け，譲渡損益を繰り延べた場合（譲渡損益調整資産の非適格合併による合併法人への移転により上記2の繰延べの規定の適用を受けた場合を除きます。）において，その譲渡法人がその譲渡損益調整資産に係る譲受法人との間に完全支配関係を有しないことと

なったときは，その譲渡損益調整資産に係る譲渡損益調整額（その有しないこととなった日の前日の属する事業年度前の各事業年度の所得の金額の計算上，益金の額又は損金の額に算入された金額を除きます。）を，その有しないこととなった日の前日の属する譲渡法人の事業年度の所得の金額の計算上，益金の額又は損金の額に算入することとなります（法法61の13③）。

(図表) 完全支配関係を有しないこととなった場合の譲渡損益の認識

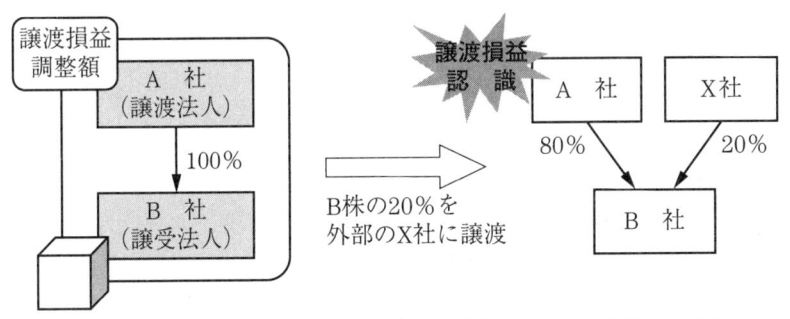

```
譲渡損益
調整額       A 社                      譲渡損益      A 社    X社
          （譲渡法人）                  認 識
              ↓100%            ⇒              ↘80%   ↙20%
              B 社           B株の20%を                B 社
          （譲受法人）        外部のX社に譲渡
```

⇒ A社は，その<u>完全支配関係を有しないこととなった日の前日の属する事業年度において繰り延べていた譲渡損益を認識</u>（法法61の13③）

　例えば，株式の譲渡により完全支配関係を有しないこととなる場合において，「完全支配関係を有しないこととなった日」とは，株主権が行使できない状態になる「株式の引渡しの日」（質疑応答事例1頁）とされているため，株式の引渡しの日の前日の属する譲渡法人の事業年度において譲渡損益調整額を認識します。

　また，残余財産が確定し，法人が消滅した場合にも，完全支配関係を有しなくなった場合に該当します。この場合の「完全支配関係を有しないこととなった日」とは，「残余財産の確定の日の翌日」（『平成22年度　税制改正の解説』199頁，注記）となると考えられるため，残余財産の確定の日の属する譲渡法人の事業年度において譲渡損益調整額を認識します。

　ただし，完全支配関係を有しないこととなる場合であっても，その譲渡法人又は譲受法人が完全支配関係のある他の内国法人との適格合併により解散した

場合には，後述の「4　完全支配関係のある内国法人と適格合併等をした場合の取扱い」で述べるとおり，その合併法人等を譲渡法人又は譲受法人とみなして譲渡損益の繰延べを継続するため，この（2）の事由により譲渡損益調整額を益金の額又は損金の額に算入することとはされていません（法法61の13③一・二，⑤〜⑦）。

（3）　連結納税開始・加入時の時価評価の場合の譲渡損益の認識

　連結納税の開始に伴う資産の時価評価損益（法法61の11①）に規定する他の内国法人又は連結納税への加入に伴う資産の時価評価損益（法法61の12①）に規定する他の内国法人が，連結開始直前事業年度又は連結加入直前事業年度以前の各事業年度において譲渡損益調整資産に係る譲渡利益額又は譲渡損失額につき上記2の繰延べの規定を受けた法人である場合には，その譲渡損益調整資産（※）に係る譲渡利益相当額又は譲渡損失相当額（その連結開始直前事業年度又はその連結加入直前事業年度前の各事業年度の所得の金額の計算上，益金の額又は損金の額に算入された金額を除きます。）は，その連結開始直前事業年度又は連結加入直前事業年度の譲渡法人の所得の金額の計算上，益金の額又は損金の額に算入することとなります（法法61の13④，法令122の14⑫）。

　（※）　次のイ又はロの譲渡損益調整資産を除きます。
　　イ　譲渡損益調整資産に係る譲渡利益額又は譲渡損失額からその譲渡損益調整資産に係る調整済額を控除した金額が1,000万円に満たない場合におけるその譲渡損益調整資産
　　ロ　時価評価資産等の範囲（法令14の8二ロ〜ニ）に掲げる譲渡損益調整額に係る譲渡損益調整資産

　つまり，上記(1)⑨は譲受法人が連結納税開始・加入によって時価評価する場合の取扱いですが，この(3)は譲渡法人が連結納税開始・加入によって時価評価する場合の取扱いとなっています。

4 完全支配関係のある内国法人と適格合併等をした場合の取扱い

(1) 譲渡法人が完全支配関係のある内国法人との適格合併によって解散する場合

　譲渡法人の適格合併（合併法人（法人を設立する適格合併の場合には，その被合併法人のすべて）がその内国法人との間に完全支配関係がある内国法人であるものに限ります。）による解散があった場合には，譲渡法人の消滅により譲渡法人と譲受法人との間で完全支配関係を有しないこととなりますが，上記3 (2)にかかわらず，合併法人は譲渡法人とみなされ，譲渡損益の繰延べは継続されます（法法61の13③一・⑤）。

　なお，繰り延べられた譲渡損益調整額は，その合併法人（みなし譲渡法人）に引き継がれることとなります[10]。

（図表）譲渡法人が完全支配関係のある内国法人との適格合併で解散する場合(1)

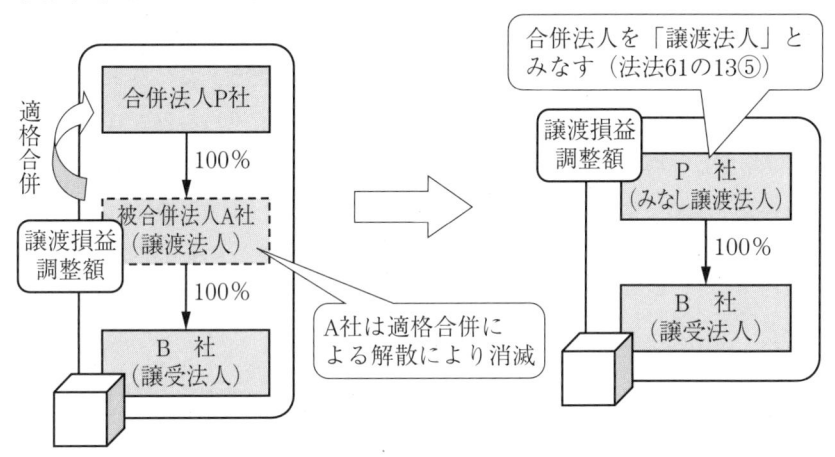

（図表：適格合併により、合併法人P社と被合併法人A社（譲渡法人、譲渡損益調整額）が100%でB社（譲受法人）を保有する関係から、A社は適格合併による解散により消滅し、P社（みなし譲渡法人）が譲渡損益調整額を引き継ぎ100%でB社（譲受法人）を保有する関係となる。合併法人を「譲渡法人」とみなす（法法61の13⑤））

---

[10] 従来の「連結納税制度における損益調整制度」には，合併類似適格分割型分割についても同様の取扱い（旧法法81の10③）がありましたが，平成22年度改正によって合併類似適格分割型分割に関する取扱いが廃止されたことに伴い，本制度においても特別な取扱いは設けられていません。

また，被合併法人が譲渡法人に，合併法人が譲受法人に該当する場合には，次の図表のように譲受法人とみなし譲渡法人が一致し，B社がその資産を譲渡等するまで譲渡損益調整額が繰り延べられることとなります。

(図表) 譲渡法人が完全支配関係のある内国法人との適格合併で解散する場合(2)

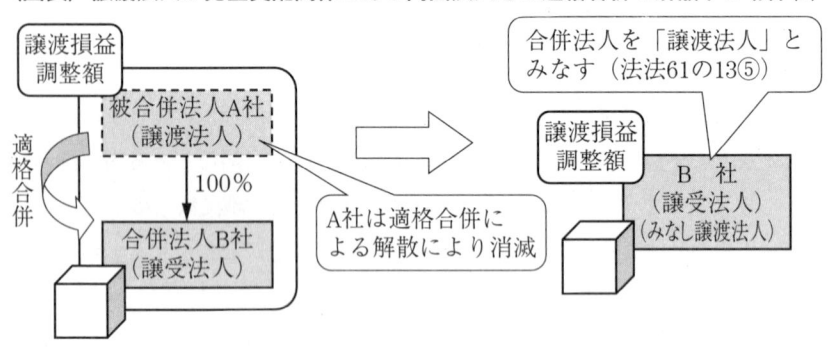

```
譲渡損益                              合併法人を「譲渡法人」と
調整額                                みなす（法法61の13⑤）
  被合併法人A社                         譲渡損益
  （譲渡法人）                          調整額
適                                              B 社
格  100％                                     （譲受法人）
合          A社は適格合併に              （みなし譲渡法人）
併  合併法人B社   よる解散により消滅
  （譲受法人）
```

なお，合併法人を譲渡法人とみなして譲渡損益調整資産に係る譲渡損益について上記2の繰延べの規定を適用する場合には，上記3の「(2) 完全支配関係を有しないこととなった場合の譲渡損益の認識」又は「(3) 連結納税開始・加入時の時価評価の場合の譲渡損益の認識」における「益金の額又は損金の額に算入された金額」には，その譲渡損益調整資産に係る譲渡利益相当額又は譲渡損失相当額でその適格合併に係る被合併法人のその適格合併の日の前日の属する事業年度以前の各事業年度の所得の金額の計算上，益金の額又は損金の額に算入された金額を含むものとされ，上記3(2)・(3)によって譲渡損益を益金の額又は損金の額に算入する必要はないこととされています（法令122の14⑬)。

また，内国法人を被合併法人とする適格合併につき，この(1)のみなし譲渡法人の規定の適用があるときは，その適格合併により合併法人に引き継がれる負債又は資産には，そのみなし譲渡法人の規定によりその合併法人が譲渡利益額又は譲渡損失額について上記2の繰延べの規定の適用を受けたものとみなされる場合のその譲渡利益額又は譲渡損失額（調整済額を除きます。）に相当する調整勘定を含むものとされています（法令122の14⑭)。

（2） 譲受法人が完全支配関係のある内国法人との適格合併によって解散する場合

譲受法人の適格合併（合併法人（法人を設立する適格合併の場合には，その被合併法人のすべて）がその譲受法人との間に完全支配関係がある内国法人であるものに限ります。）による解散があった場合には，譲受法人の消滅により，譲渡法人と譲受法人とが完全支配関係を有しないこととなりますが，繰り延べられた譲渡損益調整額は，完全支配関係がある合併法人に引き継がれます。

このとき合併法人は譲受法人とみなされるため，譲渡損益の繰延べは継続します（法法61の13⑥）。

（図表） 譲受法人が完全支配関係のある内国法人との適格合併で解散する場合(1)

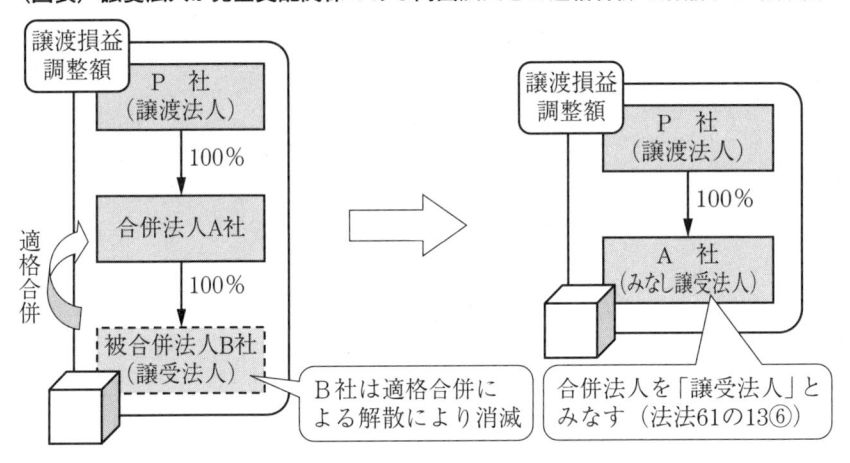

また，被合併法人が譲受法人に，合併法人が譲渡法人に該当する場合には，次の図表のように，譲渡法人とみなし譲受法人が一致し，A社がその資産を譲渡等するまで譲渡損益調整額は繰り延べられることとなります。

(図表) 譲受法人が完全支配関係のある内国法人との適格合併で解散する場合(2)

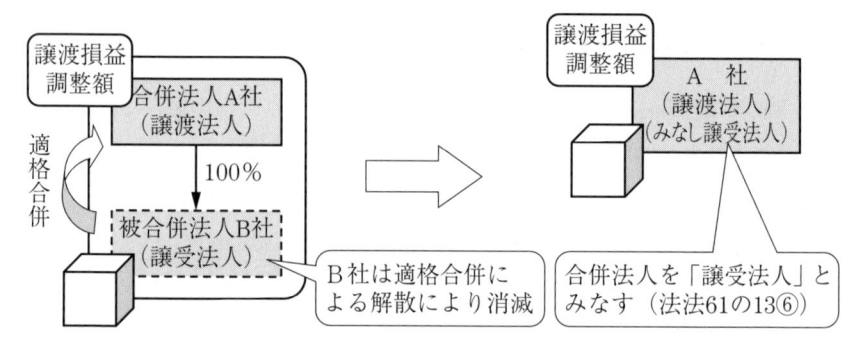

B社は適格合併による解散により消滅

合併法人を「譲受法人」とみなす（法法61の13⑥）

（3） 譲受法人が完全支配関係のある内国法人に対して適格分割型分割等によって譲渡損益調整資産を移転する場合

譲受法人が適格分割型分割，適格分社型分割，適格現物出資又は適格現物分配（分割承継法人，被現物出資法人又は被現物分配法人（法人を設立する場合には，他の分割法人，他の現物出資法人のすべて）がその譲受法人との間に完全支配関係がある内国法人であるものに限ります。）による分割承継法人等への譲渡損益調整資産の移転については，これらの分割承継法人等が譲受法人とみなされて譲渡損益の繰延べが継続します（法法61の13⑥，法令122の14④本文括弧書き）。

例えば，譲受法人が完全支配関係のある内国法人（被現物分配法人）に対して適格現物分配によって譲渡損益調整資産を分配した場合には，次の図表のように，被現物分配法人が譲受法人とみなされ，譲渡損益の繰延べが継続します。

第5章 譲渡損益調整資産の損益調整制度

(図表) 譲受法人が完全支配関係のある内国法人（被現物分配法人）に適格現物分配により譲渡損益調整資産を移転した場合

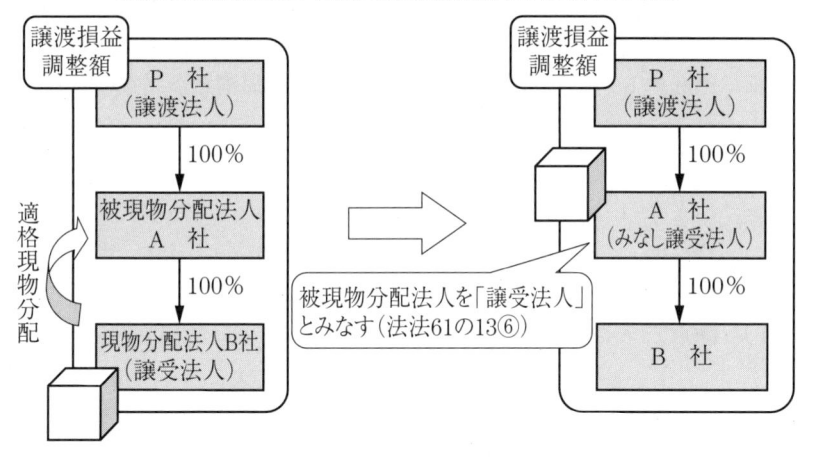

```
譲渡損益           譲渡損益
調整額             調整額
  ┌─ P 社           ┌─ P 社
  │ (譲渡法人)       │ (譲渡法人)
  │  │100%           │  │100%
適 │ 被現物分配法人    │ A 社
格 │   A 社    ⇒    │ (みなし譲受法人)
現 │  │100%           │  │100%
物 │ 現物分配法人B社   │ B 社
分 │ (譲受法人)
配
              被現物分配法人を「譲受法人」
              とみなす（法法61の13⑥）
```

5 譲受法人における取得価額

(1) 原　　則

　譲渡法人から資産を購入等した譲受法人においては，適格合併等のように譲渡法人における旧帳簿価額で引継ぎ・取得するのではなく，通常の取得と同様に，その資産の購入代価又はその資産の取得のために通常要する価額と付随費用の合計額を取得価額とします（法令32①一・三，54①一・五ロ・六，119①一他）。

(2) 特例（非適格合併に係る合併法人における取得価額）

　非適格合併に係る被合併法人がその合併による譲渡損益調整資産の移転について上記2の繰延べの規定の適用を受けた場合には，その譲渡損益調整資産に係る譲渡利益相当額はその合併に係る合併法人のその譲渡損益調整資産の取得価額に算入しないものとし，その譲渡損失相当額はその合併法人のその譲渡損

益調整資産の取得価額に算入するものとされます（法法61の13⑦）。

このため，実質的には被合併法人から合併法人に対して譲渡損益調整資産の簿価譲渡が行われた状態と同様の状態となります。

詳細は第6章1「非適格合併における譲渡損益調整資産の損益の調整」の(3)①を参照して下さい。

6　譲渡法人と譲受法人間の通知義務

(1)　譲渡法人から譲受法人への通知義務

譲渡法人が譲渡損益調整資産該当資産（譲渡損益調整資産をいい，譲受法人において売買目的有価証券となるものを含みます。）を譲受法人に譲渡した場合には，その譲渡の後，遅滞なく，その譲受法人に対して次の事実を通知しなければなりません（法令122の14⑯）。

　イ　その譲渡した資産が譲渡損益調整資産該当資産である旨
　ロ　減価償却資産・均等償却を行う繰延資産について簡便法を適用する場合には，その旨

(2)　譲受法人から譲渡法人への通知義務

① (1)の後の通知

(1)の通知を受けた譲受法人（非適格合併により譲渡損益調整資産該当資産の移転を受けたものを除きます。）は，次の場合の区分に応じ，それぞれに掲げる事実をその通知を受けた後，遅滞なく，その通知をした譲渡法人に通知しなければなりません（法令122の14⑰）。

　イ　譲渡損益調整資産該当資産が譲受法人において売買目的有価証券に該当する場合　その旨
　ロ　譲渡損益調整資産該当資産が譲受法人において減価償却資産又は均等償却を行う繰延資産に該当する場合において，その資産につき簡便法で計算

しようとする旨の通知（上記（1）ロの通知）を譲渡法人から受けたときその減価償却資産について適用する耐用年数又はその繰延資産の支出の効果の及ぶ期間

② **譲渡等事由等が生じた場合の通知**

譲受法人は，その譲渡損益調整資産について上記3（1）①～⑨の事由（譲渡損益調整資産について簡便法の適用を受けようとする旨の通知（上記（1）ロの通知）を受けていた場合には，⑤の減価償却資産の減価償却・⑥の繰延資産の償却を除きます。）が生じたときは，次の事実をその事由が生じた事業年度終了後，遅滞なく，その譲渡損益調整資産の譲渡をした内国法人（譲渡法人）に通知しなければなりません（法令122の14⑱）。

イ　上記3（1）①～⑨の事由が生じた旨
ロ　その事由が⑤の減価償却資産の減価償却・⑥の繰延資産の償却の場合には，損金の額に算入された償却費の額
ハ　その事由が生じた日

なお，イ・ロのいずれも，その内国法人（譲渡法人）が適格合併により解散した後は，上記4（1）の譲渡法人とみなされた合併法人に対して同様の通知をしなければなりません。

7　適用関係

本制度については，法人が平成22年10月1日以後に行う譲渡損益調整資産の譲渡利益額又は譲渡損失額について適用され，法人が同日前に行ったものについては従前のとおりとなります（改正法附則22①）。

（参考）適格事後設立の廃止

事後設立については，事後設立の前後を通じて事後設立法人が被事後設立法人の発行済株式等の100％を継続保有すること等の要件を満たす場合には，「適格事後設立」として，実質的に移転資産等の譲渡損益の計上を繰り延べること

とされていました（旧法法2十二の十五，62の5）。

　平成22年度改正により，譲渡損益調整資産の損益調整制度が「完全支配関係のある法人間の譲渡取引」に拡大されたことに伴い，適格事後設立は廃止されることとなりました。

　しかし，適格事後設立は，組織再編成税制の一環として位置付けられていたため，資産の移転を行う法人（事後設立法人）から資産の移転を受ける法人（被事後設立法人）への実質的な簿価譲渡（時価譲渡＋株式簿価修正）が行われていましたが，改正後は簿価譲渡ではなく，「時価譲渡＋譲渡損益の繰延べ」となるため，資産の含み損益を認識する法人は，資産の移転を受ける法人ではなく，「資産の移転を行う法人」となります。

　適格事後設立の廃止については，法人が平成22年10月1日以後に行うものについて適用することとされ，同日前に行われたものについては，従前どおりとなります（改正法附則10②）。

第6章　非適格組織再編成における譲渡損益調整等

1　非適格合併における譲渡損益調整資産の損益の調整

（1）概　　要

　第5章のとおり，平成22年度改正におけるグループ法人税制の創設により，完全支配関係法人間でなされる譲渡損益調整資産の譲渡に係る譲渡損益は，譲渡法人において繰り延べられることになりました（法法61の13①）。

　この規定の適用のある完全支配関係法人間の譲渡損益調整資産の譲渡には，完全支配関係のある法人間の非適格合併による譲渡損益調整資産の移転による譲渡も含まれています。

　次の事例に基づき，完全支配関係のある法人間の非適格合併による譲渡損益調整資産の移転の場合の課税関係を確認してみることとします。

【事　例】

```
              C社
         100%／    ＼100%
          ↓         ↓
        A社  ←──  B社
               合併
```

前提：A社は，B社（事業価値は7.2億円）を吸収合併し，親法人である

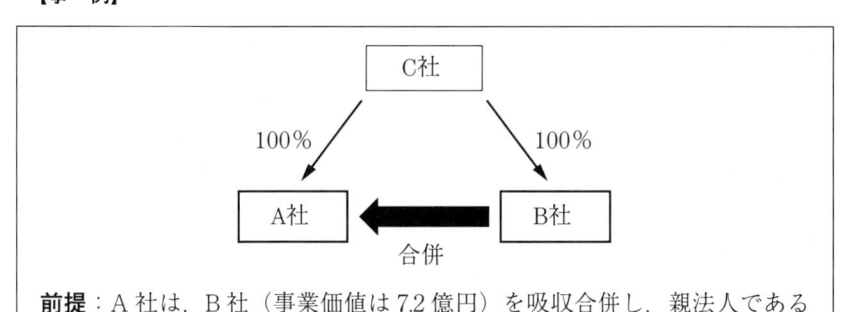

C社に現金7.2億円を支払った。B社の時価純資産額は6.2億円であり，C社におけるB社株式の帳簿価額は2億円である。

B社の貸借対照表

土地　　　　1億円 （時価　5億円） その他資産　1億円 （時価　1.2億円）	資本金等　　2億円

※　その他資産に譲渡損益調整資産に該当する資産はないものとする。

　なお，非適格合併における合併法人からの合併対価資産としての譲渡損益調整資産の交付に関しては，その「交付」という行為の当事者が現実に誰であるのかということに着目し，平成22年度改正においては，合併法人が被合併法人を介さずに直接に被合併法人の株主に合併対価資産としての譲渡損益調整資産の「譲渡」を行うものと捉えて，一般の譲渡損益調整資産の譲渡と同様の取扱いとなるとしています。そのため，合併法人が合併対価として譲渡損益調整資産を交付した場合には，被合併法人の株主を譲受法人として譲渡損益を繰り延べます。

＜資産等移転の税制上の処理＞

A社	
土地　　　　　1億円 その他資産　1.2億円 利益積立金　　4億円 資産調整勘定　1億円	現金　　　7.2億円

B社	
現金　　7.2億円	土地　　　　　1億円 その他資産　　1億円 譲渡益　　　　1億円 資産譲渡益　4.2億円

（法人税申告書別表四で加算及び減算・社外流出※）

＜株主への現金交付の税制上の処理＞

C社	
現金　　7.2億円	B社株式　　2億円 みなし配当　5.2億円

B社	
資本金等　　2億円 利益積立金　5.2億円	現金　　　7.2億円

（注）上記処理においては，源泉所得税は考慮しないこととします。

(2) 被合併法人（B社）の処理

① 譲渡損益調整資産の処理

　非適格合併により，合併法人に移転した資産及び負債については，その合併の時におけるその資産及び負債の価額により，被合併法人から合併法人に譲渡があったものとして，その被合併法人の最後事業年度（被合併法人の合併の日の前日の属する事業年度をいいます。以下，同じ。）の所得金額を計算することとされています（法法62①・②）。

　ただし，平成22年度改正により，完全支配関係法人間の非適格合併の場合には，被合併法人から合併法人（普通法人又は協同組合に限ります。以下，同じ。）へ譲渡した資産のうち，譲渡損益調整資産に該当するものに係る譲渡利益額又は譲渡損失額は，その被合併法人の最後事業年度の所得の金額の計算上，損金の額又は益金の額に算入されることとなります（法法61の13①，62②）。

　すなわち，完全支配関係法人間の合併の場合には，その合併が適格か非適格かにかかわらず，結果的には，被合併法人においては，最後事業年度で譲渡損益調整資産の譲渡損益が繰り延べられ，合併法人においては，その譲渡損益調整資産が被合併法人の帳簿価額で計上されることになります。

　法人税申告書別表四の記載要領においては，非適格合併の場合の被合併法人における譲渡損益調整資産の譲渡損益調整益・譲渡損益調整損を「非適格の合併等又は残余財産の全部分配等による移転資産等の譲渡利益額又は譲渡損失額(40)」欄で社外流出として処理することとされています。

　この法人税申告書別表四(40)欄の記載に当たっては，「国税庁質疑応答事例」問9においては，譲渡損益調整資産に係る部分は結果的に所得の金額に影響しないため加減算の記載を要しないという見解が示されています。

　ただし，この処理に関しては，移転資産等の譲渡利益・譲渡損失と譲渡損益調整資産の譲渡損益調整益・譲渡損益調整損とを同欄に二段書きする方式を採るのが好ましいように思われます。もちろん，結果的には，譲渡損益調整資産に係る部分に関する限り，所得の金額に影響を与えることはありませんので，

無記載方式であろうが，二段書き方式であろうが，どちらでも問題はないということになります。

この設例では，二段書き方式を採ると，資産等譲渡益5.2億円を上段に記載し，譲渡損益調整損△4億円を下段に記載することとなります。

＜参　考＞

譲渡損益調整資産の譲渡利益・譲渡損失の計上は法人税法62条の規定に基づいて行われるものであり，譲渡損益調整益・譲渡損益調整損の計上は61条の13の規定に基づいて行われるものであって，このように両者はその処理の根拠となる規定が異なるだけでなく性質も全く異なるものですから，本来は，別の欄を設けて調整を行うべきものと考えられます。

なお，申告書別表十四(四)「完全支配関係がある法人の間の取引の損益の調整に関する明細書」の記載要領1項においては，「（適格合併に該当しない合併による合併法人への資産移転につきこれらの規定の適用を受ける場合を除く。）」とされており，被合併法人において繰り延べられた譲渡損益額の調整については，申告書別表十四(四)の記載は不要となります。

② **非適格合併前に被合併法人が有する譲渡損益調整勘定**

譲渡法人が一定の適格合併により解散する場合を除き，譲受法人との間に完全支配関係がなくなった場合には，譲渡損益調整資産について繰り延べられた譲渡損益額を，完全支配関係がなくなった日の前日の属する事業年度の所得の金額の計算上，益金の額又は損金の額に算入することとされています（法法61の13③）。

このため，被合併法人が，上記①の完全支配関係法人間の非適格合併前に行った資産の譲渡につき，法人税法61条の13第1項の規定が適用されて譲渡損益調整勘定を有することとなっていた場合には，その非適格合併により，最後事業年度において，その譲渡損益調整勘定を益金の額又は損金の額に戻し入れることとなります。

なお，完全支配関係法人間における適格合併の場合には，被合併法人が有する譲渡損益調整勘定は，合併法人に引き継がれることになります（法法61の

13③・⑤，法令122の14⑭）（第5章4を参照）。

③ 適用関係

上記の非適格合併の場合における譲渡損益調整資産の譲渡損益の調整の取扱いは，平成22年10月1日以後に行われる非適格合併による譲渡損益調整資産の譲渡に係る譲渡利益額又は譲渡損失額について適用されます（改正法附則22①）。

（3） 合併法人（A社）の処理

① 移転を受けた譲渡損益調整資産の処理

非適格合併においては，合併法人は，被合併法人の資産及び負債をその合併の時における価額によって取得したものとされます（法法62①）。

ただし，上記（2）①の譲渡損益調整資産については，合併法人の取得価額は，被合併法人において譲渡利益額を繰り延べている場合にはその繰り延べられた譲渡利益額に相当する金額を減算した金額とし，被合併法人において譲渡損失額を繰り延べている場合にはその繰り延べられた譲渡損失額に相当する金額を加算した金額とすることとされています（法法61の13⑦）。

このため，被合併法人において譲渡損益調整資産に係る譲渡利益額が繰り延べられた場合には（時価－譲渡利益額）が，譲渡損失額が繰り延べられた場合には（時価＋譲渡損失額）が，合併法人のその資産の取得価額になることとなり，譲渡損益調整資産に関しては，被合併法人における帳簿価額が合併法人の取得価額となります。つまり，被合併法人から帳簿価額により譲渡損益調整資産の移転を受けることとした場合と同様の結果になります。

＜被合併法人における処理と合併法人の取得価額の処理＞

被合併法人における処理	合併法人における移転を受けた譲渡損益調整資産の取得価額の処理
譲渡利益額繰延べ （別表 4，減算（社外流出）） ⇒	時価 － 被合併法人における譲渡利益額
譲渡損失額繰延べ （別表 4，加算（社外流出）） ⇒	時価 ＋ 被合併法人における譲渡損失額

（図表）非適格合併に係る合併法人における取得価額

＜譲渡利益額が生ずる場合＞　＜譲渡損失額が生ずる場合＞

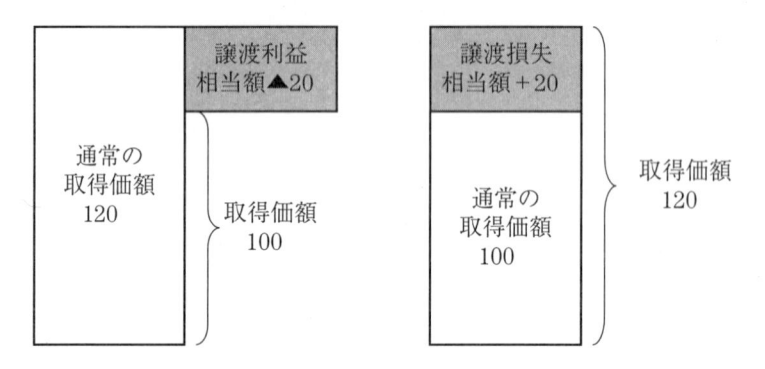

| 譲渡利益相当額▲20 |
| 通常の取得価額 120 | 取得価額 100 |

| 譲渡損失相当額＋20 | 取得価額 120 |
| 通常の取得価額 100 | |

　また，合併法人においては，(1) の A 社の資産等の移転時の処理例のように，上記の譲渡損益調整資産の取得価額の処理と合わせて，利益積立金の増加・減少の処理を行うこととされています（法令9①一ル）。

　なお，棚卸資産（法令32③），減価償却資産（法令54④）有価証券（法令119①二十五）について，合併法人における譲渡損益調整資産の取得価額の特例が設けられています。

　具体的には，譲受法人における取得価額の規定として，次の資産の区分ごとにそれぞれ次の金額を取得価額とみなす規定が設けられています。

イ	棚卸資産（＊）	その取得の時におけるその棚卸資産の取得のために通常要する価額（その資産を消費し又は販売の用に供するために直接要した費用の額を含みます。）からその棚卸資産に係る譲渡法人の譲渡利益相当額を減算し、又はその通常要する価額に譲渡損失相当額を加算した金額（法令32③）
ロ	減価償却資産	その取得の時におけるその減価償却資産の取得のために通常要する価額（その資産を事業の用に供するために直接要した費用の額を含みます。）からその減価償却資産に係る譲渡法人の譲渡利益相当額を減算し、又はその通常要する価額に譲渡損失相当額を加算した金額（法令54④）
ハ	有価証券	その取得の時におけるその有価証券の取得のために通常要する価額からその有価証券に係る譲渡法人の譲渡利益相当額を減算し、又はその通常要する価額に譲渡損失相当額を加算した金額（法令119①二十五）

（＊）棚卸資産となる土地が該当します。

② 譲渡損益調整資産の損益の繰延べがあった場合の資産調整勘定等

資産調整勘定とは、非適格合併等があった場合に、被合併法人等に対して交付した金銭及び金銭以外の資産の価額の合計額がその被合併法人等から移転を受けた資産及び負債の時価純資産額を超える場合のその超える部分の金額（資産等超過差額を除きます。）とされています（法法62の8①、法令123の10④）。

平成22年度改正により、資産調整勘定及び負債調整勘定の金額の認識にあたり、合併法人における移転資産の取得価額については、前述①の譲渡損益調整資産の取得価額の調整の規定（法法62の13⑦）の適用はないものとして計算されます（法法62の8①）。

このため、事例の場合には、1億円（7.2億円－｛(1億円＋4億円)＋1.2億円｝）が資産調整勘定となります。

なお、資産調整勘定は、その合併後5年間にわたって損金の額に算入されることになります（法法62の8④・⑤）。

③ 営業権（自己創設のれん）と資産調整勘定

　完全支配関係法人間における資産の譲渡に係る譲渡損益の繰延べの規定が適用される資産からは，帳簿価額が１千万円に満たない資産が除かれています（法令122の14①）。したがって，いわゆる自己創設ののれんについては，通常，合併前の帳簿価額が零円であるため，譲渡損益調整資産には該当しないこととなりますので，注意が必要です。

　非適格合併の場合には，この自己創設のれん部分は上記の資産調整勘定とされたり営業権とされたりすることとなります。

（4）被合併法人の株主（Ｃ社）の処理

　非適格合併の場合には，被合併法人の株主は，合併に伴い交付を受けた金銭等の価額の合計額が被合併法人の資本金等の額のうちの一定額を超えるときは，その超える部分の金額をみなし配当とすることとなります（法24①一）。

　また，被合併法人の株主は，その合併により金銭等の交付を受けた場合には，その金銭等の額及び交付を受けた合併法人の株式等を時価により取得したものとされますので，被合併法人株式の譲渡損益を計上することとなります（法法61の2①）。

　なお，完全支配関係のある内国法人からのみなし配当について，そのみなし配当の支払効力発生日の前日において完全支配関係があるときは，「完全子法人株式等」に係る配当となり，その全額が益金不算入となります（法法23①・④・⑤，法令22の2）。

（5）欠損金等の取扱い

① 被合併法人の欠損金

　非適格合併の場合の被合併法人の欠損金は，その合併が完全支配関係法人間で行われる合併であるとしても，合併法人に引き継がれることはありません。

② 合併法人の欠損金

　完全支配法人間における非適格合併で，上記の譲渡損益調整資産の譲渡に係

る調整がなされた場合には，資産の移転を受けた合併法人において，その合併法人の欠損金ついて，適格合併，適格分割等の適格組織再編成等の場合と同様，一定の場合にはその使用が制限されることがあります（法法57④）。

　これは，非適格合併であっても，譲渡損益調整資産の譲渡があった場合には，実質的にその資産の帳簿価額による取得が行われてその含み損益が合併法人に移転するため，制限の対象に加えられたものです。

　合併法人と被合併法人の間の支配関係が合併法人の合併事業年度開始の日前5年前の日後から継続していない場合（設立から継続して支配関係がある場合を除きます。）で，みなし共同事業要件を満たさないときは，合併法人の有する欠損金の使用が制限されることがありますので，注意が必要です。

③　合併法人の特定資産に係る譲渡等損失の損金不算入

　上記②と同様の趣旨から，合併法人が，その有する含み損を有する資産及び被合併法人から引き継いだ含み損を有する資産をその合併後に譲渡等した場合には，その譲渡損失額の損金算入が制限される場合があります（法法62の7①）。

　なお，欠損金特定資産譲渡等損失額の詳細については，「Ⅱ第6章　欠損金・特定資産譲渡等損失額」を参照して下さい。

2　非適格分割型分割における譲渡損益調整資産の損益の調整

(1)　完全支配関係法人間の非適格分割型分割における譲渡損益調整

　完全支配関係法人間の譲渡損益調整資産の譲渡損益の繰延べの規定は，非適格分割型分割による分割法人の資産の移転による譲渡にも適用されます（法法61の13①）。

　非適格分割型分割により分割法人が譲渡損益調整資産を分割承継法人に移転する場合の譲渡損益調整は，通常の譲渡損益調整資産の譲渡の場合と同様です。

　また，完全支配関係法人間の非適格分割型分割においては，分割対価資産に

譲渡損益調整資産が含まれている場合にも，譲渡損益の繰延べの規定が適用されることとなりますが，この場合には，分割承継法人から分割法人の株主へ譲渡損益調整資産の譲渡があったものとみなして（＊），譲渡損益の繰延べの規定を適用することとされています（法令122の14⑮）。

* 法人税法上，分割型分割においては，分割法人がその有する資産及び負債を分割承継法人に移転し，その対価として分割承継法人が分割承継法人株式等を分割法人に交付し，分割法人はその交付を受けた分割承継法人株式等をその株主に交付する，という取引が行われるものと考えられています[1]。

次の完全支配関係にある法人のグループの事例に基づき，課税関係を確認することとします。

【事　例】

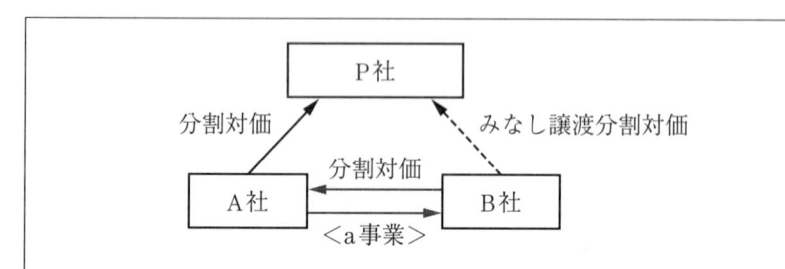

```
              P社
          ↗       ↖
     分割対価      みなし譲渡分割対価
        ↗             ↖
     A社  ←分割対価─  B社
              <a事業>
```

前提：A社からB社にa事業（資産4億円（＊），負債1億円）を分割型分割により移転。

分割対価は土地（簿価1億円，時価3億円）とする。

---

[1] 平成18年度改正前は，旧法人税法62条1項後段において，合併の場合と同様に，直ちにその新株等を分割法人の株主等に交付したものとする旨が定められていましたが，同改正により，同項後段から分割型分割に関する定めが削除され，現在に至っています。また，平成18年度改正においては，法人税法2条の定義規定が改正されており，分割対価資産のすべてが分割法人の株主等に交付される分割を「分割型分割」とすると定めており，この定義内容に関しては，現在も変わっていません。この平成18年度改正については，「分割型分割は，分割により分割法人が交付を受ける分割承継法人の株式その他の資産（以下「分割対価資産」といいます。）のすべてが分割の日において分割法人の株主等に交付される場合の分割をいうこととされました（法法2十二の九）。」（『平成18年度　税制改正の解説』（財務省広報）289頁）と説明されています。

＊譲渡損益調整資産に該当するものはなく、含み損益はない。
（注）A社：a事業に対応する資本金等1億円，利益積立金2億円
　　　P社：分割されたa事業に係るA社株式の帳簿価格（分割純資産対応帳簿価額）2億円

（2）分割法人（A社）の処理

① 非適格分割型分割による事業譲渡

分割の日において，分割に係る分割対価資産のすべてが分割法人の株主等に交付される分割は，分割型分割とされます。また，その分割対価資産が，分割承継法人の株式又は分割承継親法人株式のいずれか一方の株式以外の資産である場合，非適格分割型分割となります（法法2①十二の十一）。

非適格分割型分割において，分割法人が分割承継法人に移転した資産等は，時価により譲渡したものとされ，分割承継法人においては，その分割対価資産を時価によって取得したものとされます（法法62①）。

＜資産等の移転時の処理＞

負　　債	1億円	／	資　　産	4億円
土　　地	3億円	／		

また，完全支配関係法人間の非適格分割で，分割移転資産の中に譲渡損益調整資産に該当するものがあるときは，法人税法61条の13の規定の適用があります。

② 分割対価資産が譲渡損益調整資産である場合の取扱い

非適格分割型分割における分割承継法人から譲渡損益調整資産に該当する分割対価資産が分割法人に交付された場合には，その分割承継法人からその分割法人の株主等に対して，その分割対価資産が譲渡されたものとみなして，譲渡損益調整資産の譲渡損益の繰延べの規定（法法61の13①）を適用することとされています（法令122の14⑮）。

このため，分割対価資産が譲渡損益調整資産である場合の譲渡損益の繰延べの処理は，分割承継法人のみで行われることとなり，分割法人においては，時価で分割対価資産を取得し，直ちに時価で株主にその分割対価資産を交付する処理を行うこととなります。

実務上は，分割対価資産が譲渡損益調整資産である場合の処理は，上記のとおりで済むこととなります。

ただし，分割対価資産に含まれる譲渡損益調整資産の譲渡損益の調整は，そもそも譲渡損益を計上する時期を繰り延べる制度ですから，譲渡損益調整勘定の戻入れを分割法人の株主におけるその譲渡損益調整資産の譲渡等の時に行うこととすれば足るものであり，本来，分割型分割の取引の法人税法における基本構造を変更して行わなければならない性格のものではない，という見解もあり得るものと考えます。

＜株主への土地の交付の処理＞

資本金等	1億円	／	土地	3億円
利益積立金	2億円			

〔備考〕

1　みなし事業年度の廃止

平成22年度改正により，従来，分割型分割において設けられていたみなし事業年度が廃止されました（旧法法14①・③）。

これに伴い，平成22年度改正前に厳密に計算されていた分割法人の利益積立金の分割承継法人への引継ぎ金額は，分割対価資産の額及び資本等の額を用いて，差額で計算することとされています。

また，適格分割の場合に，期中で売買目的有価証券の時価評価を行うこととするなど（法法61の3③他），実質的にはみなし事業年度を設けた場合に近い取扱いをすることとされており，分社型分割と分割型分割の取扱いの相違が少なくなっています。

ただし，非適格分割については，期中の引当金，評価損益の計上は認められていません。

なお，減価償却資産である譲渡損益調整資産を期中に譲渡した場合の減価償却の取扱いについて，『平成22年度　税制改正の解説』(195頁) においては，期中譲渡の場合の期首から譲渡時点までの減価償却の計上を否定してはいません。詳しくは，第5章2(2)②をご参照下さい。

2　減少する資本金等の額等（株主への交付）

分割型分割においては，分割の日に分割対価資産が分割法人の株主に交付されることとなりますが，この際に，分割法人において，次の算式により計算した金額の資本金等の額を減少させることとなります（法令8①十五）。

また，利益積立金の減少額は，分割対価資産の時価からその減少する資本金等の額を除いた部分となります（法令9①九）。

減少資本金等の額（交付対価資産の価額を限度とする。）
＝分割型分割の直前の資本金等の額（零以下である場合には零）×(イ)／(ロ)

(イ)：分割法人のその分割型分割の直前の移転資産の帳簿価額から，移転負債の帳簿価額を控除した金額（ロの金額を超える場合には，ロの金額）

(ロ)：分割法人のその分割型分割の日の属する事業年度の前事業年度（その分割の日以前6月以内に仮決算をした場合にはその中間申告書に係る期間）終了時の資産の帳簿価額から，負債の帳簿価額を減算した金額（その終了時からその分割型分割の直前の時までに資本金等の額又は利益積立金額が増加又は減少した場合には，その調整をした金額）

(＊)：(イ)／(ロ)に小数点以下3位未満の端数があるときは，これを切り上げます。

(3)　分割承継法人（B社）の処理

①　移転資産が譲渡損益調整資産である場合の取扱い

非適格分割型分割の場合に，分割承継法人は，分割法人から移転を受ける資産及び負債について，その分割の時における価額により譲渡を受けたものとすることとなります（法法62①）。

非適格分割型分割が完全支配関係法人間で行われた場合，分割法人から分割

承継法人に移転した資産のうち譲渡損益調整資産に該当するものについては，その譲渡利益額又は譲渡損失額は，その分割法人のその事業年度の所得の金額の計算上，損金の額又は益金の額に算入され，譲渡損益額が繰り延べられることとなり，分割承継法人がその資産に係る譲渡法人となります（法法61の13①）。

なお，仮に分割対価の額と移転を受ける資産及び負債の額に差額がある場合（事業価値と時価純資産価額に差がある場合）には，その差額を資産調整勘定又は差額負債調整勘定として処理します。

資産調整勘定とは，非適格分割等があった場合に，分割法人等に対して交付した金銭及び金銭以外の資産の価額の合計額（「交付対価合計額」といいます。）が，その分割法人等から移転を受けた資産及び負債の時価純資産額を超える場合のその超える部分の金額（資産等超過差額を除きます。）をいい（法法62の8①，法令123の10④），差額負債調整勘定とは，その交付対価合計額がその移転を受けた純資産価額に満たない場合のその満たない部分の金額をいいます（法法62の8②・③）。

内国法人が資産調整勘定又は差額負債調整勘定を有する場合には，その各勘定の金額に係る当初計上額を60で除して，その事業年度の月数を乗じて計算した金額（非適格合併又は残余財産が確定した場合には，一定の金額）に相当する金額を，その事業年度において減額することとされています（法法62の8④・⑦）。

② 分割対価資産が譲渡損益調整資産である場合の取扱い

上記(2)②で述べたとおり，非適格分割型分割における分割承継法人から譲渡損益調整資産に該当する分割対価資産が分割法人に交付された場合には，その分割承継法人からその分割法人の株主等に対して，その分割対価資産が譲渡されたものとみなして，譲渡損益調整資産の譲渡損益の繰延べの規定（法法61の13①）を適用すること（法令122の14⑮）とされています。したがって，この場合には，譲渡損益調整資産を取得する者は，分割法人の株主となります。

「譲渡損益調整資産の損益調整制度」の詳細については，第5章を参照して

下さい。

＜分割対価資産の交付の処理＞

資　　　産	4億円	／	負　　　債	1億円
			土　　　地	1億円
			土地譲渡益	2億円
譲渡損益調整損	2億円	／	譲渡損益調整勘定	2億円

③　欠　損　金

　非適格分割型分割により資産等を受け入れた分割承継法人においては，非適格合併の場合とは異なり，欠損金の使用は制限されません。

（4）分割法人の株主（P社）の処理

①　株式の譲渡

　分割型分割の場合の分割法人の株主は，その有する分割法人の株式のうち，その分割型分割により分割承継法人に移転した資産及び負債に対応する部分の譲渡を行ったものされ，非適格分割型分割の場合には，譲渡対価はその時の価額になります（法法61の2①・④）。

②　株式譲渡損益の計上規制

　平成22年度改正により，完全支配関係法人間における非適格分割型分割においては，分割法人の株主は，分割法人株式の譲渡利益額及び譲渡損失額の計上を行うことができないものとされています（法法61の2⑯）。

　なお，この取扱いは平成22年10月1日以後に行う分割について適用されますが，改正前の株式譲渡損益の額に相当する金額について，改正後は次の算式により計算した金額に相当する資本金等の額を減算することとされています（法令8①十九）。

減算する資本金等の額
　＝みなし配当の額＋分割純資産対応帳簿価額－交付金銭等の額

＜分割法人の株主の処理＞

| 土　　　地 | 3億円 | / | Ａ　株　式 | 2億円 |
| 資本金等 | 1億円 | / | みなし配当 | 2億円 |

（注）上記処理においては，源泉所得税は考慮しないこととします。

③　分割対価資産である譲渡損益調整資産の取扱い

　非適格分割型分割において，その分割法人の株主が受け取った分割対価資産である譲渡損益調整資産は，上記のとおり，分割承継法人から譲渡を受けたものとされます。

　したがって，その譲渡損益調整資産に係る損益実現事由（法令122の14④）が，その分割法人の株主において生じた場合に，分割承継法人において繰り延べられていた譲渡損益調整資産の譲渡損益が益金の額又は損金の額に算入されることとなります。

3　非適格株式交換等に係る株式交換完全子法人等の有する資産の時価評価損益

（1）資産の時価評価の適用除外

　平成22年度改正において，株式交換の直前に株式交換完全子法人と株式交換完全親法人との間に完全支配関係があった場合におけるその株式交換及び株式移転の直前に株式移転完全子法人と他の株式移転完全子法人との間に完全支配関係があった場合のその株式移転（以下，「非適格株式交換等」といいます。）が，時価評価の対象から除外されました（法法62の9①）。

　このため，適格か非適格かを問わず，完全支配関係法人間の株式交換及び株式移転については，株式交換完全子法人及び株式移転完全子法人が有する時価評価資産について，時価評価を行わないことになります。

　この改正の理由については，『平成22年度　税制改正の解説』において，次

のように説明されています。

「100％グループ内法人間の株式交換又は株式移転について，金銭を対価とする場合などには非適格となることもありうるところですが，グループ内部の取引であることから，上記（2）（100％グループ内の法人間の資産の譲渡取引等）と同様に課税関係を生じさせないこととするものです。」(205頁)

また，同解説で注記により，この規定により非適格株式交換等が「適格になるのではなく，時価評価課税の対象外とされるのみであることに留意が必要です。」としています。

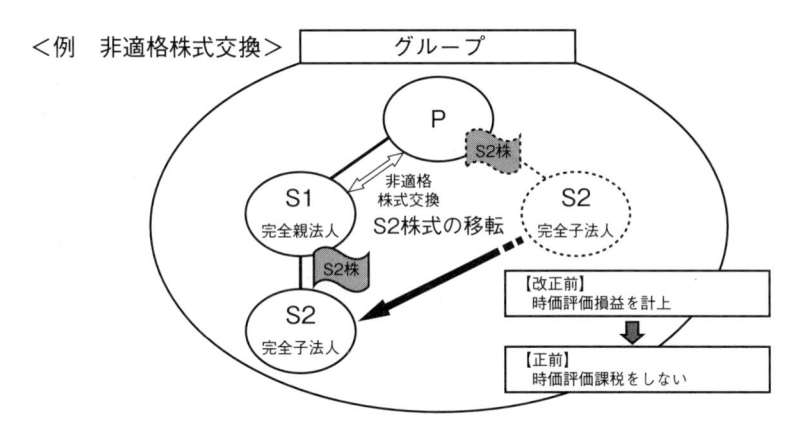

<例　非適格株式交換>

（S2社株式は，簿価1億円・時価3億円とし，現金を対価とします。）

<財務省主税局説明資料より>

（2） 完全子法人（S2社）の課税関係

　平成22年度改正前は，非適格株式交換等があった場合，その完全子法人がその直前に有する時価評価資産に係る評価損益の額は，その非適格株式交換等の日の属する事業年度の所得の金額の計算上，益金の額又は損金の額に算入することとされていました（旧法法62の9①）。

しかし，平成22年度改正により，完全支配関係法人間の非適格株式交換等であれば，適格株式交換等の場合と同様に，その完全子法人の時価評価課税は行わないこととされています。

このため，図のようにS2社を完全子法人とする非適格株式交換があった場合には，S2社は，親法人が変わるだけで，課税関係が生ずることはなく，特に税制上の処理を行う必要は無くなります。

（3） 完全親法人（S1社）の課税関係

非適格株式交換等の場合，完全親法人であるS1社は，その非適格株式交換等の時の価額により完全子法人となるS2社株式を取得することとなります（法令119①二十六）。

<処　理>

S2社株式	3億円	／　　現　金	3億円

（4） 完全子法人の株主（P社）の課税関係

旧株を発行した法人が適格株式交換を行った場合には，その旧株を有する法人は，その株式の帳簿価額に相当する金額による譲渡を行ったものとされるため，譲渡損益は生じません（法法61の2①・⑧）。

一方，図のように，完全子法人となるS2社の株式の対価として現金が交付される場合には，非適格株式交換となり，P社は，S2社株式をその時の価額で譲渡したこととなり，譲渡損益を計上することとなります（法法61の2①）。

しかし，P社が有するこのS2社株式の譲渡は，完全支配関係法人間における譲渡損益調整資産の譲渡に該当するため，P社において，その譲渡損益の額を繰り延べることになります（法法61の13①）。

譲受法人であるS1社において，一定の事由が生じた場合には，その繰り延べた譲渡損益を計上することとなります（法法61の13②，法令122の14④）。

<処 理>

現　　金	3億円	／	S2社株式	1億円
			株式譲渡益	2億円
譲渡損益調整損	2億円	／	譲渡損益調整勘定	2億円

（5）適用関係

　上記の取扱いは，平成22年10月1日以後に行われる完全支配関係法人間の非適格株式交換等について適用されます（改正法附則10②）。

第7章　中小特例の制限

1　創設の背景

　法人の資本金の額・出資金の額を基準とした各種制度の適用の可否について親法人の資本金の額・出資金の額の規模も判定要素とすることの是非を巡っては，「資本に関係する取引等に係る税制についての勉強会　論点とりまとめ（平成21年7月）」（財務省・経済産業省他）において，次のように，さまざまな考え方があることが指摘されていました。

> 　グループ子法人の経営上の位置付け等を踏まえた検討を行うべきという意見や，各特例制度の趣旨に照らし検討をする必要があるとの意見もある一方，単独の中小零細企業と異なり資金調達能力等に対する政策的配慮の必要が乏しいため中小企業に対する特例を受けさせる必要がないとの意見や，大法人が事業部門を中小法人に分社化した場合と一社集中させた場合とで税負担が大きく異なることは適当ではないという意見，グループ子法人の経営上の位置付けに配慮すると，大法人が有する個々の事業の位置付けにも配慮して，法人内法人の取扱いを認めざるを得なくなるなどの理由から適当ではないとの意見があった。

　また，『平成22年度 税制改正の解説』（239頁）では，次のように改正の趣旨が解説されています。

> 　中小法人に対する軽減税率等の特例は，中小法人の脆弱な資金調達能力や零細な事業規模に対する政策的な配慮により設けられているものですが，大法人の100％子会社は，親会社の信用力を背景として資金調達や事業規模の拡大等が可能と考えられるほか，大法人は分社化により100％子会社を自由に設立することが可能であるため，グループとして活動しながら単体課税による中小特例のメリットを享受することができるといった問題点が存するところです。

　これらの考え方を踏まえ，資本金の額又は出資金の額が5億円以上の法人等との間に完全支配関係がある中小法人については，次の中小法人等に関する特例措置を適用しないこととされました。
　①　法人税の軽減税率
　②　特定同族会社の留保金課税の不適用措置
　③　貸倒引当金の法定繰入率
　④　交際費の損金不算入制度における定額控除制度
　⑤　欠損金の繰戻し還付制度

　この「5億円」という規模は，会社法上，①会計監査人の設置義務，②業務の適正を確保するための体制の整備義務，③連結計算書類の作成義務（大会社のうち有価証券報告書提出会社に限ります。）など，株主や債権者などの利害関係者を保護するため，一般の会社よりも加重された義務が課されている「大会社」の定義（最終事業年度に係る貸借対照表に計上した資本金の額が5億円以上又は負債の額が200億円以上である会社。会社法2条6号）を念頭に置いたものであると考えられます。

　なお，負債200億円以上の法人も会社法上は大会社に該当しますが，制度の安定性の観点から，この基準は今回の改正においては採用されていません（『平成22年度　税制改正の解説』239頁注書き）。

2 適用対象法人

　内国法人である普通法人のうち各事業年度終了の時において次に掲げる法人（以下，「大法人」といいます。）との間にその法人による完全支配関係がある普通法人に該当するものについては，下記3の中小特例は，適用されないこととなります（法法66⑥，67①括弧書き，措法42の3の2①，57の10①，61の4①，66の13①）。
　イ　資本金の額又は出資金の額が5億円以上である法人
　ロ　相互会社（外国相互会社を含みます。）
　ハ　法人課税信託の受託法人

　特にイのうち資本金の額が5億円以上である法人との間にその法人による完全支配関係がある普通法人は，実務上，影響が大きいと考えられます。この判定は，対象法人の事業年度終了の時において親法人等の資本金の額が5億円以上かどうかを判定することとなります。

（図表）判定時期

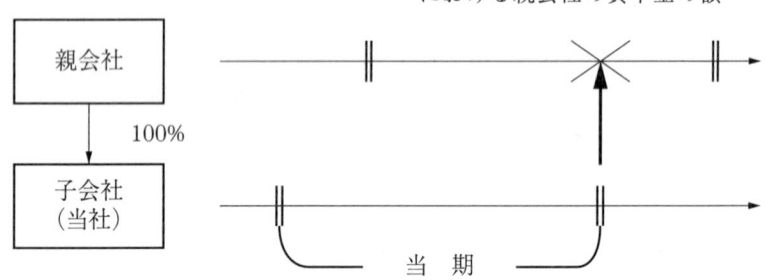

　このとき，親法人等が外国法人の場合には，外国法人の資本金（出資）に相当する金額を対象法人の事業年度終了の時における電信売買相場の仲値（TTM）により換算した円換算額で判定します（法基通16-5-2）。
　また，単に親会社（資本金の額5億円以上）の100％子会社（資本金の額1

億円以下）だけではなく，親会社と完全支配関係がある100％孫会社・曾孫会社（資本金の額1億円以下）なども本規制の対象となる点に注意が必要となります（法基通16-5-1）。

3　中小特例とその制限

（1）法人税の軽減税率

普通法人のうち各事業年度終了の時において資本金の額又は出資金の額が1億円以下であるものの各事業年度の所得の金額のうち年800万円以下の金額については，軽減税率22％（平成21年4月1日から平成23年3月31日までの間に終了する各事業年度については18％）が適用されていました（旧法法66②，旧措法42の3の2①）。

今回の改正により，このような法人であっても，大法人との間にその法人による完全支配関係がある普通法人については，この法人税の軽減税率の規定の適用はないため，各事業年度の所得の金額のうち年800万円以下の金額についても本則税率30％が適用されます（法法66⑥・①，措法42の3の2①）。

（2）特定同族会社の留保金課税の不適用措置

特定同族会社の留保金課税とは，特定同族会社の各事業年度の留保金額が留保控除額を超える場合に，その特定同族会社に対して課する各事業年度の所得に対する法人税の額は，留保控除額を超える部分の金額に次の区分に応じた税率を乗じて計算した金額を通常の法人税の額に加算した金額とされています（法法67）。

　　イ　年3,000万円以下の金額　　10％
　　ロ　年3,000万円超1億円以下の金額　　15％
　　ハ　年1億円超の金額　　20％

ただし，内国法人である特定同族会社のうち各事業年度終了の時における資

本金の額又は出資金の額が1億円以下であるものについては、特定同族会社の留保金課税の措置は不適用とされていました（旧法法67①括弧書き・⑧）。

今回の改正により、このような特定同族会社であっても大法人との間にその法人による完全支配関係がある普通法人については、この不適用の規定の適用はないため、特定同族会社の留保金課税の措置が適用されることとなります（法法67①括弧書き）。

具体的には、「特定同族会社」の定義が改正され、被支配会社（※）で、被支配会社であることについての判定の基礎となった株主等のうちに被支配会社でない法人がある場合には、その法人をその判定の基礎となる株主等から除外して判定するものとした場合においても被支配会社となるもの（資本金の額又は出資金の額が1億円以下であるものにあっては、大法人との間にその法人による完全支配関係がある普通法人に限ります。）をいい、清算中のものを除きます（法法67①・②）。

※ 被支配会社とは、会社の株主等（その会社が自己株式等を有する場合のその会社を除きます。）の1人並びに特殊の関係のある個人及び法人がその会社の発行済株式等の50％を超える株式等を有する場合等のその会社をいいます。

すなわち、その会社の第1順位の株主グループにおける株式の保有割合又は議決権割合が50％超である場合（第1順位の株主グループが被支配会社でない法人で、株式の保有割合又は議決権割合が50％超である場合を除きます。）に、その会社は特定同族会社に該当することとなります。

なお、被支配会社でない法人をその判定の基礎となる株主等から除外して判定するものとした場合において被支配会社とならないときには、従来どおり特定同族会社に該当しないため、特定同族会社の留保金課税の対象とならない点に留意する必要があります。

（3） 中小法人の所得計算の特例措置の取扱い

① 貸倒引当金の法定繰入率

各事業年度終了の時における資本金の額又は出資金の額が1億円を超える普

通法人及び相互会社（外国相互会社を含みます。）以外の法人については、貸倒実績率により計算される一括評価金銭債権の貸倒引当金繰入限度額に代えて、その事業年度終了の時における一括評価金銭債権の帳簿価額の合計額（実質的に債権とみられない部分の金額に相当する金額を除きます。）に「法定繰入率」を乗じて計算した金額をもって貸倒引当金繰入限度額とすることができるとされています（旧措法57の10①，措令33の9）。

（図表）法定繰入率

業　種　区　分	法定繰入率
卸・小売業（飲食店業，料理店業を含み，割賦販売小売業を除きます。）	10/1,000
製造業（電気業，ガス業，熱供給業，水道業，修理業を含みます。）	8/1,000
金融及び保険業	3/1,000
割賦販売小売業，包括信用購入あっせん業，個別信用購入あっせん業	13/1,000
上記以外の事業	6/1,000

今回の改正により、このような法人であっても、大法人による完全支配関係がある普通法人については、この法定繰入率による計算の規定の適用はないため、貸倒実績率のみで計算することとなります（措法57の10①括弧書き）。

② **交際費の損金不算入制度における定額控除制度**

平成18年4月1日から平成22年3月31日（平成22年度改正により平成24年3月31日まで延長）までの間に開始する各事業年度においてその事業年度終了の日における資本金の額又は出資金の額が1億円以下であるものが支出する交際費等の額については、次の金額の合計額をその事業年度の所得の金額の計算上、損金の額に算入しないこととされていました（旧措法61の4①）。

　イ　定額控除限度額（その交際費等の額のうち600万円にその事業年度の月数を乗じてこれを12で除して計算した金額）に達するまでの金額の10%相当額

　ロ　その交際費等の額が定額控除限度額を超える場合におけるその超える部

分の金額

すなわち、定額控除限度額に達するまでの交際費等の額の90％が損金算入されていました。

今回の改正により、このような法人であっても、大法人との間にその法人による完全支配関係がある普通法人については、この定額控除制度の適用はないため、支出した交際費等の額の全額が損金不算入されることとなります（措法61の4①括弧書き）。

③ 欠損金の繰戻し還付制度

次の法人以外の法人については、平成4年4月1日から平成22年3月31日（平成22年度改正により平成24年3月31日まで延長）までの間に終了する各事業年度において生じた欠損金額については、原則として、欠損金の繰戻し還付制度は不適用とされています（旧措法66の13①）。

イ　普通法人のうち、その事業年度終了の時において資本金の額又は出資金の額が1億円以下であるもの
ロ　公益法人等又は協同組合等
ハ　みなし公益法人等
ニ　人格のない社団等

今回の改正により、上記イの法人であっても、大法人との間にその法人による完全支配関係がある普通法人については、欠損金の繰戻し還付制度の適用はないこととされました（措法66の13①一括弧書き）。

4　適用時期

本制度は、法人の平成22年4月1日以後に開始する事業年度について適用され、法人の同日前に開始した事業年度については従前どおりとされています（改正法附則10①、73）。

ただし、平成22年4月1日から平成22年9月30日までの間に解散が行われた場合における法人の清算中の各事業年度における上記3（3）②の「交際

費の損金不算入制度における定額控除制度」については，従来どおり制限はありません（改正法附則 85）。

参考：資本金の額又は資本金等の額を基準・計算要素とする制度

（1） 資本金の額を基準・計算要素とする制度

① 資本金の額を基準とする制度

　資本金の額や出資金の額を基準とする制度としては，上記の５つの制度（中小特例）のほか，従来から，「中小企業投資促進税制（措法 42 の 4）」や「少額減価償却資産の取得価額の損金算入の特例（措法 67 の 5）」など，「中小企業者等」に対する一定の優遇制度があります。

　「中小企業者等」とは，中小企業者又は農業協同組合等で青色申告書を提出するものをいいます（措法 42 の 4 ⑫五）。この「中小企業者」とは，資本金の額又は出資金の額が１億円以下の法人のうち次に掲げる法人以外の法人又は資本もしくは出資を有しない法人のうち常時使用する従業員の数が 1,000 人以下の法人とされています（措令 27 の 4 ⑩）。

　　イ　その発行済株式等の２分の１以上が同一の大規模法人（※）の所有に属している法人
　　ロ　イのほか，その発行済株式等の３分の２以上が大規模法人（※）の所有に属している法人
　　　※　「大規模法人」とは，次のいずれかの法人（中小企業投資育成株式会社を除きます。）をいいます。
　　　　⑴　資本金の額又は出資金の額が１億円を超える法人
　　　　⑵　資本又は出資を有しない法人のうち常時使用する従業員の数が 1,000 人を超える法人

　このように，一定規模の法人による資本関係がある場合に制限が設けられていますが，これらの規制の対象はあくまでその大規模法人の「子法人」に限定

されています。

　一方，上記2の「適用対象法人」で確認したように，グループ法人税制における中小特例の不適用措置は，完全支配関係のある「孫法人」等についても制限がある点に注意が必要といえます。

　この他，その事業年度終了の時における資本金の額又は出資金の額が1億円以下の場合には，事業税における外形標準課税は不適用（地法72の2①一ロ・②）とされます。

　法人税や消費税の調査については，資本金の額又は出資金の額が1億円以上

（図表）「資本金の額」を基準とする制度（1）

区　分	資本金の額		
	3,000万円以下	1億円以下	1億円超
法人税の軽減税率	○ （注1）		×
特定同族会社の留保金課税の不適用措置			
貸倒引当金の法定繰入率			
交際費の損金不算入制度における定額控除制度			
欠損金の繰戻し還付制度			
中小企業者等に対する税額控除・特別償却制度	○（注2）		×
特定中小企業者等に対する税額控除・特別償却制度	○（注2）	×	
外形標準課税の不適用	○		×

（注1）大法人との間にその法人による完全支配関係がある普通法人の場合には，適用はありません。
（注2）同一の大規模法人に発行済株式等の1/2以上を保有されている場合や，2以上の大規模法人に発行済株式等の2/3以上を保有されている場合には，適用はありません。

の場合には原則として各国税局の管轄となり，資本金の額又は出資金の額が1億円未満の場合には原則として税務署の管轄となります（調査査察部等の所掌事務の範囲を定める省令①）。

また，法人事業税における分割基準については，「従業者の数」の計算上，資本金の額又は出資金の額が1億円以上の製造業を行う工場である事務所又は事業所について，その事業年度終了の日現在における数値にその数値（その数値が奇数である場合には，その数値に1を加えた数値）の2分の1に相当する数値を加えた数とされています（地法72の48④三）。

（図表）「資本金の額」を基準とする制度（2）

区　　分	資本金の額	
	1億円未満	1億円以上
法人税・消費税の調査	原則として税務署所管	原則として国税局所管
法人事業税の分割基準における工場の従業者の数（製造業の場合）	製造業における特例の不適用	製造業における特例の適用（工場従業者の数×1.5相当額）

また，消費税における基準期間がない法人の納税義務の免除の特例についても，その事業年度の基準期間がない法人（社会福祉法人等を除きます。）のうち，その事業年度開始の日における資本金の額又は出資金の額が1,000万円以上である新設法人については，この特例の適用を受け，課税事業者となります（消法12の2①）。

法人事業税においても，3以上の都道府県に事務所・事業所を設けて事業を行っている法人のうち，その事業年度終了の日における資本金の額又は出資金の額が1,000万円以上のもの（軽減税率不適用法人）については，軽減税率の適用はありません（地法72の24の7③・⑥）。

(図表)「資本金の額」を基準とする制度 (3)

区　　分	資本金の額	
	1,000万円未満	1,000万円以上
消費税における基準期間がない法人の納税義務の免除の特例	特例の適用対象外「免税事業者」	特例の適用対象（新設法人）「課税事業者」
法人事業税における軽減税率不適用法人（3以上の都道府県に事務所・事業所を設けて事業を行っている法人）	軽減税率適用あり	軽減税率適用なし（軽減税率不適用法人）

② 「資本金の額」を計算要素とする制度

資本金の額を計算要素とする制度として，登録免許税における商業登記のうち株式会社の設立登記，増資による登記など（登録免許税法別表第一24欄）があります。

(2) 「資本金等の額」を基準・計算要素とする制度

① 「資本金等の額」を基準とする制度

資本金等の額を基準とする制度として，法人道府県民税（法人都民税を含みます。），法人市町村民税における均等割（地法52，312，734）があります。

② 「資本金等の額」を計算要素とする制度

資本金等の額を計算要素とする制度としては，法人税におけるみなし配当の額の計算（法法24①），寄附金の損金算入限度額の計算（法法37①・④），法人事業税における外形標準課税の資本割（地法72二）や財産評価における取引相場のない株式等の評価（財産評価基本通達180ほか）などがあります。

(3) 「資本金の額」又は「資本金等の額」を基準とする制度

法人道府県民税（法人都民税を含みます。），法人市町村民税における法人税割（地法51，311，734）については，基本的に「資本金の額」が基準となり

ますが，地方自治体の条例の規定によっては「資本金等の額」が基準となる場合もあるため，注意が必要です。

第8章　連結納税制度に関する改正

　平成22年度税制改正では、グループ法人税制の創設と合わせて連結納税制度についても大きな改正がなされています。とりわけ、連結納税開始時・連結グループへの加入時における子会社の欠損金の切捨てが改められ、一定の子会社について連結納税開始前・加入前に生じた欠損金額についてその個別所得金額を限度として連結欠損金として使用することが認められること、連結グループ内の寄附金についてグループ法人税制と合わせた改正がなされたこと等により、従来、連結納税制度の活用を阻んできた大きな要因がなくなり、今後、連結納税制度は幅広く利用されるものになっていくと期待されます。

　そこで、本章では、これから連結納税制度の利用を検討されている企業実務家を読者に想定して、連結納税制度改正の要点について、できるだけ平易に解説していくこととします。

1　連結完全支配関係・連結納税義務者

　法人税法に支配関係及び完全支配関係の定義規定が設けられたことを受けて「連結完全支配関係」の定義も、「連結親法人と連結子法人との間の完全支配関係（第4条の2に規定する政令で定める関係に限る）又は連結親法人との間に完全支配関係がある連結子法人相互の関係をいう（法法2十二の七の七）」に改められています。ただし、その実質的な内容は従来と変わりありません。

　また、「連結納税義務者」の規定（法法4の2）も、法人税法の他の規定の改正等と合わせて改正されていますが、実質的な変更はありません。

2 承認申請

(1) 改正前の制度

　平成22年度改正前の制度では，連結納税制度適用の承認を受けようとするときは，連結親法人となる内国法人及び当該内国法人との間に完全支配関係がある連結子法人となる他の内国法人のすべての連名で，「最初の連結事業年度としようとする期間の開始の日の6月前の日」までに，当該期間の開始の日その他財務省令で定める事項を記載した申請書を，連結親法人となる内国法人の納税地の所轄税務署長を経由して，国税庁長官に提出する必要がありました（旧法法4の3①）。

　ただし，株式移転により親会社となる持株会社を設立し，従来の事業会社は持株会社の子会社となる場合のように，新たに連結親法人となる法人を設立したときから連結納税制度を適用しようとする場合のために，以下のような申請特例が設けられていました（旧法法4の3⑥）。

（ⅰ）連結親法人となる法人を設立したときから連結納税制度を開始する場合

　　連結親法人の設立事業年度から適用を開始する場合には，承認申請書の提出期限は，設立事業年度開始の日から1か月を経過する日と設立事業年度終了の日から5か月前の日のうち，いずれか早い方の日

（ⅱ）連結親法人となる法人を設立した翌事業年度から連結納税制度を開始する場合

　　連結親法人となる法人を新設した翌事業年度から連結納税制度の適用を受けようとする場合には，承認申請書の提出期限（設立翌年度申請期限）は，設立事業年度終了の日と翌事業年度終了の日から5か月前の日のうち，いずれか早い方の日

（2） 改正の概要

　平成22年度改正において，連結納税の承認申請書の提出期限が，それぞれ3か月短縮され，原則として「最初の連結事業年度としようとする期間の開始の日の3月前の日まで」となりました（法法4の3①）。

　この結果，各法人の中間決算が確定した後に，次年度以降に連結納税制度を適用すべきか否かを判断できることとなりました。

　また，申請特例についても，それぞれ以下のようになりました（法法4の3⑥）。

（ⅰ）連結親法人となる法人を設立したときから連結納税制度を開始する場合

　　連結親法人の設立事業年度から適用を開始する場合には，承認申請書の提出期限は，設立事業年度開始の日から1か月を経過する日と設立事業年度終了の日から2か月前の日のうち，いずれか早い方の日

（ⅱ）連結親法人となる法人を設立した翌事業年度から連結納税制度を開始する場合

　　連結親法人となる法人を新設した翌事業年度から連結納税制度の適用を受けようとする場合には，承認申請書の提出期限（設立翌年度申請期限）は，設立事業年度終了の日と翌事業年度終了の日から2か月前の日のうち，いずれか早い方の日

　後述する連結加入時期の特例（法法14②）の適用を受ける場合には，その完全支配関係を有することとなった日の属する月次決算日の末日の翌日において，連結納税の承認があったものとみなされます。この承認はその承認があった日以後の期間についてその効力を生ずることとされています（法法4の3⑩・⑪）。

　この改正は，最初の連結事業年度としようとする期間の開始の日が平成22年10月1日以後である場合に適用され，同日が平成22年10月1日前であるものについては，従前のとおりとされています（改正法附則12）。

（3） 承認取消事由からの解散の除外

　平成22年度改正前の制度では，連結子法人について，解散や連結親法人との間に連結完全支配関係がなくなったことなど一定の場合には，連結納税の承認が取り消されたものとみなすこととされていました。

　平成22年度改正において清算所得課税が廃止され通常の所得課税となったことに伴い，連結子法人が合併による解散又は破産手続開始の決定による解散以外の事由で解散した場合には，連結納税の承認を取り消されることなく，残余財産の確定によって連結納税制度の承認が取り消されることとなりました（法法4の5②四）。

　この改正は，平成22年10月1日以後に解散が行われる場合について適用され，同日前に行われるものについては，従前どおりとされています（改正法附則10）。

（4） 加入時期の特例

　平成22年度改正により，事業年度の中途で連結親法人との間に完全支配関係が生じた場合の連結納税の承認の効力発生日の特例制度について，加入法人のその完全支配関係が生じた日（加入日）以後最初の月次決算日の翌日を効力発生日とすることができることとされました。

　改正前の制度では，連結親法人事業年度において連結親法人との間にその連結親法人による完全支配関係を有することとなった他の内国法人の最初連結事業年度（各連結事業年度の連結所得に対する法人税を課される最初の連結事業年度）は，その完全支配関係を有することとなった日からその連結親法人事業年度終了の日までの期間とされていました（旧法法15の2①六）。

　ただし，連結グループに加入する他の内国法人が連結親法人事業年度開始の日の1月前の日からその開始の日以後1月を経過する日までの期間において連結親法人との間にその連結親法人による完全支配関係を有することとなり，かつ，他の内国法人の加入年度終了の日がその期間内にある場合には，その完全

支配関係を有することとなった日の属する事業年度終了の日までの期間を単体納税とし，その終了の日の翌日から連結納税を適用することができるとする特例が設けられていました（旧法法15の2②）。

平成22年度改正により，事業年度の中途で連結親法人との間に完全支配関係が生じた場合の連結納税の承認の効力発生日の特例制度が拡大され，連結グループに加入する他の内国法人のその完全支配関係が生じた日以後最初の月次決算日の翌日を効力発生日とすることができる制度に改められました（法法4の3⑩，14②一イ，15の2②）。

この改正は，平成22年10月1日以後に行われる連結グループへの加入について適用され，同日前の加入については，従前どおりとされています（改正法附則13）。

(5) 開始・加入に伴う資産の時価評価

① 連結子法人が解散した場合の当該連結子法人の子法人

平成22年度改正により，連結子法人の解散が連結納税の承認取消し事由から除外され（法法4の5②四），その連結子法人の子法人は連結子法人の解散によって連結から離脱することはないため，連結グループ加入時における時価評価制度の適用除外となる法人から除かれました（旧法法61の12①五）。

② 完全支配関係を有することとなった日後2か月以内に離脱する連結子法人

連結納税の開始又は連結納税グループ加入に伴う資産の時価評価制度について，完全支配関係を有することとなった日後2か月以内に連結グループから離脱する法人の有する資産を時価評価の対象から除外することとされました（法令122の12①七）。

ただし，連結グループ内法人を合併法人とする合併により完全支配関係を有しなくなる場合及び最初連結事業年度終了の日後に完全支配関係を有しなくなる場合については，時価評価の対象となります。

この改正は，平成22年10月1日以後の連結納税の開始又は連結グループへ

の加入に係る該当する法人の保有する資産について適用され，同日前の開始又は加入に係る該当する法人の保有する資産については，従前どおりとされています（改正法令附則14）。

（6） 欠損金・連結欠損金

① 改正前の制度－子会社の欠損金の切捨てと時価評価

　平成22年度改正前の法人税では，単体納税の下での課税関係を清算した後に連結納税の適用を受ける仕組みとするという観点から，原則として連結納税適用開始・加入前に生じていた青色欠損金を連結納税の下で繰越控除することは認めないこととされていました（旧法法81の9）。

　ただし，以下の欠損金額又は連結欠損金個別帰属額については，連結納税制度適用開始前に生じた欠損金額であっても，連結事業年度において生じた欠損金額とみなして連結納税制度の下で繰越控除することとされていました（旧法法81の9②）。この連結欠損金とみなされたもののうち，イ及びロについては最初の連結事業年度以後の各連結事業年度，ハについては適格合併等の日の属する連結事業年度以後の各連結事業年度において繰越控除を行うものとされていました。

　イ　連結親法人の欠損金

　　　連結親法人は連結グループ全体の経済的実態を表していると考えられることから，連結納税制度適用開始前7年以内に生じた連結親法人の欠損金額は連結納税グループに持ち込むことができることとされていました（旧法法81の9②一）。この「みなし連結欠損金額」が生じたものとされる連結事業年度は，その欠損金額の生じた連結親法人の事業年度をその連結親法人の連結事業年度とみなした場合のその連結事業年度の連結欠損金額とみなして繰越控除することとされていました（法令155の19①・②）。

　ロ　一定の株式移転によって連結親法人となる会社を設立した場合

　　　株式移転によって親会社となる法人を設立する場合には，従前の会社の欠損金を親会社に引き継ぐことはできず，そのまま完全子会社となる法人

に止められることとされていました。そこで、株式移転後の完全子会社である連結子法人の欠損金額は、事実上、連結親法人の欠損金額と見ることができることから、連結納税制度適用開始前5年以内に行われた株式移転によって設立された連結親法人が、連結子法人である完全子会社の発行済株式のすべてを当該株式移転の日から継続して保有している場合における当該連結子法人の適用開始前7年以内に生じた欠損金額又は連結欠損金額の個別帰属額は連結欠損金とみなすこととされていました（旧法法81の9②二）。ただし、株式移転の直前に、完全子会社となる法人が、他の法人に発行済株式総数の50％を超える株式を保有されている場合は、その法人の欠損金額は連結納税グループに持ち込むことができないこととされていました（旧法令155の19⑤）。

ハ　連結親法人を合併法人としグループ外法人を被合併法人とする合併等の場合

連結親法人と完全支配関係を有しない法人との間で、連結親法人を合併法人又は分割承継法人とする適格合併又は合併類似適格分割型分割（旧法法57②）が行われた場合における、被合併法人等の当該適格合併等の日前7年以内に生じた未処理欠損金額又は連結欠損金額の個別帰属額は連結欠損金として引き継ぐこととされていました（旧法法81の9②三）。ただし、当該法人間において特定資本関係（持分割合50％超の関係）が5年以内（当該連結親法人の当該適格合併等の日の属する連結親法人事業年度開始の日の五年前の日以後）に生じている場合には、法人税法57条3項に規定する「みなし共同事業要件」を満たす必要があり、満たさない場合は、同項によりないものとされる欠損金額は連結納税グループに持ち込むことができないこととされていました。

また、原則として、連結子法人が連結直前の単体申告において保有する一定の資産については時価で評価して課税関係を清算することとされていました（法法61の11，61の12）。この制度は、連結子法人は連結納税制度適用開始前・加入前に生じた繰越欠損金が持ち込めないにもかかわらず、連結納税制度

適用開始前・加入前から保有する含み損のある資産について，開始後・加入後に譲渡して損失を実現できるならば整合性が取れないためと説明されていました。しかし，すべての連結子法人について時価評価を行うならば連結納税制度の利用が著しく困難となるため，課税上の弊害が少ないと考えられる場合については時価評価の対象となりません。

② 連結子法人の連結適用開始前・加入前の欠損金の利用制限の見直し

連結納税制度適用開始前・加入前の子法人の欠損金額自体を否認することは，連結納税制度の理論的帰結ではなく，平成14年度改正における連結納税制度創設時には財源措置の一環として理解されていました。また，連結前の欠損金であってもその法人の個別所得との間でのみ相殺するのであれば，連結前の欠損金を連結納税制度の中に持ち込み連結所得を減らすという課税上の弊害も少ないと考えられます。

そこで，平成22年度改正により，資産の時価評価制度との整合性を確保する観点から見直しが行われ，連結納税制度の適用開始又は連結グループへの加入に伴う資産の時価評価制度の適用対象外となる連結子法人については，その連結納税開始の日前7年以内において生じた青色欠損金額・災害損失欠損金額，及び連結グループへの加入の日前7年以内において生じた青色欠損金額・災害損失欠損金額を，その連結子法人の個別所得金額を限度として，連結納税の下での繰越控除の対象とできることとされました。

連結納税の開始又は連結グループへの加入に伴う資産の時価評価制度の適用対象外となる連結子法人＝「特定連結子法人」には，次の法人が該当します。

＜連結納税の開始の場合（法法61の11①②）＞

イ 株式移転完全子法人
ロ 長期（5年超）保有されている100％子法人等
ハ 連結親法人となる法人又はその完全子法人により設立された100％子法人等
ニ 適格株式交換に係る株式交換完全子法人

ホ　完全子法人が適格三角株式交換を行った結果，連結親法人となる法人の100％子法人等となった株式交換完全子法人

ヘ　適格合併に係る被合併法人が長期保有していた100％子法人等でその適格合併により連結親法人となる法人の100％子法人等となったもの

ト　適格株式交換に係る株式交換完全子法人が長期保有していた100％子法人等でその適格株式交換により連結親法人となる法人の100％子法人等となったもの

チ　適格株式移転に係る株式移転完全子法人が長期保有していた100％子法人等でその適格株式移転により連結親法人となる法人の100％子法人等となったもの

リ　法令の規定に基づく株式の買取り等により100％子法人等となったもの

なお，イは，これまでもその欠損金を連結納税の下で繰越控除できることとされていたので，新たに，その欠損金を個別所得金額を限度として連結納税の下で繰越控除できる対象となるのは，上記ロ〜リの法人となります。

＜連結グループへの加入の場合（法法61の12①②）＞

イ　連結親法人又は連結子法人により設立された100％子法人等

ロ　連結親法人又は連結子法人が適格株式交換により発行済株式の全部を保有することとなった法人

ハ　連結子法人が適格三角株式交換により発行済株式の全部を保有することとなった法人

ニ　適格合併に係る被合併法人が長期保有していた100％子法人等でその適格合併により連結親法人の100％子法人等となったもの

ホ　適格株式交換に係る株式交換完全子法人が長期保有していた100％子法人等でその適格株式交換により連結親法人の100％子法人等となったもの

ヘ　法令の規定に基づく株式の買取り等により100％子法人等となったもの

③ 特定連結欠損金額

　平成22年度改正後の制度では，これらの特定連結子法人の有する欠損金額について，連結納税開始前・加入前の欠損金額を連結納税に持ち込み，みなし連結欠損金額として繰越控除できます。ただし，これらの欠損金額は，その特定連結子法人の個別所得金額を限度として繰越控除されるため，これを「特定連結欠損金額」と呼んでいます（法法81の9②）。

　また，従来，みなし連結欠損金額として認められていた連結親法人が連結グループ外の内国法人を吸収合併（適格合併）する場合の被合併法人の未処理欠損金額は，連結親法人の個別所得金額の範囲で繰越控除する特定連結欠損金額となります。

　ここで改めて「特定連結欠損金額」として，その法人の個別所得金額を限度として，連結納税の中でみなし連結欠損金額として繰越控除されるものを整理すれば，以下のようになります。

（ⅰ）特定連結子法人の最初連結事業年度開始の日前7年以内に開始した各事業年度において生じた欠損金額又は災害損失欠損金額（法法81の9②一イ）。この欠損金額は，単体申告において欠損金の繰越控除の対象となる欠損金額であり，適格合併や残余財産の確定又は連結承認の取消し等によりその特定連結子法人の欠損金額とみなされた被合併法人等の欠損金額又は連結欠損金個別帰属額を含み，組織再編成などを機にないものとされた欠損金額を除きます。

（ⅱ）最初連結事業年度開始の日の直前において別の連結納税グループの連結子法人であった法人が特定連結子法人となった場合における連結事業年度開始の日前7年以内に開始した各連結事業年度において生じた連結欠損金個別帰属額（法法81の9②一ロ）。

（ⅲ）その連結納税グループ外の法人を被合併法人とし，連結親法人又は連結子法人を合併法人とする適格合併が行われた場合の被合併法人の適格合併の日前7年以内に開始した各事業年度又は各連結事業年度において生じた未処理欠損金額若しくは未処理災害損失欠損金額又は連結欠損金

個別帰属額（法法81の9②二）。
(ⅳ) 連結納税グループ内で最初連結事業年度が終了していない特定連結子法人を被合併法人とする適格合併が行われた場合のその被合併法人の，その連結親法人との間に連結完全支配関係を有することとなった日前に開始した各事業年度において生じた未処理欠損金額若しくは未処理災害損失欠損金額又はその適格合併の日の前日が連結事業年度終了の日である被合併法人の連結欠損金個別帰属額（法法81の9②二イ・ロ）。
(ⅴ) 連結親法人との間に完全支配関係がある他の内国法人（当該連結法人との間に連結完全支配関係があるものにあっては，特定連結子法人で最初連結事業年度が終了していないものに限る。）でその連結親法人又は連結子法人が発行済株式又は出資の全部又は一部を有するものの残余財産が確定した場合の当該他の内国法人の残余財産の確定の日の翌日前7年以内に開始した各事業年度又は各連結事業年度において生じた未処理欠損金額若しくは未処理災害損失欠損金額又は連結欠損金個別帰属額（当該他の内国法人に株主等が二以上ある場合には，次の算式により計算した金額）（法法81の9②二）。

$$\text{未処理欠損金額若しくは未処理災害損失欠損金額又は連結欠損金額個別帰属額} \times \frac{\text{その連結親法人又は連結子法人の有する当該他の内国法人の株式又は出資の数又は金額}}{\text{当該他の内国法人の発行済株式又は出資（自己の株式又はを除く）の総数又は総額}}$$

④ 連結欠損金額の繰越控除の原則

連結欠損金額の繰越控除の順序は以下の原則によることとなります（法法81の9①）。
(ⅰ) 当該連結事業年度開始の日前7年以内に生じた連結欠損金額は，当期において繰越控除します。
(ⅱ) 繰越された連結欠損金額が2以上の連結事業年度において生じたものから成る場合には，そのうち最も古い事業年度において生じたものから順次繰越控除します。

(ⅲ) 同一の連結事業年度において，特定連結欠損金額以外の連結欠損金額と特定連結欠損金額がある場合には，まず，特定連結欠損金額を繰越控除し，その後に特定連結欠損金額以外の連結欠損金額を繰越控除します。

図表１　連結欠損金額の繰越し控除の順序

```
          前7年  前6年  前5年  前4年  前3年  前2年  前1年  当期
連結親法人                ▲③                          所得
連結子法人１   △①        △②                          所得
連結子法人２   △①                        △④          所得
連結子法人３                                            所得
```

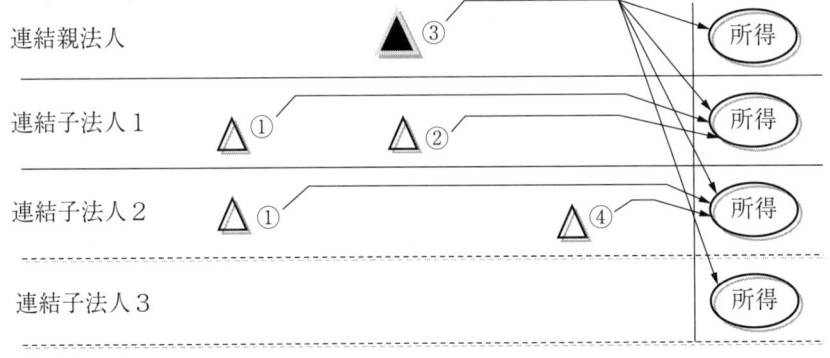

≪出典　財務省主税局作成資料より≫

⑤　控除限度超過額の計算

連結事業年度開始の日前７年以内に生じた連結欠損金額に相当する金額は，各連結事業年度の連結所得の金額の計算上，損金の額に算入されます。

ただし，連結欠損金額をその生じた連結事業年度ごとに区分した後の，それぞれの連結欠損金額に係る限度を超過する額の合計額については，損金に算入することができません。この控除限度超過額については，詳細な規定が法人税法81条の9第1項に置かれています。

（ⅰ）連結欠損金額のうちに特定連結欠損金額が含まれる場合（法法81の9①一）

　連結欠損金額のうちに「特定連結欠損金額」，すなわち特定連結子法人等の有する欠損金額でみなし連結欠損金額として，個別所得金額の範囲で繰越控除の対象に追加される金額が含まれる場合には，以下のイの金額とロの金額の合計額が限度超過額となります。

イ　特定連結欠損金額に係る特定連結欠損金個別帰属額を有する各連結法人

の特定連結欠損金個別帰属額が，各連結事業年度のそれぞれの連結法人の「控除対象個別所得金額」を超える場合のその超える部分の金額の合計額。

ここで，「控除対象個別所得金額」とは，連結欠損金額について繰越控除をしないものとして，かつ，最後事業年度の事業税の損金算入（法法62の5⑤）の規定を適用しないものとして計算した場合におけるその連結法人の個別所得金額をいいます。ただし，その特定連結欠損金個別帰属額の生じた連結事業年度前の連結事業年度において生じた連結欠損金額に相当する金額で，既に各連結事業年度の連結所得の金額の計算上損金の額に算入されるもののうちその連結法人に帰せられる金額がある場合には，当該帰せられる金額に相当する金額を控除した金額となります。

ロ　連結欠損金額から特定連結欠損金額を控除した金額が，控除前連結所得金額から，その特定連結欠損金額に係る特定連結欠損金個別帰属額を有する各連結法人の特定連結欠損金個別控除額（＝当該特定連結欠損金個別帰属額と当該各連結事業年度の控除対象個別所得金額とのうちいずれか少ない金額）の合計額を控除した金額を超える場合のその超える部分の金額。

控除前連結所得金額とは，その連結欠損金額について繰越控除をしないものとして，かつ，個別損金額を計算する場合の現物分配による資産の譲渡（法法62の5⑤）の規定を適用しないものとして計算した場合における各連結事業年度の連結所得の金額から，その連結欠損金額の生じた連結事業年度前の連結事業年度において生じた連結欠損金額に相当する金額で，既に各連結事業年度の連結所得の金額の計算上損金の額に算入されるものがある場合におけるその損金の額に算入される金額を控除した金額をいいます。

ただし，イとロの合計額が次に説明する法人税法81条の9第1項2号に定める金額に満たない場合には，2号に定める金額が限度超過額となります。これは，連結欠損金額の損金算入は繰越控除前の連結所得金額を限度とすることから，これを超える部分の金額を繰越控除させないためです。

（ⅱ）連結欠損金額のうちに特定連結欠損金額が含まれない場合（法法81の

9①二)

　連結欠損金額のうちに「特定連結欠損金額」が含まれていない場合には，当該連結欠損金額が控除前連結所得金額を超える場合のその超える部分の金額が限度超過額となります。

⑥ 連結欠損金個別帰属額

　連結欠損金繰越控除額（＝連結事業年度の連結所得の金額の計算上損金の額に算入された連結欠損金額に相当する金額，法法81の9①）がある場合には，その連結欠損金繰越控除額の各連結法人に帰せられる金額を各連結法人の連結欠損金個別帰属額（法法81の9⑥）から控除します（法令155の21②三）。

　従来の制度では，連結欠損金繰越控除額の各連結法人に帰せられる金額は，連結欠損金個別帰属額の合計額のうち各連結法人の連結欠損金個別帰属額の占める割合により按分計算していましたが，連結欠損金額のうち特定連結欠損金額と他の連結欠損金額を区分してその連結欠損金繰越控除額を計算することとなったことに合わせて，連結欠損金繰越控除額の各連結法人に帰せられる金額は，法人税法81条の9第1項本文の連結欠損金額をその生じた連結事業年度ごとに区分した後のそれぞれの連結欠損金額に係る限度内額（次の各号に掲げる場合の区分に応じ当該各号に定める金額をいいます。）の合計額となります（法令155の21③）。

一　当該連結欠損金額のうちに特定連結欠損金額が含まれる場合（法法81の9①一）には，連結欠損金繰越控除額は，控除対象個別所得金額を限度にまず特定連結欠損金額から成るものとして，各連結法人の帰属額を計算することとなり，具体的には，次に掲げる金額の合計額となります。当該連結欠損金額が特定連結欠損金額のみから成る場合には，イに掲げる金額となります。

　イ　当該連結欠損金額のうちに含まれる特定連結欠損金額に係る連結法人の特定連結欠損金個別帰属額（その連結欠損金額に係る繰越限度超過額を計算する場合の控除対象個別所得金額，法法81の9③）と当該連結事業年度の当該連結法人の控除対象個別所得金額（当該連結欠損金額に係る繰越限度超過額を計算する場合の控除対象個別所得金額）とのうちいずれか少

ない金額

　　ただし、当該連結欠損金額に係る法人税法第81条の9第1項第一号イ及びロに掲げる金額の合計額が同項第二号に定める金額に満たない場合には、当該連結欠損金額に係る連結欠損金繰越控除額に、当該特定連結欠損金額に係る特定連結欠損金個別帰属額を有する各連結法人の当該いずれか少ない金額の合計額のうちに当該連結法人の当該いずれか少ない金額の占める割合を乗じて計算した金額となります。

　　すなわち、各連結法人の特定連結欠損金額のうち、繰越控除されることとなる部分の金額です。このため、特定連結欠損金額に係る繰越控除額が、繰越控除前の連結所得の金額を限度とした金額である場合（同額である場合）には、特定連結欠損金額の個別所得金額を限度とする繰越控除額の比で按分することとされています。

　　なお、各連結法人のイの金額の合計額が、連結所得の金額の計算上損金の額に算入された連結欠損金額に相当する金額のうち特定連結欠損金額に係る金額となります（法令155の21④）。

　ロ　当該連結欠損金額に係る連結欠損金繰越控除額から当該連結欠損金額に係る各連結法人のイに掲げる金額の合計額を控除した金額に、各連結法人の控除前非特定連結欠損金個別帰属額（当該連結欠損金額に係る連結欠損金個別帰属額から、そのうちに含まれる特定連結欠損金個別帰属額を控除した金額）の合計額のうちに当該連結法人の控除前非特定連結欠損金個別帰属額の占める割合を乗じて計算した金額

　　すなわち、特定連結欠損金額以外の連結欠損金額に係る繰越控除額を各連結法人の特定連結欠損金個別帰属額以外の連結欠損金個別帰属額の比で按分します。

二　当該連結欠損金額のうちに特定連結欠損金額が含まれない場合（法法81の9①二）には、当該連結欠損金額に係る連結欠損金繰越控除額に、当該連結欠損金額のうちに当該連結法人の当該連結欠損金額に係る連結欠損金個別帰属額の占める割合を乗じて計算した金額です。

なお，各連結法人の連結欠損金個別帰属額について，このほか，その欠損連結事業年度（連結欠損金額の生じた連結事業年度，みなし連結欠損金額にあってはその生じたものとみなされた連結事業年度，法令155の21②）後の各事業年度において，合併に伴うその被合併法人の欠損金額の加算，連結欠損金の

図表2　81条の9第1項1号の金額（イ＋ロ）

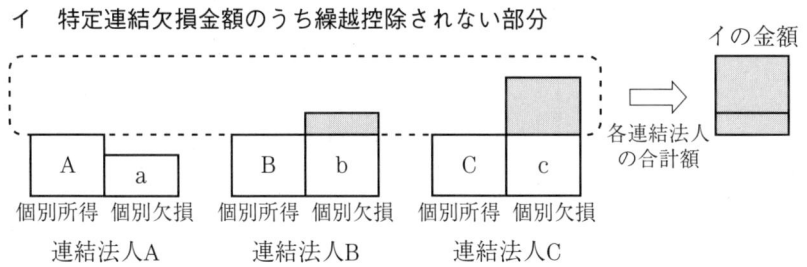

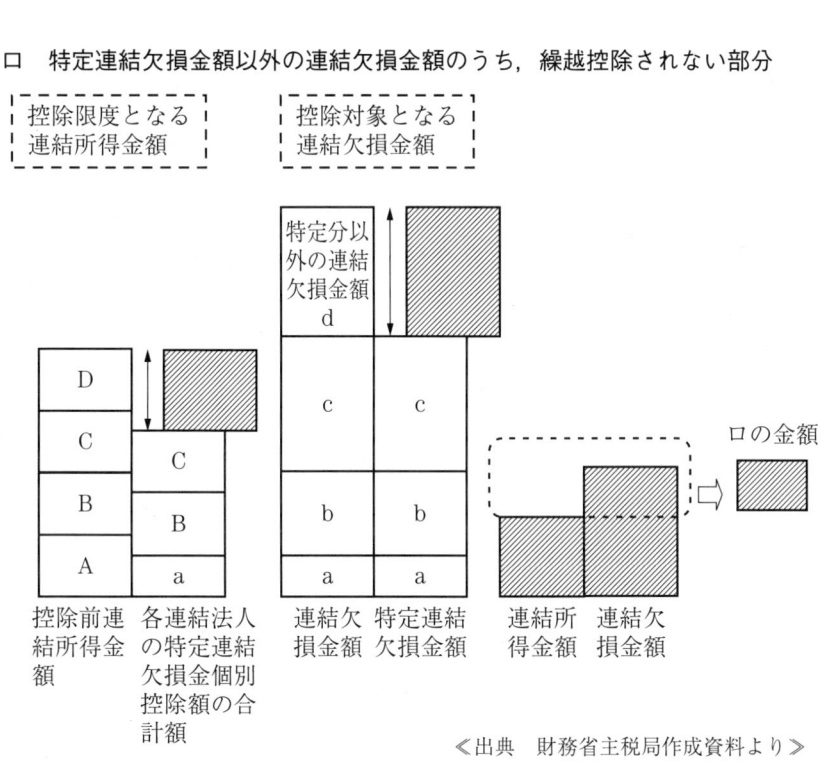

イ　特定連結欠損金額のうち繰越控除されない部分

ロ　特定連結欠損金額以外の連結欠損金額のうち，繰越控除されない部分

≪出典　財務省主税局作成資料より≫

繰戻し還付に係るその基礎となった連結欠損金額の控除等の調整をすることとされています（法令155の21②）が，この欠損連結事業年度後の各連結事業年度における連結欠損金個別帰属額の調整計算について，みなし連結欠損金額の範囲の見直し等に伴う規定の整備が行われています（法令155の21②二・

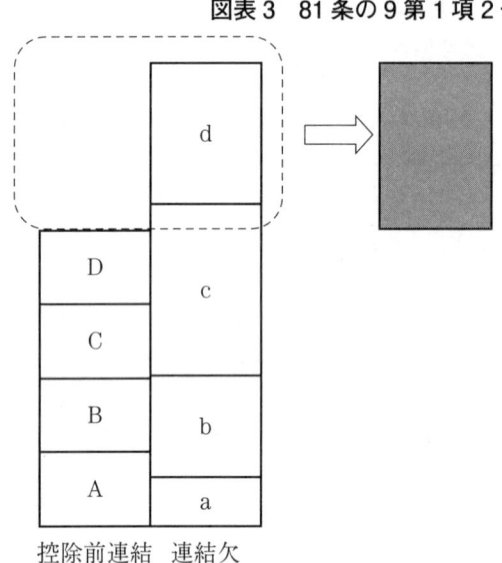

図表3　81条の9第1項2号の金額

```
        ┌─────┐
        │     │
        │  d  │    ⇒   ▓▓▓▓
        │     │        ▓▓▓▓
        └──┬──┘        ▓▓▓▓
    ┌──┐  │  c  │
    │ D│  │     │
    ├──┤  │     │
    │ C│  │     │
    ├──┤  ├─────┤
    │ B│  │  b  │
    ├──┤  ├─────┤
    │ A│  │  a  │
    └──┘  └─────┘
  控除前連結  連結欠
   所得金額   損金額
```

○一号の金額と二号の金額との比較

　　　　一号の金額　　　　　二号の金額

　　　　　　　　＝　　　　　▓▓▓▓

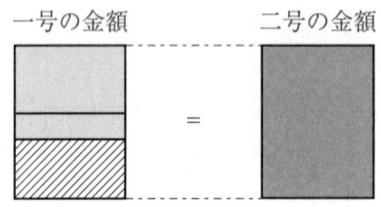

　　　↳　連結欠損金額に係る限度超過額
　　　　（連結欠損金額のうち繰越控除されない部分の金額）

「一号の金額＜二号の金額」の場合には，連結欠損金額に係る限度超過額は二号の金額となる。

　　　　　　　　　　　　　　≪出典 財務省主税局作成資料より≫

五）。

⑦ 特定連結欠損金個別帰属額の計算

特定連結欠損金個別帰属額についても，連結欠損金個別帰属額と同様に欠損連結事業年度後の各事業年度における調整が必要であるため，同様の調整計算が整備されています。

具体的には，連結法人の欠損連結事業年度の連結欠損金個別帰属発生額に加算し，又は連結欠損金個別帰属発生額から控除する金額がある場合において，これに対応する次のイ～ハの金額を当該連結法人の欠損連結事業年度において生じた特定連結欠損金個別帰属額に加算し，次のニ又はホの金額を当該連結法人の欠損連結事業年度において生じた特定連結欠損金個別帰属額から控除します（法令155の21⑤）。

イ 連結親法人又は連結子法人を合併法人とする適格合併が行われた場合のその被合併法人の適格合併の日前7年以内に開始した各事業年度又は各連結事業年度において生じた未処理欠損金額若しくは未処理災害損失欠損金額又は連結欠損金個別帰属額（法法81の9②二）（＝③（ⅲ）（ⅳ）のみなし連結欠損金額）。

ロ 連結親法人との間に完全支配関係がある他の内国法人でその連結親法人又は連結子法人が発行済株式又は出資の全部は一部を有するものの残余財産が確定した場合の当該他の内国法人の残余財産の確定の日の翌日前7年以内に開始した各事業年度又は各連結事業年度において生じた未処理欠損金額若しくは未処理災害損失欠損金額又は連結欠損金個別帰属額（法法81の9②二）（＝③（ⅴ）のみなし連結欠損金額）。

ハ 当該連結法人を合併法人とする連結グループ内での適格合併に係る被合併法人となる他の連結子法人又は当該連結法人との間に連結完全支配関係がある他の連結子法人で残余財産が確定するもののその合併の日の属する連結親法人事業年度又はその残余財産の確定の日の翌日の属する連結親法人事業年度開始の日前7年以内に開始した各連結事業年度において生じた特定連結欠損金個別帰属額のうち当該欠損連結事業年度において生じた金

図表4　連結欠損金繰越駆除額のうち各連結法人に帰せられる金額

○連結欠損金繰越控除額

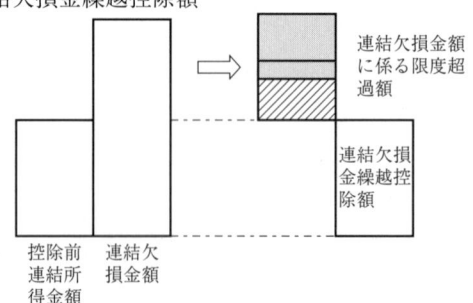

（控除前連結所得金額／連結欠損金額 → 連結欠損金額に係る限度超過額／連結欠損金繰越控除額）

○各連結法人に帰せられる金額（事業年度ごとの合計額）

＜特定連結欠損金額が含まれる場合（イ＋ロ）＞

イ　特定連結欠損金額に係る部分（法令155の21③―イ）

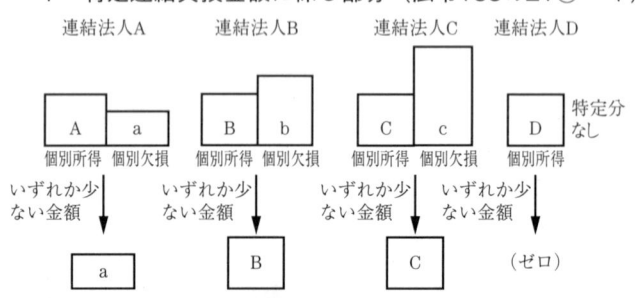

連結法人A	連結法人B	連結法人C	連結法人D
A／a（個別所得／個別欠損）	B／b（個別所得／個別欠損）	C／c（個別所得／個別欠損）	D（個別所得）特定分なし
いずれか少ない金額 → a	いずれか少ない金額 → B	いずれか少ない金額 → C	いずれか少ない金額 →（ゼロ）

ロ　特定連結欠損金額に係る部分（法令155の21③―ロ）

連結欠損金繰越控除額 － イの合計額（C＋B＋a）＝■

$$\blacksquare \times \frac{\text{それぞれの連結法人の控除前非特定連結欠損金個別帰属額}}{\text{各連結法人の控除前非特定連結欠損金個別帰属額の合計額}}$$

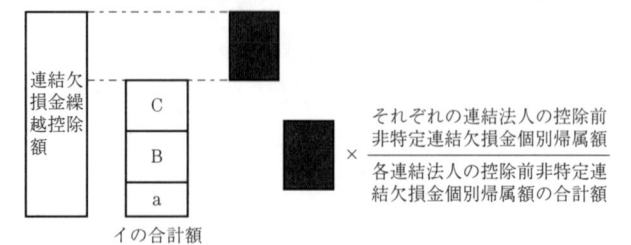

＜特定連結欠損金額が含まれない場合＞

$$連結欠損金繰越控除額 \times \frac{\text{それぞれの連結法人の連結欠損金個別帰属額}}{\text{連結欠損金個額}}$$

≪出典　財務省主税局作成資料より≫

額。ただし，その生じた特定連結欠損金個別帰属額は，当該他の連結子法人にその適格合併又は残余財産の確定により最後事業年度において連結欠損金個別帰属額を欠損金額とみなされて損金の額に算入された金額がある場合には，その損金算入額のうちその特定連結欠損金個別帰属額に達するまでの金額を控除した金額となります。また，残余財産が確定した当該他の連結子法人に株主等が二以上ある場合には，その生じた金額は，当該連結法人の持株割合分の金額となります。
ニ 連結欠損金繰越控除額の各連結法人に帰せられる金額の計算において，その連結法人に帰せられるとされた連結欠損金繰越控除額のうち，特定連結欠損金個別帰属額から成るものとされた金額（＝⑥一イの金額）。したがって，その連結法人に帰せられる連結欠損金繰越控除額は，その連結法人の控除対象個別所得金額を限度にまずその連結法人の特定連結欠損金個別帰属額から控除され，次にその特定連結欠損金個別帰属額以外の連結欠損金個別帰属額から控除されることとなります。
ホ 連結法人を合併法人等とし非連結法人を被合併法人とする適格組織再編成等が行われた場合に，当該連結法人の当該適格組織再編成等の日の属する連結親法人事業年度開始の日前7年以内に開始した各連結事業年度において生じた当該連結法人の連結欠損金個別帰属額のうち，支配関係事業年度前の各事業年度において生じた欠損金額等に相当する金額としてないものとされた金額（法法81の9⑤三）のうち当該欠損連結事業年度において生じた特定連結欠損金個別帰属額に達するまでの金額。

⑧ **連結欠損金額の減額，制限措置等**

連結欠損金額は，連結法人が連結グループを離脱した場合等一定の事由に該当する場合に，その離脱した連結子法人の連結欠損金個別帰属額等に相当する金額を減額します（法法81の9⑤）。この減額処理は，連結欠損金個別帰属額に対応する連結欠損金額ごとに行うこととなり，この減額された連結欠損金額は，その事由に該当することとなった連結事業年度以後の各連結事業年度において，ないものとされます。

平成22年度改正において，連結親法人との間に完全支配関係がある他の内国法人の残余財産が確定した場合の当該他の内国法人の欠損金額の追加等みなし連結欠損金額の範囲の見直し，適格合併等の場合における欠損金の制限措置の見直し等が行われたことに伴い，減額処理について以下のように整備されました。

イ　連結子法人の残余財産が確定した場合にないものとされる連結欠損金額：減額の対象となる金額に，連結子法人の残余財産が確定した場合の当該連結子法人の連結欠損金個別帰属額のうち欠損金額とみなされてその残余財産の確定の日の属する事業年度の所得の金額の計算上損金の額に算入された金額が追加されました（法法81の9⑤二）。

ロ　組織再編成が行われた場合にないものとされる連結欠損金額：適格合併等に係る合併法人等の欠損金の制限措置の見直し等に合わせ，減額の対象に連結子法人を追加し，減額の対象となる金額について連結法人を合併法人又は被現物分配法人とする欠損金の制限対象となる非適格合併又は適格現物分配が行われた場合のその連結法人の連結欠損金個別帰属額を追加するとともに，その対象となる事由からその連結法人と被合併法人等との間に長期（5年超）の継続する支配関係がある適格組織再編成等が行われた場合を除くこととされました（法法81の9⑤三）。

ハ　直前適格合併等があり，その後に連結納税の承認が取り消された場合にないものとされる連結欠損金額：連結グループ内における適格合併が行われた場合には，その被合併法人である他の連結子法人の連結欠損金個別帰属額のうち単体納税の欠損金額とみなされて（法法57⑤）その合併の日の前日の属する事業年度の所得の金額の計算上損金の額に算入された金額（法法57①）について，当該他の連結子法人の連結欠損金個別帰属額に係る連結欠損金額はないものとされました（法法81の9⑤一）。他の連結子法人の残余財産が確定した場合も同様となります（法法81の9⑤二）。

　　しかし，連結子法人を合併法人とする適格合併でその連結子法人との間に連結完全支配関係がある他の連結子法人を被合併法人とするもの（「直

前適格合併」）が行われた場合又はその連結子法人との間に連結完全支配関係がある他の連結子法人でその連結子法人が発行済株式若しくは出資の全部若しくは一部を有するものの残余財産が確定した場合において，その連結子法人がその直前適格合併の日又はその残余財産の確定の日からこれらの日の属する連結親法人事業年度終了の日までの間に，その連結子法人を被合併法人等とする合併等が行われること等により，その連結子法人の連結納税の承認が取り消される場合があるため，その承認が取り消された基因となる事由の区分に応じて次のように整備されました（法令155の20①）。

　ⅰ　連結子法人を被合併法人とし，これと連結完全支配関係がある他の連結法人を合併法人とする適格合併が行われたこと又は連結子法人の残余財産が確定したことにより，当該連結子法人の連結納税の承認が取り消された場合：その適格合併又は残余財産の確定により連結欠損金額のうちないものとされる金額に，これらの他の連結子法人の未処理欠損金額でその連結子法人の欠損金額とみなされてその適格合併の日の前日又はその残余財産の確定の日の属する事業年度の所得の金額の計算上損金の額に算入された金額を加算します（法令155の20①一）。

　ⅱ　上記ⅰ以外の事由によりその連結子法人の連結納税の承認が取り消された場合：その直前適格合併又は当該他の連結子法人の残余財産の確定により連結欠損金額のうちないものとされる金額は，これらの他の連結子法人のその直前適格合併の日の属する連結親法人事業年度又はその残余財産の確定の日の翌日の属する連結親法人事業年度開始の日前７年以内に開始した各連結事業年度において生じた連結欠損金個別帰属額となります。ただし，その残余財産が確定した他の連結子法人に株主等が二以上ある場合には，その連結欠損金個別帰属額のうち株主である連結子法人の持株割合に応じた金額となります（法令155の20①二）。

　ニ　合併又は残余財産の確定によりないものとされる特定連結欠損金額：連結子法人を被合併法人とする合併が行われた場合又は連結子法人の残余財

産が確定した場合にないものとされる連結欠損金額が，連結欠損金個別帰属額に満たない場合において，その連結欠損金個別帰属額のうち特定連結欠損金個別帰属額が含まれるときは，そのないものとされる連結欠損金額のその特定連結欠損金個別帰属額に達するまでの金額を特定連結欠損金額から成るものとされました（法令155の20②）。

ホ　上記イからニまでのほか，連結法人を分割法人とする分割型分割が行われた場合の減額の規定を削除し，連結子法人が解散した場合の減額（法法81の9⑤四）の対象事由を破産手続開始の決定による解散に限定する整備が行われました。

⑨　連結グループ内の合併等が行われた場合の被合併法人の最後事業年度の欠損金額の損金算入

　平成22年度改正前の制度では，連結法人を合併法人とし，その法人と連結完全支配関係がある他の連結法人を被合併法人とする合併が行われた場合（合併の日が連結親法人事業年度開始の日である場合を除く）には，被合併法人の最後事業年度において生じた欠損金額相当額は，合併法人である連結法人の合併の日の属する連結事業年度の損金の額に算入することとされていました（法法81の9旧③→新④）。

　また，被合併法人の最後事業年度において繰越欠損金を控除する前に所得が生じていた場合には，最後事業年度前7年以内に生じた被合併法人の連結欠損金個別帰属額を単体の欠損金額とみなして，繰越控除の規定が適用されることとされていました（法法57旧⑥→新⑤）。

　平成22年度改正により，連結子法人の残余財産が確定した場合（当該残余財産の確定の日が連結親法人事業年度終了の日である場合を除きます。）において，残余財産の確定の日の属する事業年度において生じた欠損金額があるときは，残余財産の確定の日の翌日の属する連結事業年度の連結所得の金額の計算上，損金の額に算入することとされました（法法81の9④）。連結子法人の株主等が二以上ある場合には，その株主等である連結法人の持株割合で欠損金額を調整することとなります。

これは，合併の場合においてその合併により移転する資産等が連結グループ内にとどまっていることから単体納税を行う被合併法人の事業年度において生じた欠損金額について実質的に同一の連結事業年度の損金の額とすることとされており，連結子法人の残余財産の確定も同様の状況にあることから，同じ扱いとするものと説明されています。

図表5　合併・分割・残余財産確定によるみなし連結欠損金の経過措置

	旧法適用の連結親法人事業年度				新法適用の連結親法人事業年度			
	～22.9.30		22.10.1～23.9.30		22.4.1～22.9.30		22.10.1～	
	適用		適用		適用		適用	
合併	旧法	引継ぎ親のみ	旧法	引継ぎ親のみ	旧法	引継ぎ親のみ	新法	引継ぎ親子とも（特定連結欠損金額）
合併類似適格分割型分割	旧法	引継ぎ親のみ	旧法	廃止	旧法	引継ぎ親のみ	新法	廃止
解散による残余財産の確定	旧法	×（清算所得課税）	旧法	引継ぎ×	旧法	×（清算所得課税）	新法	引継ぎ○（特定連結欠損金額）

≪出典 財務省主税局作成資料より≫

　なお，他の連結子法人の残余財産が確定した日から同日を含む連結親法人事業年度終了の日までの間において，当該他の連結子法人の株主等である連結子法人を被合併法人とする適格合併が行われた場合又はその連結子法人の残余財産が確定した場合には，当該他の連結子法人の残余財産の確定した日の属する事業年度において生じた欠損金額については，その連結子法人の最後事業年度）の所得の金額の計算上損金の額に算入することとされました（法令112

⑩)。この場合には，引継ぎに係る制限措置は適用されません（法令112⑫)。

⑩ **適用時期と経過措置**

以上の改正は，連結納税の承認の効力が生じた日（法法4の2）の属する連結親法人事業年度開始の日が施行日（平成22年4月1日）以後である連結親法人又は欠損金の持込みが可能な連結子法人の欠損金額又は連結欠損金個別帰属額について適用されます。

（ⅰ）連結欠損金の控除額の計算

連結欠損金の控除額の計算に関する規定（法法81の9①）の規定は，連結親法人の連結親法人事業年度が施行日（平成22年4月1日）以後に開始する連結事業年度の連結所得に対する法人税について適用され，連結親法人の連結親法人事業年度が施行日前に開始した連結事業年度の連結所得に対する法人税については，なお従前の例によることとされています（改正法附則26①）。

（ⅱ）連結納税適用開始・子会社加入によるみなし連結欠損金の経過措置

みなし連結欠損金額に関する規定（法法81の9②・③）は，連結承認日の属する連結親法人事業年度開始の日が施行日以後である法人について改正法が適用され，連結承認日の属する連結親法人事業年度開始の日が施行日前である法人については旧法によることとされています。すなわち連結親法人及び一定の株式移転完全子法人の欠損金額のみが持ち込み可能となります（改正法附則26②〜⑤）

（ⅲ）合併・分割・残余財産確定によるみなし連結欠損金の経過措置

合併・分割・残余財産確定によるみなし連結欠損金の経過措置（改正法法附則26⑥〜⑧）を整理すれば以下のようになります。

（7） 連結中間申告

連結事業年度が6か月を超える連結親法人は，連結事業年度開始の日以後6か月を経過した日から2か月以内に，連結中間申告書を提出しなければなりません（法法81の19①）。平成22年度改正により，加算される金額に，連結子法人の残余財産が確定した場合及び連結グループ外法人を被合併法人とし連結

法人を合併法人とする適格合併が行われた場合が規定されました。

【連結中間法人税額の計算（法法81の19①）】

$$連結中間法人税額 = \frac{前連結事業年度の法人税額（連結確定法人税額）}{前連結事業年度の月数} \times 6$$

＊連結子法人の加入・離脱等があった場合には，一定の金額を加減算する

前連結事業年度において残余財産が確定した場合には，その連結子法人の最後事業年度の確定法人税額を加算することとなります（法法81の19④二）。

当該連結事業年度開始の日から同日以後6か月を経過した日の前日までの期間に残余財産が確定した場合には，その連結子法人の前連結事業年度の個別帰属支払額を減算し（法法81の19②一），最後事業年度の確定法人税額を加算することとなります（法法81の19④三）。

連結グループ外法人を被合併法人とし連結法人を合併法人とする適格合併が行われた場合には，その被合併法人の確定法人税額を加算することとなります（法法81の19④二・三）。

（8） 投資簿価修正の改正

連結法人が他の連結法人の株式又は出資を保有している場合の譲渡等修正事由に，他の連結法人にみなし配当事由が生じたことが追加されました（法令9②四）。この場合の投資簿価修正額はゼロから既修正等額を減算した金額であり（法令9③一），当初投資価額を譲渡原価とすることとなります。

連結子法人の解散は破産の場合を除き連結グループからの離脱事由とされなくなり（法法4の5②四），また，破産した連結子法人の残余財産が確定した場合には株主である連結法人に欠損金が引き継がれるとされたこと（法法81の9②二）から，欠損法人である連結子法人が解散により連結グループを離脱する場合の投資簿価修正額について，欠損金相当額を加算することによって，二重控除とならない欠損金相当額を連結子法人の株主において，連結子法人株式の譲渡損失額として計上できるとの扱い（法令9旧⑤）が廃止されました。

II
資本関係取引等税制

第1章　現物分配税制

1　概　　要

　平成22年度改正前は，利益又は剰余金の分配を金銭以外の資産により行った場合，その分配を行った法人は，いわゆる物の移転を行ったこととなるため，法人税法22条2項の規定により収益の額を計上してそれを益金の額とすることとされており，このような場合の取扱いに関して特に別段の定めは設けられていませんでした。

　このような状況下で平成22年度改正が行われたわけですが，同改正において，「適格現物分配」の定義を設けてこれに関する取扱いを組織再編成税制の一環として位置付け，適格現物分配により資産の移転を行った法人においてはその資産を簿価で譲渡したものとして実質的にその資産の譲渡損益の計上を行わせないこととし，適格現物分配により資産の移転を受けた法人においてはその移転を行った法人の移転直前のその資産の帳簿価額相当額によりその資産を取得したものとしてその受けたことにより生ずる収益を益金不算入とすると共に，この適格現物分配については所得税の源泉徴収を不要とすることとされています。

　また，適格現物分配に係る税制を組織再編成税制の一環と位置付けたことにより，適格分割等の取扱いと平仄を合わせる必要が生じ，平成22年度改正においては，次の措置も講じられています。

- 減価償却資産の期中減価償却，貸倒引当金の期中繰入れ，売買目的有価証券の時価評価等（詳細についてはⅡ第3章2参照）

- 資産の移転を受けた法人の欠損金の使用制限（詳細についてはⅡ第6章1参照）
- 資産の移転を受けた法人の特定資産譲渡等損失額の損金不算入（詳細についてはⅡ第6章2参照）

なお，上記の取扱いは，平成22年10月1日以後に行われる現物分配（残余財産の分配については，同日以後の解散によるもの）に適用されることとなります（改正法附則10②）。

2　「現物分配」・「適格現物分配」の意義

（1）「現物分配」

平成22年度改正においては，「現物分配」に関連する用語として，「現物分配法人」（法法2十二の六），「被現物分配法人」（法法2十二の六の二）及び「適格現物分配」（法法2十二の十五）の三つの定義を設けていますが，その「現物分配法人」の定義中の括弧書きにおいて「現物分配」を定義しています[1]。そこでは，「現物分配」とは，法人（公益法人等及び人格のない社団等を除きます。）がその株主等に対し剰余金の配当等（資本剰余金の額の減少に伴うものを除きます。）又はみなし配当（次に掲げる事由によるみなし配当に限ります。）により金銭以外の資産（以下，この節において「現物」といいます。）を交付すること（法法2十二の六），とされています。

- 資本の払戻し（資本剰余金の額の減少を伴う剰余金の配当のうち，分割型分割によるもの以外のものをいいます。）又は解散による残余財産の分

---

[1] 「現物分配法人」・「被現物分配法人」・「適格現物分配」の定義規定を設けているにもかかわらず，「現物分配」の定義規定を設けていないのは，「現物分配」という用語を用いるところが「現物分配法人」・「被現物分配法人」・「適格現物分配」の定義規定中のみであり，独立の定義規定を設ける意義が無いためです。
法人税法62条の5の条文見出しには「現物分配」という用語を用いて「現物分配による資産の譲渡」としていますが，同条の規定には，「現物分配」という用語は存在しません。

配（法法 24 ①三）
- 自己株式等の取得（金融商品取引所等での購入を除きます。）(法法24①四)
- 出資の消却，出資の払戻し，社員その他法人の出資者の退社又は脱退による持分の払戻しその他株式又は出資をその発行した法人が取得することなく消滅させること（法法 24 ①五）
- 組織変更（組織変更に際してその組織変更をした法人の株式又は出資以外の資産を交付したものに限ります。）（法法 24 ①六）

　法人税法2条12号の6の「現物分配法人」の定義中の括弧書きの「現物分配」の定義の規定からは，資産の移転に伴って事業が移転するものが含まれるのか否かが明確ではないわけですが，この点に関しては，「現物分配」は事業が移転するものを含んでいないという前提に立って以下の解説を行うこととしますが，この「現物分配」に関しては，金銭や負債が資産と伴に移転する場合にどのように解することとなるのかという問題もあります。

　例えば，解散した法人が残余財産の分配を行う場合を考えてみると，分配する資産に金銭が混在していたり，資産と伴に負債を移転したりすることは，決して珍しいことではありません。

　これに関しては，金銭と現物を同時に交付した場合は，金銭と現物を区別して捉え，現物に係る部分のみを現物分配として取扱うことにより現物分配税制を適用させ，金銭に係る部分は通常の金銭による分配と捉え，現物分配税制を適用させないこととなります。

　また，現物分配により資産と負債を同時に移転させた場合は，現物分配の定義上，「金銭以外の資産の交付」と規定され，「金銭以外の資産及び負債の交付」とは規定されていないことから，負債の移転は現物分配に該当しないため，負債に係る部分は現物分配税制が適用されず，法人間で無償による債務の引受けが行われたものとして取り扱われるか，又は負債とその負債の金額に相当する資産については譲渡が行われたものとして取り扱われるものと考えられます。

なお,「平成22年度税制改正の解説」211頁(注記)においては,次のような説明がなされています。

「例えば,残余財産の分配などの場合において,金銭と金銭以外の資産の両方が分配されることもあるところですが,このような場合には,金銭の分配と金銭以外の資産の交付を別々の取引として捉えることになるものと考えられます。」

(2)「適格現物分配」

「適格現物分配」とは,内国法人を現物分配法人(現物分配により資産の移転を行う法人をいいます。)とする現物分配のうち,その現物分配により資産の移転を受ける者がその現物分配の直前においてその内国法人である現物分配

(図表)適格現物分配の判定の例

〈ケース1〉

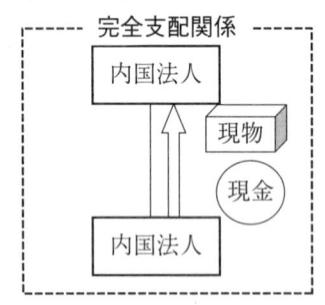

```
┌─── 完全支配関係 ───┐
│      ┌──────┐      │
│      │内国法人│      │
│      └──────┘      │
│        ↑   ┌──┐    │
│        │   │現物│    │
│        │   └──┘    │
│        │   ○現金    │
│      ┌──────┐      │
│      │内国法人│      │
│      └──────┘      │
└───────────────────┘
```

現物分配による現物の移転を受ける者が完全支配関係にある内国法人のみであることから、現物の移転に係る部分は、適格現物分配に該当する。

〈ケース2〉

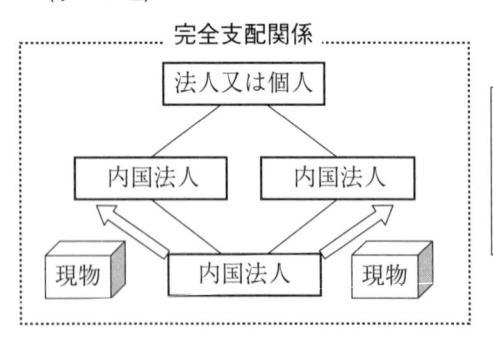

```
┌──────── 完全支配関係 ────────┐
│        ┌──────────┐          │
│        │ 法人又は個人 │          │
│        └──────────┘          │
│         ↗         ↖           │
│   ┌──────┐   ┌──────┐       │
│   │内国法人│   │内国法人│       │
│   └──────┘   └──────┘       │
│      ↖         ↗             │
│  ┌──┐  ┌──────┐  ┌──┐      │
│  │現物│  │内国法人│  │現物│      │
│  └──┘  └──────┘  └──┘      │
└──────────────────────────────┘
```

現物分配により現物の移転を受ける者が完全支配関係にある内国法人のみであることから、この現実分配は、すべて適格現物分配に該当する。

〈ケース3〉

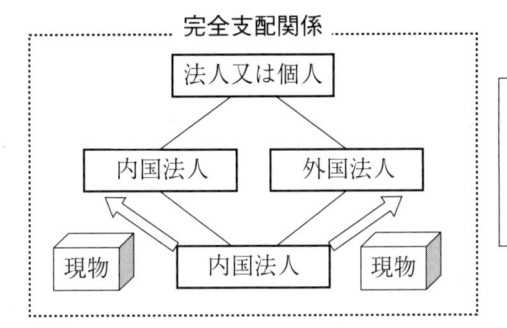

完全支配関係: 法人又は個人 — 内国法人、外国法人、内国法人（現物を内国法人と外国法人へ移転）

現物分配により現物の移転を受ける者が内国法人のみではなく、外国法人も含まれていることから、この現物分配は、すべて非適格現物分配となる

〈ケース4〉

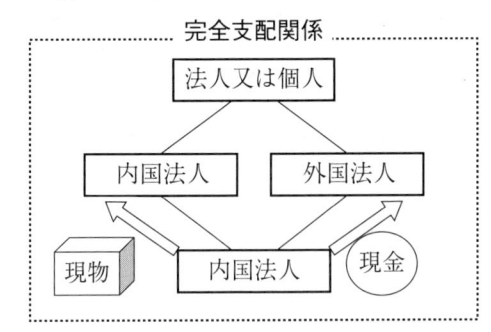

完全支配関係: 法人又は個人 — 内国法人、外国法人、内国法人（現物を内国法人へ、現金を外国法人へ）

現物分配により現物の移転を受ける者が完全支配関係にある内国法人のみであることから、現物の移転に係る部分は、適格現物分配に該当する。

　法人との間に完全支配関係がある内国法人（普通法人又は協同組合等に限ります。）のみであるもの（法法十二の十五）、とされています。

　従来、配当は、組織再編成行為である合併等とは異なり、配当を行う法人と配当を受ける各株主との間の個々の行為と捉えられてきましたが、適格現物分配については、合併等と同様に、全体を一つの行為と捉える規定振りとなっているため、現物分配を受ける株主の中に現物分配法人との間に完全支配関係がある内国法人でない者がいるという場合には、その現物分配のすべてが適格現物分配に該当しないこととならざるを得ません。

　一方、金銭と現物とが混在した状態で現物分配が行われた場合には、上記(1)で述べたとおり、金銭と現物とを切り離して現物分配となる部分を捉えることとなります。

これらの点を踏まえて，具体的に適格現物分配に該当するのか否かの判定をどのように行うのかということを考えてみると，現物を分配した部分のみを一つの行為と捉えて，これについて，図表のように，分配を受ける者の構成がどのようになっているのかということにより，適格現物分配に該当するのか否かを判定するということになります。

　なお，適格現物分配に該当するのか否かの判定における完全支配関係の有無は，現物分配の直前において判定することとされていますので，現物分配の直前に完全支配関係があれば，仮に，現物分配の直後にその完全支配関係がなくなるとしても，それが適格現物分配に該当するのか否かの判定に影響を与えることはない，ということになります。

3　適格現物分配の取扱い

(1)　現物分配法人の法人税法上の取扱い

①　移転資産の譲渡損益

　内国法人が適格現物分配により資産の移転をしたときは，その適格現物分配の直前の帳簿価額（その適格現物分配が残余財産の全部の分配である場合には，その残余財産の確定の時の帳簿価額）による譲渡をしたものとすることとされており（法法62の5③），その資産の譲渡損益は発生しないこととなります。

②　譲渡の時期

　剰余金の分配等により現物分配を行う法人においてその資産の譲渡の処理を行って譲渡損益を計上する時期に関しては，特に法令等の定めはありませんが，企業会計における取扱いや現物分配を受ける法人の取扱いを考慮すると，剰余金の配当等の効力発生日において資産を譲渡する処理を行うこととするのが適当と考えられます。

　ただし，適格現物分配に該当する残余財産の全部の分配により資産の移転をする場合については，残余財産の確定の日の翌日に行われたものとすることと

されています（法令123の6②）。

③ 減少する利益積立金額・資本金等の額

イ 剰余金の配当等による適格現物分配

剰余金の配当等により，現金及び現物の交付をした場合に，その現物の交付が適格現物分配に該当するときは，その現金の額及びその交付の直前の資産の帳簿価額の合計額に相当する利益積立金額を減少させることとなります（法令9①八）。

○ 帳簿価額100の資産を適格現物分配により移転したケース

| （借） | 利益積立金 | 100 | （貸） | 現　　物 | 100 |

○ 帳簿価額100の資産及び現金50を適格現物分配により移転したケース

| （借） | 利益積立金 | 150 | （貸） | 現　　物 | 100 |
| | | | | 現　　金 | 50 |

ロ みなし配当による適格現物分配

(イ) 資本の払戻し等による適格現物分配

資本の払戻し等（資本の払戻し及び解散による残余財産の一部の分配をいいます。）により，金銭及び現物の交付をした場合に，その現物の交付が適格現物分配に該当するときは，原則として下記ⅰ及びⅱの算式により計算された資本金等の額及び利益積立金額を減少させることとなります（法令8①十六，9①十一）。

なお，残余財産の全部の分配の場合については，資本金等の額及び利益積立金額の減少の定めが設けられていませんが，これは，残余財産の全部の分配をする法人においては，残余財産の確定の日を末日とする事業年度が最後事業年度となり，その最後事業年度の資本金等の額及び利益積立金額は残余財産の全部の分配による減少前の金額となるため，減少する金額を計算する必要がないことによるものです。

ⅰ 減少する資本金等の額（法令8①十六）

$$A \times \left\{ \frac{B}{C} \begin{cases} A \leqq 0 のときは 0 \\ A > 0 かつ C \leqq 0 のときは 1 \\ 少数点以下3位未満切上げ \end{cases} \right\}$$

A：資本の払戻し等の直前の資本金等の額

B：資本の払戻し等により減少した資本剰余金の額又は解散による残余財産の一部の分配により交付した金銭の額及び現物の交付直前の帳簿価額の合計額（Cの金額を限度とします。）

C：直前事業年度終了の時の純資産の帳簿価額

　この減少する資本金等の額は，交付金銭の額及び現物の交付直前の帳簿価額の合計額を限度とすることになります。

ⅱ 減少する利益積立金額（法令9①十一）

交付金銭の額及び現物の交付直前の帳簿価額の合計額　－　上記ⅰの金額

○　資本金等の額600，純資産の帳簿価額1,200である内国法人が，帳簿価額400の現物を資本剰余金400を原資として適格現物分配を行ったケース

（借）	資本金等	200	（貸）	現　物	400
	利益積立金	200			

○　資本金等の額600，純資産の帳簿価額1,200である内国法人が，帳簿価額300の現物及び現金100を資本剰余金400を原資として分配（現物に係る部分は適格現物分配に該当）を行ったケース

（借）	資本金等	200	（貸）	現　物	300
	利益積立金	200		現　金	100

○　資本金等の額600，利益積立金額400である清算中の内国法人が，残余財産の全部の分配により，帳簿価額500の現物及び現金500の分配（現物に係る部分は適格現物分配に該当）を行ったケース

(借)	資本金等	600	(貸)	現物	500
	利益積立金	400		現金	500

* 適格現物分配が残余財産の全部の分配である場合，その残余財産の確定の時の帳簿価額により譲渡したものとして所得計算を行いますが，残余財産の全部の分配は残余財産の確定の日の翌日に行われたものとされます（法令123の6②）ので，最後事業年度（残余財産の確定の日の属する事業年度）において上記の処理は必要ありません。

(ロ) 自己株式の取得等による適格現物分配

自己株式の取得等（自己株式等の取得，出資の消却等及び組織変更をいいます。）により，金銭及び現物の交付をした場合に，その現物の交付が適格現物分配に該当するときは，原則として下記 i 及び ii の算式により計算された資本金等の額及び利益積立金額が減少することとなります（法令8①十七イ，9①十二）。

i 減少する資本金等の額（法令8①十七イ）

$$D \times \frac{E}{F}$$

D：取得等の直前の資本金等の額

E：取得等に係る株式の数又は出資の金額

F：取得等の直前の発行済株式（自己株式を除きます。）又は出資の総数又は総額

この減少する資本金等の額は，交付金銭等の額及び現物の交付直前の帳簿価額の合計額を限度とし，Dが零以下であるときは零とすることになります。

ii 減少する利益積立金額（法令9①十二）

交付金銭の額及び現物の交付直前の帳簿価額の合計額 － 上記 i の金額

○ 資本金等の額100，発行済株式数100株である内国法人が，現金20及び帳簿価額30の現物を対価として自己株式30株の取得を行ったケース

(借)	資本金等	30	(貸)	現　　金	20
	利益積立金	20		現　　物	30

(2) 被現物分配法人の法人税法上の取扱い

① 収益の額の益金不算入

　内国法人が適格現物分配により現物の移転を受けたことにより生ずる収益の額（下記③により，利益積立金額が増加する金額に相当する金額をいいます。）は，その内国法人の各事業年度の所得の計算上，益金の額には算入せず（法法62の5④），その移転を受けた現物は，移転直前の帳簿価額により取得したものとされます（法令123の6①）。

　平成22年度改正前は，現物の移転を受けたことにより生ずる剰余金の配当等の額は，法人税法23条（受取配当等の益金不算入）の規定の適用を受けることができましたが，同改正後は，適格現物分配により生ずる収益の額には，同条が適用されず，法人税法62条の5第4項により，その全額が益金不算入として取り扱われることとなりました。

　なお，現金と現物の交付を同時に受けた場合は，現金の交付により生ずる収益の額は通常の剰余金の配当等として取り扱われることとなりますが，完全子法人株式等に係るものであれば，結果的には，全額が益金不算入となります（法法23①・④）。

② 収益の額の認識時期及び資産の取得時期

　適格現物分配により生ずる剰余金の配当等の額の計上時期と適格現物分配により取得する資産の取得の処理の時期は，平成22年度改正前における取扱いと同様となっています。

　法人税基本通達3―1―7の5（金銭以外の資産による配当等の額）においては，配当の効力発生日における価額を配当の額とするものとされていますので，効力発生日が上記の時期ということになります。

ただし，適格現物分配に該当する残余財産の全部の分配を受ける法人は，残余財産の確定の日の翌日に，その残余財産の分配により生ずるすべての収益の額を益金の額に計上し，その残余財産の分配により取得する資産のその取得の処理を行うこととなります（法令123の6②）。

③ 利益積立金額の増加

イ 剰余金の配当等による適格現物分配

被現物分配法人においては，適格現物分配により交付を受けた現物の現物分配法人におけるその適格現物分配の直前の帳簿価額に相当する金額の利益積立金が増加することとなります（法令9①四）。

なお，現物と同時に現金の交付を受けた場合には，現金部分は通常の剰余金の配当等として取り扱われることとなります（法法23，法令9①一ロ）。

○ 帳簿価額100の現物を適格現物分配により取得したケース

| （借） | 現 | 物 | 100 | （貸） | 利益積立金 | 100 |

○ 帳簿価額100の現物及び現金50を剰余金の配当時（現物に係る部分は適格現物分配に該当）により取得したケース

| （借） | 現 | 物 | 100 | （貸） | 利益積立金（＊） | 100 |
| | 現 | 金 | 50 | | 受取配当金（＊） | 50 |

＊ 適格現物分配であるため，現物100に係る収益の額100は所得税の源泉徴収の対象外ですが，現金50に係る収益の額50は通常の金銭配当ですから，所得税の源泉徴収の対象となります。

ロ みなし配当による適格現物分配

被現物分配法人は，自己の利益積立金額について，適格現物分配により交付を受けた現物の直前の帳簿価額に相当する金額から，原則として次の(イ)，(ロ)の区分に応じ，それぞれの算式により計算した株式対応資本金等の額（現金と現物の交付を同時に受けた場合には，株式対応資本金等の額のうち，現物に係る部分）を控除した金額（マイナスの場合は零とします。）を増加させることと

なります（法令9①四）。

　なお，現金と現物の交付を同時に受けた場合には，株式対応資本金等の額のうち，現物に係る部分をどのように計算するのかということが問題となります。この算定方法については，特に規定は設けられていませんが，現金の額と現物の帳簿価額により按分するのが本来のあり方ということになると考えます。現金と現物の交付を同時に受けた場合には，このように株式対応資本金等の額を現金に係る部分と現物に係る部分に区分するということになると，現金から現金に係る株式対応資本金等の額を控除した金額に相当する金額について受取配当等の益金不算入（法法23）の適用を受け，現物の帳簿価額から現物に係る株式対応資本金等の額を控除した金額に相当する金額について益金不算入（法法62の5④）の適用を受けて，同額の利益積立金額が増加することとなります。

(イ)　資本の払戻し等による場合の株式対応資本金等の額（法令23①三）

$$株式対応資本金等の額 = G \times \frac{H}{I}$$

G：現物分配法人の減少資本金等の額（上記3(1)③ロ（イ）iにより計算した減少する資本金等の額）
　　（残余財産の全部の分配の場合は，分配の直前の資本金等の額）
H：被現物分配法人が直前に所有していた現物分配法人の株式の数
I：現物分配法人の発行済株式数

(ロ)　自己株式の取得等による場合の株式対応資本金等の額（法令23①四）

$$株式対応資本金等の額 = J \times \frac{K}{L}$$

J：現物分配法人の取得等の直前の資本金等の額（零以下である場合は零とします。）
K：被現物分配法人が直前に有していた取得等に係る株式の数又は出資の金額
L：現物分配法人の取得等の直前の発行済株式（自己株式を除きます。）又は出資の総数又は総額

第1章　現物分配税制

○　資本金等の額600，純資産の帳簿価額1,200である内国法人Sが，帳簿価額400の現物を資本剰余金400を原資として適格現物分配を行ったことにより，内国法人Sの100％親法人である内国法人Pが現物を取得したケース（S株式の帳簿価額600）

（借）	現　　物	400	（貸）	S株式（＊1）	200
				利益積立金（＊2）	200

＊1　S株式の帳簿価額が600ではない場合も，法人税法61条の2第16項の適用により，株式の譲渡損益課税は行われません。（詳細についてはⅠ第4章参照）
＊2　所得税の源泉徴収の対象外です。

○　資本金等の額600，純資産の帳簿価額1,200である内国法人Sが，帳簿価額300の現物及び現金100を資本剰余金400を原資として分配（現物に係る部分は適格現物分配に該当）を行ったことにより，内国法人Sの100％親法人である内国法人Pが現物及び現金を取得したケース（S株式の帳簿価額600）

（借）	現　　物	300	（貸）	S株式（＊1）	200
	現　　金	100		利益積立金（＊2）	150
				受取配当金（＊3）	50

＊1　S株式の帳簿価額が600ではない場合も，法人税法61条の2第16項の適用により，株式の譲渡損益課税は行われません。（詳細についてⅠ第4章参照）
＊2　所得税の源泉徴収の対象外です。
　　現物の帳簿価額300－現物に係る株式対応資本金等の額150（※）

※　資本金等の額600 × $\dfrac{資本剰余金400}{純資産の帳簿価格1,200}$ × $\dfrac{現金300}{現金100＋現物の帳簿価額300}$

＊3　通常の金銭配当ですから，所得税の源泉徴収の対象となります。
　　現金100－現金に係る株式対応資本金等の額50（※）

※　資本金等の額600 × $\dfrac{資本剰余金400}{純資産の帳簿価格1,200}$ × $\dfrac{現金100}{現金100＋現物の帳簿価額300}$

(3) 所得税の源泉徴収

適格現物分配については，非適格現物分配とは異なり，所得税の源泉徴収を行う必要はありません（所法24①）。

なお，金銭と現物を同時に交付した場合は，金銭部分については，適格現物分配に該当しないため，従来どおり，所得税の源泉徴収を行う必要があります。

4 非適格現物分配の取扱い

(1) 現物分配法人の法人税法上の取扱い

① 移転資産の譲渡損益

非適格現物分配により現物分配を行う法人における資産の譲渡に関しては，適格現物分配により現物分配を行う法人の場合（前掲3(1)②参照）と同様に，剰余金の配当等の効力発生日におけるその資産の価額に基づいて譲渡の処理を行うこととするのが適当と考えられます。

ただし，内国法人が残余財産の全部の分配又は引渡しにより資産の移転をする場合には，その資産の残余財産の確定の時の価額による譲渡をしたものとし，その移転による譲渡利益額又は譲渡損失額は，その残余財産の確定の日の属する事業年度（最後事業年度）の所得の金額の計算上，益金の額又は損金の額に算入することとされています（法法62の5①・②）。

② 減少する利益積立金額・資本金等の額

非適格現物分配により減少する利益積立金額・資本金等の額の計算方法は，基本的に適格現物分配のとき（上記3(1)③）と同様ですが，「現物の交付直前の帳簿価額」は「現物の価額」として計算します。

○ 資本金等の額600，純資産の帳簿価額1,200である内国法人が，帳簿価額400，時価600の現物について，資本剰余金600を原資として非適格現物分配をしたケース

(借)	資本金等	300	(貸)	現　　物	400
	利益積立金	300		譲渡益（＊）	200

＊　上記2(2)の（図表）適格現物分配の判定の例ケース3の場合は，非適格現物分配に該当しますが，内国法人に交付した現物が譲渡損益調整資産に該当すれば，その現物に係る譲渡損益は繰り延べられます（法法61の13①）。（譲渡損益調整資産の損益調整制度の詳細については第5章参照）

○　資本金等の額300，利益積立金額100である清算中の内国法人が，帳簿価額400，残余財産確定時の時価600の現物について，残余財産の全部の分配又は引渡しにより非適格現物分配をしたケース

(借)	資本金等	300	(貸)	現　　物	400
	利益積立金	300		譲渡益（＊）	200

＊　残余財産の全部の分配は，通常，残余財産の確定の日後に行われると考えられますので，上記の仕訳は最後事業年度（残余財産の確定の日の属する事業年度）には行われませんが，譲渡益についてのみ最後事業年度の益金に算入する必要があるため，申告書上，社外流出項目として別表4の40欄に加算調整することとなります。

(2) 被現物分配法人の法人税法上の取扱い

① 受取配当等の益金不算入の適用

非適格現物分配により現物分配を受ける法人においては，法人税基本通達3－1－7の5（金銭以外の資産による配当等の額）により，配当の効力発生日における資産の価額を基に配当等の額を計算します。

非適格現物分配により現物の移転を受けたことによって生ずる配当等の額（下記②の利益積立金額が増加する金額に相当する金額）については，受取配当等の益金不算入の規定（法法23①）が適用されます。

なお，残余財産の全部の分配を受けた場合には，資産の移転を受けた時に，配当等の額と資産の計上を行うのが適当と考えられます。

② 利益積立金額の増加

非適格現物分配により増加する利益積立金額は，基本的に適格現物分配のとき（上記3（2）③）と同様ですが，「現物の交付直前の帳簿価額」は「現物の価額」として計算します。

○ 資本金等の額600，純資産の帳簿価額1,200である内国法人Sが，帳簿価額400，時価600の現物を資本剰余金600を原資として非適格現物分配を行ったことにより，内国法人Sの株式を50％所有する内国法人Pが現物を取得したケース（S株式の帳簿価300）

| (借) | 現 | 物 | 300 | (貸) | S株式（＊1） | 150 |
| | | | | | 受取配当等（＊2） | 150 |

＊1 S株式の帳簿価額が150ではない場合，譲渡損益課税が行われますが（法法61の2①），内国法人Sと内国法人Pが完全支配関係にあるときは，法人税法61条の2第16項の適用により，株式の譲渡損益は発生しません（詳細についてはⅠ第4章参照）。

＊2 S株式が完全子法人株式等に該当すれば，受取配当等の額の全額が益金不算入となります（詳細についてはⅠ第2章参照）。

第2章　無対価組織再編成等

　平成22年度改正前の法人税法においては，無対価組織再編成，とりわけ無対価の分割に関する取扱いが不明確でした。

　そこで，平成21年7月に公表された「資本に関係する取引等に係る税制についての勉強会」の論点とりまとめで，無対価組織再編成の処理の方法等を明確化するとの方向が打ち出され，平成22年度改正で改正が行われました。

1　無対価組織再編成に関する平成22年度改正前法人税法の規定

　平成22年度改正前法人税法においては，各組織再編成の類型毎に税制適格要件として無対価であることが容認されていたか否かは次のようになっていました。

適格合併	適格株式交換	適格株式移転	分社型分割	分割型分割	適格現物出資	適格事後設立
○	○	○	?	?	×	×

○…条文上明確に容認されることとなっていたもの
?…条文上容認されるか否か不明確であったもの
×…条文上明確に否認されることとなっていたもの

（1）適格合併

　法人税法上，適格合併とは一定の合併で被合併法人の株主等に合併法人株式

又は合併親法人株式のいずれか一方の株式又は出資以外の資産が交付されないものをいう，と定義されています（法法２十二の八）。

したがって，被合併法人の株主等に合併法人等の株式等以外の資産が交付されれば，非適格合併となってしまいます。しかし，合併法人等の株式等も株式等以外の資産も何も交付されない無対価合併の場合までもが，非適格合併となってしまうとは解することができません。

したがって，合併の場合においては，他の要件を満たしている限り，無対価合併でも適格合併となり得ます。

（２）　適格株式交換

法人税法上，適格株式交換とは一定の株式交換で株式交換完全子法人の株主に株式交換完全親法人の株式又は株式交換完全支配親法人株式のいずれか一方の株式以外の資産が交付されないものをいう，と定義されています（法法２十二の十六）。

したがって，株式交換の場合においても，合併の場合と同様に他の要件を満たしている限り，無対価株式交換でも適格株式交換となり得ます。

（３）　適格株式移転

法人税法上，適格株式移転とは，一定の株式移転で株式移転完全子法人の株主に株式移転完全親法人の株式以外の資産が交付されないものをいう，と定義されています（法法２十二の十七）。

したがって，株式移転の場合においても，合併や株式交換と同様に，他の要件を満たしている限り，無対価株式移転でも適格株式移転となり得ると読めてしまいます。

しかし，株式移転とは，会社法でいう新設型組織再編ですから，単独株式移転の場合においては，まったく株式を交付しない無対価株式移転などあり得ません。

また，共同株式移転の場合においては，複数の株式移転完全子法人のうち，

一方の株式移転完全子法人の株主のみに株式移転完全親法人の株式を交付し，他方の株式移転完全子法人の株主には株式移転完全親法人の株式も何も交付しない，無対価株式移転も会社法上はあり得ます。新設合併の場合における無対価合併も同様です。

（4）　分社型分割及び分割型分割

　平成22年度改正前の法人税法は，分社型分割及び分割型分割を，次のように定義していました。

> **分割型分割** … 分割により分割法人が交付を受ける分割承継法人の株式その他の資産（分割対価資産）のすべてがその分割の日においてその分割法人の株主等に交付される場合のその分割をいう（旧法法２十二の九）。
> **分社型分割** … 分割により分割法人が交付を受ける分割対価資産がその分割の日においてその分割法人の株主等に交付されない場合のその分割をいう（旧法法２十二の十）。

　したがって，分割においては，分社型分割及び分割型分割のいずれの場合も，分割対価資産の交付がまったくされない無対価分割は想定していないように読める規定となっていました。

　さらに，適格分割型分割については，適格分割の要件の1つとして，分割承継法人の株式が分割法人の株主等の有する分割法人の株式の数の割合に応じて交付されるものに限るとの規定がありました（旧法法２十二の十一）。

　この立法趣旨は，特定の株主にだけ分割に係る新株等の交付を行う非按分型分割型分割は，株主間の利益・損失の移転等が行われるおそれがあるため，非適格とするものであると説明されてきました。

　したがって，分割型分割において無対価分割とすると，この要件を満たせず，非適格分割となってしまうと読める条文規定でした。

　ただし，後述するように，国税庁HPで公表されていた質疑応答事例（法人税）においては，次の2事例を示し，無対価分割であっても，分割法人に分割

承継法人の株式以外の資産が交付されない場合には，適格分割に該当するものもあり得るという趣旨の回答をしていました。

> ① 吸収分割に当たり，分割承継法人から分割法人に株式の割当てを行わない場合の適格判定（分割型分割）
> ② 子会社を分割承継法人とする分割において対価の交付を省略した場合の税務上の取扱いについて（分社型分割）

このため，無対価分割に関しては，その取扱いが条文上不明確となっていました。

（5） その他（適格現物出資・適格事後設立）

法人税法上，適格現物出資は，「現物出資法人に被現物出資法人の株式のみが交付されるものに限る。」と規定されています（法法２十二の十四）。したがって，無対価現物出資は，法人税法上，想定されていません。

また，事後設立は，会社法上，株式会社の設立と成立後２年以内におけるその成立前から存在する財産で，その事業のために継続して使用するものの取得です。したがって，無対価事後設立となれば，無対価の財産取得行為となり，無対価組織再編成行為とは言い難いと言えます。なお，法人税法上の適格事後設立制度は，平成22年度改正により，完全支配関係がある法人の間の取引の損益の繰延規定（法法61の13）が創設されたことに伴い，廃止されました。

2 国税庁HPで公表されていた質疑応答事例（法人税）による取扱い

ここで，念のため，国税庁ＨＰで公表されていた質疑応答事例（法人税）における無対価分割に関する取扱いを確認しておきます。

(1) 吸収分割に当たり、分割承継法人から分割法人に株式の割当てを行わない場合の適格判定（分割型分割）

　ここでは、下記再編スキーム図が示す次の事例に対して、下記の理由から「株式の交付が省略された場合であっても、本件分割は法人税法上の分割型分割に該当し、分割法人の株主（分割承継法人）に対して分割承継法人の株式以外の資産が交付されないことから、法人税法第2条第12号の12に規定する適格分割型分割に該当すると解して差し支えない」との見解が示されていました。

http://www.nta.go.jp/shiraberu/zeiho-kaishaku/shitsugi/hojin/33/09.htm

---

【照会事例要旨】

① 　A社を分割承継法人とし、A社の100％子会社であるB社を分割法人とする吸収分割で、A社はB社の事業の一部である不動産賃貸事業を承継する。

② 　100％親子会社間における分割であることから、仮に分割型分割として本件分割に際してA社株式を交付したとしても、剰余金の配当を経て結局A社が自己株式として保有することとなるため、これを省略し、株式の交付を行わない旨を吸収分割契約書（案）において明らかにする。

③ 　A社は、分割に際してB社に対し金銭等のA社株式以外の資産も一切交付せず、分割後においてもA社とB社の間で100％の親子関係が継続する見込みである。

（図表）再編スキーム図

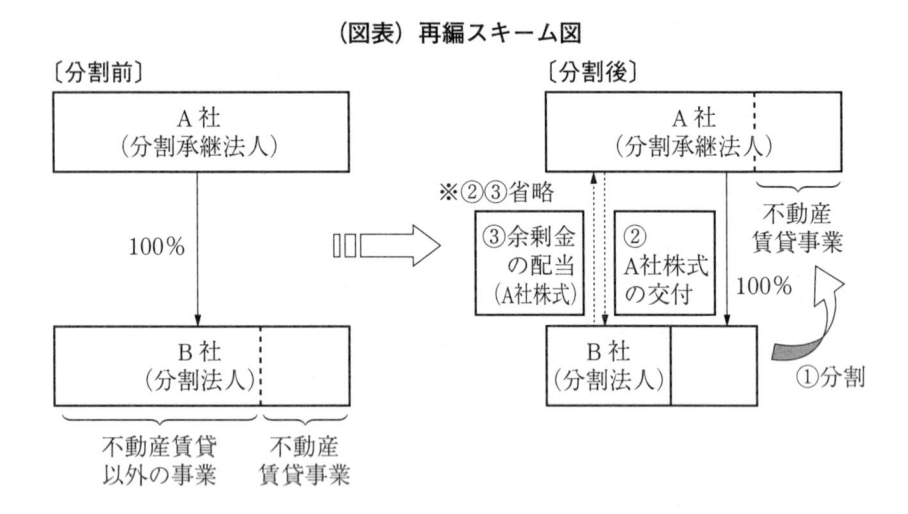

〔分割前〕

- A社（分割承継法人）
  - ↓ 100%
- B社（分割法人）
  - 不動産賃貸以外の事業
  - 不動産賃貸事業

〔分割後〕

- A社（分割承継法人）— 不動産賃貸事業
  - ↓ 100%
- B社（分割法人）
- ※②③省略
  - ③余剰金の配当（A社株式）
  - ②A社株式の交付
- ①分割

【示された見解の理由（要旨）】

　次のことからすれば，分割手続において株式の交付が省略されたものと認められるので，分割型分割として取扱うのが相当と考えられる。

① 100％親子会社間の分割であることからA社株式の交付を行わないこととしたものであり，そのことが吸収分割契約書（案）において，B社へのA社株式の交付及びB社からA社へのA社株式の配当が省略されていることが明らかであること。

② 分割型分割として実際に株式が交付された場合の分割後のA社の株主構成及びA社とB社の資本関係が何ら変わらないこと。

③ 実務上株式割当等を省略した場合に，法人税法上，従前どおり株式割当等があったものとして法人税法の規定を適用することは，立法趣旨に反しないと考えられること。

　また，(1) 分割に際して，B社の株主であるA社に株式以外の資産が交付されないものであること，(2) 分割前にA社とB社との間に当事者間の完全支配関係があり，分割後も当該完全支配関係が継続することが見

込まれていることから，法人税法第2条第12号の11に規定する適格分割の要件を満たし，同条第12号の12に規定する適格分割型分割に該当する。

　ここで示された見解のポイントは，①100％親子会社間の分割であることという「場面限定」と，②分割型分割として実際に株式が交付された場合と省略された場合とで，分割後の分割承継法人の株主構成及び分割承継法人と分割法人の資本関係が何ら変わらないことという「経済実態の実質判定」を行っている点です。

　したがって，「100％孫会社間における株式が交付されない分割が，分割型分割として実際に株式が交付された場合及び分社型分割として実際に株式が交付された場合のいずれとも分割後の株主構成や資本関係が異なり，株式の交付を省略したと見ることができない場合には，分割法人，分割承継法人及び分割法人の株主について，課税関係が生ずることがあります」との見解も述べています。

(2) 子会社を分割承継法人とする分割において対価の交付を省略した場合の税務上の取扱いについて（分社型分割）

　この事例では，下記の理由から「親会社（分割法人）は本件分割に伴い分割対価の交付を受けませんが，税務上は分割前から親会社が保有する子会社株式（分割承継法人株式）の帳簿価額につき，移転純資産の額（本件分割が適格分社型分割に該当する場合には，移転事業に係る資産及び負債の帳簿価額の差額）を増額させる修正を行うこと」を条件に適格分社型分割に該当するとの見解が示されていました。

http://www.nta.go.jp/shiraberu/zeiho-kaishaku/shitsugi/hojin/33/11.htm

【照会事例要旨】
　親会社は，100％子会社との間で，親会社を分割法人とする吸収分割を行い，親会社の営む複数の事業のうち一の事業（分割事業）を子会社に移

転した。

　親会社（分割法人）が子会社（分割承継法人）の発行済株式の全部を保有しているため，仮に子会社が親会社に分割対価として子会社の株式を交付したとしても，親会社の保有する子会社の株式数が増加するのみで親会社と子会社との100％親子関係に変動はないことから，分割契約書において，対価の省略を行うことを定めた。

　分割後においても，親会社は子会社の発行済株式の全部を保有する予定である。

【示された見解の理由（要旨）】

① 　本件分割は対価の省略を行ったものであり，資本関係に変動が生ずることはなく，かつ，従来から親会社が有している子会社の株式の価値に移転事業の価値に相当する増加が生ずることから，分割承継法人の株式を交付しているものと同視し得るものであり，本件分割は「分割法人に分割承継法人の株式又は分割承継親法人株式のいずれか一方の株式以外の資産が交付されないこと」との要件を満たすと解することが相当であること。

② 　本件分割と適格分社型分割及び株式併合（子会社株式数を分割前の保有株式数とする株式併合）を組み合わせた取引については，その税務上の処理においても同様に取り扱うのが相当と解されることから，税務上は分割前から親会社が保有する子会社株式（分割承継法人株式）の帳簿価額につき，移転純資産の額（本件分割が適格分社型分割に該当する場合には，移転事業に係る資産及び負債の帳簿価額の差額）を増額させる修正を行うべきであること。

　なお，分割法人は分割対価として移転純資産価額に相当する株式の交付を受けているのと同様の状況にあり，対価の省略を行ったことをもって親会社（分割法人）から子会社（分割承継法人）に対する経済的利益の供与があったとは

認められず，寄附金課税の問題は生じないと，わざわざ言及していました。

3　改正内容

　以上の従来の取扱いに対して，平成22年度税制改正においては，次のように分割型分割及び分社型分割の定義が改正されました。

【平成22年度法人税法改正後の分割型分割及び分社型分割の定義】

分割型分割　次に掲げる分割をいう（法法２十二の九）。
　イ　分割の日において当該分割に係る分割対価資産（分割により分割法人が交付を受ける分割承継法人の株式（出資を含む。（略））その他の資産をいう。（略））のすべてが分割法人の株主等に交付される場合の当該分割
　ロ　<u>分割対価資産が交付されない分割で，その分割の直前において，分割承継法人が分割法人の発行済株式等の全部を保有している場合又は分割法人が分割承継法人の株式を保有していない場合の当該分割</u>

分社型分割　次に掲げる分割をいう（法法２十二の十）。
　イ　分割の日において当該分割に係る分割対価資産が分割法人の株主等に交付されない場合の当該分割（分割対価資産が交付されるものに限る。）
　ロ　<u>分割対価資産が交付されない分割で，その分割の直前において分割法人が分割承継法人の株式を保有している場合（分割承継法人が分割法人の発行済株式等の全部を保有している場合を除く。）の当該分割</u>

　改正後の分割型分割及び分社型分割の定義中，それぞれ「イ」が分割対価資産の交付がある有対価分割の場合であり，「ロ」が分割対価資産の交付がない無対価分割の場合の規定です。

　改正後の分割の定義には，次の特徴があります。

> ① 分割対価資産の「交付」を実際に交付という行為を行ったものだけに限定していうこと
> ② その上で，分割対価資産が「交付される」ものと「交付されない」ものに区分していること
> ③ 分割法人と分割承継法人との間の分割直前の株式保有関係という形式のみによって，分割型分割か分社型分割かを決めていること

なお，それぞれの無対価分割を図解すれば，次のようになります。

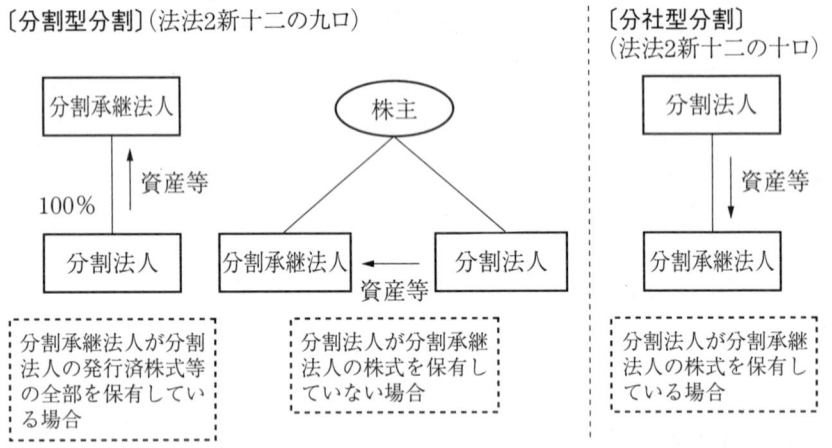

〔分割型分割〕(法法2新十二の九ロ)　　　　　　〔分社型分割〕
　　　　　　　　　　　　　　　　　　　　　　　（法法2新十二の十ロ）

```
   分割承継法人         株主                 分割法人
       ↑              ／＼                    ↓ 資産等
   100%│資産等                              分割承継法人
   分割法人       分割承継法人←分割法人
                     資産等
```

| 分割承継法人が分割法人の発行済株式等の全部を保有している場合 | 分割法人が分割承継法人の株式を保有していない場合 | 分割法人が分割承継法人の株式を保有している場合 |

(出典：財務省主税局説明資料)

4　改正後の類型別無対価組織再編成における適格要件，資本金等の額の計算及び株主における取扱い

（1）適格要件

① 完全支配関係にある適格組織再編成の場合

完全支配関係にある無対価適格組織再編成においては，合併，分割，株式交換のすべてにおいて，当事者又は同一者による完全支配関係にある無対価組織

再編は適格であると規定されています（法令4の3②一，二イからニ，⑥一イ，一ロ，二イからハ，二ニ，⑭二）。

具体的には，次の表で整理した，①同一者により直接100％保有されている子法人同士の合併，分割及び株式交換や②100％親子法人間で行われる合併及び分割については，合併，分割又は株式交換の対価として株式を交付したとしても，同一者又は親法人が保有する子法人の株式数が増加するだけで親法人と子法人との100％親子関係は株式を交付しなかった場合と相違がないので，その対価の交付がなくとも，単に対価の交付の省略があったと認められるものが，無対価適格組織再編成とされました。

ただし，当事者間における完全支配関係がある場合の無対価株式交換は，株主が存在しなくなってしまうことから，その規定も存在していません。

具体的には，①合併においては次の（ⅰ）から（ⅳ）の関係がある場合，②分割型分割にあっては次の（ⅰ）から（ⅲ）までの関係がある場合，③分社型分割にあっては（ⅳ）の関係（分割法人が分割承継法人の発行済株式等の全部を保有する関係に限ります。）がある場合，そして④株式交換においては，一の者が株式交換完全子法人及び株式交換完全親法人の発行済株式等の全部を保有する関係（同一者完全支配関係）又は株式交換完全親法人及びその株式交換完全親法人の発行済株式等の全部を保有する者が株式交換完全子法人の発行済株式等の全部を保有する関係（親法人完全支配関係）がある場合に限り，無対価適格組織再編成の要件を満たすとされました。

（ⅰ）合併法人等が被合併法人等の発行済株式等の全部を保有する関係
（ⅱ）一の者が被合併法人等及び合併法人等の発行済株式等の全部を保有する関係
（ⅲ）合併法人等及びその合併法人等の発行済株式等の全部を保有する者が被合併法人等の発行済株式等の全部を保有する関係
（ⅳ）被合併法人等及びその被合併法人等の発行済株式等の全部を保有する者が合併法人等の発行済株式等の全部を保有する関係

なお，上記（ⅱ）の関係及び株式交換における同一者完全支配関係において

Ⅱ　資本関係取引等税制

(図表)　無対価適格組織再編成の関係

	吸収合併	吸収分割型分割	吸収分社型分割	吸収分割型分割 (支配関係)	株式交換	株式交換(非適格) (資産等の移転方向)
	4の3 ②ニ (イ)	119の3　4の3 ⑪　⑥ニ (控除)　(イ)	119の3　4の3 ⑫　⑥ニ ⑧① (加算)　六 譲渡 (原価)	119の3　4の3 ⑬　⑥ニ (加算)　(ロ)	119の　4の3 ③⑭　⑭ (加算)　ニ	4の3 ⑭ニ 非該当
	4の3 ②ニ (ロ)		119の3　4の3 ⑫　⑥ニ 譲渡 (原価)		4の3 ⑭　⑭ ニ	4の3 ⑭一　かっこ書
119の3 ⑩(加算)	4の3 ②ニ (ハ)		4の3 ⑥ニ ⑧① (加算)　六 譲渡 (原価)			
	4の3 ②ニ (ニ)					

A：合併法人　B：被合併法人　　A：分割法人　B：分割承継法人　　X：は一の者　　A：株式交換完全親法人　B：株式交換完全子法人

（──→は支配関係）　（-----→は資産等の移転方向）

は，「一の者」が個人である場合も，適格組織再編成となります。

　この場合，「一の者」とは，正しく，一人の個人であって，同族関係者の範囲に規定する親族等の特殊の関係のある個人を含みません。

②　支配関係にある適格組織再編成の場合

　支配関係にある無対価適格組織再編成においては，各組織再編類型毎に次の規定があります（法令4の3③，⑦，⑮）。たとえば，無対価適格合併においては，法令4の3第3項における，「（当該合併が無対価合併である場合にあっては，前項第二号ハ又はニに掲げる関係がある場合における当該支配関係に限る。）」というかっこ書きです。

　これは，無対価組織再編成においては，組織再編成の当初は発行済株式等の全部を保有する関係があるが，保有株式の売却等により無対価組織再編成後に発行済株式等の全部を保有する関係がなくなることが見込まれている場合には，その組織再編成後に完全支配関係を有さなくなっても，支配関係を有することが見込まれていれば適格組織再編成の要件を満たすことを措置されたものです。

　具体的には，組織再編成の態様毎にそれぞれ次の場合です。

　a．合併

　i．合併前に被合併法人と合併法人との間にいずれか一方の法人による支配関係がある場合の株式の保有関係について，上記イの（ⅲ）又は（ⅳ）の関係がある場合

　ii．合併前に被合併法人と合併法人との間に同一の者による支配関係がある場合の株式の保有関係について，上記イの（ⅰ）から（ⅳ）までのいずれかの関係がある場合

　b．分割

　i．分割前に分割法人と分割承継法人との間にいずれか一方の法人による支配関係がある場合の株式の保有関係について，分割型分割にあっては上記イの（ⅰ）又は（ⅲ）の関係がある場合又は分社型分割にあっては分割法人が分割承継法人の発行済株式等の全部を保有する関係がある場合

　ii．分割前に分割法人と分割承継法人との間に同一の者による支配関係があ

る場合の株式の保有関係について，分割型分割にあっては上記イの（ⅰ）から（ⅲ）までの関係がある場合又は分社型分割にあっては分割法人が分割承継法人の発行済株式等の全部を保有する関係がある場合

　　c．株式交換
　ⅰ．株式交換前に株式交換完全子法人と株式交換完全親法人との間にいずれか一方の法人による支配関係がある場合の株式の保有関係について，親法人完全支配関係がある場合
　ⅱ．株式交換前に株式交換完全子法人と株式交換完全親法人との間に同一の者による支配関係がある場合の株式の保有関係について，同一者完全支配関係又は親法人完全支配関係がある場合

③　共同事業による適格組織再編成の場合

共同事業による無対価組織再編成についても，組織再編成の態様毎にそれぞれ次の場合を規定しています。

　　a．合　　併

合併に関しては，まず，資本を有しない法人に限る規定があります（法令4の3④かっこ書き）。

これは，公益法人等といった資本がない法人が合併を行う場合については，完全支配関係や支配関係といった資本を有していることを前提とした適格要件を課すことができないため，共同事業要件だけで適格か否かを判定することになるため，その合併が無対価合併である場合には，その無対価合併に係る被合併法人のすべて又は合併法人が資本を有しない法人である場合に限り，共同事業を営むための適格合併に該当すると規定したものです（法令4の3④本文）。

次に，資本を有する法人に関しては，上記のような特別な定めは設けられておらず，『平成22年度　税制改正の解説』322頁において，次のように説明されています。

「共同で事業を営むための合併に係る適格要件のうち株式継続保有要件（法令4の3④五）については，合併の直前のその合併に係る株主等でその

合併により交付を受ける合併法人の株式の全部を継続して保有することが見込まれる者並びにその合併に係る合併法人が有するその合併に係る被合併法人の株式の数を合計した数がその被合併法人の発行済株式等の総数の100分の80以上であることが求められています。

　この点，無対価合併の場合は株主等が交付を受ける株式がないため，合併法人の抱合株式がその被合併法人の発行済株式等の総数の100分の80以上あることが要件となり，無対価合併が行われた場合に対価の交付の省略と認められる関係は，合併の時に上記ⅰ（ⅰ）から（ⅳ）までの関係がある場合とされていることから，上記ⅰ（ⅰ）については，上記ⅰの第一段落（法令4の3②一）と同様となり，上記ⅰ（ⅱ）については，合併法人が抱合株式を有していないため除外され，上記ⅰ（ⅲ）及び（ⅳ）については，上記ⅱの第一段落（法令4の3③一）と同様となるため，あえて共同で事業を営むための合併については無対価合併に対応した見直しを行う必要がないことによります。」

　　b．分　　割
　分割承継法人が分割の直前において分割法人の株式の大部分を保有している場合に，共同で事業を営むための分割に該当することとなるようにするとの観点に立ち，規定が設けられています。
　具体的には，分割法人と分割承継法人とが共同で事業を営むための分割について，上記イの（ⅰ）又は（ⅲ）の関係がある分割型分割がこれに該当することとなります（法令4の3⑧本文）。
　ただし，無対価分割に該当する分社型分割については，共同事業要件に係る株式継続保有要件（法令4の3⑧六ロ）を満たすことができません。
　また，無対価分割に該当する分割型分割で対価の交付の省略と認められる上記イの（ⅰ）から（ⅲ）までの関係のうち，上記イ（ⅰ）及び（ⅲ）の関係（（ⅲ）にあっては，分割承継法人の有する分割法人株式がその分割法人の発行済株式等の総数の100分の80以上ある場合に限ります。）については株式継続保有要件を満たすことができますが，上記イの（ⅱ）の関係については株式継

続保有要件を満たすことはできません。

　ｃ．株式交換

　株式交換に関しても，株式交換完全親法人が株式交換の直前において株式交換完全子法人の株式の大部分を保有している場合に，共同で事業を営むための株式交換に該当することとなるようにするとの観点に立って，規定が設けられています。

　具体的には，株式交換完全子法人と株式交換完全親法人とが共同で事業を営むための株式交換について，親法人完全支配関係がある場合がこれに該当することとなります（法令４の３⑯本文）。

　なお，無対価株式交換に該当する株式交換で対価の交付の省略と認められる関係のうち，親法人完全支配関係（株式交換完全親法人の有する株式交換完全子法人株式がその株式交換完全子法人の発行済株式等の総数の100分の80以上ある場合に限ります。）については，株式継続保有要件を満たすことができます。

　他方，同一者完全支配関係については，株式継続保有要件を満たすことはできません。

（２）　無対価組織再編成における資本金等の額の計算

　税制適格を前提とすれば，無対価組織再編成であっても，①合併の場合は被合併法人の資本金等の額の全部を受け入れる点，②株式交換の場合は完全子法人株式の受入価額により増加する資本金等の額が決定される点で，何ら従来と変更がありません。

　ただし，分割に関してだけは，従来，無対価分割型分割に対応した明文規定がなかったので，無対価適格分割型分割に対応する分割承継法人側の規定を追加するとともに（法令８①六），分割法人側の規定をみなし事業年度を置かなくなった取扱いに対応する措置も含めて整備し直しています（法令８①十五）。

① 合　　併
イ　被合併法人の処理

　無対価合併が行われた場合でも，適格合併である限り，被合併法人の各事業年度の所得金額の計算は，適格合併により移転をした資産及び負債がその適格合併に係る最後事業年度終了の時の法人税法上の帳簿価額により引き継がれたものとして行います（法法62の2①）。

　これに関連して，次のとおり，平成22年度改正前の旧法人税法62条の2第2項及び旧法人税法施行令123条の3第2項並びに旧法人税法61条の2第5項のいわゆる「L字型譲渡の規定」が，無対価で適格合併が行われた場合については株主等に交付する株式がないことや，もともと訓示的な規定であるという理由から，削除されています。

---

①　適格合併によりその有する資産及び負債の移転をした被合併法人は，合併法人からその合併法人の株式をその適格合併により移転をした資産及び負債の法人税法上の帳簿価額を基礎とした移転簿価純資産価額により取得し，直ちにその株式をその被合併法人の株主等に交付したものとする（旧法法62の2②，旧法令123の3②）。

②　被合併法人がその被合併法人の株主等に合併法人の株式を交付したものとみなされる場合において，その株式の譲渡対価及び譲渡原価のいずれも移転簿価純資産価額に相当する金額とし，その合併法人の株式の譲渡損益を非計上とする（旧法法61の2⑤）。

　しかし，適格合併は無対価だけに限られるものではありませんので，これらの規定を削除したことは，被合併法人，合併法人及び被合併法人の株主等を通じた適格合併の税務処理の基本構造を不明確にしてしまっただけで，却って今後の解釈の混乱を引き起こす原因となってしまうのではないかとの懸念を抱かせます。

ロ　合併法人の処理

　無対価合併が行われた場合でも，適格合併である限り，合併法人は，被合併

法人の法人税法上の帳簿価額により被合併法人から資産及び負債の引継ぎを受けることとなり（法令123の3④），この点は平成22年度改正においても変更はありません。

一方，平成22年度改正においては，合併法人の増加する資本金等の額及び利益積立金額の処理については，無対価又は有対価に関わらず，大きな改正が行われています。

平成22年度改正により，合併法人の増加資本金等の額は，①適格合併に係る被合併法人のその適格合併の日の前日の属する事業年度終了の時における資本金等の額に相当する金額から，②抱合株式がある場合にはその抱合株式の合併直前の帳簿価額を減算した金額，とされました（法令8①五）。

> 平成22年度改正後の適格合併における合併法人の増加資本金等の額
> ＝①被合併法人の適格合併の日の前日の属する事業年度終了時における資本金等の額－②抱合株式の合併直前帳簿価額

また，平成22年度改正により，合併法人の増加利益積立金額は，①適格合併に係る被合併法人から移転を受けた資産及び負債の移転簿価純資産価額から，②その適格合併により増加した資本金等の額及び抱合株式がある場合のその抱合株式の合併直前の帳簿価額の合計額を減算した金額，とされました（法令9①二）。

> 平成22年度改正後の適格合併における合併法人の増加利益積立金額
> ＝①被合併法人から移転を受けた資産及び負債の移転簿価純資産価額－②（その適格合併による増加資本金等の額＋抱合株式の合併直前の帳簿価額）

この増加資本金等の額と増加利益積立金額については，次のように，改正前と改正後で正反対の考え方が採られています。

平成22年度改正前の組織再編成税制においては，法人に加えてその株主等も当事者となる合併が適格となる場合には，①まず，被合併法人の資産・負

債・利益積立金額が引き継がれ，②次に，資本金等の額は増加したり減少したりする，と整理されていました。

　これは，法人と株主等との間の取引があれば資本金等の額は増加したり減少したりすることがあり，課税関係を継続させるという観点からすると，資産・負債を帳簿価額で引き継がせて，将来，課税を行い得ることとするとともに，過去の課税済み金額で株主に対する将来の配当原資として留保されてきた金額である利益積立金額を引き継がせる必要がある，という考え方が採られていたからです。

　これに対して，平成22年度改正後の組織再編成税制においては，①まず，被合併法人の資産・負債・資本金等の額が引き継がれ，②次に，利益積立金額が増加したり減少したりする，と考えています。

　これは，後述するように分割型分割において，みなし事業年度を廃止したことから，利益積立金額の精緻な把握が困難となり，資本金等の額の金額把握の容易さという計算技術的な観点等から，まず被合併法人等の資産・負債と資本金等の額が引き継がれ，次に差額としての利益積立金の額を把握する，という考え方が採られるようになったためと思われます。

　このため，平成22年度改正後は，改正前にあった過去の課税関係を引き継がせるという考え方は放棄してしまったと言っても過言ではない状況を生み出してしまっています。

　② 分　　　割
　イ　分社型分割
　　i　分割法人の処理
　無対価分社型分割が行われた場合でも，適格分割である限り，分割法人は，分割直前の法人税法上の帳簿価額により分割承継法人に資産及び負債を譲渡したこととされ（法法62の3），この点は，平成22年度改正においても変更はありません。

　一方，平成22年度改正においては，無対価適格分社型分割に係る分割法人が有する分割承継法人株式の帳簿価額については，その無対価適格分社型分割

直前の移転資産の帳簿価額から移転負債の帳簿価額を減算した金額（移転簿価純資産価額）を加算した金額とする規定（法令119の3⑬）が，取扱いの明確化という趣旨により，新たに設けられています。

法人の有する旧株を発行した法人を分割承継法人とする無対価適格分社型分割が行われた場合には，所有株式（旧株）のその適格分社型分割直後の1単位当たりの帳簿価額は，その旧株のその適格分社型分割直前の帳簿価額にその直前の移転簿価純資産価額を加算した金額をその所有株式（旧株）の数で除して計算した金額とすることとされています（法令119の3⑬）。

所有株式（旧株）の無対価適格分社型分割直後の1単位当たり帳簿価額
　＝（旧株の無対価適格分社型分割直前の帳簿価額＋その直前の移転簿価純資産価額）÷所有株式（旧株）の数

分割承継法人株式(旧株)	×××	／　資　産	×××
負　債	×××		

以上のように，無対価適格分社型分割においては，分割法人は分割承継法人の株式の交付を受けないため，旧株である分割承継法人の株式の帳簿価額に移転簿価純資産の価額を加算するだけで，適格分社型分割により交付を受けた分割承継法人の株式の取得価額を移転簿価純資産価額とする規定（法令119①七）の適用はありません。

ⅱ　分割承継法人の処理

無対価分社型分割が行われた場合でも，適格分割である限り，分割承継法人は，分割法人の分割直前の法人税法上の帳簿価額により分割法人から資産及び負債を取得することとなり（法令123の4），この点は平成22年度改正においても変更はありません。

また，分割承継法人の増加資本金等の額も，従来どおりその無対価適格分社型分割に係る移転簿価純資産価額とされています（法令8①七）。

ロ　分割型分割
　i　分割法人の処理
　分割型分割に関しては，平成22年度改正において，みなし事業年度の廃止に伴う見直しが行われています。
　ただし，無対価分割型分割が行われた場合でも，適格分割である限り，分割法人における資産及び負債の帳簿価額による引継ぎが行われるという点に関する見直しは行われていません。
　このため，適格分割型分割に係る分割法人においては，例え無対価分割であっても，分割承継法人に移転した資産及び負債については，その適格分割型分割直前の法人税法上の帳簿価額により引継ぎを行ったものとして各事業年度の所得金額の計算を行うこととなります（法法62の2②）。
　しかし，平成22年度改正においては，分割法人の減少する資本金等の額及び利益積立金額の計算については，無対価又は有対価に関わらず，大きな改正が行われています。
　まず，分割法人において減少する資本金等の額（減少資本金等の額）ですが，これに関しては，分割法人の分割型分割の直前の資本金等の額に分割移転割合を乗じた金額とされています（法令8①十五）。

減少資本金等の額
　＝分割法人の分割型分割直前の資本金等の額×分割移転割合

　次に，分割法人の減少する利益積立金額ですが，これに関しては，その分割型分割の直前の移転資産の帳簿価額から移転負債の帳簿価額及びその減少資本金等の額の合計額を減算した金額とされています（法令9①十）。

分割法人の減少する利益積立金額
　＝分割型分割直前の移転資産の帳簿価額－（移転負債の帳簿価額＋減少資本金等の額）

　これらの点については，平成22年度改正前は，引き継ぐ利益積立金額を確

定させた後に，資本金等の額を確定させていたのに対して，同改正後は，引き継ぐ金額を資本金等の額としており，合併における改正と同じ問題を抱えています。

ところで，無対価分割型分割においては，分割法人は分割承継法人の株式の交付を受けないため，分割承継法人の株式のその交付の時の価額を分割法人の減少資本金等の額（法令8①十五）とする規定（法法62の2③）の適用及び分割法人の株主に交付する分割承継法人の株式の譲渡対価及び譲渡原価のいずれも分割法人の減少資本金等の額とする規定（法法61の2⑤）の適用はない，とされています。

これは，無対価分割型分割であるならば，法制上もいわゆる「L字型譲渡の規定」を設けないこととするということであると思われますが，これらの規定の適用がないとしたことは，合併同様に，分割法人，分割承継法人及び分割法人の株主等を通じた適格分割型分割の税務処理の基本構造を不明確にしてしまっただけで，却って今後の解釈に混乱を引き起こす原因となってしまうのではないか，との懸念を抱かせます。

ⅱ 分割承継法人の処理

無対価分割型分割が行われた場合でも，適格分割である限り，分割承継法人においては，その適格分割型分割により移転を受ける資産及び負債に関して分割法人の法人税法上の帳簿価額により引継ぎを受ける点に関しては，平成22年度改正の前後で変更はありません（法令123の3④）。

一方，平成22年度改正においては，分割承継法人の増加する資本金等の額及び利益積立金額の計算については，分割法人の取扱いに対応して，無対価又は有対価に関わらず，大きな改正が行われています。

まず，分割承継法人の増加資本金等の額は，分割法人の減少資本金等の額に相当する金額から分割承継法人が有する分割法人株式がある場合のその分割法人株式に係る分割純資産対応帳簿価額（分割法人株式の帳簿価額に分割移転割合を乗じて計算した金額）を減算した金額とされています（法令8①六）。

> 分割承継法人の増加資本金等の額
> 　＝分割法人の減少資本金等の額－分割法人株式に係る分割純資産対応帳簿価額（＝分割法人株式の帳簿価額×分割移転割合）

　次に，分割承継法人の増加利益積立金額は，適格分割型分割に係る分割法人から移転を受けた資産及び負債の移転簿価純資産価額からその適格分割型分割により増加した資本金等の額及び分割承継法人が有する分割法人株式がある場合のその分割法人株式に係る分割純資産対応帳簿価額との合計額を減算した金額とされています（法令9①三）。

> 分割承継法人の増加利益積立金額
> 　＝移転簿価純資産価額－（増加資本金等の額＋分割承継法人が有する分割法人株式の分割純資産対応帳簿価額）

　ここでも，平成22年度改正前は，引き継ぐ利益積立金額を確定させた後に，資本金等の額を確定させていたのに対して，同改正後は，引き継ぐ金額を資本金等の額とし，利益積立金額が単なる差額概念になってしまっているという問題点を抱えています。

③　株式交換

イ　株式交換完全子法人の処理

　無対価株式交換であっても，適格株式交換である限り，株式交換完全子法人の資産の時価評価の規定（法法62の9①）の適用はありません。

ロ　株式交換完全親法人の処理

　無対価株式交換であっても，適格株式交換である限り，株式交換完全親法人がその適格株式交換により取得をする完全子法人の株式の取得価額は，①株式交換直前の株式交換完全子法人の株主の数が50人未満である場合には，その株式交換完全子法人の株主が有していた株式交換完全子法人株式のその適格株式交換の直前の帳簿価額と，②株式交換直前の株式交換完全子法人の株主の数が50人以上である場合には，その株式交換完全子法人の簿価純資産価額とさ

れています(法令119①九)。

　また,株式交換完全親法人の増加資本金等の額は,無対価株式交換であっても,適格株式交換である限り,その株式交換により移転を受けた株式交換完全子法人の株式の取得価額とされています(法令8①十)。

　一方,無対価株式交換が適格株式交換に該当しない場合には,資本金等の額は増加せず,その株式交換により移転を受けた株式交換完全子法人の株式は,無償により取得を受けたものとしてその時価により受贈益を計上しなければなりません。

　なお,種類株式を発行している場合の無対価組織再編(合併,分割,株式交換)に対応した種類資本金額の計算規定も整備されています(法令8④)。

(3) 株主における取扱い

① 無対価適格合併における被合併法人の株主の取扱い

　無対価適格合併が行われた場合における被合併法人の株主の処理は,次の場合毎に,それぞれ次のとおり処理します。

イ　被合併法人の株主等が合併法人である場合

　被合併法人の株主等が合併法人である場合には,合併法人が抱合株式を有していることから,被合併法人の株主等である合併法人の処理は,まず,次のように処理します。

　法人が旧株を発行した法人の無対価適格合併によりその旧株を有しないこととなった場合のその旧株の譲渡対価は,その旧株のその適格合併の直前の帳簿価額に相当する金額とされます(法法61の2②)。これにより,その抱合株式の譲渡損益は計上しないことになります。

抱合株式の譲渡損益
　＝無対価適格合併の旧株の譲渡対価(＝旧株の無対価適格合併直前の帳簿価額)－旧株の無対価適格合併直前の帳簿価額＝0

次に、無対価適格合併により消滅する抱合株式の帳簿価額については、一旦交付されて自己株式となった株式を直ちに消却したと同様に考えて、合併法人の増加する資本金等の額から減算します（法令8①五）。

| （合併法人の)資本金等　×××　／　被合併法人株式(抱合株式)　××× |

なお、無対価適格合併に関するこれらの整備に伴い、被合併法人に合併法人以外の株主等がいなかった場合に、合併法人が抱合株式の価額に相当する金額の合併法人の株式の交付を受けたものとみなす規定は、削除されました（法令23⑤）。

ロ　被合併法人の株主等が合併法人以外の法人である場合

被合併法人の株主等が合併法人以外の法人である場合には、次のように、消滅する被合併法人の株式の帳簿価額を合併法人株式の帳簿価額に付け替えます。

法人の有する旧株を発行した法人を合併法人とする無対価適格合併が行われた場合には、所有旧株のその適格合併の直後の帳簿価額は、その旧株のその適格合併の直前の帳簿価額にその適格合併に係る被合併法人の株式でその法人がその適格合併の直前に有していたもののその直前の帳簿価額を加算した金額をその所有株式の数で除して計算した金額とします（法令119の3⑩）。

| 所有旧株の無対価適格合併直後の1単位当たりの帳簿価額
＝（旧株の無対価適格合併直前の帳簿価額＋無対価適格合併直前に有していた被合併法人株式の帳簿価額）÷所有旧株式の数 |

| 合併法人株式(旧株)　×××　／　被合併法人株式　××× |

ハ　合併法人の株主等および被合併法人の株主等が一の者である個人である場合

一の者が被合併法人等及び合併法人等の発行済株式等の全部を保有する関係がある場合には、一の者が個人であっても無対価適格合併となります。

このため、一の者である個人の所有株式について、その所有株式の発行法人

を合併法人とする無対価適格合併が行われた場合には，その所有株式の1株当たりの取得価額については，次のとおり付替え計算を行います（所令112②）。

この場合の「旧株」とは，その無対価合併に係る被合併法人の株式でその個人がその無対価合併の直前に有していたものをいいます。

したがって，法人株主の場合における法人税法において，旧株が合併法人の株式として規定されていた点と逆の規定振りとなっていますので，注意が必要です。

> 所有株式1株当たりの取得価額
> ＝所有株式1株の従前の取得価額＋(旧株1株の従前の取得価額×旧株の数)÷所有株式の数

② 無対価適格株式交換における株式交換完全子法人の株主の取扱い

無対価適格株式交換における株式交換完全子法人の株主の取扱いに関しても，無対価適格合併の場合と同様に，株式交換完全子法人の株式の譲渡対価の額を株式交換の直前の帳簿価額に相当する金額とすることで，その株式の譲渡利益額又は譲渡損失額のいずれも計上されないように規定されています（法法61の2⑧）。

無対価適格株式交換が行われた場合における株式交換完全子法人の株主の処理は，次のように行います。

イ 株式交換完全子法人の株主が法人株主である場合

株式交換完全子法人株式の譲渡により株式交換完全子法人株式のその無対価適格株式交換の直前の帳簿価額を減額し，株式交換完全子法人の株式の帳簿価額を株式交換完全親法人株式の帳簿価額に付け替えます。これにより，株式交換完全子法人株式の譲渡損益は計上されないことになります。

> 株式交換完全親法人株式　×××　／　株式交換完全子法人株式　×××

法人が旧子株を発行した法人の行った無対価適格株式交換によりその旧子株を有しないこととなった場合における旧子株の譲渡対価は，その旧子株の無対

価適格株式交換の直前の帳簿価額に相当する金額とされます。これにより，旧子株の譲渡損益は計上されないことになります（法法61の2⑧）。

> 旧子株の譲渡損益
> ＝無対価適格株式交換の旧子株の譲渡対価（＝旧子株の無対価適格株式交換直前の帳簿価額）－旧子株の無対価適格株式交換直前の帳簿価額＝0

次に，法人の有する旧親株を発行した法人を株式交換完全親法人とする無対価適格株式交換が行われた場合には，所有旧親株式のその無対価適格株式交換の直後の帳簿価額は，その旧親株のその適格株式交換の直前の帳簿価額にその適格株式交換に係る株式交換完全子法人の株式でその法人がその適格株式交換の直前に有していたもののその直前の帳簿価額を加算した金額をその所有株式の数で除して計算した金額とします（法令119の3⑭）。

> 所有旧親株式の無対価適格株式交換直後の1単位当たりの帳簿価額
> ＝（旧親株の無対価適格株式交換直前の帳簿価額＋無対価適格株式交換直前に有していた株式交換完全子法人株式の帳簿価額）÷所有旧親株式の数

ロ　株式交換完全子法人の株主が個人株主である場合

一の者が株式交換完全子法人及び株式交換完全親法人の発行済株式等の全部を保有する関係がある場合には，一の者が個人であっても無対価適格株式交換が成立します。

ところで，所得税法においては，法人に対する贈与による個人の有する資産の移転があった場合には，その贈与時に，その贈与時の時価により，その資産の譲渡があったものとみなす，みなし譲渡の規定があります（所法59①一）。

無対価株式交換においては，株式交換完全子法人の株式を株式交換完全親法人に移転し，株式交換完全親法人の株式を交付すべきところ，対価としての株式交換完全親法人株式の交付を受けたとしても，その者の保有する株式交換完全親法人の株式数が増加するだけであるという理由から，この対価としての株

式交換完全親法人株式の交付が省略されます。

　したがって，所得税法上，何ら手当がされなければ，株式交換完全子法人の株主が個人株主である無対価株式交換においては，株式交換完全親法人に対して無償（贈与）による個人の有する株式交換完全子法人株式の移転があったものとして，みなし譲渡の規定が適用されてしまいます。

　そこで，平成22年度改正においては，無対価で行われる株式交換のうち，事実上対価の交付があったものと同様の効果を有するものについては，税法上対価の交付があった場合と同様の課税関係となるように，特例が手当てされました。

　すなわち，個人が，その有する「旧株」につき，その旧株を発行した法人の行った無対価適格株式交換によりその旧株を有しないこととなった場合には，その年分の事業所得の金額，譲渡所得の金額又は雑所得の金額の計算については，その旧株の贈与がなかったものとみなして，みなし譲渡の規定の適用がない（所法57の4①）というものです。

　この場合，この特例の適用を受けた個人が無対価株式交換により旧株を有しないこととなった場合における，その無対価株式交換の直後にその個人が有するその無対価株式交換に係る株式交換完全親法人の株式（所有株式）の取得価額については，次のとおり付替え計算を行います（所令167の7④）。

　この場合の「旧株」とは，その無対価株式交換に係る完全子法人の株式でその個人がその無対価株式交換の直前に有していたものをいいます。

　したがって，法人株主の場合における法人税法において，旧株が完全親法人の株式として規定されていた点と逆の規定振りとなっていますので，注意が必要です。

所有株式の取得価額
　＝無対価株式交換直前の所有株式の取得価額＋無対価株式交換直前の旧株の取得価額

③ 無対価分割における分割法人の株主の取扱い
イ 無対価分社型分割が行われた場合の分割法人の株主の処理
　無対価分社型分割が行われた場合の分割法人の株主等については，その処理は不要です。
ロ 無対価適格分割型分割が行われた場合における分割法人の株主の処理
　無対価適格分割型分割が行われた場合における分割法人の株主の処理は，次の場合毎に，それぞれ次のとおりに処理することになります。
　ⅰ 分割法人の株主等が分割承継法人である場合
　分割法人の株主等が分割承継法人である場合には，分割承継法人が分割法人の株式を有していますので，その処理は，次のように行います。
　分割法人株式の帳簿価額については，次のとおり計算した分割純資産対応帳簿価額を控除します。
　法人の有する旧株式を発行した法人を分割法人とする無対価適格分割型分割が行われた場合には，所有旧株式のその分割型分割の直後の帳簿価額は，その旧株のその分割型分割の直前の帳簿価額からその旧株に係る分割純資産対応帳簿価額を控除した金額をその所有株式の数で除して計算した金額とします（法令119の3⑪）。

```
所有旧株の無対価適格分割型分割直後の一単位当たりの帳簿価額
　＝（旧株の無対価適格分割型分割直前の帳簿価額－旧株に係る分割純資産対応帳簿価額）÷所有旧株式の数
```

　次に，その分割法人株式の帳簿価額から控除することとされたその無対価適格分割型分割に係る分割純資産対応帳簿価額については，分割承継法人の増加する資本金等の額から減算します（法令8①六）。

```
（分割承継法人の）資本金等　×××　／　分割法人株式　×××
　　　　　　　　　　　　　　（×××＝分割純資産対応帳簿価額）
```

ⅱ 分割法人の株主等が分割承継法人以外の法人である場合

分割法人の株主等が分割承継法人以外の法人である場合の処理は，次のように行います。

その有する分割法人株式の帳簿価額からその分割に係る分割純資産対応帳簿価額を控除し（法令119の3⑪），その分割純資産対応帳簿価額を分割承継法人の株式の帳簿価額に付け替えます。

法人の有する旧株を発行した法人を分割承継法人とする無対価適格分割型分割が行われた場合には，所有株式のその適格分割型分割の直後の一単位当たりの帳簿価額は，その旧株のその適格分割型分割の直前の帳簿価額にその適格分割型分割に係る分割法人の株式でその法人がその適格分割型分割の直前に有していたものに係る分割純資産対応帳簿価額を加算した金額をその所有株式の数で除して計算した金額とします（法令119の3⑫）。

> 所有株式の無対価適格分割型分割直後の一単位当たりの帳簿価額
> ＝（旧株の無対価適格分割型分割直前の帳簿価額＋その法人が無対価適格分割型分割の直前に有していた分割法人の株式に係る分割純資産対応帳簿価額）÷所有株式の数

> 　　分割承継法人株式(旧株)　×××　／　分割法人株式　×××
> 　　　　　　　　　　　　　　　　（×××＝分割純資産対応帳簿価額）

ⅲ 分割法人の株主等および分割承継法人の株主等が一の者である個人である場合

一の者が分割法人及び分割承継法人の発行済株式等の全部を保有する関係がある場合には，一の者が個人であっても無対価適格分割型分割となります。

このため，一の者である個人の所有株式について，その所有株式の発行法人を分割承継法人とする無対価適格分割型分割が行われた場合には，その所有株式の1株当たりの取得価額については，次のとおり付替え計算を行います（所令113②）。

この場合の「旧株」とは，その無対価分割型分割に係る分割法人の株式でその個人がその無対価分割型分割の直前に有していたものをいいます。
　したがって，法人株主の場合における法人税法において，旧株が分割承継法人の株式として規定されていた点と逆の規定振りとなっていますので，注意が必要です。

所有株式1株当たりの取得価額
　＝所有株式1株の従前の取得価額＋(旧株1株の従前の取得価額×純資産移割合×旧株の数)÷所有株式の数

　この場合，旧株の1株当たりの取得価額についても，次のとおり付替え計算を行います（所令113③）。

旧株1株当たりの取得価額
　＝旧株1株の従前の取得価額－(旧株1株の従前の取得価額×純資産移割合×旧株の数)

5　無対価組織再編成の実態と税務上の取扱い

　無対価組織再編成に関しては，その実態が，①一旦株式を交付し，即，株式併合したと同視できる場合と，②被合併法人等の債務超過等によりその株式評価額がゼロ以下であるために対価を交付しない場合とがあります。
　後者に関しては，「2．子会社を分割承継法人とする分割において対価の交付を省略した場合の税務上の取扱いについて（分社型分割）」において，経済的利益の供与があったとは認められる場合は，寄附金課税の問題が生じ得ることを，わざわざ言及していることから，実務家としては細心の注意が必要です。

6 分割型分割のみなし事業年度の廃止
　（旧法法14①三，15の2①）

　制度の簡素化を図る観点から，分割型分割においても，みなし事業年度は設けないこととされました。その結果，分割型分割の法人税法上の取扱いは，分社型分割の取扱いに近くなりました。
　しかし，分社型分割も分割型分割も，移転する一括評価金銭債権の貸倒引当金，売買目的有価証券，未決済デリバティブ等の損益の精算を行うことになりました（法法52，61，61の3〜61の7，61の9）。
　これは，会計上は移転時の時価で移転するとされているところ，法人税法上は，取得価額で移転すると規定されていていたため，これらの資産は，法人税法上，毎期，評価損益を洗い替える必要があり，会計上の移転価額と税務上の移転価額が異なると，決算期毎の事務負担が大きなものになっていたため，この事務負担を軽減するために，税務上も，移転時の時価で引き継ぐこととしたものです。

＜適格分社型分割等により移転する一括評価金銭債権の貸倒引当金，売買目的有価証券，未決済デリバティブ等の損益精算規定＞

法　人　税　法	法人税法施行令
法法52⑥（貸倒引当金）	—
法法61④（短期売買商品の譲渡損益及び時価評価損益の益金又は損金算入）	法令118の8
法法61の3③（売買目的有価証券の評価益又は評価損の益金又は損金算入等）	法令119の15
法法61の4②（有価証券の空売り等に係る利益相当額又は損失相当額の益金又は損金算入等）	法令119の16
法法61の5②（デリバティブ取引に係る利益相当額又は損失相当額の益金又は損金算入等）	法令120

法法61の6②(繰延ヘッジ処理による利益額又は損失額の繰延べ)	法令121の5
法法61の7②(時価ヘッジ処理による売買目的外有価証券の評価益又は評価損の計上)	法令121の11
法法61の9③(外貨建資産等の期末換算差益又は期末換算差損の益金又は損金算入等)	法令122の8

　この結果，分割型分割のみなし事業年度は廃止されましたが，分社型分割も分割型分割も，一括評価金銭債権の貸倒引当金，売買目的有価証券，未決済デリバティブ等を有する分割法人においては，実質的にみなし事業年度を設けた場合の取扱いに近くなってしまっています。

　詳細については，Ⅱ第3章「分割型分割のみなし事業年度の廃止と関連規定の整備」を参照して下さい。

7　合併類似適格分割型分割制度の廃止（法法57②他）

　平成22年度改正前の法人税法57条2項には，次の要件を満たす合併に類似した適格分割型分割である場合には，分割法人の有していた欠損金額を分割承継法人が引き継ぐことができるという規定が存在していました。

合併類似適格分割型分割（旧法法57②④⑦）
　合併に類似する適格分割型分割として，次の要件のすべてに該当するものをいう。
① 分割法人の営む主要な事業が，分割後に分割承継法人において引き続き営まれることが見込まれること
② 分割法人の分割直前に有する資産・負債の全部が分割承継法人に移転すること
③ 分割法人を分割後直ちに解散することが，その分割の日までに分割法人の株主総会で決議されていること

要するに，合併と実質的に同様の効果のある分割が対象でした。しかし，この合併類似適格分割型分割は，ほとんど誰も利用しない制度なので，平成22年度改正で廃止されました。したがって，今後，この合併に類似した適格分割型分割制度を行ったとしても，その分割による分割法人の欠損金の引継ぎは認められません。

第3章 分割型分割のみなし事業年度の廃止と関連規定の整備

1 分割型分割におけるみなし事業年度の廃止

(1) 改正の背景

　平成22年度改正により，分割型分割におけるみなし事業年度が廃止されました。

　このため，分割型分割を行った場合であっても，事業年度を区切って申告と納税を行う必要がなくなりました。

　ただし，一方で売買目的有価証券の時価評価等みなし事業年度があるかのような処理を行う必要があります。

　この分割型分割におけるみなし事業年度の廃止は，「制度の簡素化」(『平成22年　税制改正の解説』297頁)のために行われたものと説明されています。

　このように，分割型分割においてみなし事業年度が廃止されるということになると，制度が簡素となり，申告納税等の負担が軽くなるため，実務の観点からは，この分割型分割におけるみなし事業年度の廃止は，基本的には，歓迎されることになるものと思われます。

　他方，この分割型分割に係る改正に伴い，分社型分割に関して，いくつかの項目において，みなし事業年度を設けた場合と同様の処理を行うことを求める改正が行われています。

　この分社型分割においてみなし事業年度を設けた場合と同様の処理をさせることとする改正に関しては，その改正理由は，「分割型分割におけるみなし事

業年度の廃止の改正にあわせた改正」とし,「この改正により会計における処理と整合的な取扱いになる」(『平成22年　税制改正の解説』312頁)と説明されています。

　すなわち,平成22年度改正においては,分割型分割においてみなし事業年度を設けないこととしながら,分社型分割においてみなし事業年度を設けた場合と同様の処理をさせることとし,両者の処理を同じものとしようとする改正が行われているわけですが,分社型分割における改正は制度の簡素化に逆行する改正となっていますので,これらの改正がどのような理由によって行われたのかということは,必ずしも明確ではありません。

　また,税理論の観点から見てみても,これらの改正に関しては,もう少し説明が必要ではないかと思われます。

　組織再編成税制においては,分割は,合併と現物出資の間にあり,分割型分割は「部分合併」という性格を有し,分社型分割は現物出資と近似すると捉えつつ,税制上の組織再編成は,法人に加えて株主等も当事者となる合併・分割型分割と法人のみが当事者となる現物出資・分社型分割とに分けて捉えることとされています。

　このように,組織再編成税制においては,分割型分割と分社型分割との間に組織再編成を大きく分かつ分水嶺があると捉えて組織再編成に係る取扱いを整理しており,このために,合併と分割型分割に関してはその理論と制度に共通性があり,他方,分社型分割と現物出資に関してはその理論と制度に共通性がある,ということとなっていたわけです。

　平成22年度改正においては,このような組織再編成税制における組織再編成の全体の整理に密接に関係する内容の改正を行っているわけですから,制度の簡素化という規定の整備の次元の説明に止まることなく,もう少し大胆に,同改正が組織再編成の全体をどのような理論でどのように整理することとしたのかということを説明するということであっても,決しておかしくはないと考えます。

(2) 改正の概要

上記（1）で説明したとおり，平成22年度改正により，従来，分割型分割を行った場合に設けられていたみなし事業年度を廃止することとされました。

他方，分社型分割に関しては，みなし事業年度を設けた場合と同様の処理をさせる改正が行われました。

この結果，分割型分割と分社型分割の処理の相違点が少なくなっています。

以下（2）においては，実務への影響が大きいと思われるものに焦点を絞り，次のように区分して解説を行うこととします。

- 損金経理要件のあるもの（減価償却，貸倒引当金など）

  これらに関しては，基本的には，届出書の提出により期中損金経理額が損金となります。

- 損金経理要件のないもの（短期売買商品の時価評価損益など）

  これらに関しては，分割の日の前日を事業年度終了の日とした場合の評価差額を損金又は益金とすることとなります。

2 みなし事業年度の廃止に伴う整備

(1) 損金経理要件のあるもの

減価償却，貸倒引当金など，損金経理要件のあるものについては，適格分割等の日から2月以内に届出書を提出することにより，期中損金経理額を損金の額に算入することができます。

この取扱いは，従来，適格分社型分割により資産等の移転を行った場合の取扱いと同様の取扱いです。

① 減価償却

内国法人が，適格分割（分社型分割・分割型分割），適格現物出資又は適格現物分配（適格現物分配にあっては残余財産の全部の分配を除きます。以下2

において「適格分割等」といいます。）により，分割承継法人，被現物出資法人又は被現物分配法人に減価償却資産を移転する場合において，その減価償却資産について損金経理額に相当する金額を費用の額としたときは，その費用の額とした金額（期中損金経理額）のうち，その減価償却資産につき適格分割等の日の前日を事業年度終了の日とした場合に計算される償却限度額に達するまでの金額が，その適格分割等の日の属する事業年度の所得の金額の計算上，損金の額に算入されます（法法31②）。

この規定の適用を受ける場合には，適格分割等の日以後2月以内に，期中損金経理額等を記載した書類を納税地の所轄税務署長に提出しなければなりません（法法31③）。

ただし，「平成22年 税制改正」の解説195頁において，この期中損金経理額の損金算入の規定は，「期中譲渡資産の譲渡時までの資産の原価部分の計上を否定する趣旨のものではない…」とされており，期中譲渡する減価償却資産については，期首から譲渡直前までの減価償却費の計上は可能であるとしています。本制度においては，適格分割型分割以外の取引については，帳簿価額による「譲渡」であるため，この届出がなかったとしても，その期中償却費の計上が否定されることはないとも考えられます。

② 貸倒引当金（個別貸倒引当金・一括貸倒引当金）

内国法人が，適格分割等により分割承継法人，被現物出資法人又は被現物分配法人に個別評価金銭債権を移転する場合において，その個別評価金銭債権について貸倒引当金（期中個別貸倒引当金勘定）を設けたときは，その設けた期中個別貸倒引当金勘定のうち，その個別評価金銭債権につき適格分割等の日の直前の時を事業年度終了の時とした場合に計算される個別貸倒引当金繰入限度額に相当する金額に達するまでの金額は，その適格分割等の日の属する事業年度の所得の金額の計算上，損金の額に算入します（法法52⑤）。

適格分割等により分割承継法人等に一括評価金銭債権が移転する場合にも同様に取り扱います（法法52⑥）。

平成22年度改正前においては，適格分社型分割においては個別評価金銭債

権に係る貸倒引当金のみが期中損金経理額として損金の額に算入することが認められていましたが，平成22年度改正により，適格分社型分割においても分割法人等で一括評価金銭債権に係る貸倒引当金を期中損金経理した場合には，損金の額に算入されることになりました。

これら規定の適用を受ける場合には，適格分割等の日以後2月以内に，期中損金経理額等を記載した書類を納税地の所轄税務署長に提出しなければなりません（法法52⑦）。

上記のほか，届出書の提出により期中損金経理額の損金算入ができるものは，次のとおりです。

項　　目	組織再編成の種類	根拠条文
繰延資産	適格分割 適格現物出資 適格現物分配	法法32②
圧縮記帳		法法42⑤他
返品調整引当金（注）		法法53④
一括償却資産		法令133の2②
控除対象外消費税額等		法令139の4⑦

（注）返品調整引当金については，対象となる組織再編成の種類に適格現物分配は含まれません。

（2） 損金経理要件のないもの

適格分割型分割により資産等の移転を行った場合には，その適格分割型分割の日の前日を事業年度終了の日とした場合に計算される評価益又は評価損に相当する金額を適格分割の日の属する事業年度の所得の金額の計算上，益金の額又は損金の額に算入するなど，実質的にみなし事業年度を設けた場合と同様に取り扱うこととなります。

この取扱いは，適格分割型分割のみではなく，適格分社型分割，適格現物出資又は適格現物分配（適格現物分配については，一部，除かれるものがあります。）による移転についても適用されます。

みなし事業年度を設けた場合と同様の取扱いをすることとなるものは，次の規定に定められたものとなります。

項　　　目	組織再編成の種類	根拠条文
短期売買商品の譲渡損益及び時価評価損益	適格分割 適格現物出資 適格現物分配	法法61④
売買目的有価証券の評価損益		法法61の3③
デリバティブ取引に係る利益・損失相当額		法法61の5②
外貨建資産等の期末換算差損益		法法61の9③
長期割賦販売に係る収益・費用の帰属事業年度		法令124②
有価証券の空売り等に係る利益・損失相当額	適格分割 適格現物出資	法法61の4②
繰延ヘッジ処理による利益・損失額		法法61の6②
時価ヘッジ処理における売買目的外有価証券の評価損益		法法61の7②
為替予約差額		法法61の10②
工事の請負に係る収益・費用の帰属事業年度		法令129③
金銭債務の償還差損益		法令136の2

第4章　自己株式取得予定の場合のみなし配当の益金算入

1　制度創設の背景

　平成22年度改正において、自己株式として取得されることを予定して取得した株式に係るみなし配当について配当益金不算入制度を適用しないこととする措置が講じられています。

　本措置は、株式の発行法人による自己株式の買取り等が行われて株主にみなし配当が生ずる際の株式の譲渡利益額・譲渡損失額を発生させないこととする措置（法法61の2⑯）を講じたことに伴って設けられたものと考えられます。

　本措置の創設の理由に関しては、上記の株式の譲渡利益額・譲渡損失額を発生させないこととする措置と伴に「みなし配当と譲渡損益の構造を租税回避的に利用した行為を防止するため」（『平成22年　税制改正の解説』338頁）とされています。

　本措置を設けることとした理由に関しては、上記以上の詳しい説明が行われているものは見当たらないように思われますが、節税や租税回避のために行われるものでないものについて例外措置を適切に講ずるということであれば、基本的には、租税回避防止のための合理的な措置と捉えることができるものと考えます。

　ただし、同じ租税回避防止のための措置としながら、完全支配関係にある法人間で自己株式の買取り等が行われた場合には株式の譲渡利益額・譲渡損失額を発生させない措置を講じ、他方、完全支配関係にない法人間で自己株式の買取り等が行われた場合にはみなし配当に配当益金不算入制度を適用させない措

置を講ずることとしたという点には，疑問が残らざるを得ないように思われます。

2 自己株式取得予定の場合のみなし配当の益金算入

　内国法人が，株式の発行法人によって自己株式として取得（以下「発行法人による自己株式取得」といいます。）をされることが予定されている株式の取得（以下「内国法人による株式取得」といいます。）をした場合には，その発行法人による取得によりみなし配当が生じたとしても，そのみなし配当について，受取配当を益金不算入とする法人税法23条（受取配当等の益金不算入）と23条の2（外国子会社から受ける配当等の益金不算入）の二つの制度の適用はないこととされています（法法23③，23の2②）。

　この内国法人による株式取得には，適格合併，適格分割型分割又は適格現物出資による被合併法人等からの株式の移転が含まれますが，本措置が適用されるのは，その被合併法人等が取得をした時において発行法人による自己株式取得が予定されていた場合に限られます（法令20の2）。

　また，本措置が適用される「配当等の額」は，法人税法24条1項4号の事由により生じたみなし配当の額に限られますので，株式の発行法人が被合併法人となる非適格合併が行われることが予定されている場合に，その法人の株式を取得した場合などは，本措置の適用は無いこととなります。

　ところで，本措置を実務に適用する場合には，「自己株式として取得されることが予定されているもの」（法法23③，23の2②）に該当するのか否かというところの判断が非常に難しくなるという点に留意する必要があります。

　この点に関して，「自己株式の取得が具体的に予定されていることを必要とし，例えば公開買付けに関する公告がされている場合や組織再編成（すなわち反対株主の買取請求）が公表されている場合には予定されていることに該当し，単に取得条項や取得請求権が付されていることのみをもっては予定されていることには該当しない」（『平成22年　税制改正の解説』338頁）と説明してい

ます。

　この「自己株式として取得されることが予定されているもの」に該当するのか否かは，基本的には，事実関係の判断ということになりますので，実務に当たっては，「自己株式として取得されることが予定されている」ということになるのか否かということを明確にするものが必要となることになります。

　なお，これについて法人税基本通達3-1-8では，次のように述べられています。

法人税基本通達

（自己株式等の取得が予定されている株式等）

3-1-8　法第23条第3項（（自己株式の取得が予定された株式に係る受取配当等の益金不算入の不適用））に規定する「その配当等の額の生ずる基因となる同号に掲げる事由が生ずることが予定されているもの」とは，法人が取得する株式又は出資（以下3-1-8において「株式等」という。）について，その株式等の取得時において法第24条第1項第4号（（自己株式等の取得））に掲げる事由が生ずることが予定されているものをいうことから，例えば，上場会社等が自己の株式の公開買付けを行う場合における公開買付期間（金融商品取引法第27条の5に規定する「公開買付期間」をいう。以下3-1-8において同じ。）中に，法人が当該株式を取得したときの当該株式がこれに該当する。

（注）法人が，公開買付けを行っている会社の株式をその公開買付期間中に取得した場合において，当該株式についてその公開買付けによる買付けが行われなかったときには，その後当該株式に法第24条第1項第4号に掲げる事由が生じたことにより同項に規定する配当等の額を受けたとしても，当該配当等の額については法第23条第3項の規定の適用がないことに留意する。

　また，本措置を実務に適用する場合には，本措置が完全支配関係のない法人間の取引についてのみ適用されるという点にも留意する必要があります。

　完全支配関係のある法人間の取引で自己株式の取得が行われた場合には，自己株式の取得予定の有無にかかわらず，法人税法61条の2第16項の規定によ

る株式の譲渡利益額・譲渡損失額を発生させない措置（詳細についてはⅠ第4章参照）が適用されることとされており，同項の規定による措置が本措置に優先して適用されることとされています。

法人税法61条の2第16項と23条3項との適用関係を図で示すと次のようになります。

		発行法人との完全支配関係の有無	
		あり	なし
自己株式の取得予定の有無	あり	法法61の2⑯（Ⅰ第4章参照）	法法23③適用
	なし		益金不算入

本措置は，平成22年10月1日以後に取得する株式について適用されます。

この「取得」は，発行法人による「取得」ではなく，発行法人に取得されることを予定して行う内国法人による「取得」となっていますので，注意が必要です（改正法附則14, 24）。

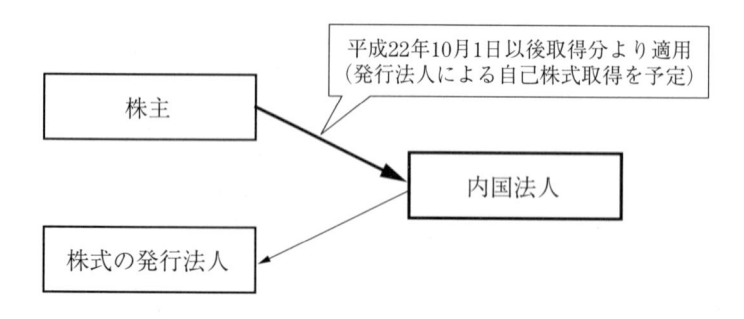

第5章 抱合合併(非適格合併)における抱合株式の譲渡利益額・譲渡損失額の益金・損金不算入

1 概　　要

　法人税法においては，吸収合併の際にその合併法人が合併直前に有していた被合併法人の株式（出資を含みます。）又は合併の際に被合併法人がその合併直前に有していた他の被合併法人の株式を「抱合株式」と規定しています（法法24②括弧書き）。

　会社法上は，自己株式に含まれるこの抱合株式については，合併対価の交付はできないとされています（会法749①三括弧書き）。

　平成22年度改正前においては，法人税法上，抱合株式に合併対価等が割り当てられたものとみなして課税関係を処理することとされていました（法法24②，旧法法61の2③）。つまり，金銭等の交付がある非適格合併の場合には，みなし配当を計上するとともに，その抱合株式に対して，株式等が割り当てられたものとみなすことにより，有価証券の譲渡損益の計上を行うこととされていました（旧法法61の2①・③）。

　しかし，平成22年度改正において，非適格合併の際の抱合株式につき，旧法人税法61条の2第3項のみなし割当ての定めを廃止するとともに，株式の譲渡損益の計上を行わせないこととしています（法法61の2①・③）。

　この改正の理由については，次のとおり説明されています。

　「合併法人は合併により被合併法人の資産及び負債の包括承継を受けるところ，合併法人が合併直前に被合併法人の株式を有していた場合には，被合併法

人の資産負債について合併により被合併法人株式を通じた間接保有から直接保有へと変わるものであり，合併対価の種類にかかわらず，被合併法人の資産負債への投資が継続しているといえます。」(『平成22年度　税制改正の解説』339頁)

　これに関しては，投資の継続を理由とするのであれば，投資の含み損益の継続が必要となるわけですが，上記の取扱いは，投資の含み損益を消す処理となっていますので，上記の取扱いの理由にはなり得ないのではないかと考えられます。

　上記の取扱いは，仮にその適否が「みなし配当の際の株式の譲渡利益額・譲渡損失額の益金・損金不算入の措置」(法法61の2⑯)と同様に問われることとなるとしても，同措置と平仄を合わせたものという説明の方が説得力があるように思われます。

　一方，みなし配当の取扱いにおいては，従来どおり，株式割当があったものとすることとされており，改正は行われていません(法法24②)。

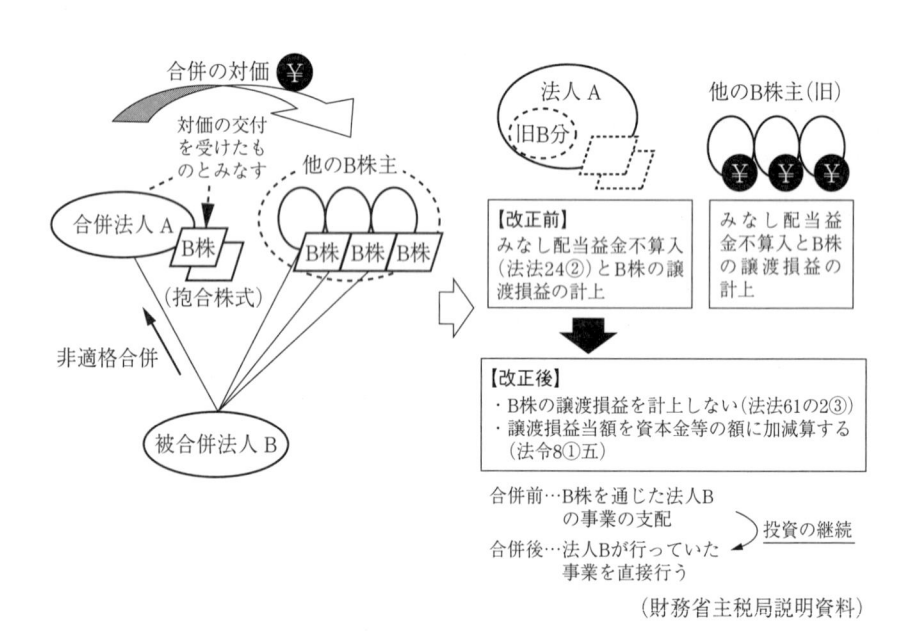

（財務省主税局説明資料）

以後本章では，合併法人の「被合併法人の株主」としての税務上の取扱いについて説明します。

2　抱合株式の譲渡損益の取扱い

平成22年度改正において，非適格合併の際に，合併法人が有する抱合株式について，譲渡対価の額をその株式の譲渡直前の帳簿価額に相当する金額とすることにより，株式の譲渡損益を生じさせないこととされています（法法61の2③）。

平成22年度改正前に，株式の譲渡損益とされていた部分は，合併法人の資本金等の額とされることとなっています。

なお，この取扱いは，完全支配関係法人間の取引に限られているわけではありませんので，注意が必要です。

合併法人が有する被合併法人株式（抱合株式）の帳簿価額1,000，対応資本金等の額800，みなし配当金額200としたときの改正後における処理例は，次のとおりです。

＜抱合株式の処理例＞

みなし交付金銭	1,000	/	抱合株式	1,000
資本金等	200		みなし配当	200

（注）上記処理においては，源泉所得税は考慮しないこととします。

3　増加する資本金等の額

非適格合併の場合の被合併法人の株主としての合併法人における資本金等の額の加減算金額は，次の算式により計算した金額となります（法令8①五）。

> 合併法人（被合併法人の株主）の増加する資本金等の額
> 　＝抱合株式に交付されるべき金銭等の時価－（抱合株式の合併直前の帳簿価額＋抱合株式に係るみなし配当の額）

4　株式譲渡に係るみなし割当て

　平成22年度改正前は，抱合合併の場合の抱合株式の譲渡利益額又は譲渡損失額に関しては，旧法人税法61条の2第3項において，株式等の割当てを受けたものとみなして計算を行うものとされていましたが，同改正により，このみなし割当ての規定が削除され，上記2で説明した規定に置き換えられています。

　平成22年度改正以後は，抱合株式の譲渡の処理は，上記2で説明したとおりとなります。

　しかし，どのような理由により，そのような処理をするのかということは，明らかではありません。

　平成13年度の組織再編成税制の創設時には，抱合合併における合併法人の処理に関しては，合併法人は，「合併法人」であるとともに，「株主」でもあるため，自らが自らに株式の交付を行う必然性がないため株式の交付を行わなかったとしても，その「株主」という部分については，他の株主と同じ取扱いとするべきである，という観点に立って，旧法人税法61条の2第3項のみなし割当の定めが設けられました。

　法制度改正は，理論的に説明のできるものでなければなりませんので，平成22年度改正の抱合合併における合併法人の処理の正当性のある理論的な説明がなされることが期待されます。

　《付　記》抱合合併におけるみなし割当て規定はなぜ廃止されたのか
　上記の抱合合併における抱合株式の取扱いに関しては，みなし割当ての規定を廃止する理由が明らかではなく，疑問が残らざるを得ません。

第5章　抱合合併（非適格合併）における抱合株式の譲渡利益額・譲渡損失額の益金・損金不算入

　平成22年度改正前は，抱合合併における合併法人は，合併法人でもあり，かつ，被合併法人の株主でもあることから，税制上は，合併法人としての処理を行わせるとともに，他の株主と同様の処理を行わせるべきである，という観点に立って，みなし割当ての規定が設けられていました。

　平成22年度改正においては，このみなし割当ての規定を廃止したわけですが，その実質的な相手勘定となっている資本金等の額に関しては，同改正前に，みなし割当てに対応して減少させる金額と，合併により資産・負債の移転を受けたことにより増加させる金額とを別々に規定していたところ，同改正により，両者を区別せず純額で要処理金額として規定しています。

　このように，従来，みなし割当ての処理と合わせて総額でその増加・減少を規定していた資本金等の額の規定について，これを純額で増加・減少金額を規定することとする理由が明らかにされ，また，抱合合併の処理をどのような観点から整理しているのかということの説明が行われても良いように思われます。

5　適用関係

　上記の取扱いは，平成22年10月1日以後に行われる合併について適用されます（改正法附則10②，改正法令附則2②）。

第6章　欠損金・特定資産譲渡等損失額

1　欠損金の取扱い

(1)　欠損金の取扱いに係る改正の概要

　平成22年度改正により，欠損金の取扱いについて，一部改正が行われています。全体として，従前よりも引継ぎの要件等が緩和されていますが，注意すべき点もいくつか生じています。

①　完全支配関係がある法人の残余財産が確定した場合の欠損金の引継ぎ

　完全支配関係がある内国法人が解散し，その残余財産が確定した場合には，その解散した法人の株主である内国法人にその解散した法人の欠損金が引き継がれることとなります。

　従来，欠損金の引継ぎは，適格合併の場合と合併類似適格分割型分割の場合に認められていましたが，平成22年度改正により，合併類似適格分割型分割の制度が廃止となり，適格合併の場合と完全支配関係のある内国法人の残余財産が確定した場合に欠損金の引継ぎが認められることとなりました。

　この残余財産が確定した場合の欠損金の引継ぎに関しては，5年要件による引継ぎ制限があることは適格合併の場合と同様ですが，5年要件を満たさない場合のみなし共同事業要件がない点は，適格合併の場合と異なっています。この詳細については，(2)を参照して下さい。

②　5年要件の見直し

　平成22年度改正前は，欠損金の引継ぎ・使用については，「特定資本関係が

合併法人の合併事業年度開始の日前5年以内に生じている場合」に制限が課されていました（旧法法57③・⑤）。

このため，内国法人が，子会社を設立し，その後，5年以内にその子会社と合併を行ったような場合には，特定資本関係が5年以内に生じているという要件に当てはまることから，欠損金の引継ぎ・使用が制限されていました。

平成22年度改正後は，この5年要件について，「合併法人の合併事業年度開始の日の5年前の日，被合併法人の設立の日，合併法人の設立の日のうち最も遅い日[1]から継続して支配関係がある場合」に該当しない場合に制限が課されることとなります（法法57③・④）。

このため，平成22年度改正以後は，図1のように，自己が設立した法人をその設立後5年以内に合併する場合や5年以内にその設立した法人が解散し，

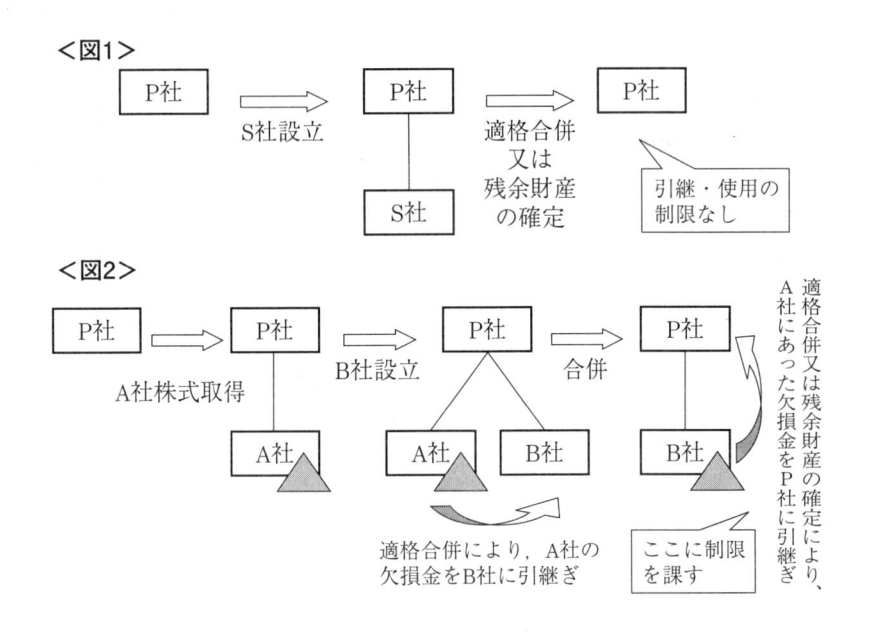

<図1>

P社 →（S社設立）→ P社／S社 →（適格合併又は残余財産の確定）→ P社　引継・使用の制限なし

<図2>

P社 →（A社株式取得）→ P社／A社 →（B社設立）→ P社／A社・B社 →（合併）→ P社／B社

適格合併により，A社の欠損金をB社に引継ぎ

ここに制限を課す

適格合併又は残余財産の確定により，A社にあった欠損金をP社に引継ぎ

---

[1] この「日」は，残余財産の確定による欠損金の引継ぎの場合には，「株主である内国法人の当該残余財産の確定の日の翌日の属する事業年度開始の日の5年前の日」，「解散法人の設立の日」，「株主である内国法人の設立の日」のうち，最も遅い日となります。

残余財産が確定する場合にも、欠損金の引継ぎ・使用に制限が課されないこととなります。

しかしながら、「合併法人の合併事業年度開始の日の5年前の日、被合併法人の設立の日、合併法人の設立の日のうち最も遅い日から継続して支配関係がある場合」に制限を課す、としただけでは、図2のように、内国法人（図中のP社。以下②において「P社」といいます。）が欠損金を有する他の内国法人（図中のA社。以下②において「A社」といいます。）の株式を取得し、その後、他の内国法人（図中のB社。以下②において「B社」といいます。）を設立した場合に、B社の設立が「最も遅い日」となるため、図に示したように、A社からB社に、そして更に、B社からP社に欠損金を引き継ぐことにより、実質的にA社の欠損金をP社で利用することができることとなるといった問題が生ずるおそれがあります。

このため、このような場合については、欠損金の引継ぎ・使用に制限が課されています。この詳細については、(2)③と(3)①を参照して下さい。

③ 支配関係の継続

平成22年度改正後は、欠損金の引継ぎの制限の有無の判定は、支配関係が発生しているのか否かによるのではなく、支配関係が継続しているのか否かによることとなるため、この支配関係の継続の有無の判断が重要となります。

この支配関係とは、「一の者が法人の発行済株式若しくは出資（略）の総数若しくは総額の100分の50を超える数若しくは金額の株式若しくは出資を直接若しくは間接に保有する関係として政令で定める関係（以下、この号において「当事者間の支配の関係」という。）又は一の者との間に当事者間の支配の関係がある法人相互の関係」（法法2十二の七の五）とされており、株主と法人又は法人と法人との間の関係、すなわち、二者間の関係をいいます。

このため、例えば、親子の関係にあった二つの法人が兄弟の関係になった場合であっても、その法人間の支配関係は継続しているということになります。

また、兄弟の関係にある二つの法人について、その株主である上記の「一の者」に変更があったとしても、その二つの法人の兄弟関係が継続している場合

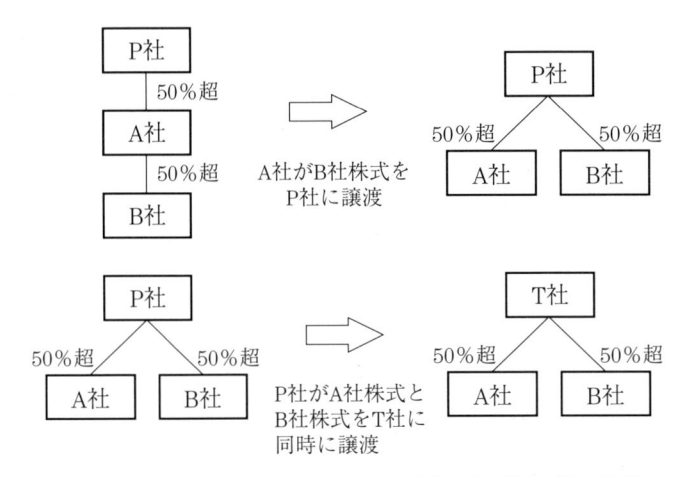

```
P社
 │50％超
A社
 │50％超
B社
```
⇒ A社がB社株式をP社に譲渡 ⇒
```
      P社
  50％超 50％超
  A社    B社
```

```
      P社
  50％超 50％超
  A社    B社
```
⇒ P社がA社株式とB社株式をT社に同時に譲渡 ⇒
```
      T社
  50％超 50％超
  A社    B社
```

上の図の場合には，どちらの場合にもA社とB社の支配関係は継続しているとされる。

には，その法人間の支配関係は継続しているものとされます。このように，株主に変更があったとしても，法人間の支配関係は継続していると解釈することとされています。

なお，上記のように，「支配関係」については，その法人の所属するグループが変わっても，継続することがありますが，法人税法57条の2の欠損等法人の判定（「特定支配関係」の判定）については，所属するグループ（最上位の株主）が変われば欠損等法人に該当することとなります。

欠損金の引継ぎ等に制限があるかないかは「支配関係」が継続しているか否かにより行うこととなりますが，仮に「支配関係」が継続している場合であっても，欠損等法人に該当し，同条1項各号に掲げる事由が生じた場合には，その該当日の属する事業年度前に生じた欠損金額については，繰越控除もできませんし，適格合併等により引き継ぐこともできません。

特に，平成22年度改正により，法人税法57条の2第1項4号において，欠損等法人が特定支配日の前日において事業を営んでいない場合又は特定支配日の直前において営む事業のすべてを廃止し又は廃止する見込みである場合に，その欠損等法人の残余財産が確定することがその事由の一つに挙げられていま

す。解散による残余財産の確定の場面においては，解散しているわけですので，当然に事業を廃止していることがほとんどであることから，多くの解散が該当することが想定されます。

「支配関係」と，「特定支配関係」とで「関係」の捉え方が異なり，仮に前者が継続している場合であっても，後者については新たに生じていることがありますので十分に注意が必要です。

また，この「事業の廃止」に，分割や事業譲渡を行っている場合が含まれるのか否かも現在のところはっきりとしません。

しかしながら，改正前においては，適格合併を行っても合併法人において事業が継続するため同号の適用はないものと取り扱われておりますし，残余財産の確定前に分割や事業譲渡により事業を移転している場合についても「事業の廃止」に該当することとなると，法人税法57条3項・4項や法人税法施行令112条4項・6項について，残余財産の確定の場合にはほとんど意味を為さないこととなってしまいます。このように，「事業の移転」と「事業の廃止」とは同様に取り扱われることはなく，残余財産の確定前に事業を移転している場合には，同号の適用はないものと考えられますが，この点については，当局の見解が待たれるところです。

④ 最後に支配関係があることとなった日

改正後においては，法人税法57条や62条の7，又はこれらに関連する政令等において，「最後に支配関係があることとなった日（時）」という表現が用いられています。例えば，法人税法57条3項1号では，「当該被合併法人等の支配関係事業年度（当該被合併法人と当該内国法人との間に最後に支配関係があることとなった日の属する事業年度をいう。…」とあります。この「最後に支配関係があることとなった日」により，未処理欠損金額の計算や，特定資産の判定，みなし共同事業要件の判定を行うことになります。そのため，「最後に支配関係があることとなった日」がいつであるかということが重要になってきます。

法人税基本通達では，この「最後に支配関係があることとなった日」につい

て，次のように定めています。

> **法人税基本通達**
>
> （最後に支配関係があることとなった日）
>
> 12-1-5　法第57条第3項第1号《被合併法人等からの青色欠損金の引継ぎに係る制限》及び同条第4項第1号《青色欠損金の繰越に係る制限》の「最後に支配関係があることとなった日」とは，内国法人と支配関係法人等（同条第3項に規定する被合併法人等及び同条第4項に規定する支配関係法人をいう。）との間において，同条第3項の「当該適格合併の日」，同項の「当該残余財産の確定の日」又は同条第4項の「適格組織再編成等の日」のそれぞれの日の直前まで継続して支配関係がある場合のその支配関係があることとなった日をいうことに留意する。
>
> 　令第112条第3項第5号及び同条第4項第2号《適格合併等による欠損金の引継ぎ等》の「最後に支配関係があることとなった日」についても，同様とする。

　また，上記通達は，特定資産の譲渡等損失額の損金不算入の関連法令においても準用することとされています（法基通12の2-2-5）。

　通達によれば，適格合併の日等まで継続している支配関係があり，その支配関係があることとなった日が「最後に支配関係があることとなった日」に該当することとなります。

　具体的にいくつか例を挙げると，次のようになるものと考えられます。

＜１＞グループ内での法人の設立

【前提】
- P社とA社との間に支配関係がある。
- P社がB社を設立する。
- A社がB社と適格合併を行う。

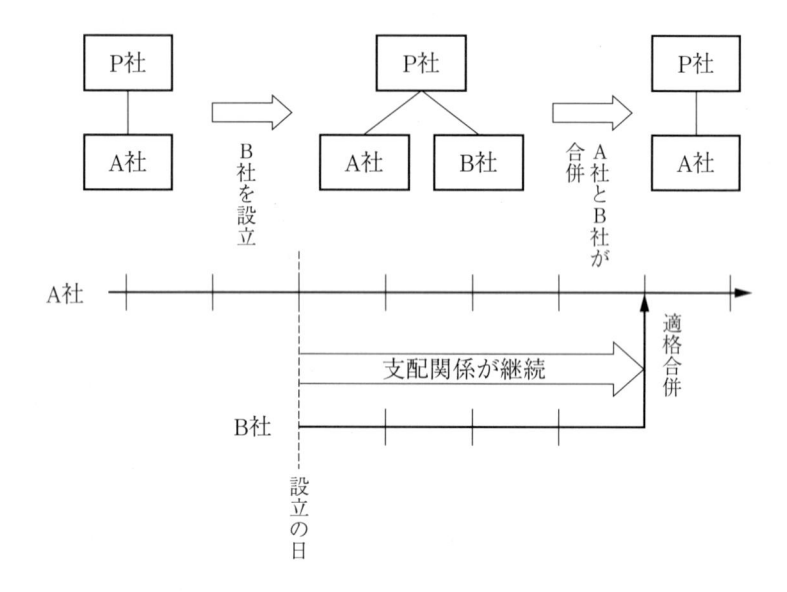

この場合には，適格合併の直前まで継続して支配関係があり，その支配関係が生じたのはB社の設立時であるため，最後に支配関係があることとなった日はB社の設立の日となります。

＜2＞ 兄弟会社が親子会社になった場合

【前提】
- ＜1＞のA社とB社の合併の前にP社がA社にB社株式を譲渡する。

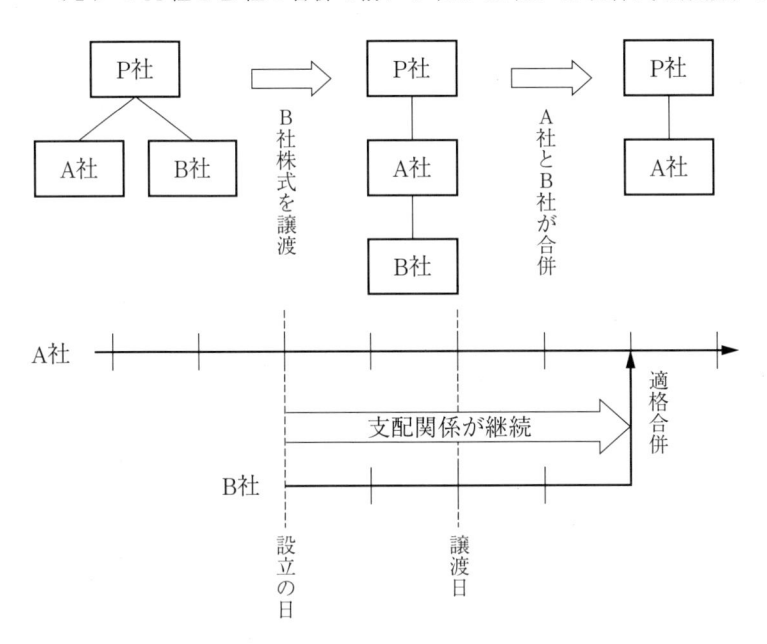

この場合には，B社株式の譲渡の前後において，A社とB社が兄弟会社から親子会社になるという資本関係の変更はあるものの，両者の間に支配関係があることは変わらないため，この譲渡の前後において支配関係が継続しています。そのため，適格合併の直前まで継続している支配関係があることとなった日は，＜1＞の場合と同様に，B社の設立の日となります。

＜3＞兄弟会社の親会社に変更があった場合

【前提】
- ＜1＞のA社とB社の合併の前にP社がX社にA社株式とB社株式を同時に譲渡する。

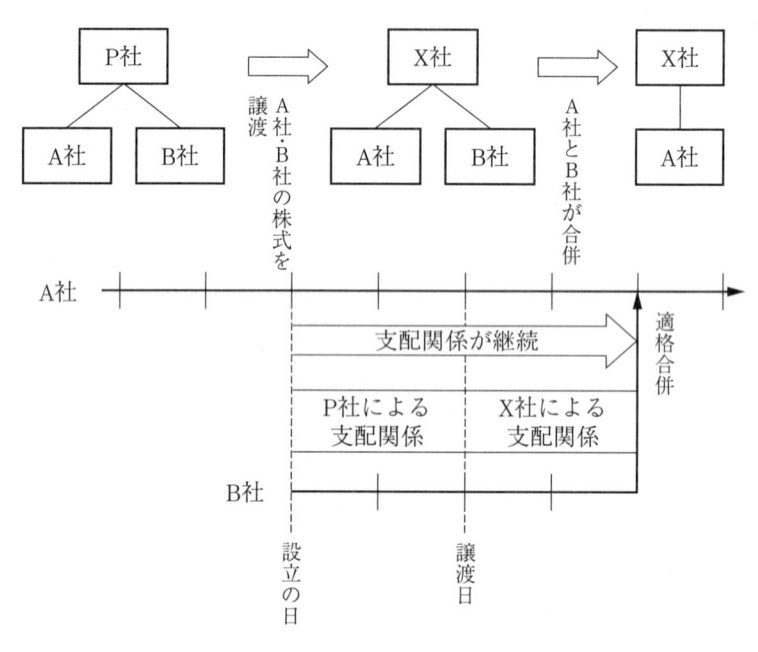

この場合には、A社及びB社の株式の前後において、株主である法人がP社からX社に変わっています。しかしながら、③で説明したように、兄弟会社の間にある支配関係は、株主に変更があったとしてもその前後において兄弟会社であることには変更がなく、支配関係があることには変わりありません。そのため、A社とB社の支配関係は株式の譲渡の前後において継続しています。このときの最後に支配関係があることとなった日が、B社の設立の日なのか、株式の譲渡日なのかという点が問題なのですが、支配関係とはそもそも2社間の関係（この場合にはA社とB社の関係）ですので、株主（条文の「一の者」）が誰であるかは問われていません。つまり、株主がP社からX社に代わった時点でA社とB社の支配関係に変更があったとは捉えません。した

がって，適格合併の直前まで継続している支配関係の発生日とはB社設立の日であり，同日が最後に支配関係があることとなった日に該当します。

なお，改正前においては，同様の計算や判定を行うこととなる「日」を「特定資本関係が生じた日」と表現していました。この特定資本関係は，「当該特定資本関係」と限定されており，適格合併等の直前に現にある特定資本関係に限られていました。そのため改正前においては，＜２＞の場合では，兄弟会社から親子会社となった日が，＜３＞の場合では，Ｘ社への株式譲渡日がそれぞれ特定資本関係が生じた日に該当し，その日を基準に未処理欠損金額や特定資産の判定，みなし共同事業要件の判定を行っていました（実際の執行の場面では，＜２＞については，Ｂ社設立の日を特定資本関係発生日とする執行が行われていたようです。）。

このように改正前後において，様々な判定の基準となる「日」に変更がありますので，十分に注意が必要です。

⑤ 使用制限が課される組織再編成の追加

欠損金の使用制限は，含み益のある資産の移転を受け，その含み益により欠損金を利用することを防止するための措置です。

平成22年度改正により，完全支配関係のある法人の間の非適格合併・適格現物分配においても，移転元法人の資産が帳簿価額により移転先法人に移転することとされることになったため，移転先法人がこれらによって資産の移転を受けた場合においても，欠損金の使用制限が課されることとなりました。

欠損金の使用制限の詳細については，（3）を参照して下さい。

⑥ 事業が移転しない場合の特例の創設

平成22年度改正により，事業を移転しない適格分割若しくは適格現物出資又は適格現物分配により資産の移転を受けて欠損金の使用が制限される場合には，その制限される欠損金の額は，その移転を受けた資産の含み益相当額までとすることができることとされました（法令113⑤）。

これは，事業の移転がない場合には，その資産の移転に伴う利益の移転についても，その含み益相当額となることから，その含み益を超える欠損金につい

ては制限を課さないものとする趣旨によるものです。これについて,『平成22年度　税制改正の解説』において,次のように説明がなされています。

「そもそも上記①ロ(筆者注：合併法人等の繰越青色欠損金額に係る制限)の制限措置は,欠損法人がその有する青色欠損金額や含み損のある資産の損失との相殺を目的として,グループ外の法人を支配し,その後組織再編成等により,その法人のキャピタルゲインに限らず,利益計上の見込まれる事業を受け入れるといった欠損金の利用を制限するためのものです。」(『平成22年度　税制改正の解説』294頁)

これにより,事業を移転しない上記の組織再編成によって含み損のある資産の移転を受けたという場合には,使用制限が課される欠損金の額は無いこととなります。

詳細については,(3) ③ロを参照して下さい。

(2)　完全支配関係がある法人の残余財産が確定した場合の欠損金の引継ぎ

①　欠損金の引継ぎ

内国法人との間に完全支配関係がある他の内国法人でその内国法人が発行済株式等の全部又は一部を有するもの(以下,「解散法人」といいます。)の残余財産が確定した場合において,その解散法人の前七年事業年度[2]において生じた欠損金額[3](以下,「未処理欠損金額」といいます。)があるときは,その残余財産の確定の日の翌日の属する事業年度以後の各事業年度の所得の金額の計算上,その未処理欠損金額はその内国法人の各事業年度において生じた欠損金

---

[2] 解散法人のその残余財産の確定の日の翌日前7年以内に開始した各事業年度をいいます(以下(2)において同じ。)。
[3] 既に損金の額に算入されたもの及び欠損金の繰戻しによる還付の計算の基礎となったものを除きます。

額とみなされます（法法57②）。

この際，その解散法人の株主が複数ある場合には，その未処理欠損金額を発生事業年度ごとに，その解散法人の発行済株式等の残余財産確定時の保有割合に応じて各株主に按分します（法法57②括弧書き）。

また，この制度の適用は，株主及び解散法人の双方が内国法人である場合のみに限られますが，株主の一部に個人や外国法人が含まれている場合であっても，内国法人である株主についてはこの制度の適用があり，内国法人が保有する株式等の割合に応じて欠損金額が引き継がれるものと考えられます。

残余財産が確定した場合の欠損金の引継ぎがある完全支配関係は，株主である内国法人による完全支配関係又は相互の関係に限られています。したがって，親会社が解散した場合に，子会社が親会社の株式の一部を有しているような場合には，子会社に親会社の欠損金が引き継がれないことも考えられます。

なお，この制度は残余財産の確定時に完全支配関係があればよいため，解散法人の欠損金が生じた時に完全支配関係がある必要はなく，また，株主が複数ある場合の按分についても，欠損金発生時の株式保有割合ではなく，残余財産確定時の株式保有割合により計算することとなります。

【株主が複数ある場合の欠損金額の按分計算】

$$\frac{未処理欠損金額}{発行済株式又は出資の総数又は総額} \times 保有株式又は出資の数又は金額$$

【株主に個人や外国法人がいる場合】

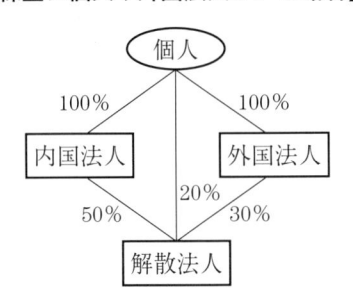

```
          個人
       ／     ＼
   100%       100%
    ／           ＼
内国法人       外国法人
    ＼   20%    ／
   50%＼  ／30%
       解散法人
```

左図のような場合には，内国法人に，解散法人の青色欠損金のうち，50％が引き継がれることとなる。

Ⅱ 資本関係取引等税制

② 欠損金の帰属事業年度

解散法人の未処理欠損金額は，その未処理欠損金額の生じたその解散法人の前7年内事業年度開始の日の属する内国法人の各事業年度に生じたものとみなされます。

ただし，その内国法人のその残余財産の確定の日の翌日の属する事業年度開始の日以後に開始したその解散法人の前7年内事業年度において生じた欠損金額は，その残余財産の確定の日の翌日の属する事業年度の前事業年度において生じたものとみなされます（法法57②，図1参照）。

また，内国法人の設立が，解散法人の前7年内事業年度で未処理欠損金額の生じた事業年度のうち最も古い事業年度開始の日後である場合には，未処理欠損金額が生じた事業年度開始の日において内国法人が存在せず，その開始の日の属する事業年度もないこととなってしまいます。この内国法人の事業年度の

【未処理欠損金額の帰属事業年度】

＜図1＞ 内国法人の事業年度開始日以後に解散法人の事業年度が開始した場合

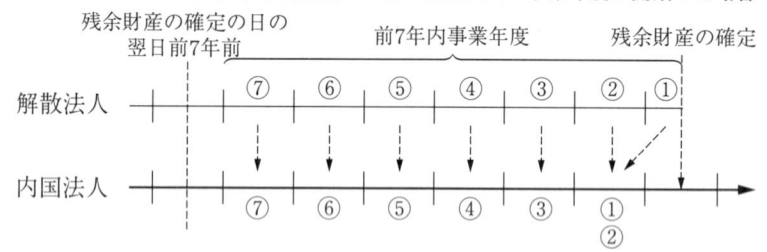

＜図2＞ 内国法人に解散法人の前7年内事業年度に対応する事業年度の一部がない場合

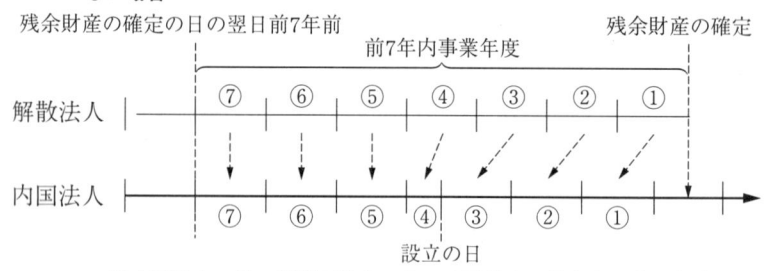

※内国法人の④の期間が株主である内国法人の最も古い前七年内事業年度開始の日の前日の属する期間に該当します。

存在しない期間については，その期間を解散法人の前7年内事業年度ごとに区分した各期間（内国法人の最も古い前7年内事業年度開始の日の前日の属する期間については，その解散法人のその前日の属する事業年度開始の日から，その前日までの期間）をその内国法人のそれぞれの事業年度とみなして，その期間に欠損金額が生じたものとみなされます（法令112②，図2参照）。

③ **欠損金の引継ぎ制限**

法人税法においては，①のように，完全支配関係がある内国法人の残余財産が確定した場合には，その株主である内国法人に欠損金を引き継ぐこととしています。しかし，すべての場合について一義的に引継ぎを認めてしまうと，欠損金の引継ぎによる租税回避が行われることが想定されます。したがって，適格合併の場合の欠損金の引継ぎと同様に，一定の場合には欠損金の引継ぎに制限が課されます。

残余財産の確定による欠損金の引継ぎに制限が課される場合とは，次のいずれにも該当しない場合をいいます（法法57③，法令112④）。

イ　解散法人とその株主である内国法人との間に，その内国法人のその残余財産の確定の日の翌日の属する事業年度開始の日の5年前の日（以下，⑵において「5年前の日」といいます。）から継続して支配関係がある場合

ロ　解散法人又はその株主である内国法人が5年前の日以後に設立された法人である場合（(イ)から(ハ)の場合を除く。）であって，その解散法人とその内国法人との間にその解散法人の設立の日又はその内国法人の設立の日のいずれか遅い日から継続して支配関係があるとき

(イ)　残余財産の確定の日以前に，その内国法人との間に支配関係がある他の内国法人を被合併法人とする適格合併で，その解散法人を設立するもの又はその内国法人と他の内国法人との間に最後に支配関係があることとなった日以後に設立されたその解散法人を合併法人とするものが行われていた場合（内国法人と他の内国法人との間に最後に支配関係があることとなった日が5年前の日以前である場合を除く。）

(ロ) 残余財産の確定の日以前に，その内国法人と他の内国法人との間に最後に支配関係があることとなった日以後に設立された解散法人との間に完全支配関係があるその他の内国法人（その内国法人との間に支配関係があるものに限る。）でその解散法人が発行済株式又は出資の全部又は一部を有するものの残余財産が確定していた場合（内国法人と他の内国法人との間に最後に支配関係があることとなった日が5年前の日以前である場合を除く。）

(ハ) 残余財産の確定の日以前に，その解散法人との間に支配関係がある他の内国法人を被合併法人，分割法人，現物出資法人又は現物分配法人とする適格組織再編成等[4]で，その内国法人を設立するもの又はその解散法人とその他の内国法人との間に最後に支配関係があることとなった日以後に設立されたその内国法人を合併法人，分割承継法人，被現物出資法人若しくは被現物分配法人とするものが行われていた場合（解散法人と他の内国法人との間に最後に支配関係があることとなった日が5年前の日以前である場合を除く。）

残余財産の確定による欠損金の引継ぎは，解散法人が「完全支配関係」がある内国法人である場合に限られますが，判定は，「支配関係」が継続しているか否かにより行います。「5年前の日」，「解散法人の設立の日」又は「株主である内国法人の設立の日」のうち最も遅い日から継続して支配関係があれば制限が課されないこととなります。

また，この判定は，株主ごとに行うため，制限が課される株主と制限が課されない株主がいる場合も考えられます。

平成22年度の改正前は，欠損金の引継ぎ制限や使用制限の判定について，特定資本関係（支配関係）が5年前の日以後に生じているか否かにより行っていました。そのため，内国法人が子法人を設立し，その設立後5年以内にその設立した子法人と合併等を行った場合には，欠損金の引継ぎや使用に制限が課

---

[4] 適格合併若しくは適格合併に該当しない合併で完全支配関係がある法人間の取引の損益の規定の適用があるもの，適格分割，適格現物出資又は適格現物分配をいいます。

せられていました。平成22年度改正において，この点が改められ，グループ内で設立した法人については，その設立から支配関係が継続している場合には，その設立が5年前の日以後であっても欠損金の引継ぎや使用に制限が課されないこととなりました。

　しかし，一律に制限を課さないこととした場合には，その設立という行為を介在させることにより，本来制限が課されるべき欠損金についてまで，制限が課せられないこととなってしまうため，上述のロ(イ)から(ハ)の場合には，その設立から支配関係が継続している場合であっても欠損金に制限が課せられます。

　ただし，上述のロ(イ)から(ハ)の全てについて，内国法人又は解散法人と他の内国法人との間に支配関係が生じることとなる要因は特に限定されていません。そのため，例えば，ロ(イ)でいえば，「内国法人」がまず「他の内国法人」を設立した後「解散法人」を設立し，その後，「解散法人」と「他の内国法人」が合併しているような場合には，もともと「内国法人」という一つの法人だったものが三つの法人になり，その後そのうち二つが合併し，最終的に一つに戻っているにすぎませんが，このような場合についても欠損金の引継ぎに制限が課されることとなります。

　また，ロ(ロ)については，他の内国法人の「残余財産の確定」があった場合に，解散法人の欠損金の引継ぎが制限されるとされているため，その他の内国法人の「残余財産の確定」により解散法人に欠損金が引き継がれているか否かということは問われておりません。

　なお，残余財産の確定による欠損金の引継ぎについては，適格合併による欠損金の引継ぎと異なり，みなし共同事業要件による欠損金の引継ぎ制限の緩和規定がありません。

　したがって，上述の継続支配要件が満たされていない場合には，欠損金の引継ぎに制限が課されてしまうこととなります。

Ⅱ　資本関係取引等税制

【欠損金の引継ぎに制限が課されない例】

＜法人税法施行令112条 4 項 1 号（上記イ）＞

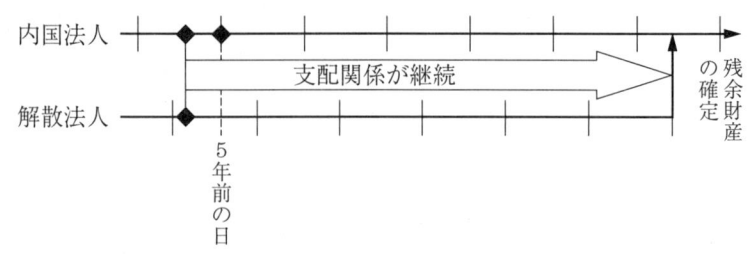

```
内国法人 ──┼──◆─◆──┼──┼──┼──┼──┼──┼──▶
              │   │←──── 支配関係が継続 ────→│  残
解散法人 ──┼──◆──┼──┼──┼──┼──┼──┼──┼──  余財産
              │                                  の確定
              5年前の日
```

＜法人税法施行令112条 4 項 2 号（上記ロ）本文＞

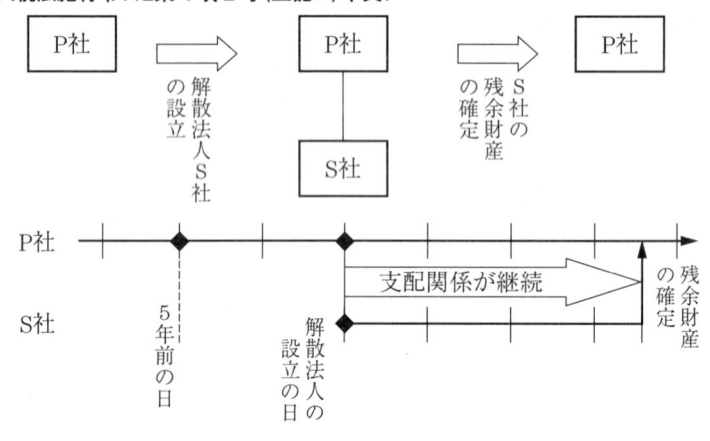

```
  P社  ──解散法人S社の設立──▶  P社        ──S社の残余財産の確定──▶  P社
                                  │
                                  S社
```

```
P社 ──┼──◆──┼──┼──◆──┼──┼──┼──┼──▶
        │          │←── 支配関係が継続 ──→│  残
S社 ──┼──┼──┼──┼──◆──┼──┼──┼──┼──  余財産
        5年前の日   解散法人の設立の日          の確定
```

第6章 欠損金・特定資産譲渡等損失額

【欠損金の引継ぎに制限が課される例】

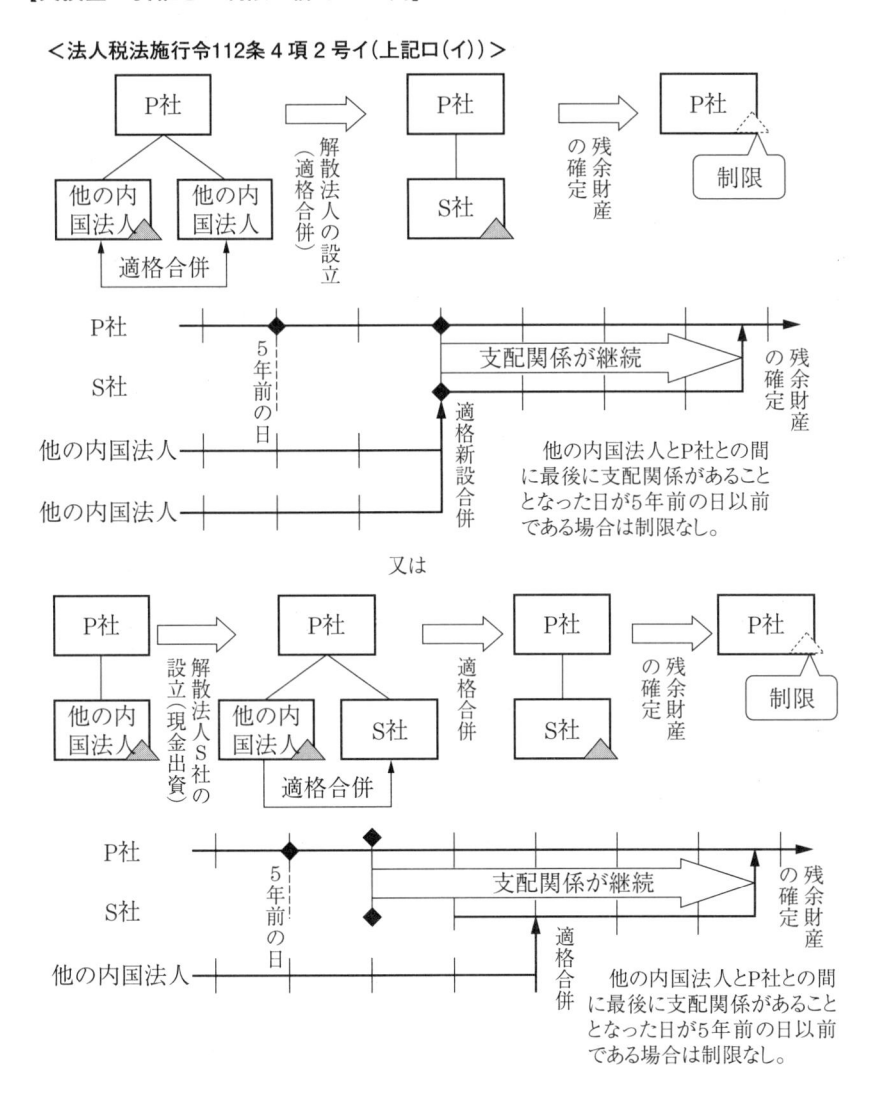

<法人税法施行令112条4項2号イ(上記ロ(イ))>

他の内国法人とP社との間に最後に支配関係があることとなった日が5年前の日以前である場合は制限なし。

又は

他の内国法人とP社との間に最後に支配関係があることとなった日が5年前の日以前である場合は制限なし。

239

Ⅱ 資本関係取引等税制

＜法人税法施行令112条4項2号ロ（上記口（ロ））＞

P社 →（解散法人の設立（現金出資＋株式譲渡））→ P社―S社―他の内国法人（解散）→（残余財産の確定）→ P社―S社 →（残余財産の確定）→ P社（制限）

時系列：
- P社、S社、他の内国法人
- 5年前の日
- 支配関係が継続
- 残余財産の確定
- 他の内国法人とP社との間に最後に支配関係があることとなった日が5年前の日以前である場合は制限なし。

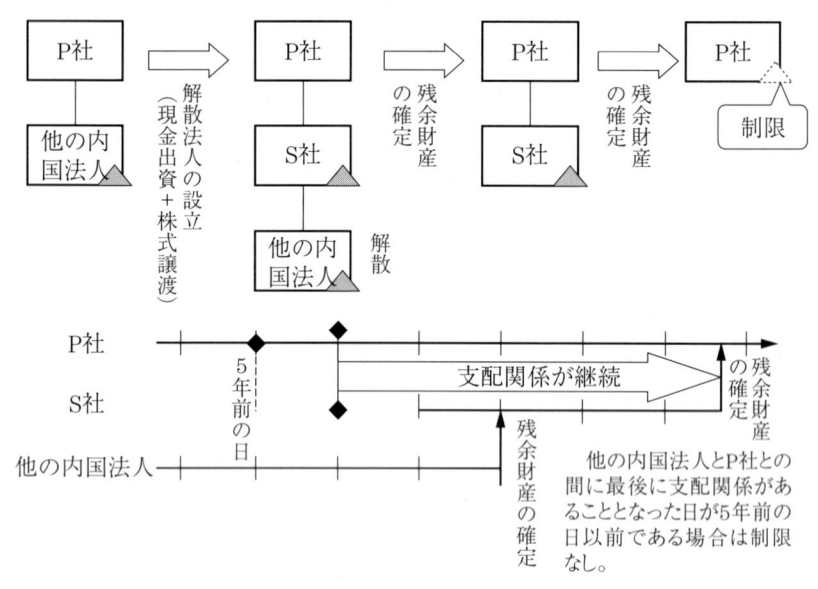

第6章　欠損金・特定資産譲渡等損失額

＜法人税法施行令112条4項2号ハ（上記ロ（ハ））＞

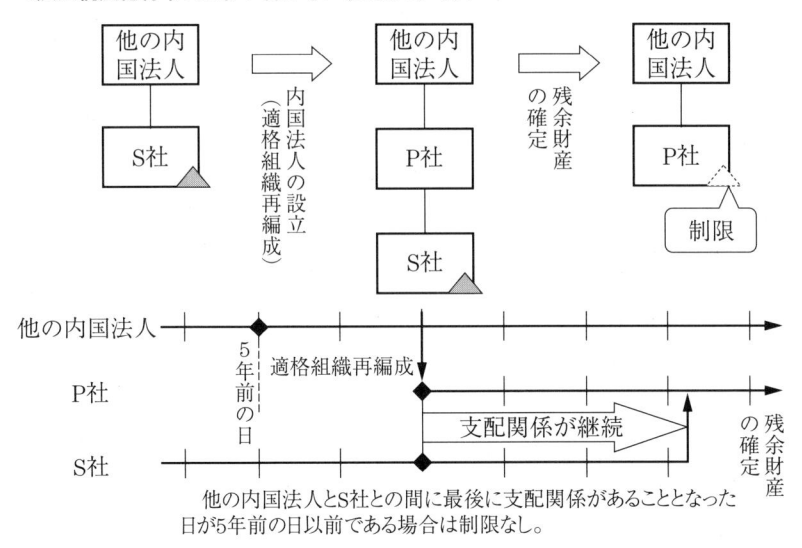

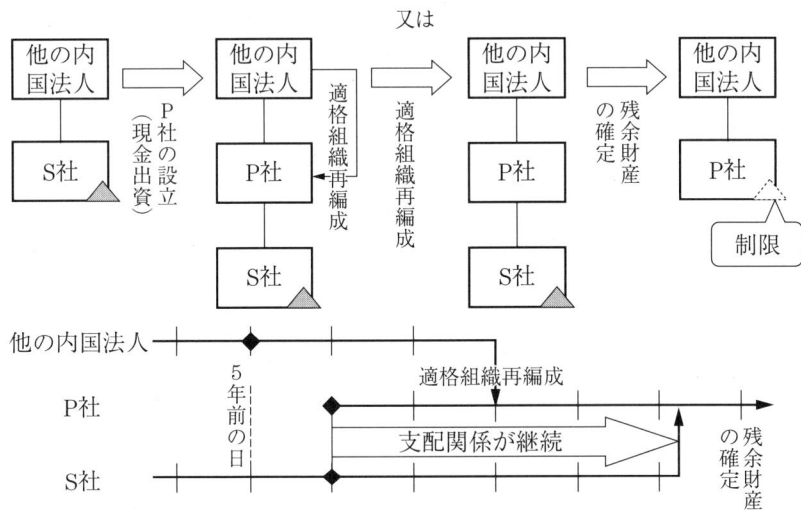

```
他の内国法人       他の内国法人              他の内国法人
   │       内国      │       残余            │
   S社     法人の    P社     財産の          P社
          設立      │       確定
         （適格組織 S社                      制限
           再編成）
```

```
他の内国法人 ─────●────────────────────────────→
             5年    │
P社          前の   ●─────適格組織再編成───────→
             日     │
                    │      支配関係が継続       残余
S社                 ●──────────────────→     財産の
                                              確定
```

他の内国法人とS社との間に最後に支配関係があることとなった
日が5年前の日以前である場合は制限なし。

又は

```
他の内国法人     他の内国法人            他の内国法人            他の内国法人
   │      P社の   │      適格      │      残余            │
   S社    設立    P社    組織      P社    財産の          P社
         （現金   │      再編成   │      確定
          出資）  S社              S社                    制限
```

```
他の内国法人 ───●─────────────────────────────────→
            5年
P社         前の      ●────適格組織再編成─────→
            日        │
                      │   支配関係が継続          残余
S社                   ●──────────────────→    財産の
                                                 確定
```

他の内国法人とS社との間に最後に支配関係があることとなった
日が5年前の日以前である場合は制限なし。

【株主により制限の有無が異なる例】

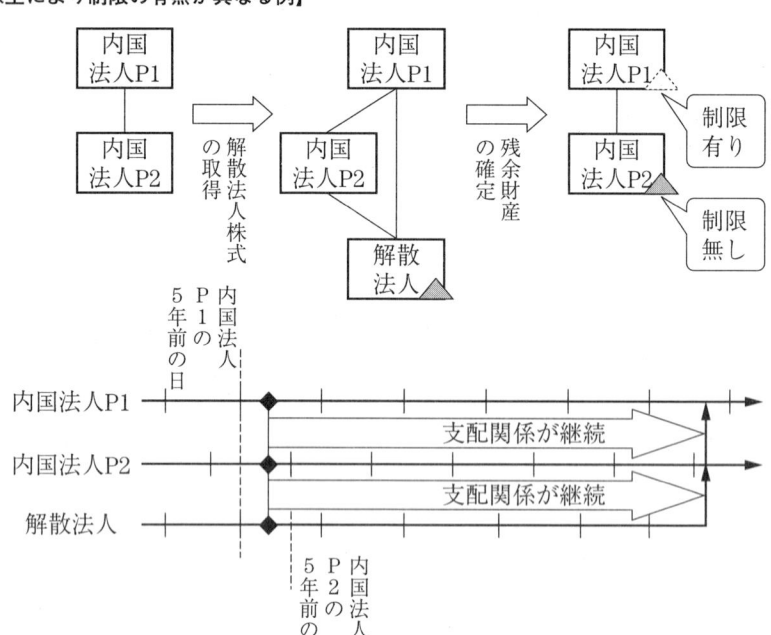

この例では，内国法人P1については解散法人との間に5年前の日から継続して支配関係がないため，欠損金の引継ぎに制限が課されますが，内国法人P2については解散法人との間に5年前の日から継続して支配関係があるため，欠損金の引継ぎに制限が課されないこととなります。

④ 引継ぎが制限される欠損金の金額

解散法人の前7年内事業年度において生じた欠損金額のうち，引継ぎが制限される金額は，次の金額とされています（法法57③）。

　イ　解散法人の支配関係事業年度[5]前の各事業年度で前7年内事業年度に該当する事業年度において生じた欠損金額[6]

　ロ　解散法人の支配関係事業年度以後の各事業年度で前7年内事業年度に該

---

[5] 解散法人と内国法人との間に最後に支配関係があることとなった日の属する事業年度をいいます。

[6] 既に損金の額に算入されたもの及び欠損金の繰戻しによる還付の計算の基礎となったものを除きます（ロにおいて同じ）。

当する事業年度において生じた欠損金額のうち特定資産譲渡等損失額に相当する金額から成る部分の金額

したがって，前7年内事業年度において生じた欠損金額のうち，「支配関係事業年度前に生じたもの」及び「特定資産譲渡等損失額に相当する金額」について，引継ぎ制限が課されています。

特定資産譲渡等損失額に相当する金額とは，その解散法人の対象事業年度ごとに，次のイに掲げる金額から，ロに掲げる金額を控除した金額とされています（法令112⑤）。

　イ　その対象事業年度に生じた欠損金額（青色欠損金額に限り，過去の適格合併等によりその解散法人の欠損金額とみなされたもの及び無いものとされたものを含みます。）のうち，その対象事業年度を仮に特定資産譲渡等損失額の損金不算入の規定が適用される事業年度として，最後に支配関係があることとなった日において有する資産につき，その規定を適用した場合に特定資産譲渡等損失額となる金額に達するまでの金額（以下，「特定資産譲渡等損失相当額」といいます。）

　ロ　その対象事業年度に生じた欠損金額のうち，その解散法人において既に損金の額に算入されたもの及び欠損金の繰戻しによる還付の計算の基礎となったもの並びに過去の適格合併等によりないものとされたもの

したがって，特定資産譲渡等損失相当額が生じた後の事業年度において欠損金額が損金の額に算入される場合には，同一事業年度に生じた欠損金額については，特定資産譲渡等損失相当額から優先的に損金の額に算入されたものとして，計算を行うこととなります。

また，対象事業年度とは，解散法人の支配関係事業年度以後の事業年度のうち，特定資産に係る譲渡等損失額の損金不算入の規定の適用を受ける場合の適用期間又は欠損等法人の資産の譲渡等損失額の損金不算入の規定の適用を受ける場合の適用期間内の日の属する事業年度を除いた事業年度をいいます。したがって，過去に適格合併等があった場合に，特定資産譲渡等損失額の損金不算入の規定の適用があるときは，その適用期間を含む事業年度以外の前7年内事

業年度が対象事業年度となり，通常の場合には，前七年内事業年度の全てが対象事業年度となります。

このように，解散法人の欠損金額について，その株主である内国法人への引継ぎの制限を受ける金額は，支配関係発生前の欠損金と，発生後における資産の含み損に起因して生じた欠損金に限られています。結果として，引継ぎに制限を受ける場合であっても，支配関係発生後に解散法人の通常の営業活動により生じた欠損金額については引き継ぐことができることとなります。

⑤ 欠損金額の引継ぎの制限の特例

イ 特例の内容

欠損金額の引継ぎに制限があることは③の通りですが，株主である内国法人が解散法人の支配関係事業年度の前事業年度終了の時において有する資産及び負債について，時価評価を行う場合には，その欠損金額のうち，制限を受ける金額を，その時価評価の状況に応じて計算することができます。

(イ) 時価純資産超過額が支配関係前未処理欠損金額の合計額以上であるとき又は支配関係前未処理欠損金額がないとき

解散法人の支配関係事業年度の前事業年度終了の時における時価純資産価額が簿価純資産価額以上である場合に，時価純資産価額から簿価純資産価額を減算した金額（以下，「時価純資産超過額」といいます。）が，解散法人の支配関係前未処理欠損金額[7]の合計額以上であるとき又は支配関係前未処理欠損金額がないときは，制限の課される金額はないものとされます（法令113①一）。

したがって，このような場合には，解散法人の未処理欠損金額の全額を株主である内国法人に引き継ぐことができます。

欠損金額の引継ぎの制限は，解散法人をグループ外部より取得し，その欠損金を引き継ぐことを制限することを目的としています。そのため，その取得時にその欠損金を上回る含み益がある場合には，そのまま解散した場合に欠損金は含み益と相殺され，ないこととなるため，このような場合には，欠損金の引

---

[7] 解散法人の支配関係事業年度前7年以内に開始した事業年度において生じた欠損金額をいいます。

継ぎに事実上制限はなく，その全額を引き継ぐことができます。

　㈹　時価純資産超過額が支配関係前未処理欠損金額の合計額未満であるとき
　解散法人の支配関係事業年度の前事業年度終了の時における時価純資産価額が簿価純資産価額以上である場合に，時価純資産超過額が，解散法人の支配関係前未処理欠損金額の合計額未満であるときは，株主である内国法人への引継ぎが制限される支配関係前未処理欠損金額はその全額ではなく，一部のみが制限されることになります。また，支配関係事業年度以後の事業年度に生じた欠損金額のうち，特定資産譲渡等損失に相当する金額から成る部分の金額については，欠損金額の引継ぎに制限はありません。

　支配関係前未処理欠損金額のうち，引継ぎに制限が課される金額の計算については，まず，支配関係前未処理欠損金額の合計額から時価純資産超過額を控除します。その控除後の金額（以下，㈹において「制限対象金額」といいます。）は，支配関係前未処理欠損金額のうち，最も古いものから成るものとされます。そして，その制限対象金額に係る支配関係前未処理欠損金額があることとなる事業年度（前7年内事業年度に該当する事業年度に限ります。）ごとに，その事業年度の制限対象金額に係る支配関係前未処理欠損金額から，その事業年度に係る支配関係前未処理欠損金額のうち，支配関係事業年度からその残余財産の確定の日の属する事業年度までの各事業年度において損金の額に算入された金額及びないものとされた金額を控除します。その控除後の金額が制限が課される金額となります（法令113①二）。

　したがって，この場合に引継ぎが制限される金額は，前7年内事業年度のうち，支配関係事業年度前に生じた未処理欠損金額から時価純資産超過額を控除した金額で，残余財産の確定の日の属する事業年度末まで未控除の欠損金額となります。つまり，時価純資産超過額に達するまでの金額については支配関係前未処理欠損金額の引継ぎの制限を受けないこととし，特定資産譲渡等損失額に相当する金額についても引継ぎについて制限が課されないこととなります。

(ハ) 簿価純資産超過額が支配関係事業年度以後に生じた特定資産譲渡等損失相当額の合計額未満であるとき

　株主である内国法人の支配関係事業年度の前事業年度終了の時における簿価純資産価額が時価純資産価額を超える場合に，その超える部分の金額（以下，「簿価純資産超過額」といいます。）が解散法人の前7年内事業年度のうち支配関係事業年度以後の各事業年度において生じた特定資産譲渡等損失相当額の合計額に満たないときは，支配関係前未処理欠損金額はその全額が株主である内国法人への引継ぎを制限されます。

　支配関係事業年度以後の各事業年度において生じた欠損金額に係る特定資産譲渡等損失額に相当する金額については，その全額ではなく，一部が制限されることとなります。

　制限が課される特定資産譲渡等損失額に相当する金額は，その簿価純資産超過額に相当する金額が，その各事業年度における特定資産譲渡等損失相当額のうち最も古いものから成るとした場合に，その各事業年度のその簿価純資産超過額に相当する金額に係る特定資産譲渡等損失相当額となる金額を，その各事業年度の特定資産譲渡等損失相当額とみなして計算します（法令113①三）。

　したがって，この場合に引継ぎが制限される金額は，支配関係前未処理欠損金額の全額と，支配関係事業年度以後に生じた欠損金額で特定資産譲渡等損失額に相当する金額から成る部分の金額のうち簿価純資産価額相当額との合計額となります。また，引継ぎの制限される簿価純資産超過額相当額については，欠損金の発生時期が最も古いものから順に制限されることとなります。

　支配関係事業年度において資産負債全体で見た場合に含み損があるため，特定資本関係前未処理欠損金額については，相殺可能な含み益がなく，その全額に制限が課せられます。また，特定資産譲渡等損失額に相当する金額から成る部分の金額については，その簿価純資産超過額に相当する金額はその解散法人を取得した時点から発生が予測される損失であるため，制限が課せられます。反対に，その簿価純資産超過額を超える部分については引継ぎが可能となります。

ロ　特例の適用を受けるための要件

　繰越欠損金の引継ぎの制限の特例の適用を受けるためには，上述のように，支配関係事業年度の前事業年度終了の時における資産及び負債を時価評価する必要があります。そして，株主である内国法人のその残余財産の確定の日の翌日の属する事業年度の確定申告書に，「共同事業を営むための適格組織再編成等に該当しない場合の引継対象未処理欠損金額又は控除未済欠損金額の特例に関する明細書（別表七（一）付表二）」の添付があり，かつ，時価純資産価額の算定の基礎となる事項を記載した書類その他の財務省令で定める書類を保存している場合に限り適用することとされています（法令113②）。

　この場合の財務省令で定める書類については，法人税法施行規則26条の4において次のように定められています。

法人税法施行規則

（時価純資産価額に関する保存書類）

第26条の4　令第113条第2項（引継対象外未処理欠損金額の計算に係る特例）（同条第4項において準用する場合を含む。）に規定する財務省令で定める書類は，次に掲げる書類とする

一　令第113条第1項第1号に規定する支配関係事業年度の前事業年度終了の時において有する資産及び負債の当該終了の時における価額及び帳簿価額を記載した書類

二　次に掲げるいずれかの書類で前号の資産及び負債の同号の前事業年度終了の時における価額を明らかにするもの

　イ　その資産の価額が継続して一般に公表されているものであるときは，その公表された価額が示された書類の写し

　ロ　令第113条第2項の内国法人が，当該終了の時における価額を算定し，これを当該終了の時における価額としているときは，その算定の根拠を明らかにする事項を記載した書類及びその算定の基礎とした事項を記載した書類

| ハ　イ又はロに掲げるもののほかその資産及び負債の価額を明らかにする事項を記載した書類 |

欠損金の引継ぎ制限の特例　引継ぎ可能額イメージ図
（支配関係前に生じた未処理欠損金額がある場合）

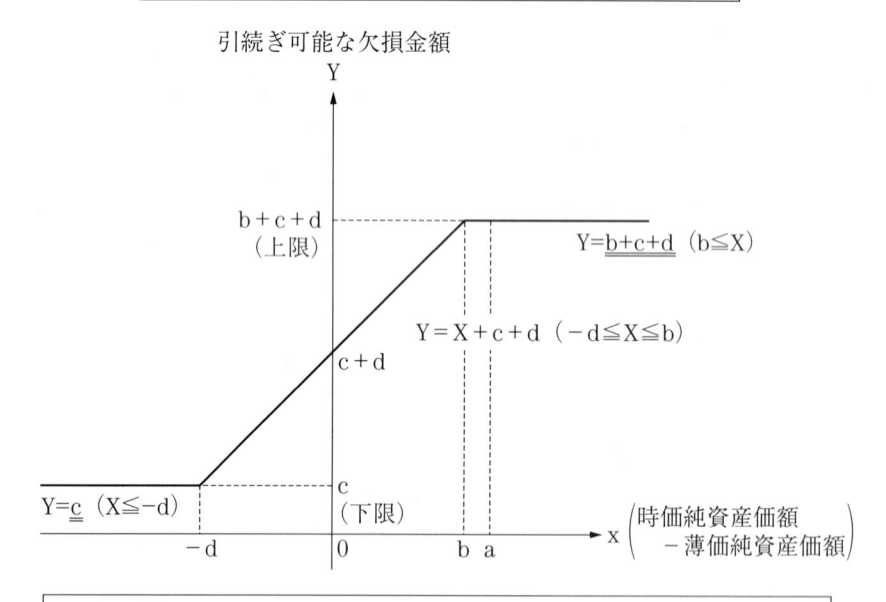

引続ぎ可能な欠損金額
Y軸

$Y = b+c+d$（上限）
$Y = b+c+d$ $(b \leqq X)$
$Y = X+c+d$ $(-d \leqq X \leqq b)$
$c+d$
c（下限）
$Y = c$ $(X \leqq -d)$
$-d$　0　b a
x（時価純資産価額 − 簿価純資産価額）

a：支配前未処理欠損金額
b：支配関係事業年度前に生じた未処理欠損金額
c：支配関係発生事業年度以後生じた欠損金額のうち，特定資産譲渡等損失相当額以外の金額
d：特定資産譲渡等損失相当額

　条文上は，含み益（X）と支配関係前未処理欠損金額（a）を比較し，前者が後者以上であるときに，制限が課せられないこととされていますが，事実上，前者が支配関係事業年度前に生じた未処理欠損金額（b）以上であれば，制限が課されないこととなります。

(3) 適格現物分配を受けた場合の欠損金の使用制限

内国法人と支配関係法人[8]との間でその内国法人を合併法人，分割承継法人，被現物出資法人又は被現物分配法人とする適格組織再編成等[9]が行われた場合には，その内国法人に簿価により資産が移転することとなります。そのため，含み益のある資産を移転した場合には，その含み益により，その内国法人の有する欠損金を利用するということも考えられます。このような租税回避行為を防止するためにその内国法人の欠損金について，その使用が制限されることがあります。

したがって，適格組織再編成等に含まれる適格現物分配があった場合においても，その適格現物分配により資産の移転を受けた内国法人の組織再編成事業年度[10]以後の事業年度において，その内国法人の前7年内事業年度[11]において生じた欠損金の使用制限が課せられる場合があります。

以後，適格現物分配を例に説明します

① 欠損金の使用制限

適格現物分配があった場合に欠損金の使用に制限が課される場合とは，次のいずれにも該当しない場合をいいます（法法57④，法令112⑥・④）。

　イ　内国法人と支配関係法人との間に，その組織再編成事業年度開始の日の5年前の日（以下，(3)において「5年前の日」といいます。）から継続して支配関係がある場合

　ロ　内国法人又は支配関係法人が5年前の日以後に設立された法人である場合（(イ)から(ハ)の場合を除く。）であって，その内国法人とその支配関係法

---

[8] その内国法人との間に支配関係がある法人をいいます。
[9] 適格合併若しくは適格合併に該当しない合併で完全支配関係がある法人間の取引の損益の規定の適用があるもの，適格分割，適格現物出資又は適格現物分配をいいます。
[10] その適格組織再編成等の日（残余財産の全部の分配である場合にはその残余財産の確定の日の翌日）の属する事業年度をいいます。
[11] その内国法人の組織再編成事業年度開始の日前7年以内に開始した各事業年度をいいます（以下，(3)において同じ。）。

人との間にその内国法人の設立の日又はその支配関係法人の設立の日のいずれか遅い日から継続して支配関係があるとき
(イ)　適格組織再編成等の日以前（その適格組織再編成等が残余財産の全部の分配である場合にはその残余財産の確定の日前）に，その支配関係法人との間に支配関係がある他の内国法人を被合併法人とする適格合併で，その内国法人を設立するもの又はその支配関係法人と他の内国法人との間に最後に支配関係があることとなった日以後に設立されたその内国法人を合併法人とするものが行われていた場合（支配関係法人と他の内国法人との間に最後に支配関係があることとなった日が5年前の日以前である場合を除く。）
(ロ)　適格組織再編成等の日以前（その適格組織再編成等が残余財産の全部の分配である場合にはその残余財産の確定の日前）に，その支配関係法人と他の内国法人との間に最後に支配関係があることとなった日以後に設立された内国法人との間に完全支配関係があるその他の内国法人（その支配関係法人と支配関係があるものに限る。）でその内国法人が発行済株式又は出資の全部又は一部を有するものの残余財産が確定していた場合（支配関係法人と他の内国法人との間に最後に支配関係があることとなった日が5年前の日以前である場合を除く。）
(ハ)　適格組織再編成等の日以前（その適格組織再編成等が残余財産の全部の分配である場合にはその残余財産の確定の日前）に，その内国法人との間に支配関係がある他の内国法人を被合併法人，分割法人，現物出資法人又は現物分配法人とする適格組織再編成等で，その支配関係法人を設立するもの又はその内国法人とその他の内国法人との間に最後に支配関係があることとなった日以後に設立されたその支配関係法人を合併法人，分割承継法人，被現物出資法人若しくは被現物分配法人とするものが行われていた場合（内国法人と他の内国法人との間に最後に支配関係があることとなった日が5年前の日以前である場合を除く。）
適格現物分配に該当する現物分配は，現物分配法人と被現物分配法人とが

第6章　欠損金・特定資産譲渡等損失額

「完全支配関係」がある内国法人である場合に限られますが、判定は、「支配関係」が継続しているか否かにより行います。

また、適格現物分配の場合には、この判定は被現物分配法人ごとに行うため、制限が課される被現物分配法人と課されない被現物分配法人がある場合も考えられます。

【欠損金の使用に制限が課される例】

＜法人税法施行令112条4項2号イ(6項読替え後)(上記ロ(イ))＞

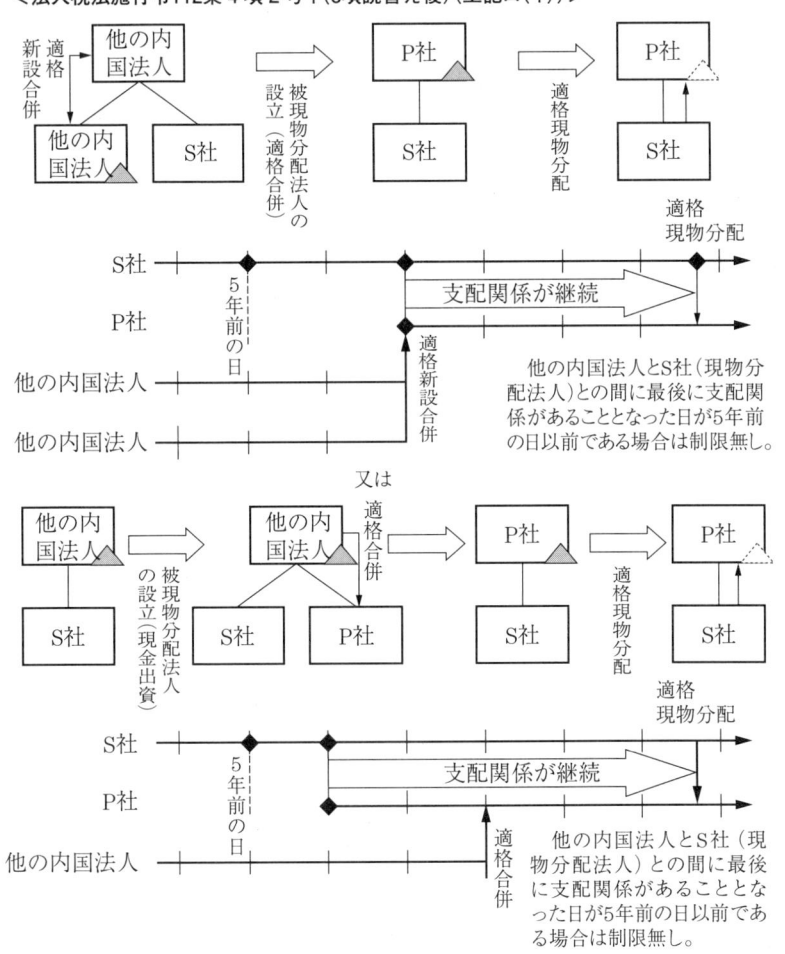

他の内国法人とS社(現物分配法人)との間に最後に支配関係があることとなった日が5年前の日以前である場合は制限無し。

他の内国法人とS社(現物分配法人)との間に最後に支配関係があることとなった日が5年前の日以前である場合は制限無し。

Ⅱ　資本関係取引等税制

＜法人税法施行令112条4項2号ロ（6項読替え後）（上記ロ（ロ））＞

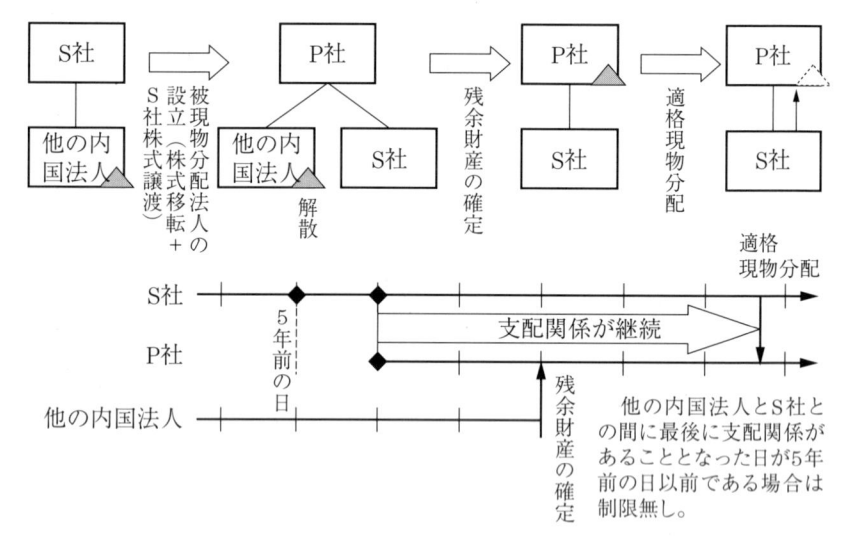

他の内国法人とS社との間に最後に支配関係があることとなった日が5年前の日以前である場合は制限無し。

第6章 欠損金・特定資産譲渡等損失額

＜法人税法施行令112条4項2号ハ(6項読替え後)(上記ロ(ハ))＞

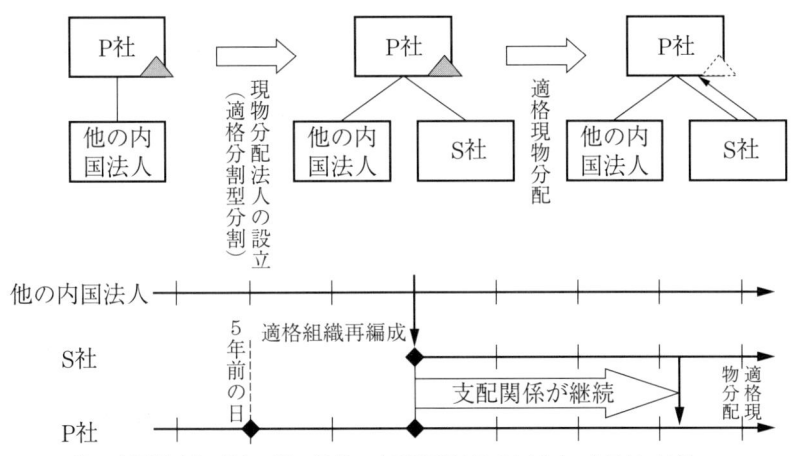

他の内国法人とP社との間に最後に支配関係があることとなった日が5年前の日以前である場合は制限なし。

又は

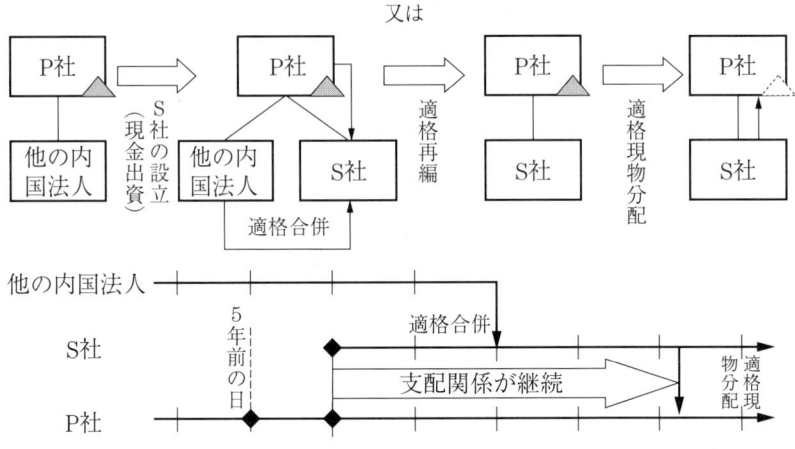

他の内国法人とP社との間に最後に支配関係があることとなった日が5年前の日以前である場合は制限なし。

② 使用が制限される欠損金の金額

内国法人の前7年内事業年度において生じた欠損金額のうち、引継ぎが制限される金額は、次の金額とされています（法法57④）。

イ　内国法人の支配関係事業年度[12]前の各事業年度で前7年内事業年度に該

ロ　内国法人の支配関係事業年度以後の各事業年度で前7年内事業年度に該当する事業年度において生じた欠損金額のうち特定資産譲渡等損失額に相当する金額から成る部分の金額

　したがって，内国法人の前7年内事業年度において生じた欠損金額のうち，「支配関係事業年度前に生じたもの」及び「特定資産譲渡等損失額に相当する金額」について，その使用に制限が課されています。

　特定資産譲渡等損失額に相当する金額とは，その解散法人の対象事業年度ごとに，次のイに掲げる金額から，ロに掲げる金額を控除した金額とされています（法令112⑧，⑤）。

　　イ　その対象事業年度に生じた欠損金額（青色欠損金に限り，過去の適格合併等によりその解散法人の欠損金額とみなされたもの及びないものとされたものを含みます。）のうち，その対象事業年度を仮に特定資産譲渡等損失額の損金不算入の規定が適用される事業年度として，その最後に支配関係があることとなった日において有する資産につき，その規定を適用した場合に特定資産譲渡等損失額となる金額に達するまでの金額（以下，「特定資産譲渡等損失相当額」といいます。）

　　ロ　その対象事業年度に生じた欠損金額のうち，その内国法人において既に損金の額に算入されたもの及び欠損金の繰戻しによる還付の計算の基礎となったもの並びに過去の適格合併等によりないものとされたもの

　したがって，特定資産譲渡等損失相当額が生じた後の事業年度において欠損金額が損金の額に算入される場合には，同一事業年度に生じた欠損金額については，特定資産譲渡等損失相当額から優先的に損金の額に算入されたものとして，計算を行うこととなります。

---

[12] 内国法人と支配関係法人との間に最後に支配関係があることとなった日の属する事業年度をいいます。
[13] 既に損金の額に算入されたもの及び欠損金の繰戻しによる還付の計算の基礎となったものを除きます（ロにおいて同じ。）。

また，対象事業年度とは，内国法人の支配関係事業年度以後の事業年度のうち，特定資産に係る譲渡等損失額の損金不算入の規定の適用を受ける場合の適用期間又は欠損等法人の資産の譲渡等損失額の損金不算入の規定の適用を受ける場合の適用期間内の日の属する事業年度を除いた事業年度をいいます。したがって，過去に適格合併等があった場合に，特定資産譲渡等損失額の損金不算入の規定の適用があるときは，その適用期間を含む事業年度以外の前7年内事業年度が対象事業年度となり，通常の場合には，前7年内事業年度の全てが対象事業年度となります。

このように，内国法人の欠損金額について，使用の制限を受ける金額は，支配関係発生前の欠損金と，発生後における資産の含み損に起因して生じた欠損金に限られています。結果として，使用制限を受ける場合であっても，支配関係発生後に内国法人の通常の営業活動により生じた欠損金額については使用することができることとなります。

③ **欠損金額の使用制限の特例**

イ **内国法人の資産負債の時価評価による特例**

欠損金額の使用に制限があることは①の通りですが，欠損金額の使用制限についても，(2)⑤の欠損金額の引継ぎの制限の特例と同様に，適格組織再編成等により資産及び負債の移転を受ける内国法人の支配関係事業年度の前事業年度終了の時において有する資産及び負債について，時価評価を行う場合には，その欠損金額のうち，制限を受ける金額を，その時価評価の状況に応じて計算することができます（法令113④，①，②）。

この制度については，資産及び負債の移転を受ける内国法人の支配関係事業年度の前事業年度において有する資産及び負債について，時価評価を行いますが，その他の適用については「(2)⑤ 欠損金額の引継ぎの制限の特例」と同様ですので，そちらを参照してください。

ロ **事業を移転しない場合の特例**

①の適格組織再編成等が事業を移転しない適格分割若しくは適格現物出資又は適格現物分配である場合には，移転を受けた資産の時価と簿価との比較によ

る特例を適用することもできます。自己の欠損金を補う含み益があるかないかに着目した特例であるイの場合と異なり，事業が移転しない場合には，事業から生ずる収益は当然ありませんので，移転を受ける資産の含み益相当の欠損金について制限を課すことで，欠損金による租税回避を防止できるため，平成22年改正により創設されました。

ただし，この「事業を移転しない場合の特例」を適用する場合には，イの「時価評価による特例」は適用できません（法令113⑤）。そのため，いずれの特例を適用するのかということは，移転を受ける法人の時価純資産価額の状況や移転を受ける資産の時価の状況により法人にとって有利になるよう判断する必要があります。

(ｲ) 特例の内容

移転を受ける資産の時価の合計額（以下，「移転時価資産価額」といいます。）と簿価の合計額（以下，「移転簿価資産価額」といいます。）との比較により，使用制限を受ける欠損金額は次のようになります。

i 移転直前（適格現物分配に該当する残余財産の全部の分配の場合には，残余財産の確定の時。以下(ｲ)において同じ。）の移転時価資産価額が移転簿価資産価額以下である場合

移転直前の移転時価資産価額が移転簿価資産価額以下である場合には，使用制限を受ける欠損金額はなく，全額を使用することができます（法令113⑤一）。

ii 移転直前の移転時価資産価額が移転簿価資産価額を超える場合において，移転時価資産超過額[14]がその内国法人の支配関係前欠損金額[15]の合計額以下であるとき

---

[14] 移転時価資産価額から移転簿価資産価額を減算した金額をいいます。
[15] 支配関係事業年度前の各事業年度で前七年内事業年度に該当する事業年度において生じた青色欠損金額で，その内国法人の欠損金とみなされたものを含み，前七年事業年度中に損金の額に算入されたもの及び欠損金の繰戻しによる還付の計算の基礎となったもの並びに過去の適格組織再編成等によりないものとされたものを除いたものをいいます。

使用制限が課される欠損金額は，その移転時価資産超過額に相当する金額がその内国法人の支配関係前未処理欠損金額のうち最も古いものからなるとした場合にその移転時価資産超過額に相当する金額を構成するものとされた支配関係前欠損金額があることとなる事業年度ごとにその事業年度の支配関係前欠損金額のうちその移転時価資産超過額に相当する金額を構成するものとされた部分に相当する金額となり，特定資産譲渡等損失額に相当する金額については，使用制限は課されません（法令113⑤二）。

　したがって，支配関係前欠損金額のうち，移転時価資産超過額相当額について，欠損金の使用制限が課されることとなります。

　　ⅲ　移転直前の移転時価資産価額が移転簿価資産価額を超える場合において，移転時価資産超過額がその内国法人の支配関係前欠損金額の合計額を超えるとき

　内国法人の欠損金額のうち，支配関係前未処理欠損金額についてはその全額が制限されます。

　特定資産譲渡等損失額に相当する金額については，移転時価資産超過額から使用制限の課される支配関係前未処理欠損金額を控除した金額（以下，ⅲにおいて「制限対象金額」といいます。）が支配関係事業年度以後の各事業年度において生じた特定資産譲渡等損失額に相当する金額（以下，「支配関係後欠損金額」といいます。）のうち最も古いものから成るものとした場合に制限対象金額を構成するものとされた支配関係後欠損金額があることとなる事業年度ごとにその事業年度の支配関係後欠損金額のうち，制限対象欠損金額を構成するものとされた部分に相当する金額となります（法令113⑤三）。

　したがって，支配関係が生じる前に生じた欠損金額の全額と特定資産譲渡等損失額に相当する金額との合計額のうち，移転時価資産超過額に相当する金額部分については，その使用が制限されます。

Ⅱ　資本関係取引等税制

【各用語のイメージ】

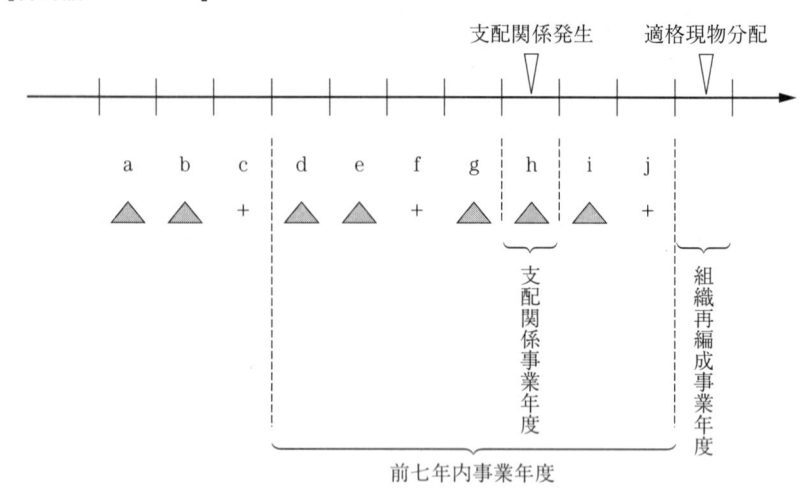

```
                                           支配関係発生      適格現物分配
                                              ▽              ▽
────┼──┼──┼──┼──┼──┼──┼──┼──┼──┼──→
     a   b   c   d   e   f   g   h   i   j
     △   △   ＋  △   △   ＋   △   △   △   ＋
                                     └─┬─┘      └┬┘
                                      支配       組織
                                      関係       再編成
                                      事業       事業
                                      年度       年度
             └──────────┬──────────┘
                  前七年内事業年度
```

・支配関係前未処理欠損金額＝a＋b－c＋d＋e－f＋g
　　※　－c，－fについては，これらの事業年度において，a，b，d，eの各事業年度の欠損金額のうち損金の額に算入された金額部分に限る。

・支配関係前欠損金額＝d＋e－f＋g－j
　　※　－f，－jについては，これらの事業年度において，d，eの各事業年度の欠損金額のうち，損金の額に算入された部分に限る。

・支配関係後欠損金額＝h＋i－j
　　※　h，iは特定資産譲渡等損失相当額に限る。
　　※　－jはjの事業年度において，h，iの各事業年度の欠損金額のうち，損金の額に算入された部分に限る。

(ロ)　特例の適用を受けるための要件

　事業が移転しない場合の特例の適用を受けるためには，組織再編成事業年度の確定申告書に，「事業を移転しない適格組織再編成等が行われた場合の控除未済欠損金額の特例に関する明細書（別表七(一)付表三）」の添付があり，かつ，移転時価資産価額の算定の基礎となる事項を記載した書類その他の財務省令で定める書類を保存している場合に限り適用することとされています（法令113⑥）。

　この場合の財務省令で定める書類については，法人税法施行規則26条の4第2項において次のように定められています。

法人税法施行規則

（時価純資産価額に関する保存書類）

第26条の4

2　令第113条第6項（に規定する財務省令で定める書類は，次に掲げる書類とする

　一　令第113条第5項の適格組織再編成等により移転を受けた資産の当該移転直前（適格現物分配（残余財産の全部の分配に限る。）にあつては，その残余財産の確定の時。以下この項において同じ）における価額及び帳簿価額を記載した書類

　二　次に掲げるいずれかの書類で前号の資産の同号の移転の直前における価額を明らかにするもの

　　イ　その資産の価額が継続して一般に公表されているものであるときは，その公表された価額が示された書類の写し

　　ロ　令第113条第6項の内国法人が，当該移転の直前における価額を算定し，これを当該移転の直前における価額としているときは，その算定の根拠を明らかにする事項を記載した書類及びその算定の基礎とした事項を記載した書類

　　ハ　イ又はロに掲げるもののほかその資産及び負債の価額を明らかにする事項を記載した書類

2　特定資産譲渡等損失額の取扱い

（1）特定資産譲渡等損失額の取扱いに係る改正の概要

　平成22年度改正により，特定資産譲渡等損失額の取扱いについていくつかの改正がありました。

　5年要件の見直し，制度の対象となる組織再編成税制の追加，事業を移転しない場合の特例の創設が主な改正事項です。それぞれの改正内容・改正趣旨については欠損金の取扱いに係る改正の概要とほぼ同じですので，（1）を参照してください。

　全体として，従前よりも特定資産譲渡等損失額の損金不算入規定が適用される要件等が緩和されていますが，その分注意すべき点も増えていると言え，なお十分な注意が必要であると考えられます。

（2）制度の概要

　内国法人が適格現物分配等の特定適格組織再編成等[16]により資産の移転を受けた場合には，その資産については相手方の帳簿価額により引き継ぎ，又は取得することとされています。そのため，含み損のある資産の移転を受け，その含み損をその資産の移転を受けた法人において実現させたり，反対に含み益のある資産の移転を受け，その含み益と移転を受けた法人が元々有していた含み損とをともに実現させ両者を相殺したりといった租税回避行為が行われることが想定されます。これらを防止するために，適格要件の緩やかな支配関係のある法人間の適格組織再編成等や，簿価により移転する完全支配関係法人間の非適格合併，適格現物分配といった特定適格組織再編成等については，それが支配関係発生後一定期間内に行われた場合においては，その特定適格組織再編成

---

[16] 適格合併若しくは完全支配関係がある法人間の非適格合併，適格分割，適格現物出資又は適格現物分配のうち，みなし共同事業要件を満たさないものをいいます。

等以後適用期間内に行われた特定資産の譲渡等による損失について損金不算入とする制限が設けられています。

この損金不算入とされた損失については，申告調整において，社外流出項目となります。したがって，譲渡損益調整資産の譲渡と異なり，譲渡損を繰り延べるものではありませんので，申告にあたり特に注意を払う必要があります。

（3） 特定資産譲渡等損失額の損金不算入

① 特定資産譲渡等損失額が損金不算入となる適格組織再編成等

内国法人と支配関係法人との間でその内国法人を合併法人等とする特定適格組織再編成等が行われた場合において，次のいずれにも該当しないときは，特定資産の譲渡等損失額が損金不算入とされます（法法62の7①，法令123の8①）。

イ 内国法人と支配関係法人との間に特定組織再編成事業年度開始の日の5年前の日（以下，「5年前の日」といいます。）から継続して支配関係がある場合

ロ 内国法人又は支配関係法人が5年前の日後に設立された法人である場合（(イ)，(ロ)の場合を除く。）であって，その内国法人とその支配関係法人との間にその内国法人の設立の日又はその支配関係法人の設立の日のいずれか遅い日から継続して支配関係があるとき。

(イ) 特定適格組織再編成等の日以前（その特定適格組織再編成等が残余財産の全部の分配である場合には，その残余財産の確定の日の翌日前。(ロ)において同じ）に，その内国法人との間に支配関係がある他の法人を被合併法人，分割法人，現物出資法人又は現物分配法人とする適格組織再編成等で，その支配関係法人を設立するもの又はその内国法人と他の法人との間に最後に支配関係があることとなった日以後に設立された支配関係法人を合併法人，分割承継法人，被現物出資法人又は被現物分配法人とするものか行われていた場合（内国法人と他の法人との間に最後に支配関係があることとなった日が5年前の日以前である場合を除く。）

㈡　特定適格組織再編成等の日以前に，その支配関係法人との間に支配関係がある他の法人を被合併法人，分割法人，現物出資法人又は現物分配法人とする適格組織再編成等で，その内国法人を設立するもの又はその支配関係法人と他の法人との間に最後に支配関係があることとなった日以後に設立された内国法人を合併法人，分割承継法人，被現物出資法人又は被現物分配法人とするものが行われていた場合（支配関係法人と他の法人との間に最後に支配関係があることとなった日が5年前の日以前である場合を除く。）

　したがって，欠損金の引継ぎ制限や使用制限がある場合とほぼ同様ですが，残余財産が確定していた場合の制限（法令112⑥，④二ロ）はないため，その様な場合には，欠損金の使用制限は適用がありますが，特定資産の損金不算入の適用は無い場合も考えられます。

　損金不算入となるものは，適用期間において生じた特定資産に係る譲渡等損失額に限定されています。したがって，適用期間後において生じた特定資産に係る譲渡等損失額については，損金不算入の対象となっていません。そのため，5年前の日以後に支配関係がある場合であっても，適用期間内に特定資産の譲渡等をせず，適用期間後に譲渡等を行ったときは，その譲渡等による損失の額については損金の額に算入されることとなります。

　この適用期間とは，その特定組織再編成事業年度[17]開始の日から同日以後3年を経過する日をいいます。ただし，その経過する日がその内国法人と支配関係法人との間に最後に支配関係があることとなった日以後5年を経過する日後となる場合には，支配関係があることとなった日からその5年を経過する日までの期間が適用期間となります。

---

[17] 特定組織再編成等の日を含む事業年度をいいます。

第6章 欠損金・特定資産譲渡等損失額

【適用期間】

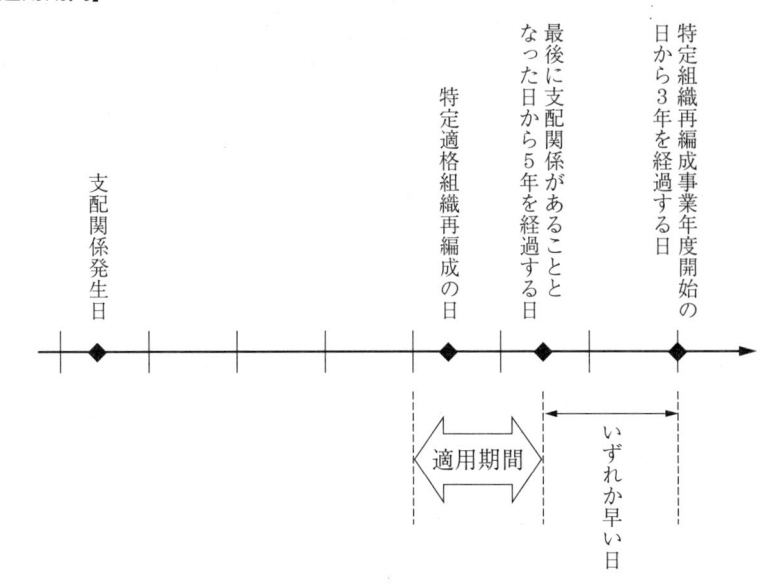

支配関係発生日 ─────── 特定適格組織再編成の日 ─ 最後に支配関係があることとなった日から5年を経過する日 ─ 特定組織再編成事業年度開始の日から3年を経過する日

適用期間：特定適格組織再編成の日 ～ 最後に支配関係があることとなった日から5年を経過する日

いずれか早い日：最後に支配関係があることとなった日から5年を経過する日 または 特定組織再編成事業年度開始の日から3年を経過する日

263

【特定資産に係る譲渡等損失額が損金不算入となる例】

＜法人税法施行令123条の8第1項2号イ（上記ロ（イ））＞

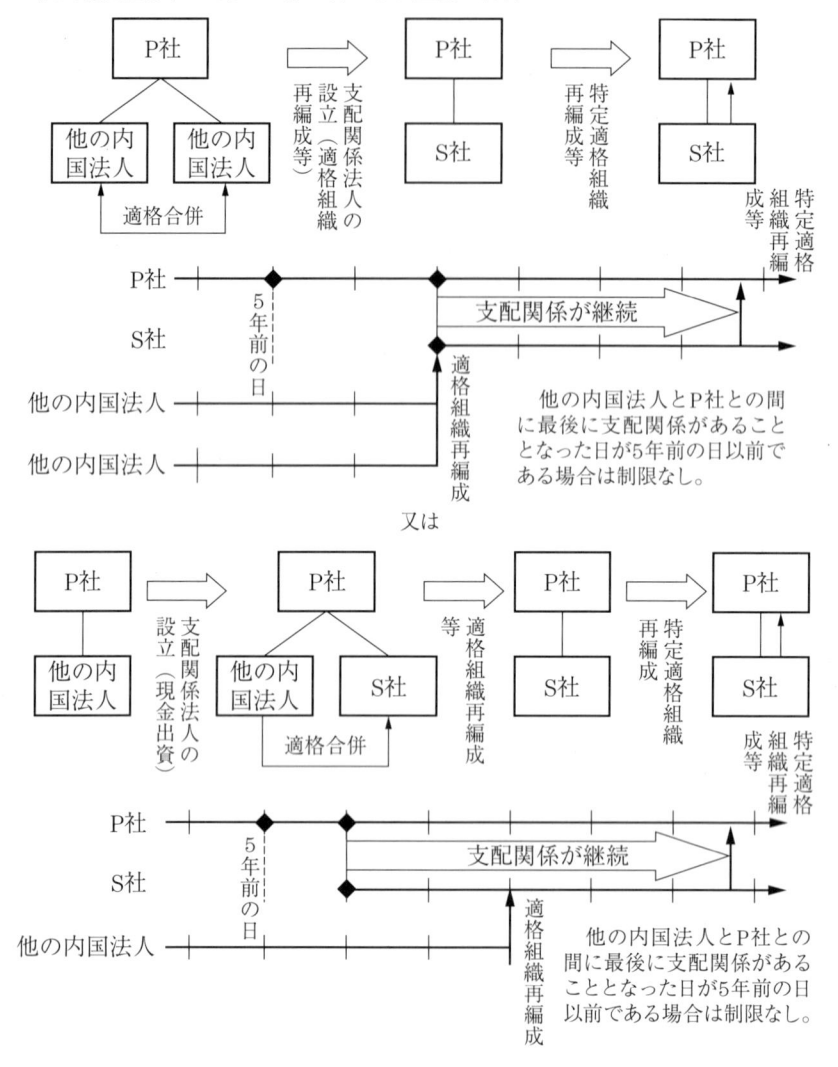

（図：P社の下に他の内国法人2社が適格合併 → 支配関係法人の設立（適格組織再編成等） → P社とS社 → 特定適格組織再編成等 → P社とS社）

P社・S社・他の内国法人のタイムライン：
- 5年前の日
- 適格組織再編成
- 支配関係が継続

他の内国法人とP社との間に最後に支配関係があることとなった日が5年前の日以前である場合は制限なし。

又は

（図：P社の下に他の内国法人 → 支配関係法人の設立（現金出資） → P社の下に他の内国法人とS社（適格合併）→ 適格組織再編成等 → P社とS社 → 特定適格組織再編成等 → P社とS社）

P社・S社・他の内国法人のタイムライン：
- 5年前の日
- 適格組織再編成
- 支配関係が継続

他の内国法人とP社との間に最後に支配関係があることとなった日が5年前の日以前である場合は制限なし。

<法人税法施行令123条の8第1項2号ロ（上記ロ（ロ））>

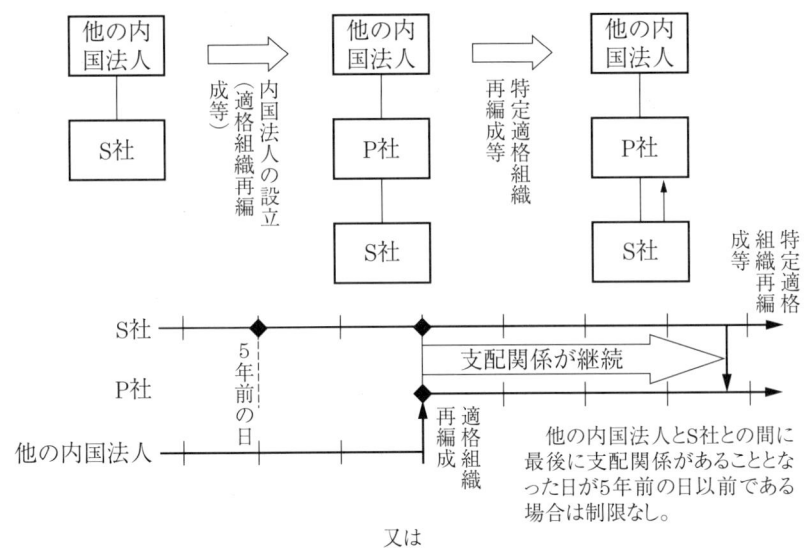

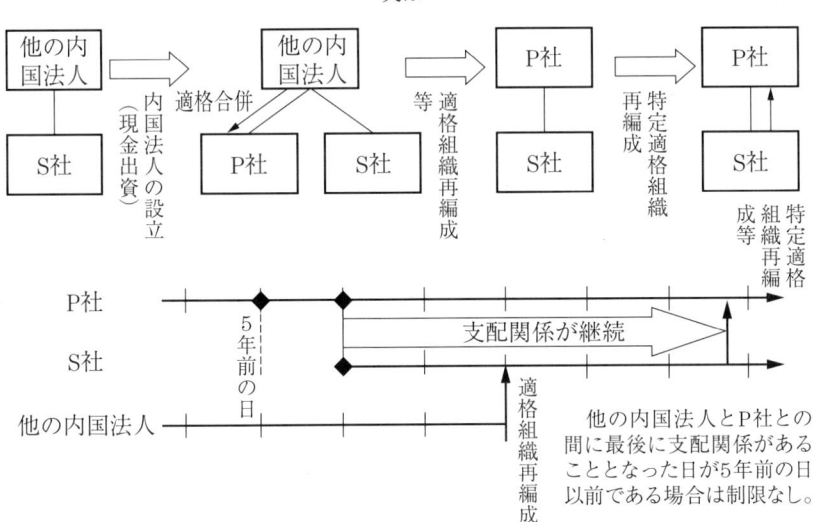

（図：S社を有する他の内国法人が内国法人（P社）の設立（適格組織再編成等）を行い、P社がS社を有し、その後特定適格組織再編成等が行われるケース。5年前の日から支配関係が継続。他の内国法人とS社との間に最後に支配関係があることとなった日が5年前の日以前である場合は制限なし。）

又は

（図：他の内国法人が適格合併（現金出資）により内国法人の設立を行い、P社・S社を有し、その後適格組織再編成等を経て、P社がS社を有し、特定適格組織再編成等が行われるケース。5年前の日から支配関係が継続。他の内国法人とP社との間に最後に支配関係があることとなった日が5年前の日以前である場合は制限なし。）

② 特定資産譲渡等損失額

損金不算入の対象となる特定資産譲渡等損失額は、次の金額の合計額とされています（法法62の7②）。

イ　特定引継資産の譲渡，評価換え，貸倒れ，除却等（以下，「譲渡等特定事由」といいます。）による損失の額から特定引継資産の譲渡等特定事由による利益の額を控除した金額
　ロ　特定保有資産の譲渡等特定事由による損失の額から特定保有資産の譲渡等特定事由による利益の額を控除した金額
　したがって，特定引継資産又は特定保有資産の譲渡等により損失が生じた場合であっても，同一事業年度内に特定引継資産又は特定保有資産の譲渡等特定事由により生じた利益の額がその損失の額以上であれば，その損失の額については制限無く損金の額に算入されます。
　ただし，特定引継資産の譲渡等特定事由により生じた損失の額から特定保有資産の譲渡等特定事由により生じた利益の額を控除することはできませんし，同様に特定保有資産の譲渡等特定事由により生じた損失の額から特定引継資産の譲渡等特定事由により生じた利益の額を控除することもできませんので注意が必要です。

③　特定資産の範囲
　イ　特定引継資産
　特定引継資産とは，その内国法人が支配関係法人から特定適格組織再編成等により移転を受けた資産でその支配関係法人がその内国法人との間に最後に支配関係があることとなった日前から有していた資産のうち，一定の資産を除いたものをいいます。
　ロ　特定保有資産
　特定保有資産とは，その内国法人がその支配関係法人との間に最後に支配関係があることとなった日前から有していた資産のうち，一定の資産を除いたものをいいます。
　ハ　特定資産から除かれる資産
　特定引継資産・特定保有資産から除かれる資産は，次の資産です（法令123の8③，⑬）。
　（イ）　棚卸資産（土地等[18]を除く）

(ロ) 短期売買商品

(ハ) 売買目的有価証券

(ニ) 特定適格組織再編成等の日[19]における帳簿価額又は取得価額が1千万円に満たない資産

(ホ) 支配関係発生日における価額がその支配関係発生日における帳簿価額を下回っていない資産

(ヘ) 適格合併に該当しない合併により移転を受けた資産で譲渡損益調整資産以外のもの

(ホ)の支配関係発生日における価額が帳簿価額を下回っていない資産については、資産の移転を受けた法人が特定適格組織再編成事業年度の確定申告書に、支配関係発生日における時価及び帳簿価額の明細を記載した「特定資産譲渡等損失額の損金不算入及び支配関係発生日における時価が帳簿価額を下回っていない資産に関する明細書」（別表十四（四））を添付する必要があります。また、支配関係発生日における価額の算定の基礎となるべき書類を保存する必要もあります。

(ホ)の規定の適用を受けた資産については、特定引継資産又は特定保有資産から除外されますので、その資産の譲渡等特定事由により利益が生じた場合であっても、同年の特定引継資産又は特定保有資産の譲渡等特定事由により生じた損失の額から、その利益の額を控除できないこととなります。そのため、(ホ)の適用にあたっては、将来の価額の下落の可能性について、十分な検討を行う必要があるといえます。将来的にも時価が帳簿価額を下回らないと見込まれるのであれば、むしろ(ホ)の規定は適用しない方が法人にとって有利となることも十分に考えられます。

なお、支配関係発生日における価額の算定の基礎となるべき書類については、法人税法施行規則27条の15第2項に次のように定められています。

---

[18] 土地、土地の上に存する権利をいいます。
[19] 特定保有資産の場合には、特定適格組織再編成等の日の属する事業年度開始の日

> **法人税法施行規則**
>
> **(特定資産に係る譲渡等損失額の損金不算入)**
>
> **第27条の15**
>
> 2　令第123条の8第3項第5号（同条第13項，第16項及び第17項において準用する場合を含む。）に規定する財務省令で定める書類は，同号の資産に係る次に掲げる書類とする。
>
> 　一　資産の種類，名称，構造，取得価額，その取得をした日，令第123条の8第3項第5号に規定する支配関係発生日（次号において「支配関係発生日」という。）における帳簿価額その他の資産の内容を記載した書類
>
> 　二　次に掲げるいずれかの書類で前号の資産の支配関係発生日における価額を明らかにするもの
>
> 　　イ　その資産の価額が継続して一般に公表されているものであるときは，その公表された価額が示された書類の写し
>
> 　　ロ　令第123条の8第3項第5号の内国法人が，当該支配関係発生日における価額を算定し，これを当該支配関係発生日における価額としているときは，その算定の根拠を明らかにする事項を記載した書類及びその算定の基礎とした事項を記載した書類
>
> 　　ハ　イ又はロに掲げるもののほかその資産の価額を明らかにする事項を記載した書類

ハ　譲渡損益調整勘定

　完全支配関係がある法人間の取引により生じた譲渡損益調整勘定について，法人税法施行令122条の14第14項ではその譲渡損益調整勘定が資産又は負債に含まれるものとされています。そのため，譲渡損益調整勘定自体が特定保有資産又は特定引継資産に該当するのではないかという疑義が生じます。しかしながら，同項の規定は，法人税法61条の13の適用のための政令であり，同項において特にその適用範囲を広げる文言（例えば「〜法の規定を適用する」のようなもの）はありません。そのため，譲渡損益調整勘定を資産又は負債に含

むこととされるのはあくまでも法人税法61条の13の規定を適用する場面に限られ，特定資産譲渡等損失額の取扱いについて定めた法人税法62条の7に影響を及ぼすものではないと考えられます。

　法人税法施行令123条の8第5項3号において，特定引継ぎ資産の譲渡等特定事由に含まれる譲渡損益調整勘定の戻入れ（後述）についても，内国法人（資産の移転を受けた法人）が法人税法61条の13第1項の規定の適用を受けることを要件としているため，適格合併等により譲渡損益調整勘定を引き継いだとしても，移転を受けた法人が同項の規定の適用を受けていないので，引き継いだ譲渡損益調整勘定については譲渡等特定事由が存在しません。また，特定資産譲渡等損失額の計算にあたっては，特定引継資産又は特定保有資産から生じた損失の額から利益の額を控除するため，仮に譲渡損益調整勘定が特定資産になり得るとした場合には，繰り延べた損失の額から繰り延べた利益の額を控除すべきであると考えられます。しかし，譲渡益を繰り延べた譲渡損益調整勘定は法人税法施行令112条の14第14項の規定によれば「負債」とされてしまうため，特定引継資産にも，特定保有資産にもなりえません。そのため，制度として不備が生じることとなります。この点からも譲渡損益調整勘定は特定引継資産又は特定保有資産に該当しないと考えられ，譲渡損益調整勘定の戻入れによる損失の額に，本措置の適用は無いものと考えられます。

ニ　組織再編成により移転を受けた資産

　支配関係発生日以後に他の適格合併又は適格分割により移転を受けた資産は，減価償却費等の計算にあたり，その取得日について，その適格組織再編成の相手方である被合併法人等の取得日を引き継ぐこととなります。しかし，特定資産譲渡等損失額の対象となる特定引継資産とは，「支配関係法人が支配関係日前から有していたもの」に限定されています。支配関係発生日以後に合併又は分割により移転を受けた資産については，当然支配関係法人はその資産を支配関係発生日前には有していないことから，その合併又は分割が適格であるか非適格であるかを問わず，特定引継資産に該当しないこととなります。このことは，特定保有資産についても同様ですので，その法人が支配関係発生日以後に

他の合併又は分割により移転を受けた資産については，特定保有資産に該当しないこととなります。

　ホ　帳簿価額又は取得価額の判定区分
　帳簿価額又は取得価額が1,000万円に満たないか否かの判定を行う場合の資産の単位については，資産の種類ごとに次の区分により判定を行うこととされています（法規27の15）。また，平成19年4月1日以後に行った資本的支出については，新たな資産の取得として，もとの資産と別に帳簿価額をつけることが原則ですが，そのような場合であっても，その資産については，もとの資産の取得価額とその資本的支出の額の合計額により判定を行います（法基通12の2-2-4の2）。

　ⅰ　金銭債権…一の債務者ごとに区分
　ⅱ　減価償却資産
　　（ⅰ）建物…一棟ごとに区分
　　　　ただし，区分所有権である場合には，その区分所有権ごとに区分
　　（ⅱ）機械及び装置…一の生産設備又は一台若しくは一基ごとに区分
　　　　ただし，通常一組又は一式をもって取引の単位とされるものにあっては，一組又は一式ごとに区分
　　（ⅲ）その他の減価償却資産…上記に準じて区分
　ⅲ　土地等…一筆ごとに区分
　　ただし，一体として事業のように供されている一団の土地等にあっては，その一団の土地等ごとに区分
　ⅳ　有価証券…その銘柄の異なるごとに区分
　ⅴ　その他の資産…通常の取引の単位を基準として区分

④　譲渡等特定事由の範囲
　イ　損失の額の発生の起因となる譲渡等特定事由に含まれないもの
　損失の額の発生の起因となる譲渡等特定事由には次に掲げるものを含まないこととされています（法令123の8④，⑭）。
　（イ）災害による資産の滅失又は損壊

(ロ) 更生手続き開始の決定があった場合において，会社更生法又は金融機関等の更生手続きの特例等に関する法律に規定する更生会社又は更生協同組織金融機関の当該更生手続開始の決定の時から当該更生手続開始の決定に係る更生手続の終了の時までの間に生じた資産の譲渡等特定事由（以下，「更生期間資産譲渡等」といいます。）

(ハ) 評価換対象資産[20]につき行った評価換えで法人税法33条2項に規定する評価損の損金算入の規定の適用があるもの[21]

(ニ) 再生手続開始の決定があった場合において，民事再生法に規定する再生債務者である内国法人の当該再生手続開始の決定の時から当該再生手続開始の決定に係る再生手続の終了の時までの間に生じた資産の譲渡等特定事由（以下，「再生等期間譲渡等」といいます。）

(ホ) 減価償却資産[22]の除却

(ヘ) 譲渡損益調整資産の譲渡でグループ法人間の譲渡損益の繰延べの規定の適用があるもの

(ト) 収用等による資産の譲渡又は換地処分等による資産の譲渡

(チ) 租税特別措置法67条の4（転廃業助成金等に係る課税の特例）に規定する法令の制定があったことに伴い，その営む事業の廃止又は転換をしなければならないこととなった法人のその廃止又は転換をする事業の用に供していた資産の譲渡，除却その他の処分

ロ　利益の額の発生の起因となる譲渡等特定事由に含まれないもの

利益の額の発生の起因となる譲渡等特定事由には次に掲げるものを含まないこととされています（法令123の8⑧，⑭）。

---

[20] 固定資産（土地等を除きます。）又は繰延資産をいいます。
[21] 特定適格組織再編成等の日前にその評価損を計上できる事実が生じており，かつ，その事実により，その資産の価額が帳簿価額を下回っていることが明らかである場合には，その評価損の計上は譲渡等特定事由に含まれます。
[22] その減価償却資産のその事業年度開始の日における帳簿価額が，特定適格組織再編成等に係る被合併法人等の取得の日から特定適格組織再編成事業年度において採用している償却の方法により償却を行ったものとした場合に計算される帳簿価額に相当する金額のおおむね2倍を超える場合におけるその減価償却資産を除きます。

(イ)　更生期間資産譲渡等
　(ロ)　再生等期間資産譲渡等
　(ハ)　交換の場合の圧縮記帳の適用を受けた譲渡資産の交換による譲渡
　(ニ)　譲渡損益調整資産の譲渡でグループ法人間の譲渡損益の繰延べの規定の適用があるもの

ハ　損失の額の発生の起因となる譲渡等特定事由に含まれるもの

　損失の額の発生の起因となる譲渡等特定事由には次に掲げるものを含むこととされています（法令123の8⑤，⑭）。

　(イ)　法人税法施行令122条の3第1項の規定により，事業年度終了の時において有する外貨建資産等について，外国為替相場が著しく変動したことによりその外貨建取引をその事業年度終了の時において行ったものとみなした場合のその外貨建取引（その評価換え後の帳簿価額がその直前の帳簿価額を下回ることとなるものに限ります。）
　(ロ)　連結納税の開始等に伴う時価評価資産の益金又は損金算入規定の適用を受ける場合のその評価損の計上
　(ハ)　内国法人が譲渡損益調整資産に係る譲渡損失額につきグループ法人間の譲渡損益の繰延べの規定の適用を受け，かつ，譲渡損益調整勘定の戻入れ事由が生じたこと
　(ニ)　資産調整勘定の金額を有する内国法人がその内国法人を被合併法人とする非適格合併を行った場合又はその内国法人の残余財産が確定した場合において，その非適格合併の日の前日又はその残余財産の確定の日の属する事業年度においてその資産調整勘定の金額を減額すべきこととなったこと（その減額すべきこととなった金額がその事業年度が合併の日の前日又は残余財産の確定の日の属する事業年度でなかったとした場合に減額すべきこととなる金額に満たない場合は除かれます。）

ニ　利益の額の発生の起因となる譲渡等特定事由に含まれるもの

　利益の額の発生の起因となる譲渡等特定事由には次に掲げるものを含むこととされています（法令123の8⑨，⑭）。

(イ)　法人税法施行令122条の３第１項の規定により，事業年度終了の時において有する外貨建資産等について，外国為替相場が著しく変動したことによりその外貨建取引をその事業年度終了の時において行ったものとみなした場合のその外貨建取引（その評価換え後の帳簿価額がその直前の帳簿価額を超えることとなるものに限ります。）

(ロ)　連結納税の開始等に伴う時価評価資産の評価損益の益金又は損金算入規定の適用を受ける場合のその評価益の計上

(ハ)　内国法人が譲渡損益調整資産に係る譲渡利益額につきグループ法人間の譲渡損益の繰延べの規定の適用を受け，かつ，譲渡損益調整勘定の戻入れ事由が生じたこと

(ニ)　特定資産の収用等による譲渡等により設けた圧縮特別勘定の金額が連結納税の開始等により益金の額に算入されることとなったこと

ホ　譲渡等特定事由となる譲渡損益調整勘定の戻入れ

ハ(ハ)，ニ(ハ)のように，譲渡損益調整勘定の戻入れは特定引継資産，特定保有資産の譲渡等特定事由に含まれることとされています。

しかし，③ハで述べたように，譲渡損益調整勘定自体は特定引継資産にも特定保有資産にも該当しないものと考えられます。

したがって，ここでいう譲渡等特定事由になり得る譲渡損益調整勘定の戻入れにとは特定引継資産又は特定保有資産である譲渡損益調整資産を適用期間内にグループ法人に譲渡することにより生じた譲渡損益調整勘定の戻入れであると考えられます。譲渡損益調整資産を適用期間内にグループ法人に譲渡し，譲渡損益の繰延べの規定の適用を受けた場合には，本措置の適用上，損失の額の起因となる譲渡等特定事由からも利益の額の起因となる譲渡等特定事由からも除かれています。この適用期間内に繰り延べた譲渡損益が適用期間内に実現した場合に，その実現した損益を本措置の適用上損失の額又は利益の額として計算することとなります。

逆に言えば，特定引継資産又は特定保有資産を適用期間内にグループ法人に譲渡したとしても，その後適用期間内にその損益が実現しなければ，本措置の

適用を受けることはありません。

⑤ 損失の額の算定方法

特定資産譲渡等損失額の損金不算入における損失の額とは、次の区分に応じてそれぞれの金額をいいます（法令123の8⑥、⑭）。

イ　譲渡その他の移転による損失

……その譲渡等の直前の帳簿価額がその譲渡等の対価の額を超える場合のその超える部分の金額

ロ　資産の評価換えによる損失

……その評価換え等の直前の帳簿価額がその評価換え等の直後の帳簿価額を超える場合におけるその超える部分の金額

⑥ 損失の額の調整

譲渡等特定事由が次のものである場合には、その譲渡等特定事由に係る損失の額は次のように計算します（法令123の8⑦、⑭）。

譲渡等特定事由	損失の額
個別評価金銭債権の貸倒れ	その個別評価金銭債権の貸倒れによる損失の額から、その個別評価金銭債権に係る貸倒引当金の戻入による益金の額を控除した金額
デリバティブ取引等により繰延ヘッジ処理を適用しているヘッジ対象資産の譲渡	その資産の譲渡により生じた損失の額からそのデリバティブ取引等に係る有効性割合がおおむね80％から125％までとなっていた直近の有効性判定におけるそのデリバティブ取引等に係る利益額に相当する金額を控除した金額
時価ヘッジ処理を適用している売買目的外有価証券の譲渡	その売買目的外有価証券の譲渡直前の帳簿価額をその事業年度の前事業年度における時価ヘッジ処理後の帳簿価額とした場合に、その帳簿価額がその譲渡に係る対価の額を超えるときのその超える部分の金額
④ハ(ハ)の事由	④ハ(ハ)の事由に起因して損金の額に算入されることとなる金額
④ハ(ニ)の事由	その減額すべき資産調整勘定の金額のうち、非適格合併又は残余財産の確定が無かったとした場合に減額する部分を超える部分の金額から、次の金額の合計額を控除した金額

	イ　その非適格合併により減額すべきこととなった退職給与負債調整勘定の金額 ロ　その非適格合併又は残余財産の確定により減額すべきこととなった短期重要負債調整勘定の金額 ハ　その非適格合併又は残余財産の確定により減額すべきこととなった差額負債調整勘定の金額 ニ　その非適格合併によりその非適格合併に係る合併法人が有することとなった資産調整勘定の金額

⑦　利益の額の算定方法

特定資産譲渡等損失額の損金不算入における利益の額とは，次の区分に応じてそれぞれの金額をいいます（法令123の8⑨）。

　イ　譲渡その他の移転による利益

　　……その譲渡等の対価の額がその譲渡等の直前の帳簿価額を超える場合のその超える部分の金額

　ロ　資産の評価換えによる利益

　　……その評価換え等の直後の帳簿価額がその評価換え等の直前の帳簿価額を超える場合におけるその超える部分の金額

⑧　利益の額の調整

譲渡等特定事由が次のものである場合には，その譲渡等特定事由に係る損失の額は次のように計算します（法令123の8⑪，⑭）。

譲渡等特定事由	損失の額
④ニ(ハ)の事由	その事由に起因して益金の額に算入されることとなった金額
特定資産につき，収用等に伴い代替資産を取得した場合の課税の特例等，特定の資産の買換えの場合の課税の特例等の規定により，損金の額に算入された金額がある場合	その特定資産の譲渡に係る対価の額から，その特定資産の譲渡直前の帳簿価額及びその損金算入額に相当する金額を控除した金額
④ニ(ニ)の事由	その事由に起因して益金の額に算入されることとなった金額

(4) 特定資産譲渡等損失額の計算の特例

① 特定引継資産に係る譲渡等損失額の計算の特例
イ 特例の内容
　特定資産譲渡等損失額の計算にあたり，内国法人が支配関係法人の支配関係事業年度の前事業年度終了の時に有する資産及び負債の時価評価を行う場合には，その時価評価の状況に応じて特定引継資産に係る譲渡等損失額を計算することができます（法令123の9①）。

(イ) 時価純資産価額が簿価純資産価額以上である場合
　支配関係法人の支配関係事業年度の前事業年度終了の時における時価純資産価額が簿価純資産価額以上である場合には，その適用期間における特定引継資産に係る特定資産譲渡等損失額は無いものとされます（法令123の9①一）。したがって，この場合には，特定引継資産に係る譲渡等損失額の全額が損金の額に算入されることとなります。

(ロ) 時価純資産価額が簿価純資産価額に満たない場合
　支配関係法人の支配関係事業年度の前事業年度終了の時における時価純資産価額が簿価純資産価額に満たない場合には，損金不算入となる特定引継資産に係る譲渡等損失額は，その特定引継資産に係る譲渡等損失額のうち，簿価純資産超過額から次のi及びiiの金額の合計額を控除した金額に達するまでの金額とされています（法令123の9①二）。

　　i　内国法人が支配関係法人の欠損金の引継ぎについて支配関係法人の簿価純資産超過額が特定資産譲渡等損失額に満たない場合に特定資産譲渡等損失相当額として欠損金の引継ぎの制限を受けた金額の合計額（3(2)⑥イ(ハ)の特例により制限を受けた金額の合計額）

　　ii　その事業年度前の適用期間内の日の属する事業年度の特定引継資産に係る特定資産譲渡等損失額でその簿価純資産超過額に達するまでの金額とされた金額（損金不算入とされた金額）

　1(2)⑤イ(ハ)の欠損金の引継ぎ制限の特例の適用を受けた場合には，欠損金

の引継ぎの制限を受ける特定資産譲渡等損失相当額は，簿価純資産超過額相当額とされています。

したがって，同特例の適用を受けている場合には，実質的に特定引継資産に係る特定資産譲渡等損失相当額については，損金不算入の制限を受けないこととなります。

一方，欠損金の引継ぎについて特定資産譲渡等損失相当額がないため特例の適用を受けなかった場合や，適格現物分配のように欠損金の引継ぎがないため欠損金の引継ぎの特例の適用を受けることがありえない場合など，上述の(イ)の金額が存在しないときには，実質的に簿価純資産超過額に達するまでの特定資産譲渡等損失額について損金不算入となります。

このため，適格合併の場合に，支配関係法人の欠損金のうち特定資産譲渡等損失相当額を簿価純資産超過額が超えているときは，その特定資産譲渡等損失相当額である欠損金の全額を制限された上に，特定引継資産に係る譲渡等損失額についても，簿価純資産超過額相当額について損金不算入となってしまい，欠損金の引継ぎ制限を受ける金額と特定引継資産に係る譲渡等損失額の損金不算入額との合計額が簿価純資産超過額を上回る結果となってしまうため，注意が必要です。

また，支配関係法人が解散し，残余財産が確定した場合に，その支配関係法人が青色欠損金を有しており，かつ，残余財産の全部の分配を適格現物分配で行ったときは，適格合併の場合と同様に，欠損金の引継ぎ制限と特定引継資産の譲渡等損失額の損金不算入の規定の適用を受けることもありえます。この場合には欠損金の引継ぎについては「残余財産の確定」，特定引継資産の譲渡等損失額の損金不算入については「適格現物分配」とそれぞれの起因となる行為が異なっており，その適用が可能であるのか否かという疑義が生じます。しかしながら，法人税法施行令123条の9第1項2号では，その欠損金の制限の起因となる行為について言及しておらず，また，残余財産の全部の分配を適格現物分配で行った場合には，その分配は残余財産の確定の日の翌日に行ったものとみなされるため，取扱い上の矛盾も特に生じないことから，解散による残余

財産の確定と現物分配の場合であってもこの特例は適用できるものと考えます。

　ロ　特例の適用を受けるための要件

　特定引継資産に係る特定資産譲渡等損失額の損金不算入の特例の適用を受けるためには，上述のように，支配関係法人の支配関係事業年度の前事業年度終了の時における資産及び負債を時価評価する必要があります。そして，内国法人の特定組織再編成事業年度の確定申告書に，「支配関係発生日における時価が帳簿価額を下回っていない資産並びに時価純資産価額及び簿価純資産価額等に関する明細書」（別表十四（五）付表）の添付があり，かつ，時価純資産価額の算定の基礎となる事項を記載した書類その他の財務省令で定める書類を保存している場合に限り，適用することとされています（法令123の9②）。

　この「時価純資産価額の算定の基礎となる事項を記載した書類その他の財務省令で定める書類」については，法人税法施行規則27の15の2第1項において，以下のように定められており，これらの保存が必要となります。

法人税法施行規則

(特定資産に係る譲渡等損失額の計算の特例)

第27条の15の2　令第123条の9第2項（特定資産に係る譲渡等損失額の計算の特例）（同条第4項から第6項において準用する場合を含む。）に規定する財務省令で定める書類は次に掲げる書類とする

　一　令第123条の9第1項第1号に規定する支配関係事業年度の前事業年度終了の時において有する資産及び負債の当該終了の時における価額及び帳簿価額を記載した書類

　二　次に掲げるいずれかの書類で前号の資産及び負債の同号の前事業年度終了の時における価額を明らかにするもの

　　イ　その資産の価額が継続して一般に公表されているものであるときは，その公表された価額が示された書類の写し

　　ロ　令第123条の9第1項の内国法人が，当該終了の時における

価額を算定し，これを当該終了の時における価額としているときは，その算定の根拠を明らかにする事項を記載した書類及びその算定の基礎とした事項を記載した書類
　ハ　イ又はロに掲げるもののほかその資産及び負債の価額を明らかにする事項を記載した書類

②　特定保有資産に係る特定資産譲渡等損失額の計算の特例
　イ　内国法人の資産負債の時価評価による特例
　内国法人が自己の支配関係事業年度の前事業年度終了の時に有する資産及び負債の時価評価を行う場合には，その時価評価の状況に応じて特定保有資産に係る譲渡等損失額を計算することができます（法令123の9④，①）。
　㈣　特例の内容
　　ⅰ　時価純資産超過額が簿価純資産超過額以上である場合
　内国法人の支配関係事業年度の前事業年度終了の時における時価純資産価額が簿価純資産価額以上である場合には，その適用期間における特定保有資産に係る特定資産譲渡等損失額は無いものとされます（法令123の9④，①一）。したがって，この場合には，特定保有資産に係る譲渡等損失額の全額が損金の額に算入されることとなります。
　　ⅱ　時価純資産超過額が簿価純資産超過額に満たない場合
　内国法人の支配関係事業年度の前事業年度終了の時における時価純資産価額が簿価純資産価額に満たない場合には，損金不算入となる特定保有資産に係る譲渡等損失額は，その特定保有資産に係る譲渡等損失額のうち，簿価純資産超過額から次のⅰ及びⅱの金額の合計額を控除した金額に達するまでの金額とされています（法令123の9④，①二）。
　　（ⅰ）内国法人が自己の欠損金の使用について，内国法人の簿価純資産超過額が特定資産譲渡等損失額に満たない場合に特定資産譲渡等損失相当額として欠損金の使用制限を受けた金額の合計額
　　（ⅱ）その事業年度前の適用期間内の日の属する事業年度の特定保有資産に

係る特定資産譲渡等損失額でその簿価純資産超過額に達するまでの金額
　　とされた金額（損金不算入とされた金額）
　内国法人の簿価純資産超過額が特定資産譲渡等損失額に満たない場合の欠損金の使用制限の特例の適用を受けた場合には、欠損金の使用制限を受ける特定資産譲渡等損失相当額は、簿価純資産超過額相当額とされています。
　したがって、同特例の適用を受けている場合には、実質的に特定保有資産に係る特定資産譲渡等損失相当額については、損金不算入の制限を受けないこととなります。
　一方、欠損金の使用について特定資産譲渡等損失相当額がないため特例の適用を受けなかった場合など、上述の（ⅰ）の金額が存在しないときには、実質的に簿価純資産超過額に達するまでの特定資産譲渡等損失額について損金不算入となります。

　㈹　特例の適用を受けるための要件
　特定資産譲渡等損失額の損金不算入の特例の適用を受けるためには、上述のように、内国法人の支配関係事業年度の前事業年度終了の時における資産及び負債を時価評価する必要があります。そして、内国法人の特定組織再編成事業年度の確定申告書に、「支配関係発生日における時価が帳簿価額を下回っていない資産並びに時価純資産価額及び簿価純資産価額等に関する明細書」（別表十四(五)付表）の添付があり、かつ、時価純資産価額の算定の基礎となる事項を記載した書類その他の財務省令で定める書類を保存している場合に限り、適用することとされています（法令123の9④、⑫）。
　この「時価純資産価額の算定の基礎となる事項を記載した書類その他の財務省令で定める書類」については、特定引継資産に係る譲渡等損失額の計算の特例の場合と同様です。

　ロ　事業を移転しない場合の特例
　特定保有資産に係る譲渡等損失額については、特定適格組織再編成等が事業を移転しない適格分割若しくは適格現物出資又は適格現物分配である場合には、移転を受けた資産の時価と簿価との比較による特例を適用することもできます。

特定資産譲渡等損失額に対応する含み益があるかないかに着目した特例であるイの場合と異なり，事業が移転しない場合には，事業から生ずる収益は当然ありませんので，資産の含み益相当の特定資産譲渡等損失額について，制限が課されます。

ただし，この「事業を移転しない場合の特例」を適用する場合には，イの「時価評価による特例」は適用できません（法令123の9⑦）。そのため，いずれの特例を適用するのかということは，移転を受ける法人の時価純資産価額の状況や移転を受ける資産の時価の状況により法人にとって有利になるよう判断する必要があります。

なお，欠損金の使用制限については「時価評価による特例」を用い，特定保有資産については，この「事業を移転しない場合の特例」を用いることは可能であり，反対に欠損金の使用制限については「事業を移転しない場合の特例」を用い，特定保有資産については「時価評価による特例」を用いることも可能です。しかし，確実に不利になる選択であるため，通常は欠損金と特定保有資産について，同一の特例を用いることになります。

(イ) 特例の内容

移転を受ける資産の時価の合計額（以下，「移転時価資産価額」といいます。）と簿価の合計額（以下，「移転簿価資産価額」といいます。）との比較により，使用制限を受ける欠損金額は次のようになります。

　i　移転直前の移転時価資産価額が移転簿価資産価額以下である場合又はその移転時価資産価額がその移転簿価資産価額を超え，かつ，その超える部分の金額が特例切捨欠損金額[23] 以下である場合

この場合には，適用期間内の特定保有資産に係る特定資産譲渡等損失額はないものとされます。したがって，特定保有資産については，その譲渡等損失額が生じたとしても，全額が損金の額に算入されることとなります。

　ii　移転直前の移転時価資産価額が移転簿価資産価額を超える場合（移転時

---

[23] その内国法人の欠損金について，事業を移転しない場合の欠損金の使用制限の特例により制限が課される欠損金額とされた金額をいいます。

価資産超過額[24]が特例切捨欠損金額以下である場合を除く。）

　この場合には、適用期間内の日の属する事業年度におけるその事業年度の適用期間の特定保有資産に係る特定資産譲渡等損失額は、その特定資産譲渡等損失額のうち、移転時価資産超過額から特例切捨欠損金額及び実現済額[25]の合計額に達するまでの金額とされます。したがって、欠損金の使用制限を課される金額と特定保有資産に係る特定資産譲渡等損失額の合計額が移転時価資産超過額となります。

　(ロ)　特例の適用を受けるための要件

　事業が移転しない場合の特例の適用を受けるためには、特定保有資産について特定組織再編成事業年度の確定申告書に、「支配関係発生日における時価が帳簿価額を下回っていない資産並びに時価純資産価額及び簿価純資産価額等に関する明細書（別表十四(五)付表）」の添付があり、かつ、移転時価資産価額の算定の基礎となる事項を記載した書類その他の財務省令で定める書類を保存している場合に限り適用することとされています（123の9⑧）。

　また、特定組織再編成事業年度後の事業年度で適用期間内の日の属する事業年度（使用制限を受ける欠損金額と損金不算入となる特定保有資産に係る譲渡等損失額との合計額が移転を受けた資産の含み益相当額に達した後の事業年度は除きます。）について、同明細書を添付する必要があります（法令123の9⑧）。

　なお、この場合の「移転時価資産価額の算定の基礎となる事項を記載した書類その他の財務省令で定める書類」については、法人税法施行規則27の15の2第2項において、以下のように定められており、これらの保存が必要となります。

---

[24] 移転直前の移転時価資産価額が移転簿価資産価額を超える場合のその超える部分の金額をいいます。
[25] その事業年度前の適用期間内の日の属する各事業年度の特定保有資産に係る特定資産譲渡等損失額の合計額をいいます。

法人税法施行規則

(特定資産に係る譲渡等損失額の計算の特例)

第27条の15の2

2　令第123条の9第8項に規定する財務省令で定める書類は，次に掲げる書類とする。

一　令第123条の9第7項の特定適格組織再編成等により移転を受けた資産の当該移転の直前（適格現物分配（残余財産の全部の分配に限る。）にあつては，その残余財産の確定の時。以下この項において同じ。）における価額及び帳簿価額を記載した書類

二　次に掲げるいずれかの書類で前号の資産の同号の移転の直前における価額を明らかにするもの

　　イ　その資産の価額が継続して一般に公表されているものであるときは，その公表された価額が示された書類の写し

　　ロ　令第123条の9第7項の内国法人が，当該移転の直前における価額を算定し，これを当該移転の直前における価額としているときは，その算定の根拠を明らかにする事項を記載した書類及びその算定の基礎とした事項を記載した書類

　　ハ　イ又はロに掲げるもののほかその資産の価額を明らかにする事項を記載した書類

第7章　清算所得の各事業年度所得課税・期限切れ欠損金の損金算入

1　改正の概要

　平成22年度改正により，清算所得課税が廃止され，清算中の各事業年度においても各事業年度の所得に対する課税が行われることとなりました。この改正により解散・清算に係る法人税は大きく変更されました。
　まず，清算事業年度予納申告書，残余財産分配等予納申告書，清算確定申告書が廃止されました。解散後の事業年度も各事業年度の所得に対する法人税が課されることとされたことにより，提出する申告書も確定申告書を提出することになります。
　次に，残余財産の現物分配がされた場合の課税関係が整備されています。
　さらに，清算中の法人の課税方式が各事業年度所得課税に変わり，残余財産がない法人にも法人税が課される可能性があることから，清算中の法人で残余財産がないと見込まれる場合には期限切れ欠損金を損金の額に算入することができることとされました。
　単体課税の普通法人については，みなし事業年度についての改正はないため，解散により事業年度が終了する点は従来どおりとなります。連結子法人が解散した場合には原則としてみなし事業年度が設けられず，連結子法人が破産手続開始の決定を受けた場合のみ，みなし事業年度が設けられるとの改正が行われています。
　なお，平成22年度改正により公益法人等についても解散の日までのみなし事業年度が設けられました。

株式会社の解散後の事業年度は，破産手続の開始により解散をする場合を除き，定款で定めた事業年度にかかわらず会社法494条1項の清算事務年度となり，解散の日の翌日から1年間となります（法基通1-2-9）。その翌年以降も，毎年解散の日の翌日に応当する日から1年間となります。ただし，残余財産が事業年度の中途において確定した場合には，その事業年度開始の日から残余財産の確定の日までが一事業年度とみなされます（法法14①二十一）。

例えば，3月決算法人が9月10日に解散した場合には，その年の4月1日から9月10日までが一事業年度となり，その後は毎年9月11日から翌年の9月10日までが一事業年度となります。

2　前提となる事実

以下では，次のような資本関係において，S3社を清算するという前提で検討します。なお，S1社とS2社の税制は同様であるため，以下ではS2社とS3社について検討します。

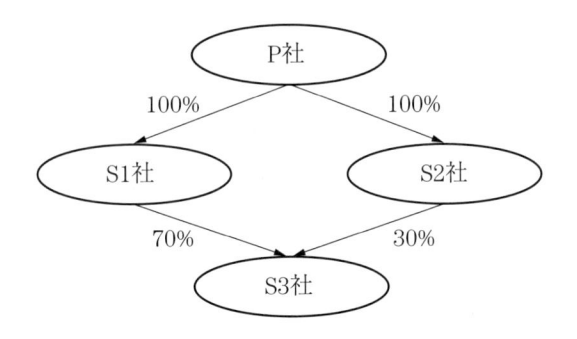

```
              P社
         100%    100%
         ↙        ↘
       S1社        S2社
         ↘ 70%   30% ↙
              S3社
```

- 残余財産確定の日　×7年11月30日
- P社グループの完全支配関係が生じた日（P社グループによるS3社の買収）×4年5月1日（同日前は，P社グループはS3社株式を一切有していなかった）

- P社グループはすべて3月決算法人
- S3社の残余財産確定の日を含む事業年度の当期所得 100（最後事業年度の事業税損金算入前）
- 最後事業年度の法人税及び地方税は40（うち、事業税5）
- 残余財産として現金及び現物資産があり、残余財産中、その他有価証券は、10年前から保有している資産である。この有価証券は×4年5月1日現在含み損を有しており、評価損資産に該当する。
- 現金及び有価証券以外の資産の時価は零である。
- 最後事業年度の期首現在利益積立金額 150

3　清算時のS3社の税務

（1）適格現物分配[1]

①　減価償却資産

　内国法人が適格現物分配（残余財産の全部の分配に限ります。）により被現物分配法人にその有する資産の移転をしたときは、その被現物分配法人に移転をした資産のその残余財産の確定の時の帳簿価額による譲渡をしたものとして、その内国法人の各事業年度の所得の金額を計算します（法法62の5③）。この適格現物分配は、残余財産の確定の日の翌日に行われたものとして法人税法の規定を適用します（法令123条の6②）。

　なお、残余財産の分配により適格現物分配を行った減価償却資産に減価償却超過額があった場合には、株主である内国法人（S2社）の損金経理額とみなします（法法31④）。

---

[1] 詳しくはⅡ第1章を参照してください。

② 一括償却資産

一括償却資産についても，上記①と同様の規定が適用されます。なお，参考として非適格現物分配の場合には，その一括償却資産の帳簿価額を，残余財産の確定の日の属する事業年度の損金の額に算入します（法令133の2④）。

③ 前払費用

前払費用についても，上記①と同様に帳簿価額が引き継がれます。ただし，その前払費用の内容が，清算法人において支払った債務の保証料であり，株主である法人においてこの保証を受けないような場合には，当然清算法人において保証契約の終了時に損金の額に算入します。

④ 繰延資産

残余財産の全部の分配が，適格現物分配に該当する場合には，残余財産確定時の繰延資産は，被現物分配法人に，現物分配直前の帳簿価額により引き継がれます（法法32④一）。

ただし，解散後事業を廃止することによる店舗の閉鎖や契約の終了などに伴い，更新料などの繰延資産の一部は，被現物分配法人（S2社）に引き継がれずに，現物分配法人（S3社）において損金の額に算入されることも多いと思われます。

⑤ 有価証券

有価証券についても，S3社においては残余財産の確定の時の帳簿価額により譲渡したものとされ（法法62の5③），S2社においては同価額により取得したものとされます（法令123の6①，119③）。

⑥ 繰延消費税額等

残余財産の全部の分配が，適格現物分配に該当する場合には，残余財産確定時の繰延消費税額等は，被現物分配法人に現物分配直前の帳簿価額により引き継がれます（法令139の4⑫一）。

⑦ 貸倒引当金の計上

残余財産の全部の分配が適格現物分配である場合には，個別評価貸倒引当金，一括評価貸倒引当金共に，その計上が認められます（法法52①，②）。

計上された貸倒引当金は，株主である内国法人（被適格現物分配法人，S2社）に引き継がれ，S2社の「S3社の残余財産が確定した日」の翌日の属する事業年度の益金の額に算入することとされました（法法52⑧・⑪）。

参考として，残余財産の分配が非適格現物分配に該当する場合には，個別評価貸倒引当金，一括評価貸倒引当金は，ともに認められません（法法52①，②）。非適格現物分配は時価による譲渡をしたものとされますので，貸倒懸念債権等がある場合には貸倒れリスク分だけ低い価額が時価となり，債権の売却損が生じることになります。

なお，上記資産すべてについて，消費税法上は上記のような規定はなく，残余財産の全部の分配は対価性のない行為ですので資産の譲渡等に該当しません（消法2①八）。

（2） 適格現物分配に係る源泉徴収

適格現物分配が行われた場合には，みなし配当に対する源泉徴収義務はありません（所法181①，24①）。

しかし，実際には前提のように現金も同時に分配されることが多いと思われます。この場合には，現金の分配と現物資産の分配の2つの取引が同時に行われたと考えます。現金の配当は適格現物分配に該当しないため，源泉徴収義務が生じます。この場合，みなし配当を計算する上で「株式又は出資に対応する部分の金額」をどう計算するか，という問題が生じます。

法人税法施行令23条1項3号は「株主又は出資に対応する部分の金額」を，現物分配に係る部分と現金に係る部分に分けて計算する構造になっていないため，現金に係る部分の計算方法が不明となります。この場合には，プロラタ計算をするものと思われますが，詳細はS2社の税務処理のところで検討します。

（3） 事 業 税

事業税の損金算入時期は，申告書が提出された日の属する事業年度とされています（法基通9-5-1）。しかし，残余財産の確定後に申告書を提出する事業

税については損金の額に算入する機会がありません。そこで，残余財産の確定の日の属する事業年度に係る事業税の額は，その事業年度の損金の額に算入することとされました（法法62の5⑤）。この金額は別表四の43欄で減算することとなります。

この規定により各事業年度の所得の金額が減少しますが，事業税の所得割の課税標準の算定では，法人税法62条の5第5項の規定によらないもの，とされているため，所得金額の循環計算は生じません（地法72条の23①）。

（4） 残余財産確定の日後の行為と法人税

① 従来の制度

法人税法上は残余財産の確定の日までが一事業年度とされています。そして，残余財産の確定後に，株主へ残余財産を分配することになります。この残余財産に現物の資産が含まれている場合には[2]，法人税法上どのように扱われるかという問題が生じています。

旧法では清算所得課税が行われており，清算所得の金額は残余財産の価額から解散時の資本金等の額と利益積立金額等との合計額を控除した金額とされていました（旧法法93①）。

ここでは単に「残余財産の価額」つまり時価とされており，その評価時点については「法人の残余財産の分配は，原則として金銭でなされるのであるが，現物によってもなされうるのである。特に法定清算の場合と異なって，総社員の同意をもってなす任意清算の場合においては，現物分配が広く行われる。このように，残余財産のうちに現物を含む場合は，その現物については残余財産確定の時の時価により評価すべきこととなる。また，残余財産確定前に一部現物分配がなされているときには，残余財産の計算上は，その一部分配された現

---

[2] 「旧商法では，総株主の同意がある場合に限り金銭以外の財産の分配が可能と解されていたが，会社法では金銭分配請求権を保障することにより，一般的に認められることとなった（相澤哲編著『立案担当者による新・会社法の解説』149頁（商事法務，平成18年5月））。」

物についてはその分配の時の時価による。(武田昌輔編著『DHCコンメンタール法人税法』4974頁(第一法規))」と解されていました。

このため，残余財産中に上場有価証券など値動きの激しい財産がある場合，残余財産確定時から残余財産の分配時までに価格変動が生じることになりますが，この価額変動は，法人税法上，清算法人においては課税されないこととなるものと思われます。

② 平成22年度税制改正による時価変動の取扱い

イ 非適格現物分配

平成22年度税制改正により，残余財産の確定後に残余財産の全部の分配(法人税の申告後に行われる)が行われる場合には，残余財産の確定の時の価額による譲渡をしたものとされ(法法62の5①)，かつ，その譲渡損益は残余財産の確定の日の属する事業年度のS3社の所得の金額に反映されます(同条②)。この譲渡損益は，別表四の40欄で加減算(流出)処理をすることにより，益金の額又は損金の額に算入します。

S3社の株主であるS2社における取得価額については別途検討が必要ですが，この点については後掲，「S3社清算時のS2社の税務」で検討します。

ロ 適格現物分配

残余財産の全部の分配が適格現物分配に該当する場合には，残余財産の確定の日の翌日に，清算法人の残余財産の確定の時の帳簿価額による譲渡をしたものとして計算しますので，残余財産の確定から残余財産の分配までの間の時価変動は影響がありません(法法62の5③，法令123の6)。

③ 譲渡損益調整勘定

譲渡損益調整勘定の戻入れは，完全支配関係を有しなくなった日の前日の属する事業年度において，益金の額又は損金の額に算入されます(法法61の13③)。

会社の清算により完全支配関係がなくなる日は，清算結了の日です。しかし，法人の事業年度は残余財産の確定の日で終了しており，清算結了の日の前日は事業年度がありません。したがって，譲渡損益調整勘定を益金の額又は損金の

額に算入する機会がなくなってしまう，という弊害が生じます。
　この点について立法担当者は，次のように解説しています。

「残余財産が確定し，法人が消滅した場合にも，完全支配関係を有しなくなったこととして上記により譲渡利益額及び譲渡損失額が計上されることとなります。なお，この場合の完全支配関係を有しないこととなった日は，残余財産の確定の日の翌日となると考えられます。」[3]

　この解説では，なぜ残余財産が確定した日の翌日に完全支配関係を有しなくなるのかが明らかではありませんが，法的な根拠は不明なものの実務的な解決が図られています。

④　残余財産の確定後の損益
イ　残余財産に関する収益及び費用

　残余財産の分配は，通常，最終事業年度の確定申告で源泉所得税，利子割等の還付申告を行うことが多いため，これらの債権の回収を待って行うことになります。このため，残余財産の確定から分配までの期間は，数カ月を要することが多いものと思われます。

　このため分配残余財産の確定後，分配をするまでの間に，分配財産の維持管理に費用がかかる場合があります。例えば分配財産が不動産である場合には，突発的な事情（看板が道に落下しそうであり，すぐに補修が必要な場合等）により残余財産の確定後，分配をするまでの間に修繕をしなければならないとか，ゴルフ会員権等の年会費を支払う等，その他想定することのできない費用が生じることがあるでしょう。

　これらの費用が生じた場合には，現物財産の分配を受ける株主の費用として処理することが，残余財産の確定の日の時価で譲渡したものとして扱う法制度（法法62の5①）と整合的であると考えます。

---

[3] 『平成22年度　税制改正の解説』199頁
　http://www.mof.go.jp/jouhou/syuzei/kaisetsu22/index.htm

収益についても同様で，例えば，賃貸不動産を借家人がいる状態で株主に現物分配をするような場合には，残余財産確定後から現物分配までの期間の家賃収入が生じます。この収入も現物財産の分配を受ける株主の収入と考えるべきでしょう。

この他，残余財産確定後，現物分配前に消滅してしまった資産（例えば，金銭債権の貸倒れが考えられます。）があった場合には，被現物分配法人に譲渡したことにならず，貸倒損失も残余財産の確定後であるため，被現物分配法人の損益にも反映しないという問題が生じます。

これに対し，債権が貸倒れで消滅する可能性がある場合には残余財産が確定したとはいえないのではないか，との見解が考えられます。しかし，残余財産が確定し適格現物分配をする場合には，貸倒引当金の計上と引継ぎが認められていることからも，貸倒れで消滅する可能性がある債権があっても残余財産は確定することがわかります。また，そもそも貸倒れの可能性がまったくないという債権はないでしょう。

この問題については，文理上はどちらの法人の損失とすることもできない，と解することもできますが，上記の収益費用と同様に株主における貸倒れとして処理をすると解します。

以上の点についても，課税庁ができるだけ速やかに見解を明らかにすべきと考えます。公的な見解が明らかになるまでは，上記のように解することが適切と思われます。

ロ　清算のための費用

残余財産の確定後，清算確定までの間には種々の費用が生じます。例えば，清算確定申告のためには税理士への報酬が，清算結了の登記のためには司法書士の報酬が，株主に分配をするためには送金手数料等がかかります。

このような費用は，本来清算法人において負担すべきものですから，清算法人の最後事業年度において未払経理をし，損金の額に算入することとなると思われます。

(5) 欠損金の引継ぎ[4]

① 欠損金の引継ぎ

株主である内国法人との間に、その内国法人による完全支配関係又は法人税法2条12号の7の6に規定する相互の関係がある他の内国法人で、清算法人の株主である法人が発行済株式の全部又は一部を有するものの残余財産が確定した場合には、清算法人の欠損金の引継ぎが行われます。清算法人の法人株主の「清算法人の残余財産が確定した日」の翌日の属する事業年度以後の各事業年度においては、清算法人の未処理欠損金額は、株主である内国法人において生じたものとみなされます（法法57②）。

清算法人に二以上の株主がある場合には、清算法人の欠損金は次の算式により按分した金額を株主である内国法人に引き継ぐこととなります。

株主である内国法人が引き継ぐ欠損金
 ＝欠損金×株主である内国法人の有する清算法人株式の数
　　÷清算法人の発行済株式数（自己株式を除く。）

欠損金の引継ぎ規定は、清算法人の残余財産が確定することが要件であり、残余財産の分配をしたか否かは関係ありません。

後述する株主である内国法人の欠損金の繰越制限との違いに気を付けて下さい。

② 欠損金の引継ぎ制限

法人株主と発行法人の間の支配関係が、残余財産の確定の日の翌日の属する法人株主の事業年度開始の日の5年前の日、清算法人の設立の日、清算法人の法人株主の設立の日のうち最も遅い日から継続して清算法人の法人株主と清算法人との間に支配関係がある場合として一定の場合を除き、清算法人の次に掲げる欠損金額は、被現物分配法人に引き継がれません（法法57③）。

---

[4] 詳しくは第2章3節3を参照してください。

イ 支配関係事業年度前の事業年度の欠損金額

　清算法人の支配関係事業年度（清算法人と株主である内国法人との間に最後に支配関係があることとなった日の属する事業年度をいいます。）前の各事業年度で前7年内事業年度に該当する事業年度において生じた欠損金額（清算法人において既に前7年内事業年度の所得の金額の計算上損金の額に算入されたもの及び欠損金の繰戻還付の規定により還付を受けるべき金額の計算の基礎となったものを除きます。②において同様です。）

ロ 特定資産譲渡等損失額に相当する金額からなる部分の金額

　清算法人の支配関係事業年度以後の各事業年度で前7年内事業年度に該当する事業年度において生じた欠損金額のうち法人税法62条の7第2項（特定資産に係る譲渡等損失額の損金不算入）に規定する特定資産譲渡等損失額に相当する金額から成る部分の金額として一定の金額

　なお，残余財産の確定の場合の引継ぎ制限においては，合併の場合とは異なり，みなし共同事業要件はありません。

　本設例では，×4年5月1日に支配関係が生じていますので，×4年3月31日以前の欠損金を引き継ぐことができません。また，×4年4月1日以後に生じた特定資産譲渡等損失額に相当する金額も引き継ぐことができません。

　ただし，本設例では，次に説明する欠損等法人の欠損金の繰越制限，引継制限により，清算法人最後事業年度に繰り越される欠損金，株主である内国法人に引き継がれる欠損金はないこととなります。

(6) 欠損等法人の欠損金の繰越制限，引継ぎ制限

　S3社は，P社グループと特定支配関係を有した×4年5月1日を含む事業年度（特定支配事業年度）において，欠損等法人に該当します（法法57条の2①）。S3社はP社グループと株式の売買により×4年5月1日に完全支配関係が生じ，同日から5年を経過した日の前日までに残余財産が確定しています。このような場合には，欠損等法人の欠損金の繰越し，引継ぎの制限規定の検討が必要となります。

S3社は，特定支配日（×4年5月1日）以後5年を経過した日の前日までに支配日の直前において，会社を清算したことにより，営む事業のすべてを特定支配日以後に廃止しています。さらにS3社の残余財産は，特定支配日以後5年を経過した日の前日までに確定し，適格現物分配により特定資産をS2社に移転しています。

　この場合には，残余財産確定の日の属する事業年度が適用事業年度となり，適用事業年度前の各事業年度において生じた欠損金額については，青色欠損金の繰越し控除の規定が適用されません（法法57の2①四）。

　したがって，青色欠損金がある清算法人であっても，上記検討のとおり欠損金の損金算入の規定の適用はなく，法人税が生ずることとなります。ただし，期限切れ欠損金がある場合には，期限切れ欠損金の損金算入の規定の適用があります（法法59③）。

　また，この場合には，適用事業年度前の各事業年度において生じた欠損金額は，株主である内国法人（S2社）に引き継ぐことができません（法法57条の2⑤）。したがってS3社の適用事業年度，すなわち最後事業年度に生じた欠損金額のみ，株主である内国法人に引き継ぐことができることになります。この設例では最後事業年度が黒字であるため青色欠損金は生じておらず，S2社に引き継がれる欠損金額はないということになります。

　法人をM&A等で買収し，支配関係が生じた日以後5年を経過する日までに法人を清算する場合には，この規定の適用を受ける場合が多いと思われますので，注意が必要です。

（7）　期限切れ欠損金の損金算入

①　制度の概要

　平成22年度改正により，内国法人が解散した場合において，残余財産がないと見込まれるときは，その清算中に終了する事業年度の所得の金額の計算上，次に掲げる算式で計算した金額は損金の額に算入されることとされました（法法59③）。

> 損金算入額(法令118) = 期首欠損金額 − 青色欠損金の損金算入額
> (注) 災害損失金の当期控除額については省略しています。

　上記の算式からもわかるとおり，最初に青色欠損金が控除され，その次に期限切れ欠損金の損金算入が行われる，という順番となっています。

　この場合の期首欠損金額とは，その申告する事業年度の別表五（一）の期首現在利益積立金額の合計額がマイナスである場合の，その金額とされています（法基通12-3-2）。

　その清算する会社が債務超過である場合には「残余財産がないと見込まれるとき」に該当することとされ（法基通12-3-8），その判定時期は，その事業年度終了の時の現況によります（法基通12-3-7）。

　この規定の適用を受けるためには，確定申告書に別表七（二）（会社更生等による債務免除等があった場合の欠損金の損金算入に関する明細書）を記載し，かつ，残余財産がないと見込まれることを説明する書類の添付が必要ですが（法法59④，法規26の6三），この書類は，その事業年度終了の時の実態貸借対照表が該当します（法基通12-3-9）。この実態貸借対照表を作成する場合における資産の価額は，その事業年度終了の時における処分価額によりますが，その法人の解散が事業譲渡等を前提としたものでその法人の資産が継続して他の法人の事業の用に供される見込みであるときには，その資産が使用収益されるものとしてその事業年度終了の時において譲渡される場合に通常付される価額によります（法基通12-3-9（注））。

　本設例では，残余財産があるため，残余財産がないと見込まれるときに該当しません。したがって，期限切れ欠損金の損金算入の規定の適用を受けることはできません。

② この制度の問題点

　この制度の趣旨について，立法担当者は次のように説明しています。

「清算所得課税においては，清算中に損益法で計算した場合の所得の金額が

生じたとしても，残余財産がない場合には最終的に清算所得が0となるところでしたが，清算中の所得に対して通常所得課税が行われることとなると，債務免除等があった場合には残余財産がないにもかかわらず税額が発生する場合があることとなります。そこで，このような場合に対応するため，残余財産がないと見込まれるときには，所得の金額を限度として期限切れ欠損金を損金算入することにより，税額が生じないようにするものです。」[5]

しかし，残余財産がない場合においても，本設例でもあるように資産に含み損があり，帳簿上の純資産はプラスであり，別表五（一）の期首現在利益積立金額の合計額もプラスであるという場合もあります。このような場合に，残余財産がないと見込まれても期限切れ欠損金自体がないため，損金の額に算入する金額がありません。

このため，残余財産がない場合にも法人税，地方税が生じる場合があり，他の一般債権者への債務の支払に優先して租税債権を払わざるを得ず，「残余財産がないにもかかわらず税額が発生する場合がある……このような場合……税額が生じないようにする」という立法者の趣旨に合わないケースが出てくるものと思われます。

さらに，下記「5　設例」のS2社においても出てきますが，平成22年度税制改正により，完全支配関係のある会社の株式をその会社に譲渡した場合には，譲渡損益は資本金等の額で調整され，資本金等の額がマイナスとなるケースが増えるものと思われます。

このような場合には何らの法律上の手当てもなく，残余財産がない場合にも法人税・地方税の課税が生じる可能性があります。

---

[5] 『平成22年度　税制改正の解説276頁』

(8) その他

① 留保金課税
清算中の各事業年度の留保金額には留保金課税はかかりません（法法67①）。

② 中間申告
清算中の法人には，中間申告の義務はありません（法法71①）。

③ 交際費
平成22年度改正により，清算中の事業年度においても交際費の損金不算入の規定の適用を受けることとされました（措法61の4①）。

④ 所得税額・利子割の還付
平成22年度改正により，清算中の各事業年度の法人税から控除しきれなかった所得税の金額が還付されることとされました（法法78①）。

利子割額についても同様に還付されることとなりました（地税53㊶）。

また，平成22年度改正前は，清算事業年度予納申告書では，利子割額の還付金を均等割に充当することができませんでしたが（旧地税53㊺），これについても，同改正により，均等割充当の申出がある場合には，充当が可能となりました（地法53㊵）。

⑤ 外形標準課税
平成22年度改正後も，同改正前と同様に，清算中の法人は資本金等の額は無いものとみなされ，資本割は課されません（地法72の21①）。

ただし，平成22年度改正により，連結子法人が破産手続開始の決定を受けた場合以外の理由により解散したときは，その連結事業年度開始の日から解散の日までの期間の月数を乗じて得た額を12で除して計算した金額とされました（地法72の21①③）。

これは，連結子法人が破産以外の理由により解散した場合には連結子法人の事業年度中途の解散により事業年度が終了しないこととされたため（地法72の13⑭），これまでの課税関係を維持することとしたものです。

4　S3社清算時のS2社の税務

（1）譲渡収入の特例

　完全支配関係にある法人から残余財産の分配を受けた場合，又は残余財産の分配を受けないことが確定した場合には，清算法人の株主（S2社）は，清算法人（S3社）へ清算法人の株式（S3社株式）を譲渡したものと扱われます。

　この場合の譲渡収入は譲渡原価の額に相当する金額と改正されました（法法61条の2⑯）。したがって，S2社は，S3社の残余財産の分配によるS3社株式の譲渡損益は零となります。

　ただし，業績悪化や所有資産の時価下落により時価純資産価額が低下しており，S2社のS3社株式の購入時の時価純資産価額に比しておおむね2分の1以下に低下しているようなケースにおいては，S2社においてS3社株式の評価減をすることができます（法令68①二ロ，法基通9-1-9（2））。

　評価減の規定は，その帳簿価額と，評価換えをした日の属する事業年度終了の時におけるその資産の価額との差額に達するまでの金額について損金の額に算入できるとするものです（法法33②）。このためS2社は，×7年3月31日の属する事業年度において評価減し損金の額に算入しない限り，損金算入の機会を失うことになります（S3社の残余財産の確定の日の属するS2社の事業年度では評価損は計上できません。）。

（2）取得価額等

①　減価償却資産

イ　適格現物分配

　内国法人が残余財産の全部の分配による適格現物分配により，被現物分配法人にその有する資産の移転をしたときは，その被現物分配法人に移転をした資産のその残余財産の確定の時の帳簿価額による譲渡をしたものとして，その内

国法人の各事業年度の所得の金額を計算します（法法62の5③）。

　このため，被現物分配法人においては，現物分配法人の残余財産の確定の日の翌日に，上記帳簿価額により取得したものとされます（法令123の6）。なお，この規定は付随費用についてなんら言及していませんが，法の趣旨から被現物分配法人（S2社）が事業の用に供するための付随費用は取得価額に算入すると解すべきと考えます。

　上記と異なり，減価償却費を計算する上での取得価額については，現物分配法人（S3社）の取得価額に被現物分配法人（S2社）の付随費用を加算した金額を，被現物分配法人の取得価額とします（法令54①）。定額法など取得価額が減価償却費の計算に影響を及ぼすような償却方法を採用している場合には，注意が必要です。

　さらに，取得日の特例も設けられています。減価償却費を計算する上では，法人税法施行令48条及び48条の2の規定の適用上，現物分配法人（S3社）の取得の日を被現物分配法人（S2社）の取得の日とみなすこととされています（法令48条の3）。減価償却資産は，平成19年4月1日以降に取得したか否かで減価償却の方法が異なることとなりますが，この取得日の判定は，被現物分配法人（S2社）においても，現物分配法人（S3社）の取得日をもって行うこととなります。そして，減価償却資産を適格現物分配により取得した場合には，現物分配法人の減価償却超過額は，被現物分配法人の損金経理額とみなされます（法法31④）。

　ロ　非適格現物分配

　平成22年度改正後の規定では，残余財産の全部の分配をする場合には，適格現物分配となる場合を除き，清算法人が残余財産を残余財産の確定の時の価額による譲渡をしたものとされます（法法62の5①）。この譲渡による損益は，残余財産の確定の日の属する事業年度の益金の額又は損金の額に算入します（法法62の5②）。

　一方，残余財産の分配を受けた株主は，取得した資産の取得時の時価を取得価額とします（例えば，有価証券であれば法令119①二十六）。しかしこのよ

うに解すると，清算法人と株主である法人は，時価を認識する時点が異なります。これは例えば，上場株式のように残余財産確定後，分配までの間に値動きがあると思われる資産については重要な問題となります。また，株主である法人は，残余財産の分配を受けてみなし配当の認識を行いますが，このみなし配当の認識（貸方）と資産の取得（借方）の認識時点が異なる，ということさえ起こる可能性があります。

　この点については，現物分配法人（清算法人）の所得の金額の計算上，残余財産確定の時の時価で譲渡したものとみなしていることから，被現物分配法人（S2社）も同日の時価で所得したと考えることが整合的であると考えます。

　つぎに，株主の資産の取得，株式の譲渡，みなし配当の認識時をいつとすべきかという点について，みなし配当の計上時期に関する法人税基本通達2-1-27(4)，株式の譲渡損益の認識時期に関する法人税法施行規則27条の3第14号等を考慮し，残余財産の確定の日の翌日の属する事業年度又は残余財産の分配を受ける日の属する事業年度とすることとするのが適当ではないかと考えます。

　なお，上記は，残余財産の株主等への帰属の時期等に関する取扱いが明確でない中で一つの取扱いの案を述べたものであり，税務当局がこのように取り扱うこととなるとは限らないという点に留意して頂く必要があるわけですが，税制度の状態の如何にかかわらず，清算の事案は日々発生することとなりますので，早期に，残余財産の株主等への帰属の時期等に関する取扱いが明らかになることを期待します。

ハ　被現物分配法人の帳簿価額について「会計上の簿価≠税務上の簿価」となる場合の手当て

(イ)　清算法人に減価償却超過額がある場合

　残余財産の分配により適格現物分配を行った減価償却資産に減価償却超過額があった場合には，株主である内国法人（S2社）の損金経理額とみなしますが（法法31④），非適格現物分配の場合には，時価で譲渡したものとされるためこのような規定はありません。

被現物分配法人（S2社）の非適格現物分配による現物分配財産の取得価額は、前述のとおり清算法人（S3社）の残余財産の確定の時の価額と考え、償却超過額等は考慮しません。

(ロ)　「会計上の簿価＜税務上の簿価」

適格現物分配の場合は、会計上の帳簿価額が税務上の帳簿価額に満たない場合には、その満たない金額は、その適格現物分配の日の属する事業年度前の各事業年度の損金経理額とみなされます（法法31⑤、法令61の4の表の一）。

非適格現物分配の場合は、会計上の帳簿価額が税務上の取得価額に満たない場合には、その満たない金額は、その現物分配の日の属する事業年度前の各事業年度の損金経理額とみなされます（法法31⑤、法令61の4の表の二）。

会計上の現物配当の処理は、剰余金の配当（会454条）についての取扱いですが、現物配当は原則として現物分配法人において時価に評価換えされて分配されることとなり、一方、企業集団内の配当等一定の場合には評価替えされず、帳簿価額により剰余金を減少させることとされています（自己株式及び準備金の額の減少等に関する会計基準の適用指針第10項)[6]。この取扱いが企業結合における共通支配下の取引に準じていることから（同指針38項）、現物分配法人において時価に評価換えされなかった場合には、その現物分配法人の帳簿価額を被現物分配法人の帳簿価額とすることになると思われます。

この剰余金の配当の取扱いを残余財産の分配において参考とするのであれば、共通支配下取引に該当する場合には、会計上は時価に評価換えされず帳簿価額により移転することになり、税法上は時価が取得価額とされるため、分配資産に含み益がある場合には、会計上の帳簿価額100に対し、税務上の帳簿価額は120とされ、差額の20は減価償却費として損金経理が不可能となり、減価償却することができなくなるという問題が生じます。このような問題を解決するため、法人税法31条5項、同法施行令61条の4において現物分配についても上記のように整備が行われました。

---

[6] この規定は残余財産の分配について直接規定しているものではないため、会計上は異なる処理が選択される可能性がある。

② 一括償却資産

一括償却資産についても，上記①と類似し，適格現物分配の場合には，現物分配法人の取得価額，帳簿価額を被現物分配法人に引き継ぐとの規定が設けられています（法令133の2⑦一，⑨，⑩）。

なお，残余財産が確定した場合において，その残余財産の分配が適格現物分配に該当しない場合には，残余財産の確定の日の属する事業年度終了の時における一括償却資産の金額（償却後の価額）は，その事業年度の損金の額に算入します（法令133の2④）。

③ 前払費用

前払費用についても，適格現物分配の場合には，清算法人（S3社）の帳簿価額を株主である内国法人（S2社）の取得価額とします（法令123条の6①）。

④ 繰延資産

繰延資産についても，適格現物分配の場合には上記①に類似し，現物分配法人の帳簿価額を被現物分配法人に引き継ぐとの規定が設けられています（法法32④一）。

⑤ 有価証券

有価証券については，被現物分配法人の残余財産の確定の日の翌日に，同法人の帳簿価額により取得したものとされるため（法令123の6），法人税法施行令119条1項の規定は適用されません（法令119③）。

（3） 利益積立金額の増加

① 利益積立金額

株主である内国法人が清算法人の残余財産の確定後，適格現物分配による残余財産の分配を受けた場合には，次の算式により計算した金額は利益積立金額の増加額とされます。

> 利益積立金額＝適格現物分配直前の帳簿価額－株式対応部分
> 株式対応部分＝払戻等対応資本金額等（注）÷払戻し等に係る株式総数
> 　　　　　　×払戻し等に係る所有株式数
> 注：払戻等対応資本金額等＝直前資本金額等×一定の割合（＊1）
> ＊1：一定の割合（小数点以下3位未満切上げ）＝イ÷ロ
> 　　　イ＝適格現物分配直前の帳簿価額
> 　　　ロ＝払戻直前の事業年度終了の時の簿価純資産価額（払戻し直前までの資本金等の額の増減を加減する。）
> - 払戻し等の直前の資本金等の額（以下「直前資本金額等」といいます。）が零以下のである場合には，零とする。
> - 直前資本金額等が零を超え，かつ，イの金額が零以下である場合は1とする。
> - 直前資本金額等が零を超え，かつ，残余財産の全部の分配を行う場合は1とする。

　なお，上記算式中ロの「払戻直前の事業年度終了の時」とは，正確には「払戻法人の当該払戻し等の日の属する事業年度の前事業年度終了の時」を指します。残余財産の確定後に残余財産の全部の分配をする場合には，「残余財産の分配」が「払戻し等」となります。そうしますと，払戻し等の日は事業年度がないため，「払戻法人の当該払戻し等の日の属する事業年度」もない，という結果となります。

　このため，どの事業年度の簿価純資産価額を使って計算すべきか，課税庁において早急に明らかにすべきです。本書では，課税庁の見解が明らかになるまでの間は，残余財産確定の日の属する事業年度末の簿価純資産価額を使って上記計算をすることが適当であると考えます。

② 配当金の益金不算入の規定の不適用

　注意点として，残余財産の分配は法人税法24条1項3号のみなし配当事由に該当し，法人税法23条1項第1号に掲げる金額とみなされますが，同条1

項において適格現物分配が除外されているため，適格現物分配によりみなし配当とされる金額は配当金の益金不算入の規定を受けることはありません。したがって，この金額について別表八の記載も不要です。

ただし，この金額は益金の額に算入されるものではなく，同法62条の5第4項において益金の額に算入しないと定められ，同額の利益積立金額が増加することとされています。

（4） 受取配当金の益金不算入

残余財産の分配を行う場合には，現物と現金とを同時に分配する場合が多いと思われます。この場合には，現物の分配と現金の分配と2つの取引が同時に行われたものと考えます[7]。

この場合，適格現物分配と異なり現金の分配は，法人税法23条1項での除外規定が働かないため，分配を受けるの現金のうちみなし配当とされる金額は，受取配当金の益金不算入の規定の適用を受けることにより益金不算入となります。

平成22年度税制改正により，完全子法人株式等につき受ける配当の益金不算入の計算上は，負債利子は控除しないこととされました（法法23④一）。別表八の添付などの手続要件については，従前通りです（法法23⑦）。なお，完全子法人株式等とは配当等の額の計算期間を通じて内国法人との間に完全支配関係のあった他の内国法人の株式等を指しますが，みなし配当の場合には，その支払に係る効力が生ずる日の前日においてその内国法人と他の内国法人との間に完全支配関係がある場合とされています（法法23⑤，法令22条の2①）。

---

[7] 立法者の見解として「例えば残余財産の分配などの場合において，金銭と金銭以外の資産の両方が分配されることもあるところですが，このような場合には，金銭の分配と金銭以外の資産の交付を別々の取引として捉えることになるものと考えられます。（『平成22年度 税制改正の解説』211頁）としています。

(5) 資本金等の額

残余財産の分配により完全支配関係のある他の内国法人から金銭等の分配を受けた場合，又は残余財産の分配を受けないことが確定した場合には，次の算式により計算した資本金等の額が減少します（法令8①十九）。

```
資本金等の額の減少額＝解散による残余財産の分配によりみなし配当と
                    される金額＋清算会社株式（S3社株式）の譲渡
                    原価の額－適格現物分配により取得した資産の
                    帳簿価額
```

上記算式を仕訳形式で示すと，次のようになります。

取得資産	×××	子会社株式	×××
資本金等の額	×××	利益積立金額	×××
		みなし配当	×××

(6) 欠損金の繰越し制限

清算法人の株主（S2社）と清算法人（S3社）との間の支配関係が，残余財産の確定の日の翌日の属する清算法人の株主（S2社）の事業年度開始の日の5年前の日，被現物分配法人の設立の日又は清算法人の設立の日のうち最も遅い日から継続して被現物分配法人と清算法人との間に支配関係がある場合として一定の場合を除き，被現物分配法人（S2社）の次に掲げる欠損金額はないものとされます（法法57④）。

なお，合併の場合と異なり，欠損金の繰越し制限の規定上，適格現物分配の場合にはみなし共同事業要件はありません（法令112⑦）。

① **支配関係事業年度前の事業年度の欠損金額**（法法57④一）

支配関係事業年度（清算法人の株主（S2社）と清算法人（S3社）との間に最後に支配関係があることとなった日の属する事業年度をいいます。以下同

じ。）前の事業年度に生じたS2社の欠損金は繰り越せません。設例では×4年5月1日に支配関係が生じているため，×4年3月31日までの事業年度の欠損金額はないものとされます。

② 特定資産譲渡等損失額に相当する金額からなる部分の金額（法法57④二）

内国法人の支配関係事業年度以後の各事業年度で前7年内事業年度に該当する事業年度において生じた欠損金額のうち法人税法62条の7第2項に規定する特定資産譲渡等損失額に相当する金額から成る部分の金額として政令で定める金額はないものとされます。

③ 青色欠損金の繰越し制限の特例

青色欠損金の繰越し制限の特例は複数ありますので，ここでは下記「5　設例」の数値を使い，残余財産の分配の場面で特に影響が大きい規定を概観することとします。

S2社は，支配関係事業年度の前事業年度終了時の時価純資産超過額が600あります。残余財産の確定の時の適格現物分配に係る資産の簿価純資産価額は60（200（現金除く。）×30％）ですが，時価純資産価額は9（30×30％）となっています。このような場合には，①の欠損金額の繰越制限の特例が設けられています。本設例で適用を受けることができる特例規定は下記の2つです。

イ　支配関係事業年度の前事業年度終了時に「時価純資産超過額≧支配関係前未処理欠損金額」又は「支配関係前未処理欠損金額」がないとき（法令113④，①一）

本設例では「時価純資産超過額（600）≧支配関係前未処理欠損金額（500）」となり，この場合には，法人税法57条4項各号に掲げる欠損金額はないものとされます[8]。

---

[8] 法人税法施行令113条の4項の読替え規定を適用後は「57条第3項各号に掲げる欠損金額は，ないものとする。」となるが，条理上ここは「57条第4項」となるはずである。同令113条の4項前段において「準用する」とあるので，読替え規定はないが，本文のように変更を加えて解釈している。

307

これは，時価純資産超過額，つまり，含み益が繰越欠損金より大きい場合には，繰越欠損金の損金算入を認めても含み益が実現した時に課税が行われ租税回避に利用される恐れはない，との理由で設けられた規定であろうと思われます。

　この規定の適用を受ける場合には，確定申告書に一定の書類を添付するなどの手続き規定が設けられています（法令113条④，②）。

　ロ　残余財産の移転直前に「移転時価純資産価額≦移転簿価純資産価額」となる場合（法令113⑤一）

　本設例では，イの適用を受けると欠損金の繰越控除が全額可能となるため本特例の検討は不要ですが，平成22年度改正において新たに設けられた規定であるため，念のため検討を行います。

　設例では「移転時価純資産価額（9）≦移転簿価純資産価額（60）」となるため，法人税法57条4項各号に掲げる欠損金額はないものとされます。

　この特例もイと同様に手続き規定が定められています。

　この規定は，被現物分配法人（S2社）に青色欠損金があり，現物分配により含み損のある資産の移転を受ける場合には欠損金の繰越制限をしない，という制度です。

　イのように被現物分配法人（S2社）の含み益と欠損金額とを比較する場合には，含み益が欠損金額より大きい場合に欠損金額の繰越制限がなくなります。一方，現物分配により移転された資産の含み損益に着目して特例を受ける場合には，同資産に含み損があれば，欠損金額の繰越制限はなくなります。このように両特例は，一見すると正反対のようにも見え，勘違いしやすいため注意が必要です。

　詳細については，「Ⅱ第6章1　欠損金の取扱い」を参照して下さい。

(7) 特定保有資産，特定引継資産の特定資産譲渡等損失額の損金不算入

① 原　　　則

　平成22年度改正により適格現物分配が行われた場合には，現物分配法人（S3社）から分配された特定引継資産，被現物分配法人（S2社）が有していた特定保有資産の特定資産譲渡等損失額の損金不算入（法法62条の7①）の規定の適用を受けることとされました。

　S3社の有するその他有価証券は，支配関係発生日前から有しており，S2社に移転しているため，特定引継資産に該当します（法法62条の7②一）。このため，適用期間内に譲渡，評価換え等の譲渡等特定事由が生じた場合には，特定資産譲渡等損失額は損金の額に算入されません。

② 特定資産譲渡等損失額の計算の特例

　下記「5　設例」のように「移転時価資産価額≦移転簿価資産価額」である場合には，特定保有資産に係る特定資産譲渡等損失額はないものとされます（法令123条の9⑦一）。この特例の適用を受ける場合には，一定の明細書を確定申告書に添付する必要があります（法令123の9⑧）。

　しかし，次に説明する欠損等法人の制限を受けるため，本設例では特定資産譲渡等損失額は損金不算入となります。

(8) 欠損等法人の譲渡等損失額の損金不算入

　S3社が欠損等法人に，S3社が有するその他有価証券が特定資産に該当し，このその他有価証券が適格現物分配によりS2社に移転しています。このような場合にはS2社を欠損等法人とみなし，その他有価証券を特定資産とみなします。その上でS2社の「S3社の最後事業年度開始の日から3年を経過する日（3年を経過する日が，×4年5月1日から5年を経過する日後となる場合には，同日）」までの期間の譲渡等特定事由による損失の額は，S2社の損金の額に算入しません（法法60の3②，法令118の3③）。

(9) 適格現物分配と留保金課税

適格現物分配は，組織再編成税制として整備されたため，特定同族会社の特別税率の計算上，留保金額及び所得等の金額に含まれません。

この点，同じく平成22年度改正により益金不算入とされた受贈益の益金不算入（法法25の2）の金額は，留保金額及び所得等の金額に含むとされているため，注意が必要です（法法67③四，81の13②二，法令155の43②二）。

5 設　例

　平成22年度改正により，内国法人を現物分配法人とする現物分配のうち，その現物分配により資産の移転を受ける者がその現物分配の直前においてその内国法人との間に完全支配関係がある内国法人（普通法人又は協同組合に限ります。）のみであるものを適格現物分配と定義しました（法法２十二の十五）。残余財産の全部の分配により適格現物分配を行った場合には，その残余財産の確定の時の帳簿価額による譲渡をしたものとされ（法法62条の5③），株主である内国法人（被現物分配法人）の取得価額は，その清算法人の残余財産の確定の時の帳簿価額とされました（法令123の6①）。

　また，残余財産が確定した場合の青色欠損金の引継ぎ規定も設けられています（法法57②）。そこで，これらの改正点を中心に設例を使って今後の実務をシミュレーションすることとします。

【清算法人 S3社】

- 残余財産確定の日　×7年11月30日
- P社グループの完全支配関係が生じた日（P社グループによるS3社の買収）×4年5月1日（同日前は，P社グループはS3社株式を一切有していなかった）
- P社グループは全て3月決算法人
- S3社の残余財産確定の日を含む事業年度の当期所得　100（最後事業年度の事業税控除前）
- 最後事業年度の法人税及び地方税は40（うち，事業税5）
- その他有価証券は，10年前から保有している資産である。この有価証券は×4年5月1日現在含み損を有しており，評価損資産に該当する。
- 現金及び有価証券以外の資産の時価は零である。
- 最後事業年度の期首現在利益積立金額　150　　　　　（再掲）

残余財産確定直前期末 S3 社税務貸借対照表

その他有価証券	100	負　　債	0
（時価　　30）		資本金等の額	50
減価償却資産	20	利益積立金額	150
一括償却資産	30		
前払費用	40		
繰延資産	10		

【最後事業年度の処理】

現金　　　　100／収益　　　　100

法人税等　　 40／未収税金　　 40

残余財産確定時 S3 社税務貸借対照表

現　　金	100	負債（未払税金）	40
その他有価証券	100	資本金等の額	50
（時価　　30）		利益積立金額	210
減価償却資産	20		
一括償却資産	30		
前払費用	40		
繰延資産	10		

（注）　繰延資産は共同的施設の設置のために支出した費用であり，5年で償却している（法令14条①六イ，法基通8-2-3）。

**S3 社残余財産確定の日を含む
事業年度の期首現在青色欠損金**

×3年3月31日	80
×4年3月31日	20
×5年3月31日	800
×6年3月31日	10
×7年3月31日	30

【清算法人の株主 S2 社】

S2 社は，S3 社株式を購入時に S3 社の時価純資産価額に出資比率を乗じて計算した価額（110）をもって取得しました。S3 社の発行済株式総数 100 株のうち，30 株を有しています。S2 社は毎期，青色申告書である確定申告書を提出しており，次のとおり繰越欠損金があります。

S3 社残余財産確定の日を含む S2 社の期首現在欠損金

×1 年 3 月 31 日	70
×2 年 3 月 31 日	100
×3 年 3 月 31 日	50
×4 年 3 月 31 日	110
×5 年 3 月 31 日	80
×6 年 3 月 31 日	30
×7 年 3 月 31 日	130

S2 社の×4 年 3 月 31 日現在の時価純資産超過額（法令113 ④，①一）は 600 です。同日の支配関係前未処理欠損金額は 500 でした。

S2 社は，S3 社の各個別資産に出資比率を乗じた価額相当の現物財産の分配を受けています。

6　別表の記載等

（1）　S3 社の別表処理

S3 社の別表四の記載例を示すと，次のようになります。

残余財産を適格現物分配により株主に分配しているため，残余財産の含み損益には課税されません（下記「4　清算時の S3 社の税務」を参照してくださ

い。)。

　最後事業年度に収益100が生じ，未払法人税等を40計上した結果，会計上の当期利益は60となっています。

　上記のように，残余財産の確定の日の属する事業年度の事業税は，別表四の43欄で減算することになります（法法62条の5⑤）。

所得の金額の計算に関する明細書（別表四）

区分			総額	処分	
				留保	社外流出
			①	②	③
当期利益又は当期欠損の額		1	60	60	配当　　　　円
					その他
加算	納税充当金	5	40	40	その他
	みなし配当				
減算	みなし配当	14			その他
	清算益	14			
法人税額から控除される所得税額					その他
欠損金の当期控除額		42			
残余財産確定日事業税		43	△5	△5	
所得金額又は欠損金額		44	95	95	0

（2）　S2社の別表処理

①　会計上の受入処理と税務処理との相違

　S3社の残余財産分配時のS2社の会計上の仕訳を示しますと，次のようになると思われます。この仕訳は，子会社清算時の会計処理について定めた会計基

準がないため，企業結合会計における共通支配下取引を参考としています。

　子会社株式の清算損益，みなし配当の計算，利益積立金額の増加，適格現物分配を受けた財産の取得価額等に法人税固有の規定があります。詳しくは「4　S3社清算時のS2社の税務」を参照してください。

会計上の仕訳

現　　金（注）	15	子会社株式	110
その他有価証券	30		
減価償却資産	6		
一括償却資産	9		
前払費用	12		
繰延資産	3		
法人税等	3		
子会社清算損	32		

（注）｛100（現金）－40（未払税金）｝×30％＝18
　　　18－3（みなし配当に係る源泉所得税）＝15

　一方，法人税法上は完全支配関係のある法人の残余財産が確定した場合にも，法人株主は子会社株式の清算損益が税務上益金の額，損金の額に算入されません。

税務上の処理

現金	15	子会社株式	110
その他有価証券	30	みなし配当	15
減価償却資産	6	利益積立金額	48
一括償却資産	9		
前払費用	12		
繰延資産	3		
法人税等	3		
資本金等	95		

Ⅱ 資本関係取引等税制

調整処理

資本金等	95	みなし配当	15
		利益積立金額	48
		子会社清算損	32

上記の税務処理中,みなし配当,利益積立金額は次のようにして計算します。

利益積立金額の増加額

	対象		適用
現物分配の計算			
①	適格現物分配財産の帳簿価額	200	300（資産総額）－100（現金）
②	S2社の出資比率	30%	
③	S2社への分配	60	①×②
④	払戻等対応資本金額等	50	法令23①三
⑤	②に乗ずる割合	1	法令23①三かっこ書き
⑥	④×⑤	50	
⑦	⑥×②	15	株式に対応する部分の金額
⑧	⑦のうち現物分配対応分（注）	12	⑦×200（適格現物分配簿価）÷260（簿価純資産）
⑨	③－⑧	48	利益積立金額の増加額
金銭配当の計算			
⑩	金銭分配額	60	現金（100）－未払税金（40）
⑪	⑩のうちS2社への分配	18	⑩×②
⑫	⑦のうち金銭配当対応分（注）	3	⑦－⑧
⑬	⑪－⑫	15	金銭配当に係るみなし配当

（注）立法担当者は，金銭の配当と現物分配が同時に起こる場合には，両者は別々の取引として捉えるとしていますが，株式に対応する部分の金額の計算上，両者の区分についての規定はありません。そこでここでは，株式に対応する部分の金額を金銭の額と適格現物分配をする資産の帳簿価額の比により按分することとしました。

この計算方法が異なると，株主側としては受取配当金の益金不算入の計算が，清算法人は源泉徴収する税額が異なることになるため，課税庁は早急に上記の場合の計算方法を明らかにすべきと考えます。

上記の方法は，執筆時点で課税庁の解釈が明らかになっていないため，執筆者において計算方法を試案として提示するものです。

上記の税務処理中の資本金等の額は，次のようにして計算します。

　　　資本金等の額の減少額＝{(48＋15（法法23条①一の金額とみなされる金額)＋110（法法61条の2①一の金額とされる金額)}－78（取得資産簿価（注））＝95

　　（注）（300（資産合計）－40（未払税金））×30%（S2社持分）＝78

つまり，資本金等の額が95減少します。

上記の算式は，仕訳形式にすると下記のようになります。

取得資産	78	子会社株式	110
資本金等の額	95	利益積立金額	48
		みなし配当	15

なお，S3社株式が清算確定の日の属する事業年度の前事業年度までに評価減され，帳簿価額が39となっていた場合には，次のとおりとなります。

　　　資本金等の額の減少額＝{48＋15＋39}－78＝24

② 別表記載例

S2社の主要な別表の記載例を示すと次のようになります。

所得の金額の計算に関する明細書（別表四）

区分			総額	処分		
				留保	社外流出	
			①	②	③	
当期利益又は当期欠損の額		1	△35	△35	配当	円
					その他	
加算	子会社清算損		32	32	その他	
	みなし配当		15	15		
減算	みなし配当	16	15		その他	15
法人税額から控除される所得税額			3		その他	3
欠損金の当期控除額		42				0
残余財産確定日事業税		43				
所得金額又は欠損金額		44	0	12		△12

（注）当期利益＝－32（子会社清算損）－3（法人税等）＝－35

別表四については，子会社の清算損益を損金の額又は益金の額に算入していない点，みなし配当の処理等に注意して下さい。

別表五（一）については，特殊な点はないと思われます。ただし，下記のように平成22年度改正後においては，資本金等の額がマイナスになるというケースが増加する，という点に注意して下さい。

本設例ではありませんが，期限切れ欠損金の損金算入（法法59）の規定の適用上損金の額に算入される金額は「法人税申告書別表五（一）の「利益積立金額及び資本金等の額の計算に関する明細書」に期首現在利益積立金額の合計額として記載されるべき金額で，当該金額が負（マイナス）である場合の当該金額による（法基通12-3-2）。」とされています。仮にこの後S2社が債務超過に陥り清算をすることとなった場合に，債務超過にもかかわらず法人税の負担が生じる，という一般的に考え難い状況が生じる可能性があります。

別表五（一） I　利益積立金額の計算に関する明細書

区分		期首現在利益積立金額	当期の増減		差引翌期首現在利益積立金額 ①－②＋③
			減	増	
		①	②	③	④
利益準備金	1			円	円
積立金	2				
みなし配当	3			15	15
子会社清算損				32	32
適格現物分配				48	48
繰越損益金	26	150	150	115	115
差引合計額	31	150	150	210	210

別表五(一) Ⅱ　資本金等の額の計算に関する明細書

区分		期首現在利益積立金額	当期の増減		差引翌期首現在利益積立金額 ①－②＋③
			減	増	
		①	②	③	④
資本金又は出資金	32	50	円	円	円 50
資本準備金	33				0
利益積立金額	34			△95	△95
	35				0
差引合計額	36	50	0	△95	△45

- 別表五のみなし配当(15)＋子会社清算損(32)＋適格現物分配(48)＝95　この金額が，資本金等の額の計算に関する明細書の△95と一致します。
- 別表四と五(一)の検算式が，適格現物分配の金額(48)だけ，一致しません。

別表六(一) 所得税額の控除及びみなし配当金額の一部の控除に関する明細書

I 所得税額の控除に関する明細書				
区分		収入金額	①について課される所得税額	②のうち控除を受ける所得税額
		①	②	③
預貯金の利子及び合同運用信託の収益の分配	1			
公社債の利子等	2			
剰余金の配当, 利益の配当及び剰余金の分配(みなし配当等を除く)	3			
投資信託及び特定目的信託の収益の分配	4			
その他	5	内 15	内 3	内 3
計	6			

その他に係る控除を受ける所得税額の明細書					
支払者の氏名又は法人名	支払者の住所又は所在地	支払を受けた年月日	収入金額	控除を受ける所得税額	参考
			20	21	
S3	×××	×××	15	3	

別表七（一）欠損金又は災害損失金の損金算入に関する明細書

事業年度	控除未済欠損金額	当期控除額	翌期繰越額 ①-②
	①	②	③
×0.4.1 ×1.3.31	70		70
×1.4.1 ×2.3.31	100		100
×2.4.1 ×3.3.31	50		50
×3.4.1 ×4.3.31	110		110
×4.4.1 ×5.3.31	80		80
×5.4.1 ×6.3.31	30		30
×6.4.1 ×7.3.31	130		130
当期欠損金額			0
合計			570

本設例では，×4年5月1日に支配関係が生じていますので，欠損金の繰越し制限を受けるはずですが，移転時価資産価額が移転簿価資産価額以下である場合に該当するため，欠損金の繰越し制限を受けていません。このような場合には，別表七（一）付表三を添付して「控除未済欠損金額の特例計算」「移転直前における移転時価資産価額及び移転簿価資産価額の明細」等を記入します。欠損金の繰越し制限についての詳細は，「Ⅱ第6章1　欠損金の取扱い」を参照してください。

7　残余財産が確定した場合の欠損金の引継ぎ

　残余財産が確定した場合の欠損金の引継ぎ（法法57②）の規定の説明は既に見たとおりですが，前記設例では欠損等法人に該当し，引き継げる欠損金がありませんでした。そこで，仮に上記S3社が欠損等法人に該当せず，法人税法57条3項の欠損金の引継ぎ制限もないとした場合に，どのような別表になるのか，別表七及びその付表の記載例を示しますと，次のようになります。

　前提としまして，P社とS3社は10年以上前より完全支配関係があり，最後事業年度の法人税及び地方税は5（うち事業税5）とし，その他の事実は，上記の前提のとおりとします。

第7章 清算所得の各事業年度所得課税・期限切れ欠損金の損金算入

別表七(一)付表三 平二十二・十・一以後終了事業年度分

事業を移転しない適格組織再編成等が行われた場合の控除未済欠損金額の特例に関する明細書

事業年度	: :	法人名	

適格組織再編成等の別	適格分割・適格現物出資	適格現物分配	適格組織再編成等の日	×7・11・30
			支配関係発生日	×4・5・1

調整後の当該法人分の控除未済欠損金額の特例計算

特例計算による調整後の当該法人分の控除未済欠損金額の計算

当該法人の事業年度	欠損金の区分	当該法人の控除未済欠損金額 [当該法人の前期の別表七(一)「3」]	移転時価資産価額が移転簿価資産価額以下である場合 (1)	移転時価資産超過額が支配関係前欠損金額の合計額以下である場合 [支配関係事業年度前の事業年度にあっては(6)-(7)、支配関係事業年度以後の事業年度にあっては(1)]	移転時価資産超過額が支配関係前欠損金額の合計額を超える場合 [支配関係事業年度前の事業年度にあっては(1)、支配関係事業年度以後の事業年度にあっては(1)-(10)]	特例計算による調整後の当該法人分の控除未済欠損金額 (2)、(3)又は(4)
		1	2	3	4	5
平4・1～3・31	青色	70 円	70 円	円	円	70 円
平4・1～3・31	青色	100	100			100
平4・1～3・31	青色	50	50			50
平4・1～3・31	青色	110	110			110
平4・1～3・31	青色	80	80			80
平4・1～3・31	青色	30	30			30
平4・1～3・31	青色	130	130			130
計		570	570			570

移転時価資産価額が移転簿価資産価額を超える場合の調整後の当該法人分の控除未済欠損金額の計算の明細

当該法人の事業年度	欠損金の区分	支配関係前欠損金額 [支配関係事業年度前の事業年度の(1)]	移転時価資産超過額が支配関係前欠損金額の合計額以下である場合 (8)のうち移転時価資産超過額を構成するものとされた部分の金額 [(11)の金額を(5)の古いものから順次充当]	移転時価資産超過額が支配関係前欠損金額の合計額を超える場合 (8)の事業年度以後の事業年度の欠損金額のうち特定資産譲渡等損失相当額以外の部分から成る金額 [別表七(一)付表一「8」-「12」]	支配関係後欠損金額 [支配関係事業年度以後の事業年度の((1)-(6))]	(9)のうち削減対象金額を構成するものとされた部分の金額 [(13)の金額を(9)の古いものから順次充当]
		6	7	8	9	10
・・		円	円	円	円	円
・・						
・・						
・・						
・・						
・・						
・・						
計						

削限対象金額の計算の明細

移転時価資産超過額 (17の①)-(17の②)	11	円
支配関係前欠損金額の合計額 (6)の計	12	
削限対象金額 (11)-(12)	13	

移転直前における移転時価資産価額及び移転簿価資産価額の明細

名称等		時価 ①	簿価価額 ②
その他有価証券	14	30 円	100 円
減価償却資産	15	0	20
その他	16	60	140
計	17	90	260

別表七（一）欠損金又は災害損失金の損金算入に関する明細書

事業年度	控除未済欠損金額	当期控除額	翌期繰越額 ①－②
	①	②	③
×0.4.1 ×1.3.31	70		70
×1.4.1 ×2.3.31	100		100
×2.4.1 ×3.3.31	50		50
×3.4.1 ×4.3.31	110		110
×4.4.1 ×5.3.31	320		320
×5.4.1 ×6.3.31	33		33
×6.4.1 ×7.3.31	140		140
当期欠損金額			0
合計			823

(以下省略)

（1） 別表七（一）記載の注意点

別表七（一）の①欄は，前期から繰り越された金額を転記するのではなく，別表七（一）付表一により計算した金額を転記します。

（2） 別表七（一）付表一記載の注意点

① 3欄の記載

イ 引継ぎの対象となる欠損金

S3社の最後事業年度の所得は，最後事業年度の事業税の損益算入前におい

ては100ありました。前記設例では欠損等法人に該当し、青色欠損金の損金算入ができませんでしたが、本設例では欠損等法人に該当しないという前提ですので、×3年3月31日の事業年度の欠損金80と、×4年3月31日の事業年度の欠損金20を、S3社において損金の額に算入し、S3社から引き継がれる欠損金は次のとおりとなります。

青色欠損金の損金算入は最後事業年度の事業税の損金算入前に行うため、この事業税分だけ、最後事業年度において欠損が生じます。

×3年3月31日	0
×4年3月31日	0
×5年3月31日	800
×6年3月31日	10
×7年3月31日	35（30＋5）[9]

ロ　株主が2以上ある場合の欠損金の引継ぎ

S2社とS3社は、S3社の残余財産が確定したときにおいて、完全支配関係があり、S2社はS3社に欠損金を引き継ぐことができます。しかし、S3社の株主が2以上あるときは（設例ではS1社とS2社の2社が株主となっている。）、「調整後の控除未済欠損金額3」の欄中「(2)」とあるのは、「((2)を当該他の内国法人の発行済株式又は出資（当該他の内国法人が有する自己の株式又は出資を除きます。）の総数又は総額で除し、これに当該法人の有する当該他の内国法人の株式又は出資の数又は金額を乗じて計算した金額)」として記載します。

合併の場合には、合併法人が2社あり、2社に被合併法人の欠損金が引き継がれるということはありません。しかし、残余財産の確定の場合には、2社以

---

[9] 最後事業年度の欠損（5）は、S2社の、残余財産の確定の日の翌日の属する事業年度開始の日以後に開始したS3社の事業年度の欠損であるため、その前事業年度において生じたものとみなされます。

上に欠損金が引き継がれるということがありますので、このような按分計算を行う規定となっています。

② 4欄の記載

別表七（一）付表一の「4欄：共同事業要件に該当する場合又は5年継続支配関係がある場合のいずれかに該当する場合」に該当し、同欄への記載が必要ではないか、という疑問が生じるかもしれませんが、同欄への記載は不要です。

この欄は、法人税法57条3項に規定する支配関係がある場合として政令で定める場合に該当する場合若しくは同条第4項に規定する支配関係がある場合として政令で定める場合に該当する場合に記載します。ただし、法人税法58条1項に規定する災害損失欠損金額並びに平成22年旧法第57条第3項に規定する特定資本関係が同項に規定する5年前の日前に生じている場合における同条第2項に規定する未処理欠損金額及び同条第5項に規定する特定資本関係が同項に規定する5年前の日前に生じている場合における当該法人の欠損金額については、これらの欄のいずれにも記載する必要はありません。

（3） 添付書類

S2社の「S3社の残余財産の確定の日の翌日」の属する事業年度の確定申告書に、S3社の残余財産の確定の日の属する事業年度の確定申告書に添付された別表七（一）の写しを添付する必要があります。

8　期限切れ欠損金の損金算入

期限切れ欠損金の損金算入（法法59③）の制度につきましては、既に説明したとおりです。この規定の適用を受ける場合の別表記載例を示すと、次頁のようになります。

（1） 設　　例

当社（S社）は解散後、清算中の法人で、実質的に債務超過の状況になって

います。当社はＰ社の100％子会社で，Ｐ社は当社に多額の貸付金を有していますが，他の債権者への弁済を優先し，残った財産がある場合のみ弁済を受け，弁済原資がない限度で債権放棄をする予定です。従いまして，当社には残余財産がないと見込まれています。

当期末の時点では，残余財産は確定していません。

当期利益　　　　　　　1,000
資本金等の額　　　　　　 50
期首利益積立金額　　△5,000（別表五（一）①31）
青色欠損金　　　　　　　400

当期の確定申告書には添付書類として，残余財産がないと見込まれることを証明する書類として，実態貸借対照表を作成し，添付しています（法規26の6三，法基通12-3-9）。

（2） 別表記載例

所得の金額の計算に関する明細書（別表四）

区分			総額	処分		
				留保	社外流出	
			①	②	③	
当期利益又は当期欠損の額		1	1,000	1,000	配当	円
					その他	
加算	子会社清算損				その他	
	みなし配当					
減算	みなし配当	16			その他	0
法人税額から控除される所得税額					その他	
欠損金の当期控除額		42	△1000			△1000
残余財産確定日事業税		43				
所得金額又は欠損金額		44	0	1,000		△1000

別表五（一）Ⅰ　利益積立金額の計算に関する明細書

区分		期首現在利益積立金額	当期の増減		差引翌期首現在利益積立金額 ①-②+③
			減	増	
		①	②	③	④
利益準備金	1		円	円	円
積立金	2				
みなし配当	3				0
子会社清算損					0
資本金等					0
繰越損益金	26	△5,000	△5,000	△4,000	△4,000
差引合計額	31	△5,000	△5,000	△4,000	△4,000

別表七（一）欠損金又は災害損失金の損金算入に関する明細書

事業年度	控除未済欠損金額	当期控除額	翌期繰越額
			①－②
	①	②	③
×0.4.1 ×1.3.31			0
×1.4.1 ×2.3.31			0
×2.4.1 ×3.3.31			0
×3.4.1 ×4.3.31			0
×4.4.1 ×5.3.31			0
×5.4.1 ×6.3.31			0
×6.4.1 ×7.3.31	400	400	0
当期欠損金額			0
合計			0

Ⅱ　資本関係取引等税制

別表七（二）会社更生等による債務免除等があった場合の欠損金の損金算入に関する明細書

Ⅲ　民事再生等評価換えが行われる場合以外の場合の再生等欠損金の損金算入及び解散の場合の欠損金の損金算入に関する明細書

債務免除等による利益の内訳	債務の免除を受けた金額	23		欠損金額の計算	適用年度終了の時における前事業年度以前の事業年度から繰り越された欠損金額	27	5,000
	私財提供を受けた金額の額	24			欠損金又は災害損失金の当期控除額 （別表七（一）「2の計」）	28	400
	私財提供を受けた金額以外の資産の価額	25			差引欠損金額 (27) － (28)	29	4,600
	計 (23) ＋ (24) ＋ (25)	26			所得金額 （別表四「41の①」）－(28)	30	1,000
					当期控除額 ((26)と(29)と(30)のうち少ない金額)	31	600

別表七（二）の記載について，法人税法59条3項の規定の適用を受ける場合には，上記のように31欄の「(26)」を消して下さい。

参考資料

平成 22 年度税制改正に係る
法人税質疑応答事例

平成22年度税制改正に係る法人税質疑応答事例
（グループ法人税制関係）（情報）

国税庁法人課税課情報第4号
審理室情報第1号
調査課情報第2号
平成22年8月10日

（注）　この情報は，平成22年6月30日現在の法令・通達に基づいて作成しています。

なお，この情報で取り上げているグループ法人税制は，原則として，平成22年10月1日以後の取引について適用されます。

省略用語例

本文中略語	法　令　等　の　名　称
法	法人税法
法令	法人税法施行令
措法	租税特別措置法
改正法附則	所得税法等の一部を改正する法律（平成22年3月31日法律第6号）附則
改正令附則	法人税法施行令の一部を改正する政令（平成22年3月31日政令第51号）附則
基通	法人税基本通達
連基通	連結納税基本通達

問1　完全支配関係を有することとなった日の判定

> 問　当社は現在，A社の発行済株式の80％を保有していますが，今後，残りの20％を購入して，A社を100％子会社化する予定です。
>
> この場合，完全支配関係を有することとなった日は，A社の株式の購入に係る契約日となるのでしょうか。

答　株式の購入に係る契約日ではなく，A社の株式の引渡しを受けて，その発行済株式のすべてを保有することとなった日となります。

【解説】

　平成22年度の税制改正により，100％持株関係のある法人間の取引等について一定の措置が講じられました。この100％持株関係のことを「完全支配関係」といいますが，完全支配関係を有するに至る原因が株式の購入である場合の完全支配関係を有することとなった日とは，株式の購入に係る契約の成立した日，あるいは株式の引渡しの日等のいずれの日をいうのかという疑義が生じます。

　この点，完全支配関係を有することとなった日とは，一方の法人が他方の法人を支配することができる関係が生じた日をいい，株式の購入により完全支配関係を有することとなる場合には，株式の購入に係る契約が成立した日ではなく，当該株式の株主権が行使できる状態になる株式の引渡しが行われた日となります。

　なお，お尋ねとは逆のケースで，株式の譲渡により完全支配関係を有しないこととなる場合において，完全支配関係を有しないこととなった日とは，株主権が行使できない状態になる株式の引渡しの日となります。

(注1) 連結納税制度における完全支配関係を有することとなった日の判定についても同様の取扱いとすることとし，平成22年10月1日前に締結された株式の購入に係る契約については，従前どおり株式の購入に係る契約の成立した日により判定することとしています。

(注2) 法人が株式を譲渡した場合の譲渡損益については，原則として，株式の引渡しの日ではなく，その譲渡に係る契約をした日の属する事業年度に計上することとなります。

【関係法令】

法2十二の七の六，61の2①，基通1-3の2-2，連基通1-2-2，
連基通経過的取扱い(1)

問2　いわゆる「みなし直接完全支配関係」

> 問　完全支配関係の判定において，いわゆる「みなし直接完全支配関係」とは，具体的にどのように株式を保有している場合をいうのでしょうか。

答　一の者が法人の発行済株式等の全部を保有する場合における当該一の者と当該法人との間の関係を直接完全支配関係といい，当該一の者がこれとの間に直接完全支配関係がある法人を通じて他の法人の発行済株式等の全部を保有する場合における当該一の者と当該他の法人との間の関係を一般的に「みなし直接完全支配関係」と言っています。

【解説】

1　一の者が法人の発行済株式等の全部を保有する場合における当該一の者と当該法人

との間の関係を直接完全支配関係といいます。

2 また、一の者が法人の発行済株式等の全部を直接に保有する場合に限らず、次の①、②のように、一の者がこれとの間に直接完全支配関係がある法人（G1）を通じて他の法人（G2）の発行済株式等の全部を保有する場合にも、当該一の者と当該他の法人（G2）との間には直接完全支配関係があるとみなされます。

①一の者及びこれとの間に直接完全支配関係がある法人（G1）が他の法人（G2）の発行済株式等の全部を保有する場合（直接保有割合＋間接保有割合＝100％）［例1］ ②一の者との間に直接完全支配関係がある法人（G1）が他の法人（G2）の発行済株式等の全部を保有する場合（間接保有割合＝100％）［例2］

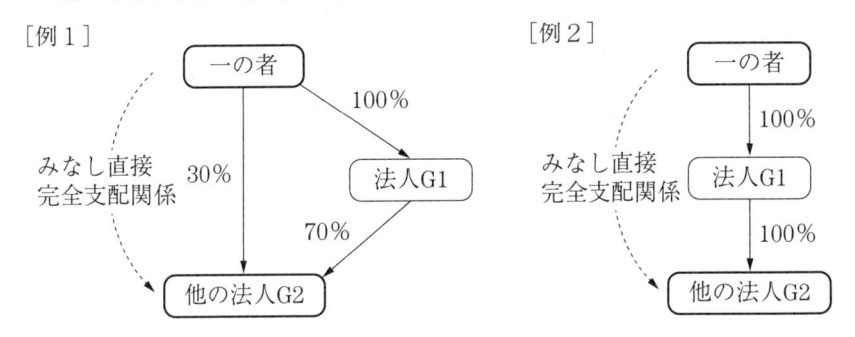

［例1］

一の者 →(30%)→ 他の法人G2
一の者 →(100%)→ 法人G1
法人G1 →(70%)→ 他の法人G2
みなし直接完全支配関係：一の者 --→ 他の法人G2

［例2］

一の者 →(100%)→ 法人G1
法人G1 →(100%)→ 他の法人G2
みなし直接完全支配関係：一の者 --→ 他の法人G2

3 さらに、直接完全支配関係があるとみなされた当該他の法人（G2）との間に直接完全支配関係がある別の法人（G3）がある場合には、当該一の者と当該別の法人（G3）との間にも直接完全支配関係があるとみなされます。［例1′, 例2′］

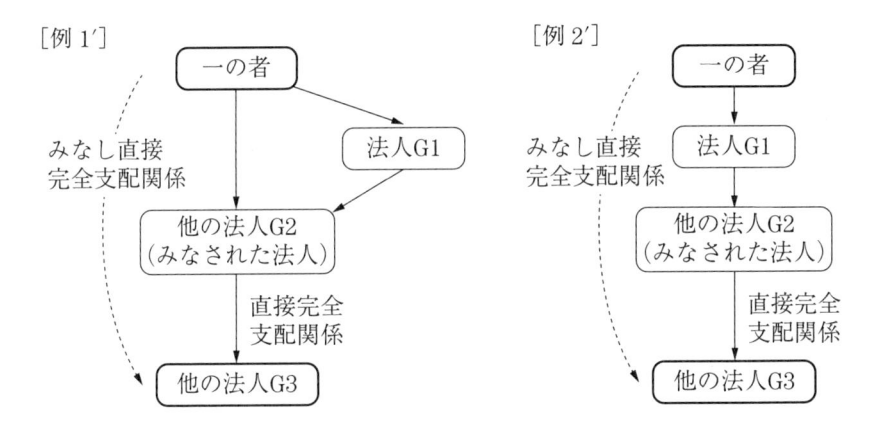

［例1′］

一の者 → 法人G1
一の者、法人G1 → 他の法人G2（みなされた法人）
他の法人G2 →（直接完全支配関係）→ 他の法人G3
みなし直接完全支配関係：一の者 --→ 他の法人G3

［例2′］

一の者 → 法人G1
法人G1 → 他の法人G2（みなされた法人）
他の法人G2 →（直接完全支配関係）→ 他の法人G3
みなし直接完全支配関係：一の者 --→ 他の法人G3

(注) 一の者は，必ずしも完全支配関係のあるグループの最上層に位置する者に限られるものではありません。上記の例において，G3からみれば，G2も一の者とみることができます。

4 2と3のように，一の者との間に直接完全支配関係があるとみなされる関係を一般的に「みなし直接完全支配関係」と言っており，その関係は，そのみなされた法人による直接完全支配関係（みなし直接完全支配関係を含みます。）がある法人が存在する限り連鎖することになります。

【関係法令】
法2十二の七の六　法令4の2②

問3　完全支配関係における5％ルール

> 問　当社は，発行済株式100,000株のうち98,000株を親会社に保有され，残り2,000株を当社従業員のみで構成される従業員持株会に保有されています。
> 　ところで，グループ法人税制が適用される完全支配関係とは100％の持株関係をいうと聞きましたが，当社と親会社とは98％の保有関係しかないことから，グループ法人税制の適用はないのでしょうか。

答　完全支配関係の判定上，一定の従業員持株会の株式保有割合が5％未満である場合には，その5％未満の株式を発行済株式から除いたところで保有割合を計算することとされています。

貴社の従業員持株会が一定の要件を満たすものである場合，持株会保有株式を除く発行済株式（98,000株）の100％を親会社が保有することから，貴社と親会社との間には完全支配関係があると判定され，その取引等にグループ法人税制が適用されます。

【解説】
1　完全支配関係とは，一の者が法人の発行済株式（当該法人が有する自己の株式を除きます。）の全部を直接又は間接に保有する関係（以下「当事者間の完全支配の関係」といいます。）又は一の者との間に当事者間の完全支配の関係がある法人相互の関係をいいます。

そして，この完全支配関係があるかどうかの判定上，発行済株式の総数のうちに次の①及び②の株式の合計数の占める割合が5％に満たない場合には，①及び②の株式を発行済株式から除いて，その判定を行うこととされています。

①法人の使用人が組合員となっている民法第667条第1項に規定する組合契約（当該法人の発行する株式を取得することを主たる目的とするものに限ります。）による組合

（組合員となる者が当該使用人に限られているものに限ります。）の主たる目的に従って取得された当該法人の株式

②　会社法第238条第2項の決議等により法人の役員等に付与された新株予約権等の行使によって取得された当該法人の株式（当該役員等が有するものに限ります。）

2　したがって、お尋ねの場合の完全支配関係の判定においては、民法上の組合に該当するいわゆる証券会社方式による従業員持株会が保有する株式は、上記①の株式に該当します（完全支配関係：有）が、人格のない社団等に該当するいわゆる信託銀行方式による従業員持株会が保有する株式は、上記①の株式には該当しない（完全支配関係：無）ことに注意する必要があります。

【関係法令】
法2十二の七の六　法令4の2②　基通1-3の2-3

問4　資本関係がグループ内で完結している場合の完全支配関係

問　下図のように子会社間（B、C）で発行済株式の一部を相互に持ち合っている場合には、親会社Aと子会社Bの間、親会社Aと子会社Cの間及び子会社BとCの間に完全支配関係はないものと考えてよろしいでしょうか。

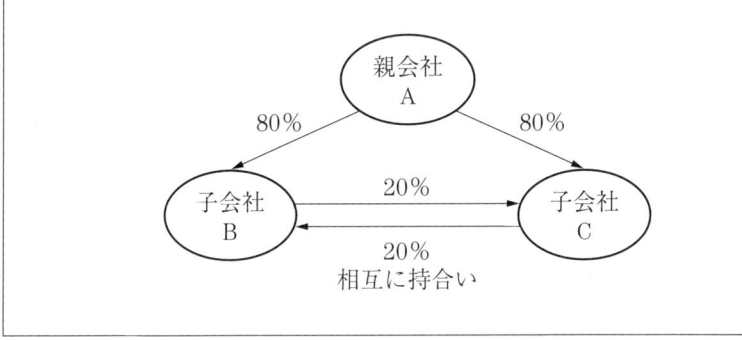

```
              親会社
                A
        80%  /    \  80%
            /  20% \
        子会社 ────→ 子会社
          B  ←──── 　 C
              20%
            相互に持合い
```

答　親会社Aと子会社Bの間、親会社Aと子会社Cの間及び子会社BとCの間には、それぞれ完全支配関係があることとなります。

【解説】
1　法人税法上、完全支配関係とは、①一の者が法人の発行済株式等の全部を直接若しくは間接に保有する関係として政令で定める関係（以下「当事者間の完全支配の関係」といいます。）又は②一の者との間に当事者間の完全支配の関係がある法人相互の関係をいいます。

お尋ねのように，子会社Bと子会社Cとの間でその発行済株式の一部を相互に保有し合い，相互保有の株式以外の株式のすべてを親会社Aが保有している場合には，①親会社Aは，子会社（B又はC）の発行済株式のすべてを保有していないことから，親会社Aと子会社Bとの間及び親会社Aと子会社Cとの間には当事者間の完全支配の関係がないことになるのか，②そうであれば，子会社Bと子会社Cとの間にも当事者間の完全支配の関係がある法人相互の関係もないことになるのか，という疑義が生じます。

2　この点について，平成22年度の税制改正により，100％持株関係のあるグループ内の法人間の取引につき課税上の措置が講じられた趣旨は，グループ法人が一体的に経営されている実態に鑑みれば，グループ内法人間の資産の移転が行われた場合であっても実質的には資産に対する支配は継続していること，グループ内法人間の資産の移転の時点で課税関係を生じさせると円滑な経営資源再配置に対する阻害要因にもなりかねないことから，その時点で課税関係を生じさせないことが実態に合った課税上の取扱いであると考えられたものです。

　そして，この100％持株関係について，「完全支配関係」と定義されたものです。

　これらのことを前提とすれば，完全支配関係とは，基本的な考え方として，法人の発行済株式のすべてがグループ内のいずれかの法人によって保有され，その資本関係がグループ内で完結している関係，換言すればグループ内法人以外の者によってその発行済株式が保有されていない関係をいうものと解されます。

3　したがって，お尋ねのようにグループ内法人以外の者によってその発行済株式が保有されていない子会社Bと親会社Aの間，子会社Cと親会社Aの間及び子会社BとCの間には，完全支配関係があるものとして取り扱うこととなります。

【関係法令】

法2十二の七の六　法令4の2②

問5　グループ法人税制の適用対象法人等の比較

> **問**　平成22年度の税制改正により措置されたグループ法人税制については，例えば，寄附金の損金不算入・受贈益の益金不算入の規定は，法人による完全支配関係がある内国法人間の寄附金・受贈益に限って適用されるなど，100％グループ内の法人間の取引であっても，制度によって適用対象法人等に違いがあると聞いています。
>
> 　そこで，グループ法人税制の各制度について，その違いを教えてください。

答　平成22年度の税制改正により措置された主なグループ法人税制の各制度について，適用対象法人，取引相手の制限及び完全支配関係に関する制限をまとめると，次の表のようになります。

【グループ法人税制の比較（主なもの）】

制　度	適用対象法人	取引相手の制限	完全支配関係に関する制限
ⅰ　100％グループ内の法人間の資産の譲渡取引等（譲渡損益の繰延べ）（法61の13）	資産の譲渡法人　内国法人（普通法人又は協同組合等に限る。）	資産の譲受法人　完全支配関係のある他の内国法人（普通法人又は協同組合等に限る。）	制限なし
ⅱ　100％グループ内の法人間の寄附金の損金不算入（法37②）	寄附を行った法人（内国法人）	寄附を受けた法人　完全支配関係のある他の内国法人	法人による完全支配関係に限られる。
ⅲ　100％グループ内の法人間の受贈益の益金不算入（法25の2）	寄附を受けた法人（内国法人）	寄附を行った法人　完全支配関係のある他の内国法人	法人による完全支配関係に限られる。
ⅳ　100％グループ内の法人間の現物分配（適格現物分配による資産の簿価譲渡）（法2十二の六，十二の十五，62の5③）	現物分配法人　内国法人（公益法人等及び人格のない社団等を除く。）	被現物分配法人　完全支配関係のある他の内国法人（普通法人又は協同組合等に限る。）	制限なし
ⅴ　100％グループ内の法人からの受取配当等の益金不算入（負債利子控除をせず全額益金不算入）（法23①④⑤）	配当を受けた法人 ・内国法人 ・外国法人（注）	配当を行った法人　配当等の額の計算期間を通じて完全支配関係があった他の内国法人（公益法人等及び人格のない社団等を除く。）	制限なし
ⅵ　100％グループ内の法人の株式の発行法人への譲渡に係る損益（譲渡損益の非計上）（法61の2⑯）	株式の譲渡法人（内国法人）	株式の発行法人　完全支配関係がある他の内国法人	制限なし

(注) 上記のとおりⅰ～ⅳ及びⅵの制度は，外国法人について適用がありません。したがって，ⅴの制度のみが外国法人に適用されますが，その適用対象となる外国法人は法人税法第141条第1号から第3号《外国法人に係る各事業年度の所得に対する法人税の課税標準》に掲げる外国法人，換言すれば，いわゆる恒久的施設が我が国にあることにより法人税の納税義務を有する外国法人に限られます。

【関係法令】

法2十二の六，十二の六の二，十二の十五，23①④⑤，2の，37，6の⑯，61の13，62の5③，141，142

[参考図]

ⅰ 100％グループ内の法人間の資産の譲渡取引等（譲渡損益の繰延べ・法61の13）

→ 100％の持株関係
⇒ 制度適用あり（譲渡損益の繰延べとなる資産譲渡）
⇨ 制度適用なし（譲渡損益の繰延べとならない資産譲渡）

（ケース1）内国法人から他の内国法人への譲渡損益調整資産の譲渡

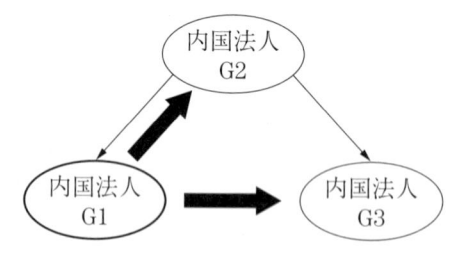

内国法人G1 → 内国法人G2
内国法人G1 → 内国法人G3

内国法人から他の内国法人への譲渡損益調整資産の譲渡は，その譲渡損益を繰り延べる。

（ケース2）内国法人から個人への譲渡損益調整資産の譲渡

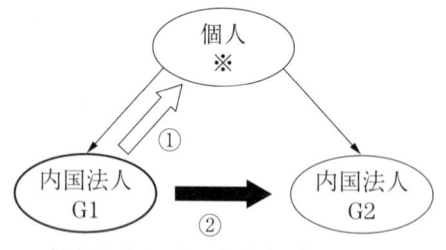

個人※
内国法人G1 ①⇨ 個人
内国法人G1 ②→ 内国法人G2

① 内国法人から個人への譲渡損益調整資産の譲渡は，その譲渡損益の繰延べの適用はない。

② ケース1と同じ。

※ 個人及びその個人と法令4①に規定する特殊の関係のある個人をいう（法令4の2②）。以下ⅱ～ⅳまでにおいて同じ。

（ケース3）内国法人から外国法人への譲渡損益調整資産の譲渡

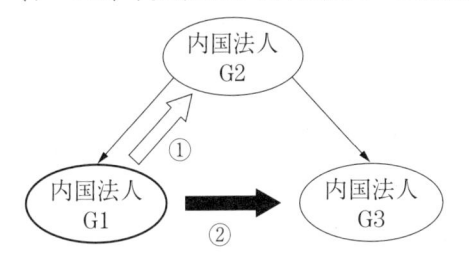

① 内国法人から外国法人への譲渡損益調整資産の譲渡は、その譲渡損益の繰延べの適用はない。

② ケース1と同じ。

ⅱ・ⅲ　100％グループ内の法人間の寄附金の損金不算入，受贈益の益金不算入（法37②，法25の2）

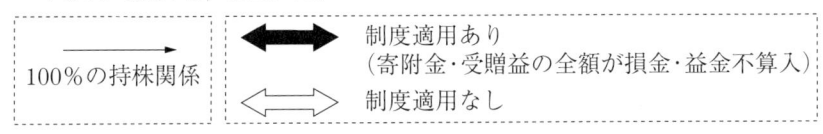

100％の持株関係　⇔ 制度適用あり（寄附金・受贈益の全額が損金・益金不算入）
⇔ 制度適用なし

（ケース1）内国法人による完全支配関係がある内国法人間の寄附金・受贈益

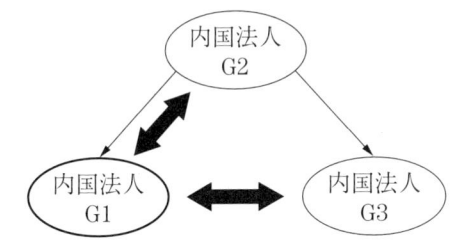

法人による完全支配関係のある内国法人間の寄附金の額は全額損金不算入，受贈益の額は全額益金不算入。

（ケース2）個人による完全支配関係がある内国法人間の寄附金・受贈益

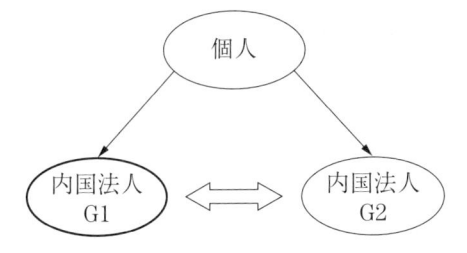

個人による完全支配関係のある内国法人間の寄附金の額は損金算入限度額あり，受贈益の額は全額益金算入。

（ケース3）外国法人による完全支配関係がある法人間の寄附金・受贈益

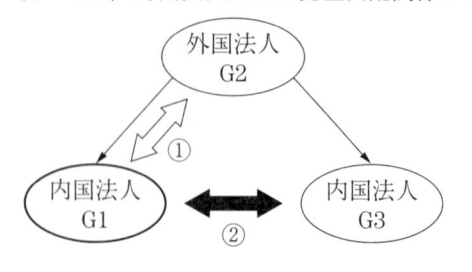

① 外国法人への寄附金の額（その外国法人の国内PEに帰属しないものに限ります。）は国外関連者に対する寄附金損金不算入制度（措法66の4③）が適用され全額損金不算入，外国法人からの受贈益の額は全額益金算入。

② ケース1と同じ。

ⅳ　100％グループ内の法人間の現物分配（適格現物分配による資産の簿価譲渡・法2十二の六，十二の十五，法62の5③）

100％の持株関係

制度適用あり
（譲渡損益の繰延べとなる現物分配）

制度適用なし
（譲渡損益の繰延べとならない現物分配）

（ケース1）内国法人から他の内国法人への現物分配（適格現物分配）

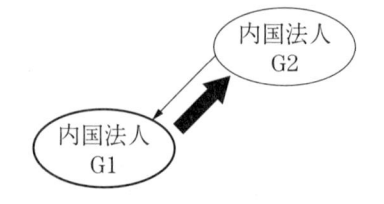

内国法人から他の内国法人への現物分配による移転資産は，簿価譲渡。（適格現物分配に該当）

（ケース2）内国法人から個人への現物分配

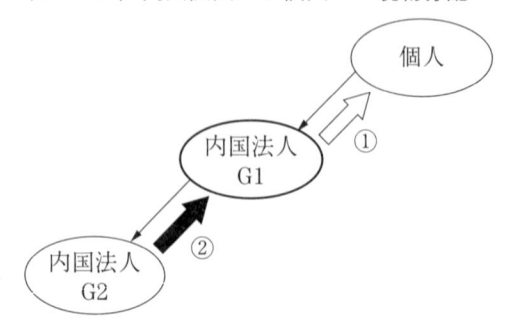

① 内国法人から個人への現物分配による移転資産は，時価譲渡。

② ケース1と同じ。

(ケース3) 内国法人から外国法人への現物分配

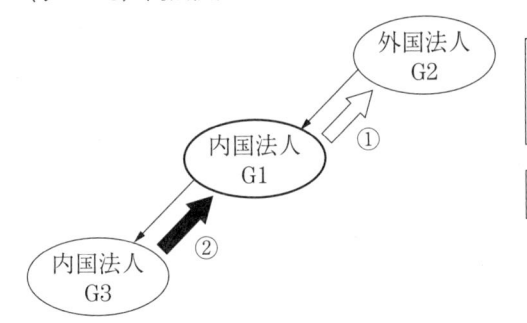

① 内国法人から外国法人への現物分配による移転資産は、時価譲渡。

② ケース1と同じ。

v 100％グループ内の法人からの受取配当等の益金不算入（負債利子控除をせず全額益金不算入・法23①④⑤）

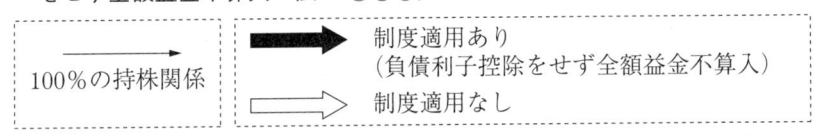

──→ 100％の持株関係
━━▶ 制度適用あり（負債利子控除をせず全額益金不算入）
⇨ 制度適用なし

(注1) いずれのケースにおいても、配当等の額の計算期間を通じて配当等を行った他いの内国法人との間に完全支配関係があったものとします。
(注2) 外国法人の課税関係については、租税条約の適用を前提としていません。（以下viにおいても同様です。）

(ケース1) 内国法人が他の内国法人から受ける受取配当等

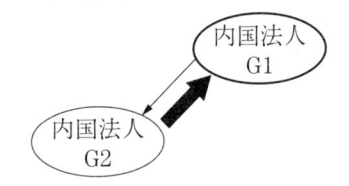

配当等の額の全額が益金不算入。

(ケース2) 外国法人（国内PEあり）が内国法人から受ける受取配当等

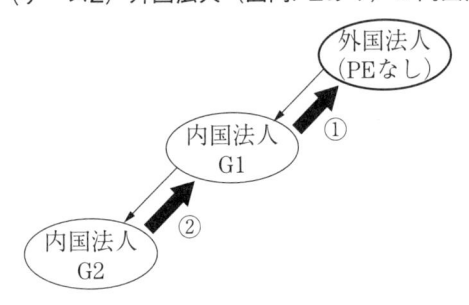

① 法141一～三に掲げる外国法人（国内PEあり）が受ける配当等については、国内源泉所得に該当し、その配当等の額の全額が益金不算入。

② ケース1と同じ。

（ケース3）外国法人（国内PEなし）が内国法人から受ける受取配当等

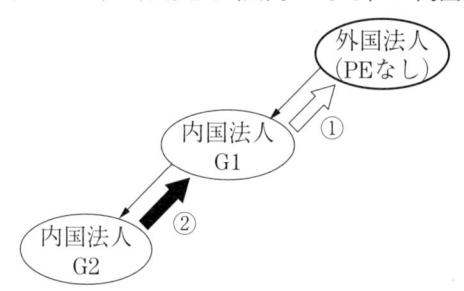

① 法141四に掲げる外国法人（国内PEなし）が受ける配当等については、法人税の課税関係は生じない。

② ケース1と同じ。

vi 100％グループ内の法人の株式の発行法人への譲渡に係る損益（譲渡損益の非計上・法61の2⑯）

→ 100％の持株関係
⇒ 制度適用あり（発行法人への株式の譲渡損益を非計上）
⇨ 制度適用なし

（ケース1）内国法人が株式の発行法人（内国法人）に対して行う当該株式の譲渡

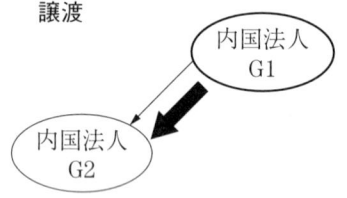

当該株式の譲渡は簿価譲渡となり、その譲渡損益を計上しない。

（ケース2）外国法人（国内PEあり）が株式の発行法人（内国法人）に対して行う当該株式の譲渡

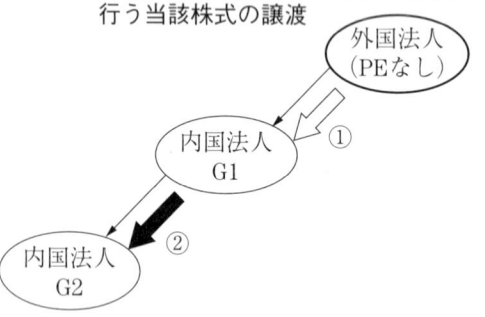

① 法141一～三に掲げる外国法人（国内PEあり）が行う当該株式の譲渡については、この制度（法61の2⑯）は適用されず、その譲渡損益を計上する。（※）

② ケース1と同じ。

(ケース3) 外国法人（国内PEなし）が株式の発行法人（内国法人）に対して行う当該株式の譲渡

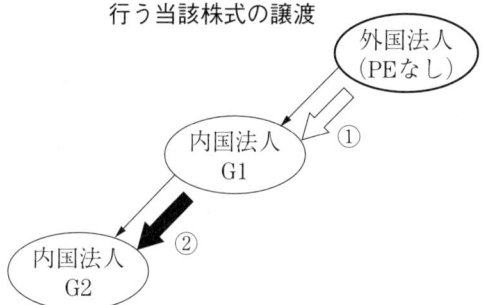

① 法141四に掲げる外国法人（国内PEなし）が行う当該株式の譲渡については，原則として法人税の課税関係は生じない。ただし，事業譲渡類似株式の譲渡益など，その株式の譲渡益が国内源泉所得に該当する場合には，（※）と同じ。

② ケース1と同じ。

問6　完全子法人株式等に該当するかどうかの判定

問　当社（3月決算，内国法人）は，当期（自平成22年4月1日至平成23年3月31日）中の平成22年7月30日に，数年前から発行済株式の100％を継続保有している子会社（4月決算，内国法人）から配当の額を受けました。

当該子会社における当該配当の額の計算期間は，平成22年度の税制改正前の期間を含む平成21年5月1日から平成22年4月30日までの期間ですが，この配当の額については，税務上，どのように取り扱われますか。

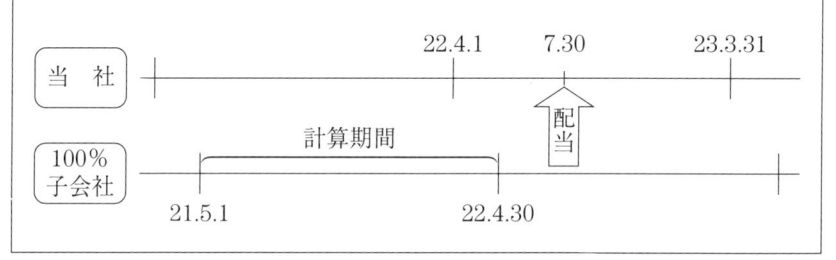

答　貴社が受ける当該配当の額は，完全子法人株式等に係る配当等の額に該当し，負債利子を控除することなく，その全額が益金不算入となります。

【解説】

1　法人が支払を受ける「完全子法人株式等」に係る配当等の額については，負債の利子の額を控除することなく，その全額が益金不算入とされます。

この場合の「完全子法人株式等」とは，配当等の額の計算期間の開始の日から当該計算

期間の末日まで継続して，配当等の額の支払を受ける内国法人と配当等の額を支払う他の内国法人との間に完全支配関係があった場合の当該他の内国法人の株式又は出資をいいます。

2　ところで，お尋ねのように配当等の額を支払う他の内国法人における計算期間が平成22年度の税制改正前，すなわち平成22年4月1日前に開始している場合には，当該計算期間の開始の日から平成22年3月31日までの間は「完全子法人株式等」という概念がないと考えれば，結果として従前の課税関係（関係法人株式等に係る配当等の額として，負債利子を控除した金額を益金不算入とする。）になるのではないかとの疑義が生じ得ます。

3　しかしながら，この完全子法人株式等に係る配当等の額についての措置は，平成22年4月1日以後に開始する事業年度の所得に対する法人税について適用され，同日前に開始した事業年度の所得に対する法人税については従前の課税関係どおりとされており，その適用関係は配当等の額の支払を受ける内国法人の事業年度の開始の日がいつであるかにより定められているのであって，配当等の額を支払う法人における計算期間によるものではありません。

4　したがって，配当等の額を支払う他の内国法人の計算期間の開始の日が平成22年4月1日前であっても，当該計算期間を通じて，配当等の額の支払を受ける内国法人と当該他の内国法人との間に100％の持株関係（完全支配関係）がある場合には，当該内国法人の平成22年4月1日以後に開始する事業年度において支払を受ける当該配当等の額は，完全子法人株式等に係る配当等の額に該当し，負債利子を控除することなく，その全額が益金不算入となります。

【関係法令】

法23①④⑤⑥　　法令22の2①，22の3①　　改正法附則10①　　正令附則2①

問7　寄附修正事由が生じた場合の株主の処理

問　次のような内国法人による完全支配関係がある法人間で寄附が行われた場合，その寄附を行った又は寄附を受けた法人の株主においてはどのような処理を行うこととなりますか。

(1)　G2がG3に対して寄附金の額100を支出した場合
(2)　G2がG4に対して寄附金の額100を支出した場合
(3)　G1がG3に対して寄附金の額100を支出した場合

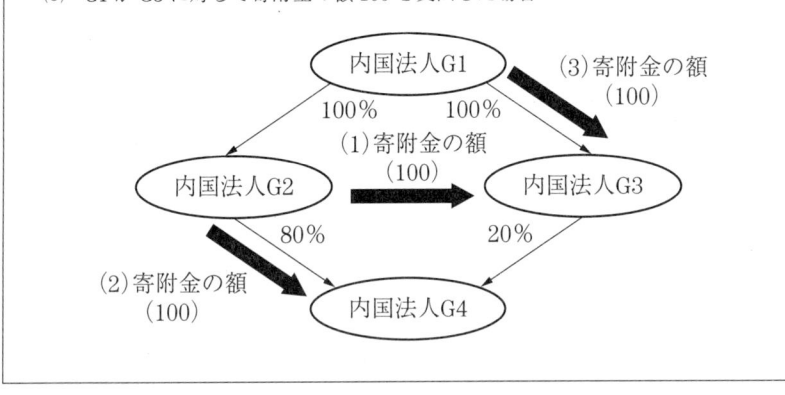

```
              内国法人G1
          100%  ↙     ↘  100%    (3)寄附金の額
                                    (100)
                (1)寄附金の額
                    (100)
   内国法人G2  ────────→  内国法人G3
          80% ↘              ↙ 20%
  (2)寄附金の額
      (100)
              内国法人G4
```

答
(1)　G2とG3の株主であるG1において，G2株式及びG3株式の帳簿価額の修正を行うこととなります。
(2)　G2の株主であるG1において，G2株式の帳簿価額の修正を行い，Gの株主であるG2及びG3において，G4株式の帳簿価額の修正を行うこととなります。
(3)　G3の株主であるG1において，G3株式の帳簿価額の修正を行うこととなります。

【解説】
1　寄附修正の概要

　法人が有する当該法人との間に完全支配関係がある法人（以下「子法人」といいます。）の株式等について次のイ又はロに掲げる事由（以下「寄附修正事由」といいます。）が生ずる場合には，以下の算式により計算した金額を利益積立金額及びその寄附修正事由が生じた時の直前の子法人の株式等の帳簿価額に加算することとされています。

　イ　子法人が法人による完全支配関係のある他の内国法人から益金不算入の対象となる受贈益の額を受けたこと
　ロ　子法人が法人による完全支配関係のある他の内国法人に対して損金不算入の対象

となる寄附金の額を支出したこと

(算式)

$$\begin{pmatrix} 子法人が受けた益金\\ 不算入の対象となる\\ 受贈益の額 \end{pmatrix} \times 持分割合 - \begin{pmatrix} 子法人が支出した損金\\ 不算入の対象となる寄\\ 附金の額 \end{pmatrix} \times 持分割合$$

この算式の持分割合とは，当該子法人の寄附修正事由が生じた時の直前の発行済株式又は出資（当該子法人が有する自己の株式又は出資を除きます。）の総数又は総額のうちに当該法人が当該直前に有する当該子法人の株式又は出資の数又は金額の占める割合をいいます。

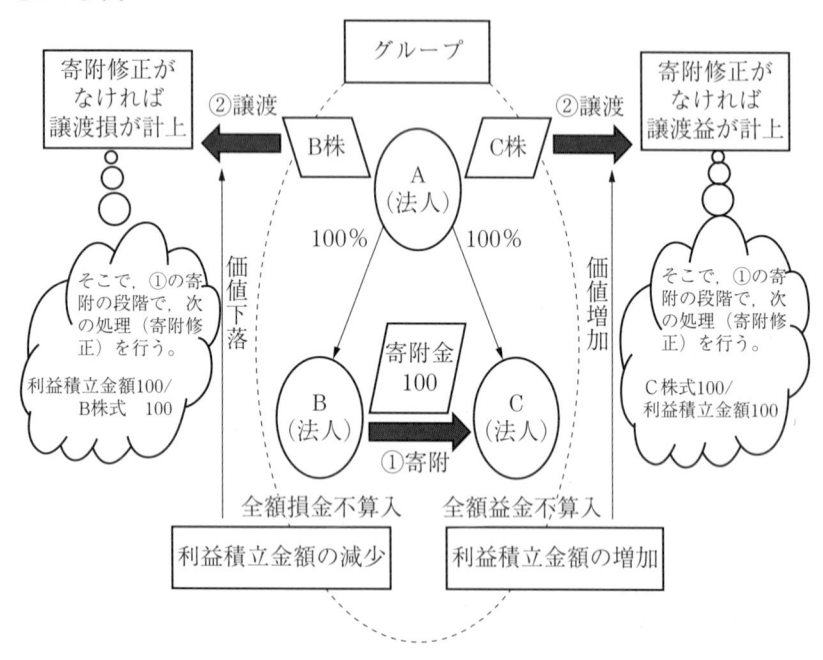

```
                        グループ
   寄附修正が                                      寄附修正が
   なければ    ②譲渡                  ②譲渡      なければ
   譲渡損が計上 ←─── B株       C株 ───→ 譲渡益が計上
                        A
                      (法人)
   そこで，①の寄    100%    100%         そこで，①の寄
   附の段階で，次                         附の段階で，次
   の処理（寄附修  価          価         の処理（寄附修
   正）を行う。   値          値         正）を行う。
              下   寄附金   増
   利益積立金額100/ 落   100    加       C株式100/
   B株式  100                            利益積立金額100
                  B ──→ C
                (法人)    (法人)
                   ①寄附

              全額損金不算入  全額益金不算入
              利益積立金額の減少  利益積立金額の増加
```

2 G2がG3に対して寄附金の額100を支出した場合（お尋ねの(1)の場合）

G1との間に完全支配関係があるG2及びG3の株式について寄附修正事由が生じているため，G1はG2株式について寄附金の額100に持分割合100％を乗じた金額100を利益積立金額から減算するとともに，同額を寄附修正事由が生じた時の直前のG2株式の帳簿価額から減算し，減算後の帳簿価額を株式の数で除して計算した金額を1株当たりの帳簿価額とします。

また、G3株式については、受贈益の額100に持分割合100％を乗じた金額100を利益積立金額に加算するとともに、同額を寄附修正事由が生じた時の直前のG3株式の帳簿価額に加算し、加算後の帳簿価額を株式の数で除して計算した金額を1株当たりの帳簿価額とします。

＜G1の処理＞

(申告調整)
　　利益積立金額　　　　100　／G2株式　　　　　100
　　G3株式　　　　　　　100　／利益積立金額　　100

＜G1の別表五(一)の記載例(抜粋)＞

区　　分	期　首	減	増	期　末
G3株式（寄附修正）		100		△100
G3株式（寄附修正）			100	100
計		100	100	0

3　G2がG4に対して寄附金の額100を支出した場合（お尋ねの(2)の場合）

　G1との間に完全支配関係があるG2の株式について寄附修正事由が生じているため、G1はG2株式について寄附金の額100に持分割合100％を乗じた金額100を利益積立金額から減算するとともに、同額を寄附修正事由が生じた時の直前のG2株式の帳簿価額から減算し、減算後の帳簿価額を株式の数で除して計算した金額を1株当たりの帳簿価額とします。

　また、G2及びG3との間に完全支配関係があるG4の株式について寄附修正事由が生じているため、G2は受贈益の額100に持分割合80％を乗じた金額80を利益積立金額に加算するとともに、同額を寄附修正事由が生じた時の直前のG4株式の帳簿価額に加算し、加算後の帳簿価額を株式の数で除して計算した金額を1株当たりの帳簿価額とします。

　同様に、G3は受贈益の額100に持分割合20％を乗じた金額20を利益積立金額に加算するとともに、同額を寄附修正事由が生じた時の直前のG4株式の帳簿価額に加算し、加算後の帳簿価額を株式の数で除して計算した金額を1株当たりの帳簿価額とします。

　なお、これによりG1、G2及びG3が別表五(一)に記載した金額に相当する金額が、同別表の左余白に記載された検算式と不符合となりますのでご注意ください。

【参考：別表五(一)の検算式】

「期首現在利益積立金額合計「31」①」＋「別表四留保所得金額又は欠損金額「44」」－「中間分，確定分法人税県市民税の合計額」＝「差引翌期首現在利益積立金額合計「31」④」

<G1の処理>

（申告調整）
　　利益積立金額　　　　100　／G2株式　　　　100

< G1の別表五(一)の記載例(抜粋) >

区　分	期　首	減	増	期　末
G2株式（寄附修正）		100		△100
計		100		△100

<G2の処理>

（申告調整）
　　G4株式　　　　　　100／利益積立金額　　　　100

< G2の別表五(一)の記載例(抜粋) >

区　分	期　首	減	増	期　末
G2株式（寄附修正）			80	80
計			80	80

<G3の処理>

(申告調整)
G4株式　　　　20　　／利益積立金額　　　20

<G3の別表五(一)の記載例(抜粋)>

区分	期首	減	増	期末
G4株式（寄附修正）			20	200
計			20	200

4　G1がG3に対して寄附金の額100を支出した場合（お尋ねの(3)の場合）

　G1との間に完全支配関係があるG3の株式について寄附修正事由が生じているため，G1はG3株式について受贈益の額100に持分割合100％を乗じた金額100を利益積立金額に加算するとともに，同額を寄附修正事由が生じた時の直前のG3株式の帳簿価額に加算し，加算後の帳簿価額を株式の数で除して計算した金額を1株当たりの帳簿価額とします。

　なお，これによりG1が別表五(一)に記載した金額に相当する金額が，同別表の左余白に記載された検算式と不符合となりますのでご注意ください。

<G1の処理>

(申告調整)
G3株式　　　　100　　／利益積立金額　　　100

G1の別表五(一)の記載例(抜粋)>

区分	期首	減	増	期末
G3株式（寄附修正）			100	100
計			100	100

5　G1が4において寄附修正を行ったG3株式を売却した場合

　G1が上記4において帳簿価額の修正を行ったG3株式を他に売却した場合には，修正後の帳簿価額によりその譲渡損益の計算を行うことになります。

　例えば，寄附修正前のG3株式の帳簿価額を1,000，寄附修正後の帳簿価額を1,100，

売却した価額を1,200とした場合の処理は次のとおりです。

＜G1の処理＞

(会計上)
　　現　　　　金　　1,200　／　G 3 株 式　　1,000
　　　　　　　　　　　　　　／　株 式 売 却 益　　200

(税務上)
　　現　　　　金　　1,200　／　G 3 株 式　　1,100
　　　　　　　　　　　　　　／　株 式 売 却 益　　100

(申告上)
　　株 式 売 却 益　　100　／　G 3 株 式　　　100

＜G1の別表四の記載例（抜粋）＞

区分		総額	処分	
			留保	社外流出
		①	②	③
当期利益又は当期欠損の額	1	200	200	
減算	株式売却益（G3株式）		100	100
所得金額又は欠損金額	44	100	100	

＜G1の別表五(一)の記載例(抜粋)＞

区　分	期　首	減	増	期　末
G2株式（寄附修正）100	100	100		0
計	100	100		0

【適用関係】

　この措置は，平成22年10月1日以後に寄附修正事由が生じる場合について適用することとされています。

【関係法令】

法令9①七，119の3⑥　　改正令附則5②⑥，13①

問8 完全支配関係がある法人間の資産の譲渡取引における譲渡の意義

> 問　内国法人 G1 は完全支配関係のある他の内国法人 G2 に対して譲渡損益調整資産を譲渡して，その譲渡に係る譲渡損益を繰り延べました。
> 　その後，譲渡を受けた他の内国法人 G2 が完全支配関係のある別の内国法人 G3 にその譲渡損益調整資産を譲渡しましたが，完全支配関係のあるグループ内の法人間の譲渡であることから，G1 は譲渡損益の戻入処理を行うことなく，繰り延べたままにしておくのでしょうか。

答　G1 から譲渡損益調整資産を譲り受けた G2 が，その後，グループ内の G3 にその資産を譲渡した場合には，G1 は繰り延べていた譲渡損益の戻入れを行うこととなります。

【解説】

内国法人が完全支配関係のある他の内国法人に譲渡した譲渡損益調整資産に係る譲渡利益額又は譲渡損失額を繰り延べた場合において，その譲渡を受けた他の内国法人においてその譲渡損益調整資産の譲渡，償却，評価換え，貸倒れ，除却等の事由が生じたときは，その譲渡利益額又は譲渡損失額に相当する金額は，所定の計算により算出した金額を益金の額又は損金の額に算入する（戻し入れる）こととされています。

上記の「譲渡」からは，完全支配関係のある別の内国法人への譲渡が除かれていませんので，譲渡損益調整資産を G1 から取得した G2 が，さらにその資産をグループ内の G3 に譲渡した場合には，G1 は繰り延べた譲渡損益を戻し入れることとなります。

一方，G2 は，その譲渡損益調整資産を G3 に譲渡したことにより生じた譲渡利益額又は譲渡損失額に相当する金額を損金の額又は益金の額に算入して譲渡損益を繰り延べることとなります。

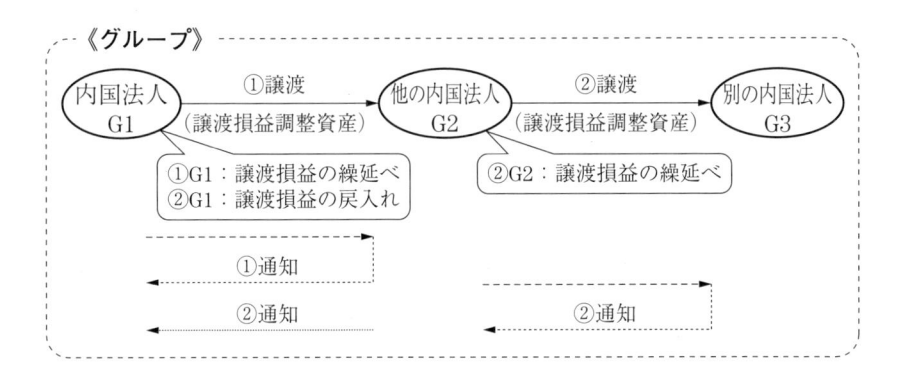

《グループ》

内国法人 G1 → ①譲渡（譲渡損益調整資産） → 他の内国法人 G2 → ②譲渡（譲渡損益調整資産） → 別の内国法人 G3

- ①G1：譲渡損益の繰延べ
- ②G1：譲渡損益の戻入れ
- ②G2：譲渡損益の繰延べ

①通知（G2→G1）
②通知（G2→G1）
②通知（G3→G2）

【適用関係】
　上記の措置は、法人が平成22年10月1日以後に行う譲渡損益調整資産の譲渡に係る譲渡利益額又は譲渡損失額について適用されます。
【関係法令】
法61の13①②　　法令122の14④⑥　　改正法附則22①　　改正令附則15①

問9　非適格合併による資産の移転と譲渡損益の繰延べ

> 問　次の前提においてグループ法人間で非適格合併が行われた場合の被合併法人及び合併法人の申告調整等の処理はどのようになりますか。
>
> 《前提》
> イ　被合併法人の合併直前のB/Sは次のとおりです。
>
> （被合併法人の合併直前のB/S）
>
> | 資産　A　　1,800
（含み益　　200） | 利益積立金額 | 1,900 |
> |---|---|---|
> | 資産　B　　　500
（含み益　　300） | 資　　本 | 500 |
>
> ロ　資産Aは譲渡損益調整資産に該当します（時価2,000）。
> ハ　資産Bは譲渡損益調整資産に該当しません（時価900）。
> ニ　最後事業年度の当期利益の額は、1,000とします。
> ホ　合併対価は、2,900とします。
> ヘ　被合併法人から合併法人への移転資産（資産A、B）の移転は、会計上、被合併法人の帳簿価額が引き継がれています。

答
〔被合併法人の処理〕
（資　産）　申告調整をする必要はありません。
（資産B）　時価譲渡したものとして時価と帳簿価額との差額について申告調整をする必要があります。

〔合併法人の処理〕
（資産A）　被合併法人の帳簿価額で受け入れるとともに、本来の取得価額（時価）との差額を利益積立金額として処理します。
（資産B）　時価で受け入れるとともに、時価と会計上の帳簿価額との差額を利益積立

金額として処理します。

【解説】

1　処理の概要

　非適格合併（適格合併に該当しない合併をいいます。）が行われた場合には，被合併法人である内国法人が合併法人に対して移転する資産及び負債はその移転時の価額により譲渡したものとされ，その移転した資産及び負債に係るその移転による譲渡利益額又は譲渡損失額は被合併法人の最後事業年度（被合併法人の合併の日の前日の属する事業年度をいいます。以下同じです。）の所得の金額の計算上，益金の額又は損金の額に算入されます。

　また，合併法人においては，その移転を受けた資産及び負債はその移転時の価額により受け入れることとなります。

　ただし，グループ法人間で非適格合併が行われた場合において，被合併法人である内国法人から移転した資産が譲渡損益調整資産に該当するときには，被合併法人においては，その譲渡損益調整資産に係る譲渡利益額又は譲渡損失額を計上しないこととなります。一方，合併法人においては，移転を受けたその譲渡損益調整資産を被合併法人の帳簿価額により受け入れることとなります。

　つまり，グループ法人間で非適格合併が行われた場合には，その合併によって移転した譲渡損益調整資産に係る譲渡損益は合併時に被合併法人において認識することなく，合併法人に帳簿価額で移転し，例えば，合併法人がその譲渡損益調整資産を他に譲渡したときなどに損益を認識することとなります。

2　被合併法人における処理

　非適格合併により移転した資産が譲渡損益調整資産に該当する場合には，その譲渡損益調整資産に係る譲渡利益額又は譲渡損失額に相当する金額は，被合併法人の最後事業年度において，損金の額又は益金の額に算入されることとなりますので，被合併法人の所得の金額に何ら影響しないこととなり，お尋ねの前提のように帳簿価額による引継ぎが行われているときには，被合併法人がその最後事業年度において行う申告調整は結果としてありません。

したがって，資産Aに係る申告調整はありません。

また，譲渡損益調整資産に該当しない資産を移転した場合において，帳簿価額により引継ぎが行われているときには，時価と帳簿価額の差額を移転資産に係る譲渡損益として申告調整を行うこととなりますので，資産Bについては，その資産に係る時価と帳簿価額の差額について申告調整を行うこととなります。

お尋ねの前提に基づく具体的な処理例については，次のとおりとなります。

○被合併法人の処理（申告調整）

イ　別表四

＊資産Aに係る処理はない。
＊資産Bは法61の13①適用なし

区分	総額	処分	
		留保	社外流出
	①	②	③
当期利益又は当期欠損の額　①	1,300	1,000	
被適格の合併等又は残余財産の全部分配等による移転資産等の譲渡利益又は譲渡損失等　40	300		※　300
所得金額又は欠損金額　44	1,300	1,000	300

ロ　別表五(一)

記載なし

(注) 法人税法第61条の13第3項《完全支配関係がある法人の間の取引の損益》において，完全支配関係を有しなくなった場合の譲渡損益の戻入れについて規定されていますが，非適格合併による合併法人への譲渡損益調整資産の移転により被合併法人が同条第1項の規定の適用を受けた場合を除く旨が規定されていますので，譲渡損益を繰り延べた直後に合併法人との間に完全支配関係を有しないこととなった場合であっても，譲渡損益の戻入れを行う必要はありません。

この譲渡損益については，被合併法人において戻入れを行いませんが，その譲渡損益調整資産は合併法人に帳簿価額で移転しますので（次の3を参照してください。），合併法人がその譲渡損益調整資産を他に譲渡したときなどに損益が認識されることとなります。

3　合併法人における処理

非適格合併における被合併法人において，譲渡損益調整資産に係る譲渡利益額又は譲渡損失額を計上しないこととされた場合には，その譲渡利益額に相当する金額はその非適格合併に係る合併法人のその譲渡損益調整資産の取得価額に算入しないものとし，そ

の譲渡損失額に相当する金額はその合併法人のその譲渡損益調整資産の取得価額に算入するものとされています。

この場合において，合併法人において譲渡損益調整資産の取得価額に算入しない譲渡利益額に相当する金額から譲渡損益調整資産の取得価額に算入する譲渡損失額に相当する金額を減算した金額は，合併法人の利益積立金額の期末の減算項目とされています。

したがって，資産Aについては，譲渡損益調整資産に該当する資産の移転であることから帳簿価額で受け入れ，譲渡利益額に相当する額（本来の取得価額（時価）と被合併法人における帳簿価額との差額）を利益積立金額の減算項目として処理します。

また，資産Bについては，譲渡損益調整資産に該当しない資産の移転であることから，時価で受け入れることとなります。

簿価引継ぎなど，お尋ねの前提に基づく具体的な処理例については，次のとおりとなります。

○合併法人の処理（申告調整）

合併法人において，非適格合併により受け入れた資産A及び資産Bについて，会計上，簿価（資産A1,800，資産B600）で受け入れ，簿価と時価との差額は通常のれんとして処理します。この場合の申告調整は次のとおりです。

（会計上）
　　資　産　A　　　1,800　／　合　併　対　価　　2,900
　　資　産　B　　　　600　／
　　の　れ　ん　　　　500　／
（税務上）
　　資　産　A　　　1,800　／　合　併　対　価　　2,900
　　資　産　B　　　　900　／
　　利益積立金額　　　200　／
（申告調整）※
　　資　産　B　　　　300　／　の　れ　ん　　　　500
　　利益積立金額　　　200　／

※　この処理の考え方を仕訳により説明すれば，次のとおりです。
　・非適格合併における移転資産の移転時の価額による受入れ
　　資産A　　200／のれん　500
　　資産B　　300／

・被合併法人において繰り延べた譲渡損益調整資産に係る譲渡利益額に相当する金額を移転資産の取得価額に不算入（法61の13⑦）

利益積立金額200／資産A200

イ　別表四

　　記載なし

ロ　別表五（一）

区　分	期　首	減	増	期　末
（資産A）		(200)	(200)	(0)
資　産　B			300	300
の　れ　ん		500		△ 500
計		500 (700)	300 (500)	△ 200

【適用関係】

上記の措置は，法人が平成22年10月1日以後に行う譲渡損益調整資産の譲渡に係る譲渡利益額又は譲渡損失額について適用されます。

【関係法令】

法61の13①③⑦，62　法令9①一ル，9の2①一ル　改正法附則22①　改正令附則15①

問10 譲渡損益調整資産（非減価償却資産）を簿価により譲渡した場合の課税関係

問 内国法人 G1 は，完全支配関係を有する他の内国法人 G2 に対して時価 100 百万円の土地を G1 の帳簿価額 80 百万円で譲渡することとしました。

　帳簿価額で譲渡することとした理由は，グループ法人税制の創設によって，①完全支配関係がある法人間の譲渡損益調整資産の譲渡による譲渡利益額は繰り延べられることとされ，また，②時価と帳簿価額との差額を G1 において寄附金の額とし，G2 において受贈益の額としても，寄附金の損金不算入及び受贈益の益金不算入規定により，いずれの法人においても所得の金額に影響がないと思われるからです。

(1) このように譲渡損益調整資産を帳簿価額で譲渡した場合には，G1 及び G2 の所得の金額に影響がないことから，税務上も G1 の土地の譲渡対価の額を帳簿価額である 80 百万円とし，G2 の当該土地の取得価額を 80 百万円としてもよろしいでしょうか。

(2) 仮に(1)の処理が認められない場合には，譲渡法人 G1 及び譲受法人 G2 は，それぞれどのような申告調整を行う必要がありますか。

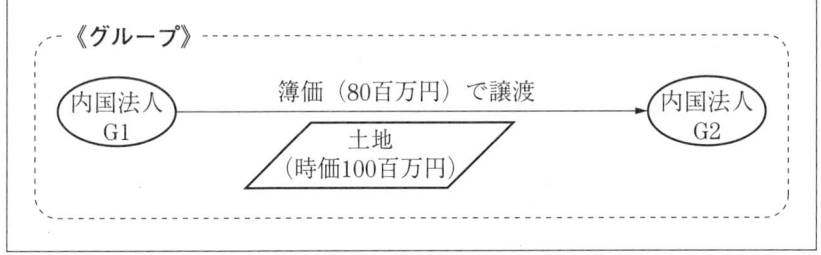

《グループ》
内国法人 G1 ─ 簿価（80百万円）で譲渡 土地（時価100百万円）→ 内国法人 G2

答

(1) G1 及び G2 の所得の金額に影響があるなしにかかわらず，税務上は時価により譲渡があったものとなりますので，G1 の譲渡対価の額は 100 百万円，G2 の取得価額は 100 百万円として，それぞれ申告調整を行うこととなります。

(2) 譲渡法人 G1 は，時価（100 百万円）と帳簿価額（80 百万円）との差額（20 百万円）について，①譲渡利益額（20 百万円）の計上と②その繰延べ処理及び③寄附金認容（20 百万円）と④その損金不算入処理を行います。

　また，譲受法人 G2 は，⑤受贈益（20 百万円）の計上（取得価額の加算）と⑥その益金不算入処理を行います。

【解説】
1 譲渡対価の額と取得価額（低廉譲渡の場合）
(1) 譲渡に係る対価の額（G1 の処理）

　譲渡損益調整資産に該当する資産の譲渡であっても，資産の譲渡であることには変わりはありませんので，その譲渡に係る対価の額は実際に収受した金銭等の額ではなく，譲渡時の当該資産の価額（時価）によることとなります。

　100％グループ法人間の譲渡損益調整の規定（法61の13）は，このことを前提とした上で，その譲渡に係る譲渡利益額又は譲渡損失額を調整することとしたものです。

　したがって，G1における譲渡対価の額は，譲渡損益調整資産である土地の譲渡時の時価（100百万円）となります。

(2) 土地の取得価額（G2 の処理）

　法人が無償又は低廉により資産を取得した場合でその資産の価額のうち贈与又は経済的利益の供与を受けたと認められる部分があるときは，その資産の取得のために通常要する価額（時価）が取得価額となります。

　したがって，G2が取得した土地に付すべき取得価額は，当該土地の譲渡の時の時価である100百万円となります。

2 譲渡法人と譲受法人の申告調整の概要

　1のとおり完全支配関係を有する法人間で帳簿価額により譲渡損益調整資産を譲渡した場合において，譲渡法人，譲受法人がともに会計上も帳簿価額による譲渡と処理しているときには，次の(1)，(2)の区分に応じ，それぞれ次のように申告調整することになります。

(1) 低廉譲渡（時価＞簿価）の場合

　譲渡法人においては，時価と譲渡対価の額との差額（以下「時価差額」といいます。）を譲渡利益額として計上した上で，その譲渡利益額の繰延べ処理を行います。

　また，同額を寄附金の額として認容した上で，その全額を損金不算入とする申告調整を行います。

　譲受法人においては，時価差額を受贈益として計上し，資産の取得価額に加算した上で，その全額を益金不算入とする申告調整を行います。

譲渡法人の税務処理	譲受法人の税務処理
・譲渡利益額の計上 ・譲渡利益額の繰延べ（益金不算入） ・寄附金認容 ・寄附金の損金不算入	・受贈益の計上 ・受贈益の益金不算入

(2) **高額譲渡（時価＜簿価）の場合**

譲渡法人においては，時価差額を譲渡損失額として計上した上で，その譲渡損失額の繰延べ処理を行います。また，同額を受贈益として計上した上で，その全額を益金不算入とする申告調整を行います。

譲受法人においては，時価差額を寄附金の額として認容し，資産の取得価額から減算した上で，その全額を損金不算入とする申告調整を行います。

譲渡法人の税務処理	譲受法人の税務処理
・譲渡損失額の計上 ・譲渡損失額の繰延べ（損金不算入） ・受贈益の計上 ・受贈益の益金不算入	・寄附金認容 ・寄附金の損金不算入

3　具体的な申告調整例

お尋ねの場合には，低廉譲渡に当たりますので，具体的な申告調整等は次のとおりとなります。

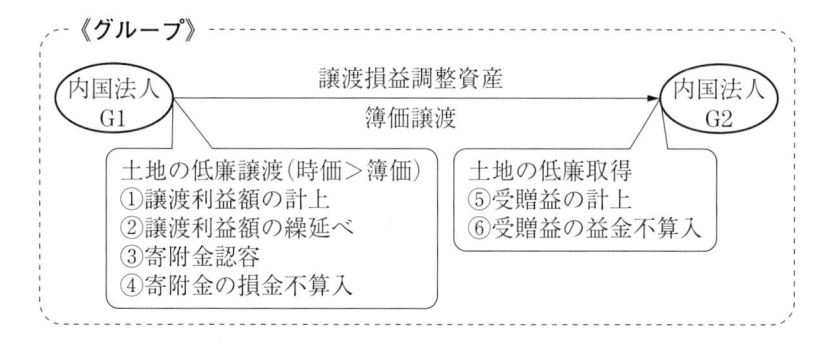

《グループ》

内国法人 G1 ── 譲渡損益調整資産　簿価譲渡 ── 内国法人 G2

土地の低廉譲渡（時価＞簿価）
①譲渡利益額の計上
②譲渡利益額の繰延べ
③寄附金認容
④寄附金の損金不算入

土地の低廉取得
⑤受贈益の計上
⑥受贈益の益金不算入

《税務仕訳等》　　　　　　　　　　　　　　　　　　　　　　　（単位：百万円）

内容	譲渡法人（G1）の処理	譲受法人（G2）の処理
譲渡時	《会計処理》 現金　80／土地　80	《会計処理》 土地　80／現金　80
① 譲渡利益額の計上 （法22②）	《税務仕訳》 現金　　　80／土地　　80 未収入金　20／譲渡益　20 《申告調整》 譲渡益計上もれ　20（加算・留保）	
② 譲渡利益額の繰延べ （法61の13①）	《税務仕訳》 譲渡損益調整勘定繰入額(損金)　20 　　　／譲渡損益調整勘定　20 《申告調整》 譲渡損益調整勘定繰入額　20 　　　　　　　　　（減算・留保）	
③ 寄附金認容 （法22③）	《税務仕訳》 寄附金　20／未収入金　20 《申告調整》 寄附金認容　20（減算・留保）	
④ 寄附金の損金不算入 （法37②）	《税務仕訳》 寄附金損金不算入　20 　　　　　／その他流出　20 《申告調整》 寄附金損金不算入　20 　　　　　　　（加算・流出）	
⑤ 受贈益の計上 （法22②）		《税務仕訳》 土地　100／現金　　80 　　　　／受贈益　20 《申告調整》 受贈益計上もれ　20 　　　　　　　（加算・留保） ※　上記の留保は、土地の取得価額の増加となる。
⑥ 受贈益の益金不算入 （法25の2）		《税務仕訳》 受贈益益金不算入　20 　　　　　／その他流出　20 《申告調整》 受贈益益金不算入　20 　　　　　　　（減算・流出）

別表四 (単位：円)

区分			総額	留保	社外流出	
加算	譲渡益計上もれ		20,000,000	① 20,000,000		
	小計	13	20,000,000	20,000,000		
減算	譲渡損益調整勘定繰入額		20,000,000	② 20,000,000		
	寄附金認容		20,000,000	③ 20,000,000		
	小計	25	40,000,000	40,000,000		
寄附金の損金不算入額		27	20,000,000		その他	④ 20,000,000
所得金額又は欠損金額		44	0	△20,000,000		20,000,000

別表五（一）

区分	期首	減	増	期末
未収入金		③ 20,000,000	① 20,000,000	0
譲渡損益調整勘定（土地）		② 20,000,000		△20,000,000
計		40,000,000	20,000,000	△20,000,000

別表四

区分			総額	留保	社外流出	
加算	受贈益計上もれ		20,000,000	⑤ 20,000,000		
	小計	13	20,000,000	20,000,000		
減算	受贈益の益金不算入額	18	20,000,000		※	⑥ 20,000,000
	小計	25	20,000,000			20,000,000
所得金額又は欠損金額		44	0	20,000,000	△	20,000,000

別表五（一）

区分	期首	減	増	期末
土地			⑤ 20,000,000	20,000,000
計			20,000,000	20,000,000

【関係法令】

法22②③，25の2，37②⑧，61の13①

基通12の4-1-1

問11 譲渡損益調整資産（減価償却資産）を簿価で譲り受けた場合の譲受法人の申告調整

問 内国法人 G1 は、完全支配関係を有する他の内国法人 G2 に対して時価 100 百万円の機械を G1 の帳簿価額 80 百万円で譲渡することとしました。

この場合、譲受法人 G2 の譲受けの日を含む事業年度における申告調整はどのようになりますか。

《グループ》
内国法人 G1 → 簿価（80百万円）で譲渡 機械（時価100百万円） → 内国法人 G2

答 譲受法人 G2 は、①受贈益の計上（取得価額の加算）、②その益金不算入処理及び③減価償却超過額の損金不算入処理を行います。

【解説】

譲受法人 G2 における具体的な申告調整は、次のとおりとなります。

① 譲受法人 G2 において時価よりも低い価額で取得した機械（減価償却資産）について、その取得価額として経理した金額（80百万円）がその機械の取得時の時価（100百万円）に満たない場合のその満たない金額（20百万円）をその機械の取得価額に加算し、同額を内国法人 G1 からの受贈益として、益金の額に加算します。

《税務仕訳》　機械 20 百万円／受贈益 20 百万円

《申告調整》　受贈益計上もれ 20 百万円（加算留保（機械））

② この受贈益の額は完全支配関係のある内国法人 G1 から受けた受贈益の額であることから、その全額を益金不算入とします。

《申告調整》　受贈益の益金不算入 20 百万円（減算・その他流出）

③ この機械に係る減価償却費の損金算入限度額の計算については、上記①により調整した税務上の取得価額（100百万円）を基礎として、当該機械の譲受時（事業供用時）から当該事業年度末までの期間分の減価償却費の損金算入限度額を計算します。

④ 譲受法人 G2 が当該事業年度においてその償却費として損金経理をした金額のうち、上記③により計算した損金算入限度額を超える部分の金額が減価償却超過額として損金不算入となります。

お尋ねのように，減価償却資産を時価よりも低い価額で譲り受けた場合で，その譲り受けた価額をその取得価額として経理しているときには，上記①により当該機械の取得価額に加算した時価に満たない金額（20百万円）は，「償却費として損金経理をした金額」に含まれますので（基通7-5-1(4)），減価償却超過額の計算に当たっては，この20百万円を償却費として損金経理をした金額に含めて計算を行います。

　例えば，当該機械に係る上記③により計算した減価償却費の損金算入限度額が15百万円，当該事業年度においてその償却費として損金経理した金額が30百万円（会計上10百万円＋加算分20百万円）である場合には，減価償却超過額は15百万円（30百万円－15百万円）となりますので，15百万円を減価償却超過額として損金不算入とします。

《税務仕訳》　　減価償却費20百万円／機械20百万円
　　　　　　　　減価償却超過額15百万円／減価償却費15百万円
《申告調整》　　減価償却費認容20百万円（減算・留保）
　　　　　　　　減価償却超過額15百万円（加算・留保）

《別表記載例》

譲受法人（G2）

別表四 (単位：円)

<table>
<tr><th colspan="2">区分</th><th></th><th>総額</th><th colspan="2">留保</th><th colspan="3">社外流出</th></tr>
<tr><td rowspan="3">加算</td><td>受贈益計上もれ</td><td></td><td>20,000,000</td><td>①</td><td>20,000,000</td><td colspan="3"></td></tr>
<tr><td>減価償却の償却超過額</td><td>7</td><td>15,000,000</td><td>④</td><td>15,000,000</td><td colspan="3"></td></tr>
<tr><td>小計</td><td>13</td><td>35,000,000</td><td colspan="2">35,000,000</td><td colspan="3"></td></tr>
<tr><td rowspan="3">減算</td><td>受贈益の益金不算入額</td><td>18</td><td>20,000,000</td><td colspan="2"></td><td>※</td><td>②</td><td>20,000,000</td></tr>
<tr><td>減価償却費認容</td><td></td><td>20,000,000</td><td>④</td><td>20,000,000</td><td colspan="3"></td></tr>
<tr><td>小計</td><td>25</td><td>40,000,000</td><td colspan="2">20,000,000</td><td colspan="3">20,000,000</td></tr>
<tr><td colspan="2">所得金額又は欠損金額</td><td>44</td><td>△ 5,000,000</td><td colspan="2">15,000,000</td><td colspan="3">△ 20,000,000</td></tr>
</table>

別表五（一）

区分	期首	減		増		期末
減価償却超過額				④	15,000,000	15,000,000
機械		④	20,000,000	①	20,000,000	0
計			20,000,000		35,000,000	15,000,000

【関係法令】

法22②，25の2，31

基通7-5-1(4)

問12 譲渡損益調整資産が減価償却資産である場合の戻入額の計算

> 問　譲渡法人から譲り受けた譲渡損益調整資産が譲受法人において減価償却資産である場合において、その譲渡法人が繰り延べている譲渡利益額又は譲渡損失額の戻入額の計算はどのように行うこととなりますか。

答　譲渡法人における戻入額（益金の額又は損金の額に算入する金額）の計算は次の①原則法又は②簡便法により行うこととなります。

① 原則法

$$戻入額（注1）＝ 譲渡損益調整資産に係る譲渡利益額又は譲渡損失額に相当する金額 \times \frac{譲受法人において償却費として損金の額に算入された金額}{譲受法人における譲渡損益調整資産の取得価額}$$

② 簡便法

$$戻入額 ＝ 譲渡損益調整資産に係る譲渡利益額又は譲渡損失額に相当する金額 \times \frac{譲渡法人の当該事業年度開始の日からその終了の日までの期間（注2）の月数}{譲受法人がその譲渡損益調整資産について適用する耐用年数 \times 12}$$

（注1）調整済額がある場合には一定の調整計算を要します。
　調整済額とは、譲渡損益調整資産に係る譲渡利益額又は譲渡損失額に相当する金額につき、既に譲渡法人の各事業年度の所得の金額又は各連結事業年度の連結所得の金額の計算上益金の額又は損金の額に算入された金額の合計額をいいます。
（注2）譲渡の日を含む事業年度にあっては譲渡の日から当該事業年度終了の日までの期間となります。
（注3）②の簡便法の適用をするためには一定の要件を満たす必要があります。

【解説】

譲受法人において減価償却資産に該当する譲渡損益調整資産については、その償却費が損金の額に算入された場合、譲渡利益額又は譲渡損失額を繰り延べている内国法人（譲渡法人）は、その繰り延べている譲渡利益額又は譲渡損失額に相当する金額に一定割合を乗じて計算した戻入額を、益金の額又は損金の額に算入することとなります。

この戻入額を計算する方法には、原則法、簡便法の二つがあります。

原則法とは，譲受法人における譲渡損益調整資産の取得価額に占める償却費として損金の額に算入された金額の割合を用いる方法をいい，簡便法とは，譲受法人が適用する耐用年数に12を乗じたものに占める譲渡法人の事業年度の月数の割合を用いる方法をいいます。

　なお，簡便法を適用する場合には次の点に注意する必要があります。

(1)　**対象資産**

　簡便法は譲受法人において減価償却資産又は繰延資産に該当するものに限り適用することができます。

(2)　**適用要件**

　簡便法を適用しようとする譲渡損益調整資産の譲渡の日の属する事業年度の確定申告書に簡便法により計算した益金の額又は損金の額に算入する金額及びその計算に関する明細の記載がある場合に限り適用されます（この明細の記載がない場合には原則法によります。）。この明細の記載に当たっては，別表十四(四)の該当欄を使用します。

(3)　**宥恕規定**

　上記(2)の記載がない確定申告書の提出があった場合でも，その記載がなかったことについてやむを得ない事情があると認められるときは，簡便法を適用することができます。

(4)　**そ　の　他**

　簡便法を適用した場合の戻入額は，譲受法人において償却費として損金の額に算入された金額に関係なく，その譲渡損益調整資産について譲受法人が適用する耐用年数を基礎として計算を行うこととなりますので，譲受法人において償却費として損金の額に算入した金額を毎期譲渡法人に対して通知する必要はなく，取得時に適用する耐用年数を通知するだけで足ります。

　なお，譲受法人において償却費として損金の額に算入された金額にかかわらず（例えばゼロであっても），譲渡法人側においては簡便法により計算した戻入額を益金の額又は損金の額に算入することとなります。

【適用関係】

　上記の措置は，法人が平成22年10月1日以後に行う譲渡損益調整資産の譲渡に係る譲渡利益額又は譲渡損失額について適用されます。

【関係法令】

　　　法61の13②　　　法令122の14④⑤⑥⑧⑨⑰⑱
　　　改正法附則22①　　改正令附則15①

問13　譲渡損益調整資産に係る通知義務

> **問**　譲渡損益調整資産の譲渡損益の繰延制度（法61の13）について，譲渡損益調整資産の譲渡法人及び譲受法人にはそれぞれ通知義務があるとのことですが，その通知義務の内容について教えてください。
> また，その通知については，何か決められた方法や手続等があるのでしょうか。

答　通知義務の内容については，【解説】の表1，表2を参照してください。
　また，通知の方法については法令上，特に決められた方法はありません。

【解説】

1　通知義務の内容

　お尋ねの「譲渡損益調整資産の譲渡損益の繰延制度」とは，内国法人（以下「譲渡法人」といいます。）が譲渡損益調整資産を譲渡法人との間に完全支配関係がある他の内国法人（以下「譲受法人」といいます。）に譲渡した場合に，その譲渡損益調整資産に係る譲渡利益額又は譲渡損失額に相当する金額をその譲渡した日の属する事業年度の所得の金額の計算上，それぞれ損金の額又は益金の額に算入することによって課税を繰り延べる制度です。

　この制度により譲渡法人において繰り延べられた譲渡損益は，譲受法人において譲渡損益調整資産の譲渡が行われた場合など一定の事由（以下「戻入事由」といいます。）が生じた場合に取り戻すこととされています。

　したがって，譲渡法人又は譲受法人において，次の表1に掲げる通知事由が生じた場合には，譲受法人又は譲渡法人に対して，それぞれ次の表1に掲げる通知内容を通知しなければならないこととされています。

[表1]（通知事由と通知内容）

通知者	通 知 事 由	通 知 内 容
譲渡法人	譲渡損益調整資産を譲受法人に譲渡したこと	譲受法人に対して譲渡した資産が譲渡損益調整資産である旨（減価償却資産又は繰延資産につき簡便法（※）の適用を受けようとする場合には，その旨を含みます。）（法令122の14⑯）
譲受法人	（ⅰ）譲渡損益調整資産が売買目的有価証券であること	その旨（法令122の14⑰一）
	（ⅱ）譲渡損益調整資産が減価償却資産又は繰延資産である場合において譲渡法人から簡便法を適用しようとする旨の通知を受けたこと	当該資産について適用する耐用年数又は当該資産の支出の効果の及ぶ期間（法令122の14⑰二）
	（ⅲ）表2に掲げる戻入事由（上記（ⅱ）の通知を受けていた場合の表2⑤及び⑥の事由が生じた場合を除きます。）が生じたこと	その旨（減価償却資産又は繰延資産の場合には，その償却費の額を含みます。）及びその生じた日（法令122の14㉒）

[表2] 譲受法人における戻入事由ごとの譲渡法人における戻入額

戻　入　事　由		戻　入　額
① 譲渡損益調整資産の譲渡，貸倒れ，除却，その他これらに類する事由		譲渡利益額又は譲渡損失額に相当する金額（以下「A」といいます。）
② 譲渡損益調整資産の適格分割型分割による分割承継法人（譲受法人との間に完全支配関係があるものを除きます。）への移転		
③ 普通法人又は協同組合等である譲受法人が公益法人等に該当することとなったこと		
④ 譲渡損益調整資産が譲受法人において，		
	法人税法第25条第2項に規定する評価換えによりその帳簿価額を増額され，その増額された部分の金額が益金の額に算入されたこと	
	法人税法第25条第3項に規定する資産に該当し，当該譲渡損益調整資産の同項に規定する評価益の額として一定の金額が益金の額に算入されたこと	
⑤ 譲渡損益調整資産が譲受法人において減価償却資産に該当し，その償却費が損金の額に算入されたこと		(A)× $\dfrac{\text{損金の額に算入された償却費の金額}}{\text{譲渡損益調整資産の取得価額又は額}}$ （※）
⑥ 譲渡損益調整資産が譲受法人において繰延資産に該当し，その償却費が損金の額に算入されたこと		
⑦ 譲渡損益調整資産が譲受法人において，		
	法人税法第33条第3項に規定する評価換えによりその帳簿価額を減額され，その減額された部分の金額が損金の額に算入されたこと	(A)
	法人税法第33条第4項に規定する資産に該当し，当該譲渡損益調整資産の同項に規定する評価損の額として一定の金額が損金の額に算入されたこと	
	法人税法第33条第2項に規定する評価換えによりその帳簿価額を減額され，当該譲渡損益調整資産の同項に規定する差額に達するまでの金額が損金の額に算入されたこと	

⑧ 有価証券である当該譲渡損益調整資産と銘柄を同じくする有価証券（売買目的有価証券を除きます。）の譲渡（譲受法人が取得した当該銘柄を同じくする有価証券である譲渡損益調整資産の数に達するまでの譲渡に限ります。）	（A）のうちその譲渡をした数に対応する部分の金額
⑨ 譲渡損益調整資産が譲受法人において法人税法施行令第119条の14に規定する償還有価証券に該当し，当該譲渡損益調整資産につき法人税法施行令第139条の2第1項に規定する調整差益又は調整差損が益金の額又は損金の額に算入されたこと	（A）× $\dfrac{\text{（B）のうち譲渡法人の当該事業年度の日数}}{\text{譲渡法人の当該事業年度開始の日から当該償還有価証券の償還日までの期間の日数（B）}}$
⑩ 譲渡損益調整資産が譲受法人において法人税法第61条の11第1項に規定する時価評価資産に該当し，当該譲渡損益調整資産につき同項に規定する評価益又は評価損が益金の額又は損金の額に算入されたこと	（A）

※ 上記⑤及び⑥の戻入額については原則法による計算式を記載しています。簡便法による戻入額の計算式については，問12を参照してください。

2 通知の方法

通知については，譲渡法人と譲受法人という民間において行われるものであることから，法令等において特段，その方法や手続（様式など）は定められていません。したがって譲渡法人と譲受法人との間で任意の方法を用いて通知を行っていただくことになります。

また，連結納税を選択している企業グループ内にあっては，連結親法人が連結法人の帳簿等を集約して決算・申告の事務を行っている実態などから，事実上，連結法人間の通知行為が行われているとみることもできますので，このような場合には形式的な通知は省略しても差し支えないものと考えられます。

なお，法令で定められた通知内容を盛り込んだ通知書の書式の例として，別紙のようなものが考えられますので，実務上の参考としてください（36，37ページ参照）。

【関係法令】

法61の13①②　　法令122の14④⑤⑯⑰⑱

(別　紙)

法人税法第61条の13（完全支配関係がある法人の間の取引の損益）に規定する譲渡損益調整資産に関する通知書

譲渡法人（甲）

（法人名）
（住　所）
（連絡先）

譲受法人（乙）

（法人名）
（住　所）
（連絡先）

（譲渡法人→譲受法人）

　　　　　　　　　　　　　　　　　　　　　　　　　［通知年月日］　平成○年○月○日

1　当社（甲）が，平成○年○月○日付で貴社（乙）に譲渡した次の資産については，法人税法第61条の13に規定する譲渡損益調整資産に該当しますので，その旨通知します。

資産の種類	固定資産　・　土地　・　有価証券　・　金銭債権　・　繰延資産
資産の名称	
譲渡数量	

（譲渡損益調整資産が固定資産又は繰延資産である場合）
2　なお，上記の資産が貴社（乙）において，減価償却資産又は繰延資産に該当する場合には，当社（甲）では，法人税法施行令第122条の14第6項に規定する簡便法の適用を（　　受ける・受けない　　）予定ですので，その旨通知します。

（譲受法人→譲渡法人）

　　　　　　　　　　　　　　　　　　　　　　　　　［通知年月日］　平成○年○月○日

3　上記1の資産は，当社（乙）において，次のとおりとなりますので，その旨通知します。

・上記1の資産が，有価証券である場合 　当社（乙）において，売買目的有価証券に	該当する ・ 該当しない
・上記1の資産が，貴社（甲）において固定資産である場合 　当社（乙）において，減価償却資産に	該当する ・ 該当しない
減価償却資産に該当する場合に，その減価償却資産に適用される耐用年数	年
・上記1の資産が，貴社（甲）において繰延資産である場合 　当社（乙）において，繰延資産に	該当する ・ 該当しない
繰延資産に該当する場合に，その繰延資産となった費用の支出の効果の及ぶ期間	年

［通知年月日］　平成〇年〇月〇日

4　上記1の資産について、当社（乙）において次の事由が生じましたので、その旨通知します。

該当有無〇表示	発　生　事　由	発生年月日	左記の日の属する事業年度	備　考
	①　上記1の資産について次の事実が発生したこと 【　譲渡・貸倒れ・除却・その他類する事由　】 　　その他類する事由（　　　　　　　）	平　．．　．	自：平　．． 至：平　．．	
	②　上記1の資産を適格分割型分割により分割承継法人へ移転したこと	平　．．　．	自：平　．． 至：平　．．	
	③　普通法人又は協同組合等である当社（乙）が、公益法人等に該当することとなったこと	平　．．　．	自：平　．． 至：平　．．	
	④　上記1の資産につき当社（乙）において、 ・法人税法第25条第2項に規定する評価換えによりその帳簿価額を増額し、その増額した部分の金額を益金の額に算入したこと ・法人税法第25条第3項に規定する資産に該当し、上記1の資産の同項に規定する評価益の額として政令で定める金額を益金の額に算入したこと	平　．．　．	自：平　．． 至：平　．．	
	⑤　上記1の資産が当社（乙）において、減価償却資産に該当し、その償却費を損金の額に算入したこと	償却費を損金の額に算入した事業年度 自：平　．． 至：平　．． ※　上記事業年度の末日が発生年月日です		損金の額に算入した償却費の額 円
	⑥　上記1の資産が当社（乙）において、繰延資産に該当し、その償却費を損金の額に算入したこと	償却費を損金の額に算入した事業年度 自：平　．． 至：平　．． ※　上記事業年度の末日が発生年月日です		損金の額に算入した償却費の額 円
	⑦　上記1の資産につき当社（乙）において、 ・法人税法第33条第2項に規定する評価換えによりその帳簿価額を減額し、上記1の資産の同項に規定する差額に達するまでの金額を損金の額に算入したこと ・法人税法第33条第3項に規定する評価換えによりその帳簿価額を減額し、その減額した部分の金額を損金の額に算入したこと ・法人税法第33条第4項に規定する資産に該当し、上記1の資産の同項に規定する評価損の額として政令で定める金額を損金の額に算入したこと	平　．．　．	自：平 至：平	
	⑧　上記1の資産が有価証券である場合で、当社（乙）において、上記1の資産と銘柄を同じくする有価証券（売買目的有価証券以外のもの）を譲渡したこと（上記1の資産の数に達するまでの譲渡に限る。）	平　．．　．	自：平 至：平	譲渡した数量
	⑨　上記1の資産が当社（乙）において、法人税法施行令第119条の14に規定する償還有価証券に該当し、上記1の資産について法人税法施行令第139条の2第1項に規定する調整差益を調整差損を益金の額又は損金の額に算入したこと	平　．．　．	自：平　．． 至：平　．．	
	⑩　上記1の資産が当社（乙）において、法人税法第61条の11第1項に規定する時価評価資産に該当し、上記1の資産について同項に規定する評価益又は評価損を益金の額又は損金の額に算入したこと	平　．．　．	自：平 至：平	

379

問14　完全支配関係が外国法人によるものである場合の現物分配

問　当グループの株式の保有関係は下図のとおりであり、G1からG4までの各法人（いずれも普通法人）の間には完全支配関係がありますが、G1とG2との間又はG1とG3の間の完全支配関係は外国法人G4によるものとなっています。G1がグループ内の他の内国法人であるG2及びG3に対して、現物分配により資産を移転した場合に、G1の課税関係はどうなりますか。

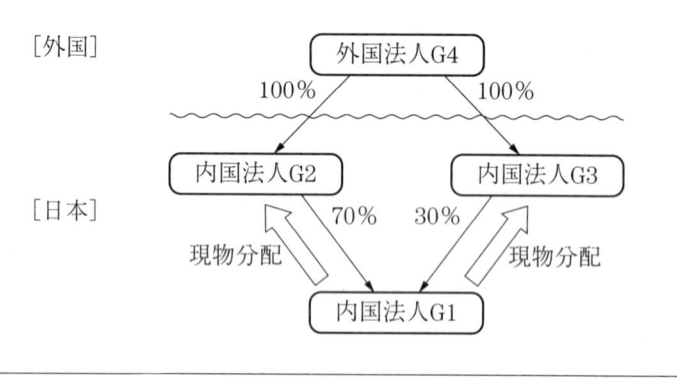

```
[外国]              外国法人G4
              100%         100%
～～～～～～～～～～～～～～～～～～～～
            内国法人G2    内国法人G3
[日本]          ↑ 70%   30% ↑
             現物分配      現物分配
                  内国法人G1
```

答　お尋ねの現物分配は適格現物分配に該当しますから、G1が行ったG2及びG3に対する現物分配による資産の移転は、その適格現物分配の直前のG1における当該資産の帳簿価額により譲渡したものとして所得の金額を計算することとなります。

【解説】

1　平成22年度の税制改正前において、法人が剰余金の配当又は利益の配当として金銭以外の資産を移転した場合には、無償による資産の譲渡に該当し、当該資産の譲渡益又は譲渡損の額は益金の額又は損金の額に算入することとされていました。

　平成22年度の税制改正により、現物分配が組織再編成の一形態として位置付けられ、適格現物分配の場合、内国法人が被現物分配法人（現物分配により現物分配法人から資産の移転を受けた法人をいいます。）にその有する資産の移転をしたときには、その被現物分配法人に移転をした資産のその適格現物分配の直前の帳簿価額による譲渡をしたものとして所得の金額を計算することとされました。

2　この現物分配とは、法人（公益法人等及び人格のない社団等を除きます。）がその株主等に対し当該法人の剰余金の配当などの一定の事由により金銭以外の資産を交付することと定義されています。また、適格現物分配とは、内国法人を現物分配法人（現物分配によりその有する資産の移転を行った法人をいいます。）とする現物分配のうち、

その現物分配により資産の移転を受ける者がその現物分配の直前において当該内国法人との間に完全支配関係がある内国法人(普通法人又は協同組合等に限ります。)のみであるものをいうと定義されています。

　このように,適格現物分配の定義上,完全支配関係がある現物分配法人と被現物分配法人がともに一定の内国法人であれば足りることから,お尋ねのように,内国法人である現物分配法人G1と他の内国法人である被現物分配法人G2及びG3との間の完全支配関係がいずれも外国法人G4によるものであったとしても,その外国法人G4が現物分配の当事者でなければ,適格現物分配に該当するかどうかの判定に影響はありません。

3　したがって,下図のように,内国法人G1の行った現物分配における被現物分配法人が複数ある場合において,その被現物分配法人の中に外国法人(G3)が含まれるときには,その現物分配全体が適格現物分配に該当しないことになります。

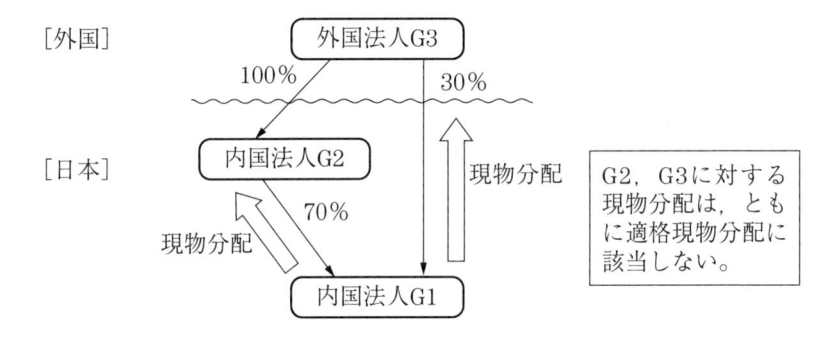

[外国]
[日本]

外国法人G3　100%　30%
内国法人G2　70%　現物分配
現物分配
内国法人G1

G2,G3に対する現物分配は,ともに適格現物分配に該当しない。

【適用関係】
　上記の措置は,平成22年10月1日以後に現物分配(残余財産の分配にあっては,同日以後の解散によるものに限ります。)が行われる場合における法人の各事業年度の所得に対する法人税について適用されます。

【関係法令】
法2十二の六,十二の六の二,十二の十五,22②,62の5③　　　改正法附則10②

問15　親会社株式の現物分配

> **問**　内国法人G2（普通法人）は，自らを合併法人とする吸収合併により被合併法人Aが保有していた内国法人G1（普通法人）の株式を承継しましたが，G1とG2との間にはG1がG2の発行済株式の全部を保有する完全支配関係があったことから，当該吸収合併により承継したG1株をG1に対し現物分配を行う予定です。
> 　当該現物分配は適格現物分配として取り扱われますか。
>
> 〔合併による親会社株式の承継〕　　〔承継株式の現物分配〕

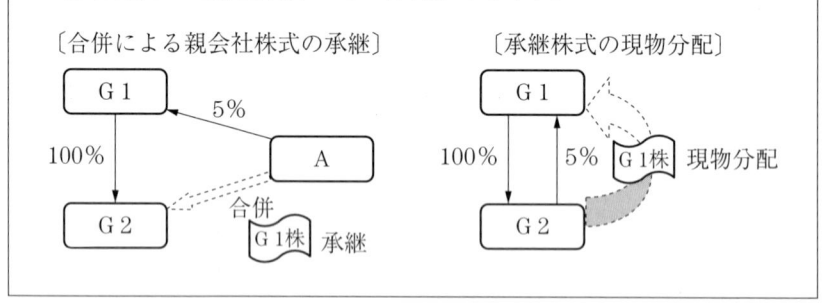

答　お尋ねの現物分配は適格現物分配となります。

【解説】
　現物分配とは，法人（公益法人等及び人格のない社団等を除きます。）がその株主等に対し当該法人の次に掲げる事由により金銭以外の資産を交付することをいいます。
　①　剰余金の配当（株式又は出資に係るものに限るものとし，資本剰余金の額の減少に伴うもの及び分割型分割によるものを除きます。）若しくは利益の配当（分割型分割によるものを除きます。）又は剰余金の分配（出資に係るものに限ります。）
　②　法人税法第24条第1項第3号から第6号まで《配当等の額とみなす金額》に掲げる事由
　この現物分配によりその有する資産の移転を行った法人を現物分配法人，現物分配により現物分配法人から資産の移転を受けた法人を被現物分配法人といいます。
　そして，適格現物分配とは，内国法人を現物分配法人とする現物分配のうち，その現物分配により資産の移転を受ける者がその現物分配の直前において当該内国法人との間に完全支配関係がある内国法人（普通法人又は協同組合等に限ります。）のみであるものをいいます。
　このように，適格現物分配の要件として，被現物分配法人に交付する資産については金銭以外の資産であれば特に制限がないことから，お尋ねのように親会社（G1）に対して親会社自身の株式（G1株）を交付する場合であっても，現物分配の直前に子会社

(G2)と親会社(G1)との間に完全支配関係があるときには,その現物分配は適格現物分配となります。

【関係法令】

法2 十二の六,十二の六の二,十二の十五,24①

問16 適格現物分配制度の創設に伴う欠損金の制限措置の改正

> 問 適格現物分配の制度が創設されたことにより,欠損金の制限措置についても,これに関連した改正が行われ,この制限措置により被現物分配法人において切り捨てられる欠損金額を適格現物分配による移転資産の含み益の範囲内とする特例が設けられたと聞いています。
> ところで,問15のように適格現物分配による移転資産が被現物分配法人(親会社)の自己株式である場合,その親会社株式の市場における価額が現物分配法人の帳簿価額を上回っているときには,この特例の適用において,移転資産には含み益があるものとして取り扱われることとなりますか。

答 お尋ねのケースでは,移転資産(親会社株式)の含み益はないものとして,この特例を適用することとなります。

【解説】

1 平成22年度の税制改正により適格現物分配の制度が創設されたことにより,欠損金の制限措置についても,これに関連した改正が行われています。

具体的には,内国法人と支配関係法人(当該内国法人との間に支配関係がある法人をいいます。)との間で当該内国法人を被現物分配法人とする適格現物分配が行われた場合には,一定の場合を除き,その内国法人の適格現物分配の日の属する事業年度開始の日前7年以内に開始した各事業年度において生じた欠損金額のうち,①支配関係事業年度(当該内国法人と当該支配関係法人との間に最後に支配関係があることとなった日の属する事業年度をいいます。)前に生じた金額及び②支配関係事業年度以後に生じた金額のうち法人税法第62条の7第2項《特定資産に係る譲渡等損失額の損金不算入》に規定する特定資産譲渡等損失額相当額の合計額は,ないもの(切り捨てるもの)とする措置が設けられました(法57④)。これは,適格合併などの適格組織再編成等と同様に,移転資産から生ずる利益と内国法人が有していた欠損金を相殺する租税回避行為を防止することを目的としたものです。

また,この欠損金の制限措置に関し,確定申告書への明細書の添付等を要件として,

この措置によりないものとする（切り捨てられる）欠損金額を移転資産の含み益の範囲内とすることができる特例が設けられました（令113⑤⑥）。

2　この特例の適用に関して，お尋ねのケースのように適格現物分配による移転資産が被現物分配法人（親会社）の自己株式である場合で，例えば，親会社株式について市場における価額が150，現物分配法人の当該適格現物分配の直前における帳簿価額が100であるときに，親会社にとって含み益があるのかないのか疑義が生じます。

　この点，親会社にとって自己株式の取得は資本等取引であり，適格現物分配により移転を受けた自己株式については，現物分配法人における当該適格現物分配の直前の帳簿価額に相当する金額を資本金等の額から減算することとされていることから，税法上，親会社においてその自己株式は資産として取り扱われません。

　したがって，お尋ねのケースのように親会社が移転を受けた自己株式（移転資産）については，含み益の計算には影響させないものとして，この特例を適用することとなります。

【関係法令】
法57④，62の5③⑥　　法令8①十八ロ，112⑧，113⑤⑥，123の6①

【執筆者紹介】

朝長　英樹（ともなが　ひでき）
　税理士・一般社団法人日本税制研究所代表理事・税理士法人アクト22代表社員

竹内　陽一（たけうち　よういち）
　税理士・一般社団法人FIC代表理事

掛川　雅仁（かけがわ　まさひと）
　税理士・掛川会計事務所

石井　幸子（いしい　さちこ）
　税理士・荘田芳久税理士事務所

池田　祐介（いけだ　ゆうすけ）
　名南税理士法人

髙橋　昭彦（たかはし　あきひこ）
　税理士・税理士法人アクト22パートナー・一般社団法人日本税制研究所主任研究員

室　和良（むろ　かずよし）
　一般社団法人日本税制研究所主任研究員・KPMG税理士法人

阿部　泰久（あべ　やすひさ）
　社団法人日本経済団体連合会経済基盤本部長

緑川　正博（みどりかわ　まさひろ）
　公認会計士・税理士・株式会社MID GROUP代表取締役・日本公認会計士協会租税調査会
　法人課税専門部会専門委員

武田　雅比人（たけだ　まさひと）
　公認会計士・税理士・武田公認会計士事務所

吉田　勤（よしだ　つとむ）
　税理士・名南税理士法人統括代表社員

小出　潮（こいで　うしほ）
　税理士・公認会計士緑川事務所

鷹取　俊浩（たかとり　としひろ）
　一般社団法人日本税制研究所主任研究員・名南税理士法人

（順不同）

著者との契約により検印省略

| 平成22年10月1日 初版発行 | グループ法人税制・資本関係取引等税制の解説＆実務 |

著　者	朝長英樹・阿部泰久
	竹内陽一　　　　　他
発行者	大　坪　嘉　春
製版所	美研プリンティング株式会社
印刷所	税経印刷株式会社
製本所	株式会社三森製本所

| 発行所 | 東京都新宿区下落合2丁目5番13号 | 株式会社 税務経理協会 |

郵便番号　161-0033　振替　00190-2-187408　電話（03）3953-3301（編集部）
　　　　　　　　　　FAX（03）3565-3391　　　　　（03）3953-3325（営業部）
　　　　　URL　http://www.zeikei.co.jp
　　　　　　　　乱丁・落丁の場合はお取替えいたします。

Ⓒ　朝長英樹・阿部泰久・竹内陽一　他　2010　　　Printed in Japan

本書を無断で複写複製（コピー）することは，著作権法上の例外を除き，禁じられています。本書をコピーされる場合は，事前に日本複写権センター（JRRC）の許諾を受けてください。
JRRC〈http://www.jrrc.or.jp　eメール：info@jrrc.or.jp　電話：03-3401-2382〉

ISBN978—4—419—05576—9　C2032